전남대학교 인문학연구원 HK+가족커뮤니티사업단 번역총서 · 1
커뮤니티 연구란 무엇인가?

Key Concepts in Community Studies by Tony Blackshaw
English languge edition published by SAGE Publications, Ltd.,
Company of the United Kingdom
© 2010 by SAGE Publications, Ltd.
English language edition published by SAGE Publications of
United States, United Kingdom, New Delhi and Singapore.
All Rights reserved.

Korean translation edition ©2022 by Hankukmunhwasa
Published by arrangement with SAGE Publications
through Bestun Korea Agency.
All rights reserved.

이 책의 한국어 판권은 베스툰 코리아 에이전시를 통하여
저작권자인 SAGE Publications, Ltd.와 독점 계약한
도서출판 한국문화사에 있습니다.
저작권법에 의해 한국 내에서 보호를 받는 저작물이므로
어떠한 형태로든 무단 전재와 무단 복제를 금합니다.

전남대학교 인문학연구원 HK+ 가족커뮤니사업단
번역총서

01

커뮤니티 연구란 무엇인가?

Tony Blackshaw 지음
강의혁 김연민 김은영 김은혜 나희경 옮김

한국문화사

지은이 토니 블랙쇼 (Tony Blackshaw)

영국의 사회학자. 커뮤니티 연구와 여가 사회학의 권위자로 국제적인 명성을 쌓았으며 바우만(Zybmunt Bauman)의 사회학을 계승·발전·심화시킨 학자로도 알려져 있다. 『여가의 사회학 다시 상상하기』(*Re-Imagining Leisure Studies*), 『여가』(*Leisure*), 『바우만 리더』(*The New Bauman Reader*)를 비롯한 다수의 책과 논문을 집필했다.

옮긴이
강의혁: 전남대학교 인문학연구원 재직중
김연민: 전남대학교 영어영문학과 재직중
김은영: 전남대학교 인문학연구원 재직중
김은혜: 전남대학교 영어영문학과 재직중
나희경: 전남대학교 영어영문학과 재직중

차례

서론: 오늘날 커뮤니티의 의미 ······· 7

커뮤니티 이론　31

- 커뮤니티 이론 ······· 32
- 해석학적 커뮤니티 ······· 45
- 유동적 근대 커뮤니티 ······· 56
- 탈근대 커뮤니티 ······· 69

커뮤니티 연구방법론　83

- 실행연구 ······· 84
- 커뮤니티 프로파일링 ······· 94
- 커뮤니티 연구 ······· 104
- 민속지학 ······· 117
- 사회 네트워크 분석 ······· 128

장소로서의 커뮤니티　143

- 코스모폴리타니즘, 세속성, 그리고 문화매개자 ······· 144
- 리미널리티, 커뮤니타스 그리고 반—구조 ······· 155
- 로컬리티, 장소 그리고 근린 ······· 165
- 가상 커뮤니티 ······· 178

커뮤니티 정체성/귀속의식　191

- 커뮤니티와 정체성 ································· 192
- 상상된 커뮤니티 ··································· 203
- 커뮤니티의 상징적 구성 ························· 214

커뮤니티 이데올로기　225

- 공동체주의 ··· 226
- 상상의 커뮤니티 ··································· 237
- 노스탤지아 ··· 250
- 커뮤니티의 '어두운 면' ························· 260

커뮤니티 정책과 실천　271

- 커뮤니티 실행 ····································· 272
- 커뮤니티 개발 ····································· 284
- 커뮤니티 파트너십 ································ 294
- 커뮤니티 재생 ····································· 306
- 커뮤니티 청소년 활동 ··························· 320
- 여가와 커뮤니티 ··································· 336
- 정치적 커뮤니티 ··································· 346
- 사회적 자본 ··· 360

서론: 오늘날 커뮤니티의 의미

지난 20여 년 동안 '커뮤니티'라는 개념(concept)은 사회과학분야에서 가장 괄목할 만한 변화를 보여준 개념 중의 하나이다. 80년대 말 내가 학생이었을 때, 커뮤니티라는 개념은 장소, 사회적 관계망, 그리고 성원들이 공유하는 소속감이라는 세 가지 주요 차원으로 나누어 질 수 있는 것으로 설명되었으며, 커뮤니티는 이런 부분들의 총합이면서도 동시에 이러한 개별적 구성요소들을 넘어서는 어떤 것이라는 추가적 설명 역시 제공되었다. 학생들에게는 이 세 가지 주안점에 포섭되는 여러 현상들, 즉 시골-도시간의 병합체, 몰락한 커뮤니티, 그리고 새롭게 발견되는 커뮤니티를 통해 커뮤니티 개념을 탐구해야 된다는 과제가 주어졌다 ('커뮤니티 연구' 참조). 이러한 작업은 뒤르켐, 베버, 마르크스, 또한 특히 공동사회(Gemeinshaft, 가족과 친족의 개인적이고 친밀한 사회관계에 기반한 단일체)에서 이익사회(Gesellschaft, 계산에 기반한 비인격적이며 계약적 관계들), 혹은 커뮤니티(Community)에서 사회(Society)로의 가차없는 이행을 정식화한 퇴니스(1955) 등과 같은 사회학의 창시자들과 시카고 학파('커뮤니티 연구' 참조) 간의 차이, 그리고 이들이 현대 커뮤니티 연구의 장에서 벌어지는 경험주의적 발전과 어떻게 관련을 맺고 있는지에 대한 토론을 수반하는 것이었다. 벨과 뉴비(Bell and Newby, 1971)는 당시 입문서의 교본이라 할 수 있는 그들의 책『커뮤니티 연구: 지역 커뮤니티 사회학 입문』(*Community*

Studies: An Introduction to the Sociology of the Local Community)을 통해 이런 문제들에 대한 자세한 해설을 제공하였다. 이 과정에서 커뮤니티에 관한 핵심적인 이론적 사고는 창시자들의 사상에서 발견할 수 있다는 것, 그리고 커뮤니티 연구는 사회학에 속해있다는 것, 이 두 가지는 확실한 것으로 여겨졌으며, 대략적으로 모든 사람들이 여기에 동의했다.

20세기 말에 이르러 서로 다른 분야에 종사하던 일군의 학자들이 개념론적 혁명처럼 여겨질 변화를 도입하면서부터는, 커뮤니티 연구가 사회과학의 한 분과(역주: 사회학)에 속해있으며 커뮤니티에 대한 핵심적 사고가 시대 초월적이며 보편적으로 간주될 수 있다는 생각이 부정되었다. 논쟁의 여지는 있지만 이러한 변화는 1983년의 『상상된 커뮤니티: 민족주의의 기원과 전파에 대한 성찰』(*Imagined Communities: Reflections of the Origin and Spread of Nationalism*)의 출간과 더불어 시작되었다. 이 책에서 정치학자인 베네딕트 앤더슨은 "원시 커뮤니티보다 큰 모든 커뮤니티는 상상된 것"(Anderson, 1991: 6)임을 짚어낸다. 이런 생각에 기반하여 그는 또한 국가는, 상상된 하나의 민족적 서사와 동일한 방식으로 스스로를 동일시하는 개인들의 의식에 뿌리를 둔, 민족적 정체성이라는 일관된 느낌을 유지하는 방편으로 거대한 형태의 소속감을 계발하는 능력을 가진다고 주장한다. 앤더슨에 의하면 대중 매체, 특히 프린트 미디어라는 새로운 테크놀러지의 발전이야말로 모든 근대적 "상상된" 커뮤니티의 전제조건이라는 것이며 이런 상상된 커뮤니티는 "진위 여부가 아니라 그들이 상상된 방식/스타일에 의해 구별된다"는 것이다(같은 책). 앤더슨의 손을 거치며 커뮤니티는 비물질적이고 환영적으로 전화하며, 커뮤니티는 더 이상 사회적인 기반 위에 확고하게 자리잡은 것이 아니라 형이상학적인 것이 된다.

이로부터 2년이 지난 후인 1985년에는 인류학자 앤써니 코헨(Anthony P. Cohen)은 『커뮤니티의 상징적 구성』(Symbolic Construction of Community)을 출간하는 데, 이 책에서 그는 모든 커뮤니티는 그것이 존재하기 위해 요구되는 무조건적 작인(作人, agency)의 소산일 뿐 아니라, 상상적이면서도 동시에 경계를 표시하는 과정, 관습, 습관, 의식(儀式) 그리고 이들 간의 교통 없이 커뮤니티가 존재할 수 없음을 피력한다. 바꿔 말하면, 이런 상징들은 단순하게 커뮤니티를 묘사하는 데서 그치지 않으며, 이들 상징은 커뮤니티가 지금의 모습이 되는 데 근본적인 의미에서 공헌한다. 그리고 바로 이런 의미에서 상징은 커뮤니티 구축의 핵심적 부분이라 할 수 있다 ('커뮤니티의 상징적 구성' 참조).

필립 베그너(Philop E. Wegner)의 『상상의 공동체들』(Imaginary Communities)의 출간은 한 영문학자가 파악하고 묘사하고 분석한, 언제나 환상적 투사(投射)일 수밖에 없는 커뮤니티를 보여주는데, 이를 달리 말하면, 그녀는 우리 세계를 마술처럼 불러내고, 서사화하고, 또 만들어내는 대안적인 방법들을 제공하고 있는 것이다. 이 책이 사회학에게 상기시켜주는 것은 커뮤니티가 이상을 추구하고, 꿈에 형태를 부여하고, 상실에 저항하는 등, 다른 어떤 것보다 상상력을 불타오르게 하는 능력을 가졌을 뿐 아니라, 이 단어가 유토피아의 또 다른 표현이라는 것이다 ('상상적 커뮤니티' 참조). 비록 베그너의 책이 2002년에서야 출판되었지만, 그럼에도 불구하고 이 책은 위에서 언급한 다른 두 책과 동일한 기본적 가정으로 틀 지워진다. 즉, 근대 커뮤니티의 자리는 바로 연결(connection)이며, 더 나아가 커뮤니티가 상상력의 장으로 들어올 때 "집(혹은 이와 다른 어떤 거주지)에 있다는 느낌(feeling of home)"이 중요해진다. 달리 말하면, 이 저자들은 한 가지 중요한 점에 있어서 의견의 일치를 보이는데 그것은 바로 모든 근대적 커뮤니티들은 해석학적 커뮤니티라는 것이다. 해석학은 변화된 근대적 환경에서 행해지는 변증법적 복원의 기술이며 이때 커뮤니티는 해석을 통하여 새로운 방식의 커뮤니티의 의미를 찾음으로서만 발견될 수 있다 ('해석학적 커뮤니티' 참조).

해석학이 위에서 언급한 저자들에게 해석을 통해서 커뮤니티를 의미화할 수 있는 새로운 방법들을 제공했을 가능성이 크지만, 개념적으로는 커뮤니티가 환타지와 믿음의 중간 쯤 어디엔가 맴돌게 되며, 이런 상상과 현실 사이의 어중간함은 이후의 출판물에서 끊임없이 등장하며 종종 정제되거나 적확하게 다듬어지지 않은 채로 사용되게 된다 (Amit, 2002). 커뮤티니는 마치 극단적인 형태의 변증법, 즉 실제이면서도 동시에 상상된 개념으로 전화한 것처럼 보이기도 하는 것이다. 그러나 무시해서는 안 될 점은 바로 이 두 개념화가 각각 하나가 다른 하나를 요청하고 암시함에 있어서 서로 대척적이라는 것이다. 실제로 하나는 다른 하나에 대한 강력한 거부이기도 하다. 아미트(Amit)와 같은 이들, 즉 커뮤니티 관념에 대한 논쟁을 단호하게 현실에 재위치시켜서 비판적 역량을 다시 되찾고, 더 나아가 현실적으로 존재하는 사회적 실재를 다시 그려낼 수 있기를 바라는 이들에게 '상상된' 커뮤니티라는 관념이 혐오로 드러나기도 하지만 이 역시 부분적으로는 이런 변증법의 한 기능이라고 할 수 있다.

이러한 사태의 결과로 인해 오늘날의 커뮤니티는 대체로 두 가지 방식으로 사용된다. 사회 이론과 경험적 연구에 있어서 커뮤니티는 일반적으로 정위적(定位的) 장치 (orienting device)로 사용된다. 이 분야의 사상과들과 실증적 연구자들은 비록 "상상된" 커뮤니티나 "실재의" 커뮤니티와 같은 용어들이 실제로 무엇을 의미하는지는 아마 해결되지 않은 채로 놓아두어야 한다는 믿음을 가지고 있지만, 그럼에도 불구하고 이들은 커뮤니티 개념을 경험적 현상으로 마주하면서, 사회적인 것을 커뮤니티 연구에 다시 기입하여야 한다고 요구한다. 이들을 제외한 모든 이들, 즉 개인에서 국가, 축구 팬에서 종교 단체, 일반대중에서 정치가들에 이르기까지 많은 사람들은 커뮤니티를 전용적 장치(appropriating device)로 사용한다. 하나씩 이 용례를 살펴보자.

전용적인 경향에 해당하는 예들은 어렵지 않게 찾을 수 있다. 예컨대 지난 20여년 간 '커뮤니티'는 정책과 실천의 새로운 대표적인 '진실'로서 쉽사리 공공영역으로 확장되어 왔다. '건강', '노인을 위한 집이나 정신병원', '과세 가능한 집의 가치에 대한 세금', '예술', '스포츠', '치안', '안전', '타운 플래닝', '소방서,' '비즈니스', '가난한 자들' 그리고 축구협회의 채리티 실드경기(Charity Shield)[1]와 같은 용어들은 '커뮤니티 보건', '커뮤니티 케어', '커뮤니티 과세', '커뮤니티 예술', '커뮤니티 스포츠', '커뮤니티 치안', '커뮤니티 안전', '커뮤니티 플래닝', '커뮤니티 소방서', '비즈니스 커뮤니티', '커뮤니티 약자', 그리고 '맥도날드가 후원하는 FA 커뮤니티 실드 경기' 등으로 대체되어 왔다. 이러한 사례들의 거의 대부분 경우에, 적절한 커뮤니티 서비스가 실질적으로 어떤 것에 관여할 수 있는 지에 대한 상세한 내용이 주의 깊고 정확하게 탐구되지는 않는다 (이 부분을 '커뮤니티 개발'과 비교할 것). 당신이 커뮤니티를 재건하여 사람들로 채운다고 가정할 때, 전용적 커뮤니티

---

[1] 역주: 리그 우승팀과 FA컵 우승팀이 벌이는 단판 경기

는 공공정책이 어때야 하는지에 대한 것이었다. 비록 새로운 커뮤니티의 서비스와 조직이 과거에 그랬던 것 보다 덜 개방되고, 접근성이 떨어지고, 공유된 이해를 반영하지 못하고, 지역의 요구를 더 잘 반영하지 않더라도 말이다. 마찬가지로 커뮤니티 서비스와 관련 조직을 지지하는 세부사항들 역시 중요하게 취급되지 않았다. 이런 한 무더기의 '커뮤니티' 서비스들은 실재 경험이나 실질적 감정을 단순하게 반영하여 오직 완화제 역할을 하는 것들로 구성되었으며, 대부분의 경우 그 서비스의 내용은 경험적인 진실을 거의 담지 못하는, '사회적 자본주의', '역량 건설', '커뮤니티 역량강화', '사회적 기업가성' ('사회적 자본' 참조)과 같은 판에 박힌 표현에 의해 이루어졌다. 이러한 서비스는 완전하게 그려진 커뮤니티를 구성하기 보다는 제스처와 마케팅의 조합에 가까웠지만, 그럼에도 불구하고 사람들은 이런 서비스를 행복하게 믿고 받아들였는데 그 이유는 그들이 이런 서비스들이 뒷받침 하는 것처럼 보이는 환상을 믿고 싶었기 때문이었다. 바로 안전이라는 환상, 그리고 커뮤니티의 안전성이라는 환상 말이다.

이러한 커뮤니티의 브랜드화는 역설의 결과이기도 하다. 즉, 우리가 더 이상 커뮤니티의 실존을 확신하지 못하게 된 바로 그 때, 커뮤니티에 대한 믿음이 절대적으로 필요하게 된 것이다. 커뮤니티가 브랜드처럼 작동하며 상상력을 사로잡은 또 다른 이유는 신자유주의의 부상이다. 홉스봄(Hobsbawm)이 설명했던 '짧은 20세기(1914-1991)'의 종말 이후 꾸준하게 발전되어 오면서, 신자유주의라는 정치적 교의는 이데올로기의 부인을 표면에 내세우며, 심화된 세계화시대의 자본주의에서 솟아나오는 기회라는 맥락에 비춰진 기업가정신을 긍정하고, 자신의 정치적 목적 달성을 위해 커뮤니티라는 언어를 사용하면서, 주권국가를 시장국가로 대체하여 왔다.

예산삭감에 의해 쪼그라든 복지국가를 위한 지출은 서비스를 제공하기 위한 새로운 방안을 찾아야 하였고 그 서비스는 '소비자'를 포함해야 할 뿐 아니라 더 싼 가격으로 제공되어야 했다.

시대정신의 가장 통찰력 있게 번역하는 딘 맥카넬(Dean McCannell)은 이러한 비판적 관찰을 확대하여, 정통 사회학의 이해에 기반한 커뮤니티라는 개념은 공공 영역에서 더 이상 아무 쓰임새도 없다고 결론지었으며 오늘날의 공공 정책의 의도가 품은 야심을 아래와 같이 제시한다.

> 모든 사고와 행동을 대차대조표로 옮기고, 상업적 가치를 인간 관계의 모든 공간으로 확대하기 위해, 핵심적 문제는 . . . '커뮤니티'의 대용품을 창조하여 커뮤니티라는 '감각'(sense)을 만들어서 파는 동시에 관계 형성을 위한 어떤 자유로운 기반도 기업의 외부에 존재할 수 없게 만드는 것이다. 사회공학 위업의 이 복잡성, 다시말해 커뮤니티가 존재하지 않는 곳에 커뮤니티라고 믿을 수 있는 감각을 구성하는 것은 평가절하되어서도 안 되며, 이러한 위업을 달성하려고 하는 추동력 또한 평가절하되어서는 안 된다.

맥카넬에게 있어서 커뮤니티가 과거부터 가지고 있었을 어떠한 실체도 그 전용에 의해 휩쓸려 가버렸으며, 커뮤니티의 전용은 커뮤니티라는 환상을 스스로에게 그리고 타인들에게 실재하는 것으로 만들려는 의도로 찬 어떤 허구들의 스펙터클로 커뮤니티를 바꿔 놓았다. 테리 이글턴(Terry Egleton, 1990: 209)이 상품을 두고 한 말을 바꿔 말한다면, '순전한 교환가치로서, 그것은 마치 커뮤니티가 그 자신으로부터 물질의 미세한 조각까지 모두 지워버린 듯 하며, 매혹적인 아우라적 객체로서, 그것은 일종의 물질성의 거

짓 전시를 통해 자신의 독특한 관능적인 존재를 과시하는 듯하다.'

이런 논의를 통해서 우리는 커뮤니티 개념이 사회학에 대해서 가지는 지속적 유효성이라는 문제에 있어서 일종의 양가성을 띠고 있다는 점을 알 수 있다. 한편으로 커뮤니티는 오늘날의 세계를 측정하기 위해서 사회학에 요구되는 정교함과 정확성이 부족한 개념이기 때문에 현시대의 사회 현상을 이해하기에는 더 이상 적절하지 않은 개념이라 할 수 있다. 그러나 또 다른 한편으로는 커뮤니티 개념은 시장 원리에 기반한 사회질서를 추구하는 신자유주의와 결합되면서 보수적인 개념으로 전용되어 온 것처럼 보인다('정치적 커뮤니티' 참조). 그리고 이러한 사실은 아직도 사회학자들의 비판적 개입이 필요하다는 것을 암시한다.

우리가 이미 고찰한 것처럼, 일련의 사회 이론가와 경험적 연구자들은 사회학과는 다른 관점을 고수하여 왔다. 위에서 언급한 개념적 혁명이라는 맥락에 비추어 볼 때, 이들은 해석학적 커뮤니티라는 관점이 커뮤니티를 사회적 상호작용으로 과포장해 왔음을 우려하면서 이들이 보기에 주변부로 가라앉아 버린 *커뮤니티연구*에 다시 생명을 불어넣기 위해 노력해 왔다. 이 과정에서 그들은 오해를 불러일으키기 않기 위해서 그들 자신의 목적에 맞게 커뮤니티의 정의(定義)들을 *정위하여* 왔다. 문제는 이런 접근이 자신이 극복하려고 착수한 문제를 더 심화시키는 역설을 불러왔다는 것이다. 커뮤니티가 여러 다른 사회적 환경에서 발견되는, 아직도 우리 일상의 삶에 편재하는 강력한 특질이라는 점을 입증하기 위한 이들의 야심으로 인해 많은 경험적 작업은 사회적 관계성과 연대의 중요성을 과장하게 되었으며 (예컨대 Amit, 2002 참조), 따라서 이들이 답했던 것 보다 더 많은 질문을 야기했다. 예를 들면, 저명한 이론가인 크레이그 칼혼(Craig Calhoun)은 커뮤니티는 '밀도있고, 다면적이며, 상대적으로 자율적인 사회관계의 네트워크에 사는 사람들의 삶'으로 가장 잘 이해된다고 말한다. 따라서 커뮤니티는 하나의 장소나 단순히 작은 규모의 인구 집합체가 아니라 그 정도에 있어서 다양한 관계맺음의 양식이 된다(1998: 38). 이 때 그는 이미 흔해진 관찰 이상의 것을 제공하지 못하고 있는데, 그는 여기에서 한편으로 사회적 관계는 사람들을 연결시키는 어떤 것이며, 또 다른 한편으로는 어떠한 사회적 집단도 잠재적으로 혹은 실질적으로 커뮤니티라는 말을 하고 있는 것이기 때문이다. 이러한 재정위자(再定位者)들의 관습적인 금언과는 반대로, 정위적 장치로서의 커뮤니티 개념을 확장할 때 우리는 앤더슨, 코헨, 그리고 베르너의 영역에 더 깊이 진입할 수 있다.

이러한 불만족스러운 개념적 사태를 두고 저명한 역사가인 에릭 홉스봄(Eric Hobsbawm)은 '사회학적 의미에서의 커뮤니티가 실생활에서 찾기 힘들어진 지난 수십년보다 '커뮤니티'라는 단어가 더 무차별적이고 공허하게 사용된 적은 없었다'고 고찰한다 (1995: 428). 내가 학부생일 때 이 개념을 접하고 20년이 흘렀으며, 이제 커뮤니티는 사회학과는 독립적으로 서게 되었으며, 마치 배교자(背敎者)처럼 언제나 도망치면서 어떠한 개념적 정밀성으로 이를 정의하려 하는 시도로부터도 언제나 한 단계 앞서 나가는 것처럼 보인다. 지금에 이르러서는 커뮤니티 개념이 변화되었는지, 우리가 맨 처음에 생각했던 모습과 같은 것인지, 아니면 처음부터 그 모습이 아니었는지 조차 알기가 어려워졌다. 커뮤니티와 같은 어떤 것이 존재할 수 없다는 불가능성, 커뮤니티 상상의 불가능성, 또는 그것이 이전에 상상되어 왔던 방식과는 다르게 커뮤니티를 상상하기의 불가능성이라고도 표현될 수 있는 커뮤니티의 불가능성은 모든 면에서의 커뮤니티의 불가능성으로 귀착되었거나, 적어도 그렇게 된 것처럼 보인다.

이 장의 나머지 부분에서는 커뮤니티를 개념화하는 대안적 방식을 제공함으로써 이러한 상황에 대해 비판적으로 대응하고자 하며, 이를 통해 우리는 오늘날 커뮤니티의 의미를 파악하기 시작할 수 있을 것이다. 나의 제안은 이러한 작업을 가장 잘 할 수 있는 방법이 베버적 의미에서 이상적이고 전형적 (ideal and typical) 분석이며 (이는 경험적 진단과 혼동되지 말아야 한다), 이는 커뮤니티라는 관념을 인간 조건에 대한 역사 의식의 궤적에 위치시키는 작업이다. 이런 해석은 아그네스 헬러(Agnes Heller)의 근대성 이론 개략에 크게 의존하고 있다 (1999: 1-4). 이 접근방식을 발전시켜야 할 정당성은 크게 두 부분으로 설명될 수 있다. 첫째, 현재 사회학자들에 의해 사용되고 있는 커뮤니티는 언제나 이상적 유형(ideal type)인데, 즉 이들에게 커뮤니티는 실재의 묘사가 아니며 따라서 커뮤니티는 그것을 이해하려고 노력하면서 사용하는 분석적 도구에 다름 아니다. 둘째, 인간의 삶 없이 커뮤니티는 있을 수 없으며 역사의식 없이 인간 삶이 존재할 수 없다.

커뮤니티 이해의 대안적 방식을 제공함에 있어 나의 해석은 몇 가지를 전제로 받아들인다. 그 전제들은 다음과 같다.

- 전근대적 커뮤니티가 유일한 커뮤니티이다. 전근대적 사회에서 커뮤니티는 인간 실존의 기반 역할을 수행한다. 이런 의미에서 커뮤니티는 그 자신의 텔로스(telos)에 의해 안내되는 강한 존재론 (strong ontology, White, 2005)으로 이해되어야 하며, 이 때 남성과 여성의 개인적 세계-

내-존재는 절대적으로 미리 결정되어(pre-determined) 있다 ('커뮤니티 이론' 참조).

- 이와는 대조적으로 근대사회에서의 커뮤니티는 그러한 기반역할을 하기에는 전혀 적합하지 않는데, 왜냐하면 근대적 삶의 기초는 자유이기 때문이다 (Heller 1999). 근대적 인간은 무엇보다도 먼저 개인이다. 우리의 삶은 우리 자신의 선택에 의해 좌우될 뿐만 아니라, 종종 우리 개인들이 통제할 수 없는 사건들의 우연성에 의해 지배된다.

- 오늘날의 커뮤니티는 약한 존재론들 (weak ontologies, White, 2005)로 가장 잘 파악된다. 여기서 약한 존재론들은 우리의 삶에 생기를 불어넣을 수 있는 힘을 가진다. 왜냐하면 우리는 "약한 존재론들"로부터 무엇인가를 발견하여 그것에 근본적인 중요성을 결합하고, 또 헌신적으로 그것에 몸을 맡기기도 하고, 더 나아가 우리와 비슷한 생각을 가지며 우리와 마찬가지로 깊은 헌신을 공유하는 다른 개인들과 우리가 가진 것을 나누게 되기 때문이다. 약한 존재론들은 어떤 기반에 정초되어있기 보다는 언제나 논쟁의 여지를 가질 수밖에 없다. 그러나 우리는 종종 이들을 우리 삶 속에 깊이 받아들이는 데, 왜냐하면 이들은 우리가 개인으로서 세상을 보는 방식, 세계에 대한 개인적인 관찰을 반성하는 우리의 방식, 우리 자신이 누구인지에 대한 감각, 그리고 우리가 타인들과 함께 삶을 어떻게 살아가기를 원하는지에 대해 근본적인 중요성을 가지기 때문이다.

위에서 언급한 마지막 부분이 명확하게 제시하듯 근대 세계에서 인간은 잠재적으로 많은 정체성들을 가질 수 있다. 그러나, 헬러(Heller)가 지적하였듯 어떠한 역사적 시기에도 우리는 최소한 두 가지 면에 있어서 인간임을 의식하지 않을 수 없다. 우리는 우리 자신의 정체성을 가지며, 우리는 우리가 태어나자마자 속하게 된 사회적 집단의 정체성을 가지게 된다. 우리가 그 사회적 집단 안에서의 우리 개인의 위치를 이해하는 방식, 그리고 그 집단에서 생겨나는 가능성과 책임(예컨대 실질적으로 진정한 개인이 될 수 있다는 전망)을 바라보는 방식은 정체성의 "이전"에 주어지기도 하고 "이후"에 생겨나기도 한다. 정체성은 시간적이고 공간적이며, 이를 바꿔 말하면 우리는 어떤 특정한 시기에 어떤 특정한 장소에 위치한 사회적 집단의 일원으로 태어날 수밖에 없다는 것이다. 하나의 사회적 집단이 그것의 삶의 양식(언어, 신념체계, 의식들 등)에 부과하는 의미는 규준화되어 하나의 세계를 형성하며 바로 이것이 그 집단에 속한 사람들의 문화적 서사가 된다. 이 서사는 수많은 질문들을 제기하는데, 예컨대 '우리를 어떻게 정의할 수 있는가?', '우리는 누구인가?', '누가 이 사회적 집단에 속해야 하고 또 속하지 말아야될 이들은 누구인가?', '우리는 어디에서 왔는가?', '우리는 어디로 가고 있는가?'와 같은 질문들이 그것이다. 바로 이런 종류의 질문들에 대한 대답을 헬러는 역사의식이라고 부른다.

역사의식은 반성적일 수도 비(非)반성적일수도 있으며 보편적일 수도 일반화되어 있을 수도 있다. 이러한 용어들이 암시하는 것처럼 어떤 역사의식이 비반성적이라면 그것은 반성할 능력이 없다. 따라서 하나의 민족체가 비반성적 보편성의 역사의식을 가지고 있다면 거기에 속한 모든 사람들은 자신들의 실존적 상황에 대해 반성할 수 있는 능력이 없게 된다. 이에 반해 비반성적 일반성의 역사의식을 가진 사람들은 반성 능력의 결여가 광범위하게 퍼져있게 된다. 반성적 일반성의 역사의식을 가진 민족체는 반성의 능력이 일반화되어 있지만 보편적이라고 말할 수는 없다.

나는 커뮤니티를 이해하는 가장 명쾌한 방식이 커뮤니티의 궤도를 전근대성, 그리고 이를 대체한 근대성, 그 뒤를 이은 '견고한' 근대성, 그리고 이로부터 '유동적' 근대성으로의 이행(Bauman, 2000)으로 폭넓게 반영하여 이를 역사의식의 네 단계로 요약하는 것이라고 제안한다.[2]

- 커뮤니티 의식: 커뮤니티는 근대에 선행한 시기에 존재했으며 비반성적 일반성의 의식에 의해 지배된다. 이는 이미 결정된 사회적 계층화와 가부장적 사회관계에 기반한 농경적 생계부양의 세계이다. 고유성(혹은 진정성, authenticity)은 정체성 "이전에" 주어지며, 다시 말해 한 집단의 사람들은 자신들을 고유한 것으로 간주하며 그 이외의 모든 이들은 여기에서 배제된다. 사회적 삶은 필연성 위에 세워진다. 커뮤니티의 삶에 있어야 할 것으로 추정되는 화합과 질서는 부과된 것이며 따라서 '억압받은 자들의 상호성'(역주: 일반화된 억압적 시스템에서 소외된 모든 억압받는 자들이 공동적으로 만드는 상호적 관계, Williams, 1973)이 생겨난다. ('커뮤니티의 어두운 면' 참조) 사회적 이동성은 가능하지 않다. 그 사회의 정신을 대표하는 계급은 교회이다. 시간의 형상은 순환적이며 여기에는 미래가 없고 오직 동일한 것의 반복만 존재한다.

- 계급의식: 근대성 형성기의 '견고한' 단계는 의식이 비반영적 보편성으로 변화하면서 시작된다. 사회는 생산에 기반을 두고 있으며 자본주의적(또

---

[2] 바우만은 우리가 최근 목격하고 있는 것이 '무겁고' '견고하고' '하드웨어 중점의' 근대성으로부터 '가볍고' '유동적이며' '소프트웨어 중점적인' 근대성으로의 이행이라고 주장한다. 견고한 근대성과 유동적 근대성을 구분 짓는 결정적 인자는 근대성의 사회적 구성 자체가 근대성의 형태 변화들에 저항하지도 않고, 만약 저항을 원한다고 해도, 저항 할 수도 없게끔 되어있는 사실에 놓여있다. 또한 우리의 삶과 견고한 근대를 살았던 이들의 삶을 구분 짓는 척도는 바로 우리 삶의 전적인 우연성이다. 우리의 현재 환경이 어떻든 간에, 그리고 우리가 개인적으로 지금 이 순간 우리의 삶에 얼마만큼의 확신을 느끼고 있든 간에, 상황은 언제나 얼마든지 달라질 수 있다.

는 유사 사회주의적)이며, 그 사회는 직업윤리에 의해 구축된 사회적 위계에 의해 구성되고 경제적 계층화 (상위 계급, 중산 계급, 그리고 노동자 계급)에 의해 지탱된다(Marx). [개인적] 고유성의 관장은 커뮤니티로부터 계급(즉자로서의 계급들, 그리고/또는 대자로서의 계급들[3])으로 이관된다. 커뮤니티 관계와는 달리 계급 관계는 어떤 권위에 의한 인가가 그 배경에 있는 것이 아니지만, 고유성은 여전히 정체성에 *선행한다*. 즉, [개인의] 자유의 정도는 그 사회 시스템의 어디에 위치하고 있는가에 의해 미리 정해진다. 사회적 이동성은 가능하지만 언제나 계급에 의해 그 한계가 구획된다. 그 사회의 정신을 대표하는 계급은 산업 기업가들이다. 시간의 형상은 선형적이다. 이 시간의 형상에서 과거는 이미 알려졌으며 미래는 미지의 것이라는 요소로 미리 전제되어 있다.

- 계급들의 의식: 근대성의 두 번째 단계는 반성적 보편성에 의해 지배된다. 사회는 생산에 기반을 두고 있으며 직업윤리는 여전히 지배적이다. 그러나 사회적 위계는 점차 소비와 신분의 척도 (유한 계급, 주거 계급 등)에 의해 정의된다(Weber). [개인의] 고유성은 여전히 계급(즉자로서의 계급, 그리고/또는 대자로서의 계급)의 세력권에 의해 굳건하게 관장된다. 고유성 또한 여전히 정체성에 선행한다. 그러나 점점 더 많은 수의 사람들이 계급 구조와 결부되지 않는 방식으로 스스로를 상상할 수 있게 된다. 사회적 이동은 광범위하게 통용된다. 이 사회의 정신을 대표하는 계급은 입법가들(의사, 교수 등)이다.[4] 시간의 형상은 선형적이며, 이 때 미

---

3 역주: 여기서 '즉자로서의 계급'과 '대자로서의 계급'은 헤겔의 용어로서 전자의 경우 개인의 고유성이 그 개인이 속한 계급에 의해 결정됨을 말하며, 후자의 경우, 예컨대 노동자 계급에 속한 개인의 고유성이 그 개인이 속하지 않은 부르주아 계급에 의해서도 역시 규정됨을 의미한다.

4 역주: 여기서 입법자(legislator)라는 말은 실제 법률을 입안하거나 제정한다는 의미에서가 아니라 사회적 표준과 규칙, 그리고 규범을 생산한다는 의미로 쓰였다.

래는 근대적이라는 말과 겹치며 따라서 미래를 아는 것도, 예측하는 것도, 그리고 고안하는 것도 가능하다.

- 커뮤니티들의 의식: 오늘날의 '유동적' 단계로서의 근대성은 반성적 일반화의 의식에 의해 지배된다. 이 근대성은 소비자에 기반을 둔 사회성이며 사회적 위계는 문화, 취향의 판단, 그리고 서로 다른 라이프 스타일의 병치 속에 반영된다. 직업윤리는 가난한 자들을 위해서만 존재한다. 고유성의 관장은 계급에서 다시 커뮤니티로 이관된다. 계급은 근대성의 '견고한' 단계에서 잔재로 남겨진 특권적 보호를 유지하는 것이 주요 관심사인 이들에게는 여전히 특별히 중요한 것으로 남아있다. 그러나 계급은 또한 그 영향권 내에 사회 전반을 가로지를 만큼의 충분한 힘, 단순명료성, 그리고 광범위한 호소력을 갖춘 내러티브를 가지고 있지 못하기에, 새롭게 움트는 개인화와 경쟁하기에는 역부족이다.[5] 더 나은 삶에 대한 일반화된 요구가 있지만 사회는 모든 사회적 문화적 집단에게 이를 충족시킬 수 있을 방법을 제공하는 방식을 갖추고 있지 않다. 그 결과, 피부로 느껴질 정도의 극단적인 사회적 불평등이 존재한다. 이제 개인의 정체성이 진정성에 선행한다. 일단 계급에 기초한 사회적 계층화가 주요한 진정성의 결정요인으로 작용하기를 멈추면, 이제 복수적인 의미에서

---

[5] 사회의 구성원들을 개인으로 주조하는 것은 근대성이 가진 독특성이다. '견고한' 근대성의 개인화와 '유동적' 근대성의 개인화를 가르는 주요한 차이는 전자가 **반영적(reflective)**이어서, 개인적 주체성과 사회적 계급, 젠더, 인종, 그리고 나이와도 같은 차이들에 기반하여 세워진 근대사회의 구조적 결정인자들 사이에 깔려있는 긴장을 거울처럼 반영한다는 점에 있다 (Lash, 2002). 그러나 유동적 근대화의 등장과 함께 나타난 개인화는 **반성적(reflexive)**이다. 래쉬가 지적하듯, 반성(reflex)은 불확정적(indeterminate)이며 즉각적(immediate)이며, '유동적' 근대 변화의 결과로 등장한 반성적 개인은 **빠른** 의사결정을 요구하는 불확실하고 가속화된 세상의 삶을 감내해야하는 개인들이다. 바우만은 '유동적 근대성'과 연관된 변화의 과정들로 인해 개인화가 인간 정체성을 '주어진 것'에서 '과업'으로 전환하는 것으로 마무리되었다고 주장한다.

커뮤니티들에 대한 상상이 가능해진다. 사회적 이동성은 이제 하나의 권리로서 이해된다. 이 사회의 정신을 대표하는 계급은 번역가들(문화매개자와 미디어)로 구성된다. 시간의 형상은 점묘적(pointillist)이다. 남성과 여성은 미래에 대한 예상을 하지 않고 종종 호감어린 눈빛으로 과거를 돌아보지만, 그들은 지금 여기의 삶을 살아가는 것에 몰두한다.

네 번째 단계는 최초의 단계로 돌아가는데 (두 단계 모두 일반성과 커뮤니티의 의식에 관계한다), 양자의 차이는 네 번째 단계가 첫 번째 단계의 반성적 형태이며 단일한 커뮤니티가 복수의 커뮤니티들에 의해 대체된다는 점이다. 고유성은 단지 여성, 다른 섹슈얼리티를 가진 사람들(게이, 레즈비언, 성전환, 양성애 커뮤니티들), 다른 인종 집단들에 의해 관장될 뿐 아니라 여가의 라이프 스타일이나 취향을 공유함에 있어서 서로 구별되는 사회적 문화적 집단들, 즉 신(新)부족들(마페졸리, 1996)에 의해 결정된다. 서로 멀리 떨어진 사람들, 사회적 약자들, 가난한 사람들, 벼락부자들, 그리고 사회의 가장 하층민들도 이제는 다양한 커뮤니티로 '상상될' 수 있다.

유동적 단계에 속한 근대 세계는 끝이 열려있는 '네트워크' 커뮤니티들을 창조한다. 커뮤니티들은 이제 가까운 것과 먼 것을 함께 묶는다. 이들은 서로 종류가 다른 사건들로부터 정합적인 패턴을 주조해내고 원인과 결과가 서로 반향하는 연쇄작용을 만들어 낸다. 이 커뮤니티들이 서로 한 번도 만나본 적이 없는 개인들을 전지구상을 가로질러 묶어내듯 ('가상 커뮤니티' 참조), 이들 커뮤니티는 또한 얼마 전만 해도 하나의 커뮤니티를 이루었던 사람들, 서로 동료였던 사람들, 친지들, 그리고 때로는 친구들의 관점에서 볼 때 공동으로 가지고 있다고 생각했던 것들을 초월하는 커뮤니티로 전화하면서 어느 날 갑자기 우리가 알고 있던 개인들을 '다르게' 만든다 ('커뮤니티의 어두운 면' 참조).

만약 커뮤니티 의식의 세계에서 대부분의 사람들이 자유로운 적이 없었다면, 커뮤니티들의 의식의 세계에서는, 실존주의 철학자 장 폴 사르트르(Jean-Paul Sartre)의 말을 살짝 바꿔 말하자면, 아무도 '자유롭기를 그만둘 자유는 없다.' 이 말의 의미는 우리가 한 커뮤니티의 부분이 되기를 선택할 수 있듯이, 우리는 또한 더 이상 그 커뮤니티의 부분이 되지 않기를 선택할 자유도 언제나 주어졌다는 뜻이다. 즉, 사람들이 어떤 커뮤니티에 헌신할 때 딱히 그 커뮤니티에 대한 믿음이 있어서가 아니라는 것이다. 다시 말해, 우리는 '마치' 그 커뮤니티들이 '죽음이 우리를 갈라놓을 때까지'의 일인 것처럼 이들을 받아들이지만, 실제로 이 커뮤니티들은 언제나 '추후 공지가 있기 전까지' 존속될 뿐이다. 이런 식의 커뮤니티 정의를 바꿔서 말하면, 오늘날의 커뮤니티는 특별한 종류의 자유를 제공하는 것이라고 할 수 있겠다.

사실 무엇보다도 먼저 개인일 수밖에 없고 항상 개인으로 남을 수밖에 없는 사람들에게 제공되는 자유는 아마 오늘날 커뮤니티의 가장 중요한 측면일 것이다. 자유로운 개인들은 자신들을 다양한 커뮤니티들의 일원으로 보기를 좋아한다. 바꿔말해, 이 커뮤니티들에 대해서 우리가 얼마만큼 [소속감을] 느끼는 가는 개인적(집단적이라기 보다는)인 수준에서 이해될 수밖에 없을 뿐 아니라, 개인으로서 우리들이 언제나 [사회적으로] 이동하고 있는 방식과 관련 하에서만 이해될 수 있다. 궁극적으로, 근대성은 언제나 운동 중에 있다. 근대성은 끊임없는 결말들과 새로운 시작들에 관한 것이다. 이런 운동성은 종종 그 자신이 영원할 것처럼 상상하거나, 또는 존재(위대한 실존주의 철학자 마틴 하이데거(Martin Heidegger)가 '현존재/Dasein'라고 불렀던)가 실재 세계와 분리되고 시간 자체가 최종적으로 끝나서 우리를 영원히 순수한 가능성의 순간에 유예하는 듯이 상상하는 경향이 있는 커뮤니티들과는 상반된 것으로 여겨지곤 한다. 그러나 우리가 2장의 '유동적 근대의 커뮤니티'에서 자세히 보게 되겠지만, 지그문트 바우만(Zygmunt Bauman)은 커뮤니티의 끌어당기는 힘에도 불구하고 시간은 언제나 다시 시작하는 경향이 있고, 현대 세계에서 놀라울 만큼 많은 수의 또 다른 선택지들이 주어진 개인들은 항상 커뮤니티에 금새 지겨워지곤 한다고 설명한다. *개인화*의 진짜 공포는 외로움 그 자체가 아니라 우리 경험이 너무나 많이 공유된다는 것, 모든 것이 공유된 존재, 이 순간 모두가 함께 있다는 사실이다.

바우만은 오늘날의 커뮤니티들이 '사회 네트워크'(social network)와 매우 가깝게 닮아있다고 주장한다(2008: 120, 121). 과거의 커뮤니티들과는 달리 '네트워크' 커뮤니티들은, 그 구성원들의 행동과 태도를 안내하지도 않고 그들에게 명쾌하게 규정된 상호작용의 규칙들을 따르라고 강제하지도 않는데, 다시 말해, 네트워크 커뮤니티는 이미 존재하는 구조나 미리 주어진 규칙에 의해 지탱되지 않는다. '네트워크' 커뮤니티들은 전사(前史)가 없는데, 이것이 의미는 바로 감시하고, 교정하기도 하는 힘을 가진 과거의 부재가 도드라지게 드러난다는 것이다. 결국 '네트워크' 커뮤니티와 연관된 소속감은 정체성의 *이전*이 아니라 *이후*에 생겨난 것으로 이해되어야 한다. '네트워크'는 상상 속에 그 기원이 있으며 커뮤니케이션을 통해서만 지탱된다. 왜냐하면 네트워크 커뮤니티들은 정체성보다 '선행하는' 커뮤니티들과는 달리, 무엇보다 우선 개인이고 항상 개인일 수밖에 없는 사람들이 끊임없이 상호작용을 하는 과정 속에서 언제나 생성되고 있는 상태이기 때문이다. 따라서 네트워크 커뮤니티들은 언제나 '개별적으로 속하게 되고 개인적인 초점으로 이루어져 있으며' 이는 이들 커뮤니티가 개인 구성원들이 이 커뮤니티를 중요하게 평가하는 동안만 살아 있을 수 있다는 말이다.

이러한 모든 사실은 오늘날의 커뮤니티를 이해하는 핵심이 바로 개인의 떠남의 경험에 있음을 제시한다. 이런 생각은 소설가 피터 고드윈(Peter Godwin)의 작품에 훌륭하게 그려져 있는데, 그는 커뮤니티[를 연결하는] 끈들은 벨크로로 만들어져 있다고 이야기한다. 콜린스 영어사전이 우리에게 알려주는 것처럼 벨크로는 '하나는 갈고리 모양의 실들이 있고 다른 하나는 거친 표면이 있는 두 조각의 나일론 직물로 구성되어 있어 서로 붙여서 압력을 가하면 강한 접합을 만들어내어 고정시키는' 방식을 대표하는 상표라고 할 수 있다. 고드윈은 우리 모두가 벨크로와 같은 끈을 가지고 있으며 또한 우리의 벨크로들은 서로 다른 힘으로 이루어져 있다고 제시한다(2007). 어떤 상황에서는 벨크로가 매우 강하게 느껴질 수 있으며 또 다른 상황에서는 개인들이 스스로를 떼어내어 다른 곳에 붙이는 일이 매우 쉬울 수도 있다.

고드윈의 분석을 통해서 떠오르는 가장 핵심적인 내용은 바로 우리가 떠나기 전까지는 그 커뮤니티가 얼마나 강하거나 약한 커뮤니티인지 우리는 그 진실을 알 수 없다는 것이다. 고드윈이 말하듯 우리의 떠남의 경험만이 리트머스 테스트가 될 수 있는데 왜냐하면 떠남의 경험은 우리가 우리 중의 얼마나 큰 일부를 남겨놓고 떠나는지를 말해주기 때문이다. 또한 바로 이 논지가 바우만의 커뮤니티 이론을 떠받치고 있는 핵심이기도 하다. 우리가 더 이상 커뮤니티의 존재를 확신하지 않게 될 때야말로 커뮤니티에 대한 믿음이 절대적으로 필요해진다. 유동적 근대에서 우리는 우리가 사랑을 가꾸었던 장소들을 언제나 떠나가는 과정에 있으며, 따라서 우리는 우리의 남은 일생 동안 그 장소들에 대한 느낌을 되찾기 위해 끊임없이 노력한다. 이것이 오늘날의 커뮤니티들은 클리브(Cleave) 커뮤니티로 볼 때 가장 잘 이해된다.[6] 클리브는 단편으로 잘게 쪼갠다는 의미와 점착하다는 두 가지 의미를 가지고 있으며 이 때문에 우리 시대의 커뮤니티의 기반을 이루는 점묘적 감수성과 낭만적 감수성 양자를 반영하는 단어다. 이러한 커뮤니티들의 '클리브들'은 명사적이기도 동사적이기도 하다. 우리는 커뮤니티/클리브들을 집단적으로 파악하기도 하지만(특히 우리가 주의를 기울이지 않고 그들을 인식할 때 그렇다) 우리 자신은 개인으로서 커뮤니티/클리브의 삶을 살아간다.[7] 우리는 우리가 방문할 수도 있고 또 잠시 머물다가 떠나올 수 있는 어떤 장소로서의 커뮤니티에 대해서 지극히 편안함을 느낀다. 언제나 *과거형*으로서 그 자리에 머물러 있는 한 그 커뮤니티는 매우 좋은 어떤 것으로 생각된다. 따라서 커뮤니티가 그 가능성의 경계를 지나쳐서 더 지속적이 되거나 혹은 *미래적*이 된다는 가정은 억지로 받아들여진다.

상대적으로 지속적인 종류의 커뮤니티들도 물론 있다. 외부적으로 보기에는 이타적으로 만들어진 이런 커뮤니티들이 실현되면 이들은 개인적 자유의 완전한 포기까지는 아니더라도 어느 정도의 자기희생을 요청하는 경우

---

[6] 역주: cleave라는 영어단어는 다음 문장에 나오듯이 서로 상반되는 두 가지 의미를 모두 담고 있으며 이에 상응하는 한국어가 마땅치 않아 영어단어를 그대로 음표한다.

[7] 역주: 전자의 클리브는 조각들이 점착된 전체로서의 커뮤니티를 말하고 후자의 클리브는 쪼개진 조각으로서의 커뮤니티를 말한다.

가 많지만 그렇다고 해도 어느 순간에는 개인들이 떠나갈 수 있는 가능성이 언제나 잠복하여 있다. 왜냐하면 자유로운 사람들이 커뮤니티의 삶을 껴안아 받아들이는 일은, 특히 바깥의 더 넓은 세상이 제공할 수 있는 수많은 가능성을 생각할 때, 일종의 죽음처럼 언제나 경험되기 때문이다. 그리고 이 말의 의미는 바로 오늘날 죽음과 커뮤니티는 서로 떼려야 뗄 수 없게 연결되어 있다는 뜻이다. 물론 여기서 죽음은 개인보다는 커뮤니티의 죽음일 가능성이 많다는 점을 지적해야 하지만 말이다.

우리는 많은 이유에서 커뮤니티로 향한다. 바우만은 불안전한 세상에서 따뜻함과 안전을 찾고, 우리가 필요하다는 느낌을 느끼고, '그들'이 아니라 '우리'와 같다고 지각되는 사람들과 함께 있기 위해서라고 아마 말할 것이다 ('유동적 근대 커뮤니티' 참조). 그러나 우리가 진정으로 찾고 있는 것은 커뮤니티가 전혀 아니며 바로 삶 그 자체다. 그리고 바로 여기에 오늘날 커뮤니티의 역설이 놓여 있다. 우리가 커뮤니티에 이끌리는 이유는 다른 무엇보다도 커뮤니티가 우리를 즐겁게 만들어 주기를, 교육시켜 주기를, 주의를 전환시켜 주기를, 놀람을 가져다 주기를, 계몽시켜 주기를, 그리고 우리를 매혹시켜서 이피퍼니나 카타르시스와 같은 경험을 즐길 수 있게 되기를 바란다('리미널리티, 코뮤니타스, 반–구조' 참조). 고유한 존재를 형성해 내기 위해 기예(art)를 사용해야 된다고 제안한 푸코의 말처럼 오늘날의 사람들은 커뮤니티를 기예로 여긴다. 커뮤니티는 예술처럼 우리에게 어떻게 살아야 할지에 대해 영감, 도덕적 교훈, 위안은 물론 새로운 생각을 제공하기도 하며, 다른 사람들의 삶 이야기들, 그리고 이 이야기들이 우리의 삶을 살아갈 때 어떻게 도움이 될 수 있을지를 알려주기도 한다. 바로 이런 '자기에의 배려'를 통해 커뮤니티는 명징하게 드러나며 이에 따라 우리는 자기 발견과 자기 형성을 통해 우리가 누군가가 될 수 있다는 것, 고유한 존재성을 찾을 수 있다는 것을 지각한다.

아마 위에서 한 이야기는 커뮤니티는 어찌할 수 없을 정도로 개인적 사안이 되었고 우리의 커뮤니티에 대한 집착은 우리 시대의 사회에 팽배한 소비주의의 컬트를 반영할 뿐이라는 바우만의 주장을 확인시켜주는 것처럼 보일 지도 모른다('유동적 근대 커뮤니티' 참조). 그러나 일단 개인들이 오늘날 그들이 고유한 삶을 살 수 있다는 사실을 인식하기만 하면 그들은 또한, 개인으로서, 그들 자신이 모든 가치의 기반이라는 것 역시 자각하는 경향이 있다. 아그네스 헬러(Agnes Heller)가 지적하듯, 자유는 기반이되 다른 것의 기반이 될 수 없는 기반이기 때문에 자유 그 자체는 여타 가치의 기반 기능을 수행하기에 전혀 적합하지 않기 때문이다. 달리 말하면, 사람들이 자유롭게 어떤 가치들을 선택할 때 이 선택이 이미 다른 사람들이 선택할 수 있는 조건을 결정짓기 때문에 사람들은 다른 모든 사람들과 분리될 수 없다. 이렇듯 자신과 타자에 대한 상호의존적인 책임감이라는 기초 위에 삶의 기예(art of living)는 보편화될 수 있는 윤리적 존재 양식으로서 번성한다. 푸코에 의하면 고유성으로 나아가는 사람들, 자신들의 사적인 자율성을 실현시키는 사람들, 그리고 기예를 통해 독창적인 목소리를 발전시키는 사람들은 동시에 타자들이 그들 자신을 위해 그러한 작업을 할 수 있도록 촉진하는 경향이 있으며, 따라서 '자기에의 배려'라는 생각에 암묵적으로 놓여 있는 것은 바로 '타자의 배려'라고 하겠다.

이것이 오늘 우리에게 커뮤니티가 제공할 수 있는 가능성이다. 사적인 초월의 가능성, 고유한 자아가 되기, 하나의 개인적인 세계를 만드는 것, 각각의 개인들은 분리되고 독자적이지만 인간성의 나눔의 현전을 느낌으로서 여전히 서로에게 묶여 있다는 의미에서의 개인적인 세계의 가능성. 이것이 바로 집, 몸, 관계, 우정과 같은 모든 사적인 것들처럼 커뮤니티가 그토록 끊임없이 미학화되는 이유다. 즉, 삶을 하나의 작품으로 만드는 과정에서 커뮤니티의 중요성과 그 깊이가 의미화된다.

이런 사고는 커뮤니티를 보는 새로운 관점이며 물론 가능하거나 가치있는 유일한 관점은 아니다. 그러나 이 관점이 우리로 하여금 분석적으로 그리고 개념적으로 적확하게 커뮤니티라는 관념을 들여다보게 만든다.

참고문헌

Amit, V. (2002) 'Reconceptualising Community' in V. Amit (ed.) *Realising Community: Concepts, Social Relationships and Sentiments*. London: Routledge.
Anderson, B. (1991) (2nd ed.) *Imagined Communities: Reflections on the Origin and Spread of Nationalism*. London: Verso.
Bauman, Z. (2000) *Liquid Modernity*. Cambridge: Polity Press.
Bauman, Z. (2001) *Community: Seeking Safety in an Insecure World*. Cambridge: Polity Press.
Bauman, Z. (2008) *Does Ethics Have a Chance in a World of Consumers?* London: Harvard University Press.
Bell, C. and Newby, H. (1971) *Community Studies: An Introduction to the Sociology of the Local Community*. London: George Allen and Unwin.
Calhoun, C. (1998) 'Community without Propinquity Revisited: Communications Technology and the Transformation of the Urban Public Sphere', *Sociological Inquiry*, 68 (3): 373-397.
Cohen, A. P. (1985) *The Symbolic Construction of Community*. London: Tavistock.
Eagleton, T. (1990) The Ideology of the Aesthetic. Oxford: Blackwell.
Foucault, M. (1984) 'On Genealogy of Ethics: An Overview of Work in Progress', in P. Rabinow (ed.) *The Foucault Reader: An Introduction to Foucault's Thought*. Harmondsworth: Penguin.

Godwin, P. (2007) 'Truth in Black and White', in P. Stanford (ed.) *The Independent Arts and Books Review*, 9th March.
Heller, A. (1999) *A Theory of Modernity*. Oxford: Blackwell.
Hobsbawm, E. (1995) *Age of Extremes: The Short Twentieth Century 1914-1991*. London: Abacus.
Lash, S. (2002) 'Foreword: Individualization in No-Linear Mode' in U. Beck and E. Beck-Gernsheim (ed.). *Individualization*. London: Sage.
MacCannell, D. (1992) *Empty Meeting Grounds: The Tourist Papers*. London: Routledge.
Maffesoli, M. (1996) *The Time of the Tribes: The Decline of Individualism in a Mass Society*. London: Sage.
Tönnies, F. (1955, 1887) *Gemeinschaft und Gesellschaft* (trans. *Community and Society*). London: Routledge.
Wegner, P. E. (2002) *Imaginary Communities*. London: University of California Press.
White, S. K. (2005) 'Weak Ontology: Genealogy and Critical Issues', *Hedgehog Review*, Summer: 11-25.
Williams, R. (1973) *The Country and the City*. London: Chatto Windus.

커뮤니티 이론

커뮤니티
이론

이 장은 철학자 아그네스 헬러로부터 영감을 끌어와 커뮤니티에 관한 하나의 이론을 제안한다. 바꿔 말하면, 이 장은 커뮤니티에 관한 수없이 다양한 이론 중의 하나를 제공하고 있다.

섹션 개요

사회학적 사고의 전통에서 발전된 커뮤니티에 대한 관념에 문제제기를 한 후에, 이 장은 근대성에 의한 봉건주의의 대체라는 맥락에서 커뮤니티의 역사적 발전 경로를 추적한다. 전체적, 초월적, 보편적, 통합적, 그리고 모든 것을 아우르는 삶의 양식으로서의 커뮤니티가 변화하여 그 전망이 인간의 상상력을 통해서만 실재화될 수 있는 어떤 것으로 바뀌게 되었음을 설명한다.

요즘 어디를 가든지 '커뮤니티'라는 단어를 마주하게 되는데, 공동체주의¹ 철학자, 사회학자, 그리고 정치학자들의 글에서뿐만이 아니라 정치인, 경찰 고위간부, 대학의 부총장등에 이르기까지 다양한 유력인사들의 연설에서도 쉽게 발견된다. 이렇듯 보편적인 관심을 획득하게 된 단어에 대해 누구나 예상할 수 있는 것처럼 커뮤니티는 거리, 스포츠 경기장, 그리고 운동장의 관용어가 되기도 하였다. 커뮤니티라는 단어는 시장(비즈니스 커뮤니티)이나 한 때 포드주의의 야만성의 상징적 구조물처럼 여겨졌던 '복지국가'처럼 이 단어가 가장 어울릴 것 같지 않은 장소에서도 등장한다. '커뮤니티'는 현대인이 듣고 기꺼이 동의할 수 있는 말이거나, 아니면 적어도 그렇게 보이는 것 같다. 커뮤니티라는 말은 이미 그 단어 자체에서 느껴지는 훈기가 내장된 기성품으로 다가올 뿐 아니라 손수 제작했거나 혹은 집에서

---

1   역주: 공동체주의(communitarianism)는 20세기 후반에 미국사회에 널리 퍼졌던 사회사상을 의미한다. 자유를 중시하는 전통적인 개인주의와 개인적 책임을 강조하는 보수주의의 입장을 절충한 이 흐름은 알래스데어 맥킨타이어(Alasdair MacIntyre), 찰스 테일러(Charles Taylor), 마이클 월저(Michael Walzer)등의 철학자들에 의해 주도되었다. '공동체'라는 한국어가 필요 이상의 부정적·이데올로기적 함의를 가지고 있다고 판단하였기에, 이 책에서 community는 일반적으로 커뮤니티라고 옮겼으며, 미국의 공동체주의처럼 특정한 맥락에서 '공동체'라고 표기해야 되는 경우에만 공동체로 표기한다.

만든 품질처럼 여겨지기도 한다. 아마 커뮤니티는 우리 시대를 선도하는 느낌 중의 하나라고 해도 무방할 것이다. 사람들은 그 단어를 보거나 들을 때 행복감을 느낀다. 그래서 마케팅 전문가들은 커뮤니티라는 아이디어를 상용하며 그들의 주제별로 만들어진 그럴싸한 연휴–패키지 브로셔에 커뮤니티의 따뜻한 질감이나 가정적이고 기분 좋게 만드는 특질들을 선명하게 담아내는 디자인을 만드는 데 여념이 없다. 하얀색과 검은색, 그리고 노란색과 브라운색 등[2]의 무지개색으로 꾸며 [커뮤니티적 느낌을 강조하면서], 지역 커뮤니티의 '바비'[3]가 '그들의' 이웃에 일어난 범죄를 해결하는 것을 돕는다거나, 선거 시에 '그들의' 커뮤니티 센터에 나타나 투표를 한다거나, 지역의 스포츠 경기장에 가서 '그들의' 팀 경기를 관전한다거나 하는 일 등을 하는 팝업 커뮤니티[4]들 역시 이와 다르지 않다. 그러나 커뮤니티라는 개념이 도처에 깔려있기는 하지만 오늘날 몇몇의 사람만이 커뮤니티라는 단어에서 어떤 생각이 도출되어야 하는지에 대해 깊은 관심을 가진 것처럼 보인다. 비록 언뜻보아 모든 사람들이 커뮤니티 개념에 반해 있고 또 언제나 이를 칭송하는 데 깊은 관심을 보이지만 사실 대부분의 사람들은 커뮤니티에 대해 거의 어떤 질문도 제기하지 않거나, 또는 어떤 식으로든 비판적으로 이를 토론할 능력이 없는 것처럼 보인다.

아마도 이러한 정황이 조지 힐러리(George A. Hillery)가 '커뮤니티의 정의들, 동의의 영역들'(1955)이라는 그의 논문에서 커뮤니티의 의미를 94종류로 구분한 이유일 것이다. 더 나아가 이 모든 종류의 정의들에서 공통적으

---

2 역주: 여기의 색들은 모두 인종과 연결되는 색으로 이루어져 있다.
3 역주: 여기서 '바비'(Bobby)는 친구처럼 친숙한 경찰을 부르는 애칭을 말한다.
4 역주: 팝업 커뮤니티는 일시적으로 세워진(pop up) 커뮤니티로서 특정한 사안을 해결하기 위해 만들어진 온라인 커뮤니티를 의미한다.

로 찾아질 수 있는 단 한 가지가 있다면 그것은 바로 각각의 정의들이 사람들을 연결하는 사회적 관계를 다루고 있다는 것, 그리고 이 공통적인 기초 이외에는 커뮤니티의 의미에 관한 어떠한 합의도 없다는 결론을 우리가 도출해 낸 다음, 오히려 더 깊이 탐색해야 된다는 것을 이 논문이 제시하는 것처럼 보인다. 물론, 아무도 그에게 주의를 기울이지 않았다. 심지어는 가장 열정적으로 사회학적 사고의 전통을 주창했던 로버트 니스벳(Robert A. Nisbet)조차도 말이다. 니스벳은 비록 커뮤니티가 '옛날 옛적 한때는'의 어떤 느낌, 그리고 더 이상 우리의 것이 아니게 된 세계의 방식과 수단을 상기시킨다고 설명하면서도 그럼에도 불구하고 커뮤니티는 19세기와 20세기의 사고의 큰 부분에 깊은 뿌리를 두고 있으며 '높은 정도의 사적인 친밀성, 감정적 깊이, 도덕적 헌신, 사회적 유대, 그리고 시간의 연속성에 의해 특징지어지는 모든 형태의 관계를 아우르며' (1967:47) 서로 알아가고 함께 살아가는 방식으로 남아있다고 주장한다. 니스벳은 커뮤니티를 세계-내-인간의 집단적이면서도 동시에 보편적인 맥락과 일치시키며 다음과 같이 말한다.

[커뮤니티는] 사람들이 한 사회 질서에서 각각 차지하게 되는 이런 혹은 저런 역할이 아니라 전체로서의 인간이라는 기초 위에 건설된다. 커뮤니티의 심리적 힘은 단순한 [개인적] 의지나 이익의 단계보다 더 깊은 동기화의 단계로부터 나오며, 따라서 그 힘이 실현되는 곳은 단순히 [개인적] 편리성이나 합리적 동의에 관한 [개인들간의] 일치로는 가능하지 않은, 개인적 의지 아래에 놓인 깊은 저변이다. 커뮤니티는 느낌과 사고, 전통과 헌신, 소속됨과 의지의 융합이다. 커뮤니티는 지역성, 종교, 국가, 민족, 직업, 혹은 사회운동에서 발견되거나 그 상징적 표현이 이루어질 수 있다. 커뮤니티의 원형은 가족이며 거의 모든 형태의 진정한 커뮤니티에서 가족이라는 이름

은 중요하다. 커뮤니티 관계를 이루는 힘의 기반은, 비록 커뮤니티가 형성된 똑같은 사회 환경에서 솟아나왔지만 비(非)-커뮤니티적 관계를 이루는 경쟁이나 갈등, 효용성이나 계약적 동의 등과의 실제의 혹은 상상된 대립이다. 이러한 비-커뮤니티적 관계는 그 상대적 비개인성이나 익명성 때문에 오히려 커뮤니티의 가까운 인간적 관계들을 돋보이게 만든다.

니스벳의 관점에서 커뮤니티는 세상에 대한 우리의 인식 안에서 뿌리 깊게 확립된다. 우리가 의식하건 의식하지 않건 말이다. 왜냐하면 커뮤니티는 우리에게 함께 사는 어떤 특정한 방식을 즉각적으로 의미화하고 있기 때문인데, 달리 말하면 커뮤니티는 이미 우리의 독사(doxa, 우리에게 이미 주어진 지식으로서 그것에 대한 사유가 불가능한 지식5) 안에 자리 잡고 있다는 말이다. 그뿐만이 아니다. 커뮤니티는 또한 그 자신만의 어떤 분위기가 주어져 있어서, 다른 모든 단어들 사이에서 돋보이게 된다(Bauman, 2003).

니스벳의 이러한 관찰은 물론 중요하지만, 그가 공들인 커뮤니티에 대한 정의에서 또 하나의 중요한 점을 도출해낼 수 있다. 그것은 바로 그에게 있어 커뮤니티는 근대성의 야만적 측면에서 솟아나는 온갖 부정적인 것들(특히 근대 국가)에 대한 역(逆)을 표상하는 긍정적인 개념이라는 것이다. 이 부정성은 통찰력 넘치는 학자이자 안내자인 아그네스 헬러(Agnes Heller)가 '근대적 사회 배열'(modern social arrangement)라고 불렀으며 이미 삼백년 전에 세계 무대에 화려하게 등장했던 [근대적] 사회 구성이기도

---

5   역주: 독사는 여기서 이미 우리의 인식 안에 자리잡고 있기 때문에 비판적 거리를 두고 대상으로 사유할 수 없는 지식을 말한다. 원문은 "the knowledge we think with but not about"이다.

하다. 근대적 사회 배열에 직접적인 대립으로서 커뮤니티는 주목할만하다. 커뮤니티는 초월적이다. 커뮤니티는 총체성으로 사유된 인류에 기반하여 세워진다. 커뮤니티는 건강하다. 커뮤니티는 어느 따뜻한 여름날과 같다. 커뮤니티는 부드러운 평안 그 자체다. 커뮤니티는 도덕적으로 도야한다. 커뮤니티는 가족이다. 커뮤니티는 집이다. 커뮤니티는 길들여진 것이다. 커뮤니티에 속해 있다는 것은 기분좋은 일이다. 무엇보다도 커뮤니티는 개인들보다 커서 우리가 커뮤니티의 일부일 때 우리는 개인들보다 훨씬 커다란 무엇이 된다. 그리고 바로 이것이 커뮤니티의 당위다.

그러나 니스벳은 이런 커뮤니티에 대한 뜨거운 열광에 사로잡힌 나머지, 커뮤니티의 장엄과 비참을 가로지르는 불안한 분할을 폭로하는 어떠한 비관적인 커뮤니티의 모습도 인정하는 데 실패하고 만다. 만약 커뮤니티가 사람들 사이의 상호 정체성 확인과 호혜적 관계에 기반하여 부인할 수 없는 커뮤니티 관계의 '연대'를 상기시키는 것이라면 그들의 이런 함께 사는 방식들은 또한 언제나 위협적으로 추정되는 타자에 대한 연대이기도 하며, 그들의 연합은 그 타인에 대한 비방과 끊임없는 놀림에 의해 주어지기도 한다. 바꿔 말하면 니스벳이 무시한 것은 커뮤니티에 이미 내장된 편견과 과도한 감정주의의 분출구이며, 이 분출구는 또한 종종 지독한 대립관계에 적용되는데. 이때 커뮤니티는 대체로 가장 적대적인 대항 세력에게 저항함으로써 스스로를 커뮤니티로 정의한다. 이러한 대립은 우리에게 [정체성의 확인에] 필요한 타자들을 약탈하여 감각적 연합을 성취함으로써 '우리'가 '그들'을 지워버릴 때마다 극에 달한다. 본질적으로 일방적 혹은 상호적 증오에 기반하거나 이를 대표하는 커뮤니티의 의미가 여기서 떠오른다.

바로 이것이 배타적인 커뮤니티이다. 이 커뮤니티는 강요된(imposed) 커뮤니티(Williams, 1973)로서, '농민계층'이 '영지의 영주'에 의해 착취당해 비참한 가난 속에서 살도록 강제될 뿐 아니라 영주계급의 변덕에 종속된다는, '억압받은 자들의 상호성'을 특징으로 한다. 이 커뮤니티는 '가정적'과는 거리가 먼 집이다. 이 커뮤니티는 차가워서 커뮤니티적 느낌의 여름이나 사람들 사이의 따뜻함도 환상에 불과하다. 마치 겨울처럼 커뮤니티가 모든 것을 정지시켜 버리는 것이 이곳의 리얼리티다. 함께 있음이 지배적인 삶의 방식인 이 세상에서는 해빙기는 절대 오지 않는다. 커뮤니티는 위협적이다. 커뮤니티는 개인들보다 더 잔인하며, 역사적으로도, 기억할 수조차 없던 먼 과거에서부터 사람들은 서로 함께 하거나 혹은 서로 떨어져 있으면서 커뮤니티의 가장 무서운 힘으로부터 자신들을 지켜왔어야만 했다.

그러나 니스벳의 커뮤니티 정의에 있어서 진짜 문제는 커뮤니티의 어두운 면을 무시한 그의 방식에 놓여 있는 것이 아니라, 커뮤니티의 존재가 세계의 질서와 복잡성에서 추론될 수 있다는 어떠한 주장도 전근대적이라는 것을 인정하는 데 실패했다는 점에 있다. 부연하면, 니스벳의 문제는 바로 목적론적인 사고방식이며, 이는 인간으로서의 호기심과 자기반성의 형식 및 범위를 그때까지 막아오거나, 최소한 제한했던, 전근대적 사회배열이 이미 근대성으로 대체된 상황과는 어울리지 않는다. 호기심과 자기반성은 민주주의와 혁명을 이끌어가는 쌍두마차를 형성하게 되어 오늘날까지 근대적 사회 배열의 산파구실을 담당하고 있으며, 바로 이를 일컬어 아그네스 헬러가 근대성의 역동, 즉 '진실, 선, 정의와 같은 지배적인 개념들을 끊임없이 지속적으로 시험대에 올리고 또 질문하는' (2006: 64) 행위라고 말한 것이다. 다른 방식으로 말하면, 일단 인간 행위와 표현이라는 진자운동이 제약으로부터 자유의 영역으로 급격하게 이행하면서 지역성, 봉건주의 (그리고 봉건주의가 수반하는 사회적 계층화의 닫힌 시스템), 종교, 그리고 전통이라는 기반들 없이도 새로운 세계를 만들어 내게 되었으며, 이 역사적 과정에서 생겨난 지각변동 하에서는 본원적인 의미에서의 커뮤니티 같은 것이 존재할 수 있다는 무언의 가정은 더 이상 성립하지 않게 되는 것이다.

물론 왜, 언제, 어디서, 그리고 어떻게 커뮤니티가 근대성에 의해 대체되었는지를 정확하게 규정하는 것은 가능하지 않다. 정확하게 어느 시점에 무시간적인 현재성, 생계유지가 우선인 전체성, 일상적 야만성, 그리고 경계 너머의 세상에 대한 무지와 맞물려있던 커뮤니티적인 전근대적 사회 배열이 근대성의 역동에 의해 강탈되었을까? 누가 이를 알 수 있을까? 그러나 대략 17세기의 어느 시점에 종교개혁, 이성의 시대, 그리고 계몽주의에 뿌리를 두었던 자유의 진보를 동반했던 여러 요인들의 결합에 의해 커뮤니티가 무너졌다고 말하는 것이 아주 크게 틀린 것은 아닐 것이다. 이 요인들에 대해서 말하자면, 이들은 한편으로는 산업혁명에 기반을 두고 과학의 근대적 헤게모니를 위한 플랫폼을 구성했던 거대한 기술 혁명이기도 하고, 다른 한편으로는 프랑스 혁명의 예에서 볼 수 있듯 18세기 후반의 여러 민주 혁명을 동반했던 절대 군주제의 종말이기도 하다.

그러나 우리가 역사의 과정에서 커뮤니티의 운명을 결정했던 지각변동의 결과들을 살펴보기 전에, 우선 전근대적 사회 배열에서 거주했던 사람들의 눈과 마음에 비친 커뮤니티적 삶의 정확한 의미를 생각해 볼 필요가 있다.

먼저 무엇보다도 우선 독자들이 이해하여야 될 점은 우리가 현대 사회에서 마주치는 '커뮤니티'의 **다양성**은 전근대적 사회 배열에서의 커뮤니티의 **유일성**(singularity)과는 전혀 다른 기획이라는 것이다. 전근대적 사회 배열에서 커뮤니티는 근대적 커뮤니티의 다양한 정의로 환원될 수 없다. 전근대적 커뮤니티의 존재는 세계의 질서와 복잡성에서 추론된다. 이때 커뮤니티는 그 자신만의 **목적**을 가지고 있다. 다시 말해, 전근대적 커뮤니티는 자신의 명확성 안에 편안하게 자리하고 있으며 전적으로 그 자신만을 위해 존재한다. 전근대적 커뮤니티는 전체주의자라고 할 수 있다. 왜냐하면 이 커뮤니티는 개인의 전부를 요구하기 때문이다. 전근대적 사회 배열을 사는 사람들에게 이 커뮤니티는 **유일한** 세계의 축소판으로서 하나의 우주처럼 보였을 것이다. 이 커뮤니티에서 가장 두드러지는 것은 그 완전성, 즉 주체와 객체, 그리고 개인과 사회의 통합이다. 이런 한에서 전근대적 커뮤니티는 그 자신의 존재를 정당화할 필요가 없다. 커뮤니티는 그냥 **거기에 있는** 것이며 사회적 변화의 부재를 통해 이뤄진 것이다. 레이몬드 윌리엄스(Raymond Williams)는 바로 이런 방식으로 커뮤니티는 '항상 있어왔다'고 말하기도 한다. 바꿔 말해 다른 어떤 근거에 의지하지 않는 신(God)처럼 커뮤니티의 현존(presence)만으로 커뮤니티의 존재를 충분히 설명할 수 있다는 것이다. 커뮤니티처럼 확실성으로 가득 차 있는 세계는 그 안에 자기반성을 위한 장소가 있을 수 없다. 전근대적 사람들은 그 자체로 (반성적 의식 없이) 있는 그대로의 세계에 거주할 수 있고 거기에 만족한다(차후에 우리가 보게 되겠지만 이런 만족은 근대인들에게는 제공되지 않는다). 이런 모든 의미에서 전근대적 커뮤니티는 비반성적으로 자기 자신과 그 시간성에 확고부동하게 고정된 유일한 진짜 커뮤니티이다.

이런 의미에서 전근대적 사회 배열은 철학자 마틴 하이데거(Martin

Heidegger)가 'Zuhanden gelassenheit'(용재적용在的 내맡김)이라고 불렀던 것을 상기시킨다. 이는 단순하게 사물들이 그 자신이 되도록 놓아 둘 수 있는 능력이며, 마치 사물들이 자신의 의지로, 혹은 신적인 지배에 의해서, 지금의 형태가 된 것 마냥, 사물들이 침전되면서 그들만의 고유한 존재를 획득하도록 내버려 두는 능력이다. 'Zuhanden'(용재적) 종류의 세상은 '불변하면서 동시에 자의적이다. 삶은 과거의 양식을 따른다. 그리고 이와 동시에 삶은 계획될 수도 없으며 . . . 삶의 패턴들은 전통적이기에 깨어질 수도 없고 깨어져서도 안되는 방식으로 고정되어 있다. 그러나 또 동시에 이 패턴들은 예측불가능하고 변덕스럽고 기적적이다' (Abrams, 1982: 93). 이런 세상에서는 인간은 커뮤니티의 밀도 높은 주름들에 배태되어 있다. 사회적 위계 속에서 사람들이 차지하는 위치는 그들 삶에서의 개인적 기능에 의해 결정된다. 그래서, 예를 들면, 전근대의 유럽에서 귀족들과 대지주 신사계급이 지주 봉건 영지를 지배하듯, 이와 동일한 [위계질서라는] 방식으로 성직자들은 신성한 성품성사(聖品聖事)를 담당하고 농노들은 그들이 살고 일하는 땅에 묶여 있게 되는데, 그들이 그 자리에 있게 된 것은 신의 뜻으로 간주되므로 그들이 나누고 있는 운명을 벗어날 가능성을 거의 없다고 볼 수 있다. 헬러가 지적하듯 바로 이 [전근대적] 커뮤니티 세계에서 근대의 사람들이 알고 있는 자유는 선택지가 아니며, 유일한 예외가 있다면 자유롭게 태어나서 있을 법하지 않은 모종의 이유로 인해 그 자유를 잃어버린 소수자들일 것이다.

역사과정에서의 격심한 지각변동이 인간 운명의 진자를 제약에서 자유로 던져 놓았다. 하이데거의 용어를 다시 한 번 빌려오자면, 근대성의 역동이 낳은 가장 새롭고 놀라운 '삶의 현실'을 네 가지만 말하자면 문화의 발견,

합리성과 이성에 의한 비합리성의 대체, 정체에서 진보로의 이행, 신의 폐위(廢位)와 개인의 발견인데, 지그문트 바우만에 의하면(2004:8), 이로써 세계가 '어두운 **용재**(zuhanden)의 공간'('손에 주어졌으며'(given to hand) 실질적으로 그리고 일상적으로 손에 주어졌기 때문에 '전혀 문제적이지 않게' 주어졌으며)'으로부터 끌려 나와 다시 **전재**(vorhanden, 도구로서 이용가능하게 만들기 위해 인간이 보고, 다루고, 부딪히고, 가다듬고, 틀에 맞추고, 원래의 모습에서 변형하여 다르게 만든 사물들의 영역)의 환하게 불 켜진 [계몽의] 단계로 이식되었다. 앤더슨(Anderson)이 설득력 있게 논증하듯, 이렇게 변화된 삶의 조건들은 세계에 대한 주요한 세 가지 개념의 붕괴로 이어졌다. 첫째는 종교가 유일하게 진리에 대한 접근을 제공한다는 생각이며, 두 번째는 군주들이 일반 민중들과는 다른 존재들이며 그들 위에 군림하도록 운명 지어져 있다는 생각이다. 마지막으로는 창조 신화에 근거한 과거와 현재의 이해이다. 우리는 아마 이러한 생각들이 인간의 삶을 커뮤니티에 뿌리박게 만들었다고 말할 수 있을 것이다.

근대적 사회 배열의 시작과 함께 자기 결정의 새로운 시대가 도래했으며 사람들은 더 이상 자신의 삶을 몽유병자처럼 살아내지 않아도 되게 되었다. 이제부터 그들은 스스로를 어떻게 깨울까를 배워야 했고 그들 자신의 운명을 만들어 나가야 했다. **용재**의 어두운 구역과 그것의 압도적인 제한들은 **전재**의 탐조등과 조명으로 대체되었으며 이는 [근대적] 우연성의 결과로부터 더 이상 아무도 벗어날 수 없음을 의미했고 또한 근대성의 역동이 자리 잡기 이전의 어떠한 세계로도 이미 돌아갈 수 없음을 뜻했다. 바꿔 말하면, 근대성은 전근대적 사회 배열을 추방하는 데 성공했으며 커뮤니티는 더 이상 커뮤니티로 될 수 없었다. 커뮤니티는 소실되었다.

커뮤니티 연구란 무엇인가?

바로 이런 이유로 지그문트 바우만(Zigmunt Bauman)은 근대적 사회 배열에서의 커뮤니티에 대하여 다음과 같이 말한다.

> 커뮤니티는 무감각하거나 죽었다. 일단 커뮤니티가 자신의 독특한 무용(武勇)을 뽐내며 그 태고의 아름다움에 대해 열광하면서, 커뮤니티를 둘러싼 울타리에 장황한 선언문들을 내걸어 구성원들에게 커뮤니티의 경이를 음미하도록 요청하고 커뮤니티에 속하지 않은 이들에게 커뮤니티를 존경하던지 입을 닫던지 하라고 이야기하는 순간, 사람들은 커뮤니티가 더 이상 존재하지 않는다는 것을 확신할 수 있게 된다. '말해진' 커뮤니티 (더 정확하게는 스스로에 대해서 말하는 커뮤니티)는 그 표현 자체가 모순이다. (Bauman, 2001: 11, 12)

여기서 바우만의 요지는 '"종말"이야말로 우연의 세상에서 의미를 만드는 것'(Heller, 1993: 70)이라고 했던 아그네스 헬러의 말과 유사하다. 실제로 우리는 오직 커뮤니티의 소멸로부터 커뮤니티에 대한 관념을 이해하기 시작한다. 바꿔 말하면, 커뮤니티의 목소리는 그것의 죽음이 가져다 준 충격에서 비로소 들려온다. '미네르바의 부엉이는', 위대한 철학자 헤겔이 썼듯, '황혼이 저물어서야 그 날개를 편다.' 커뮤니티의 태양이 짐에 따라 커뮤니티의 사후의 삶을 위한 새벽이 밝아온다. 우리 시대에서 사람들은 대단한 열정으로 커뮤니티를 감싸 안는데 이는 정확하게는 실제로 그러한 것이 더 이상 존재하지 않기 때문이다. 근대성의 세계에서 커뮤니티와 같은 어떤 것은 존재하지 않는다. 왜냐하면 현실적으로 커뮤니티는 없기 때문이다. 커뮤니티와 같은 어떤 것이 존재하지 않는 이유는 커뮤니티의 조건들이 현실화될 수 있는 어떠한 견고한 지반도 존재하지 않기 때문이다. 우리는 커뮤니티가 '언제나 있어왔기 때문에' 오늘날 커뮤니티의 어렴풋한 회색 지대를 오직 '상상할' 수만 있는 것이다.

추천문헌

이 장에 이어지는 '해석학적 커뮤니티'를 읽을 것. 여기에 소개된 주장은 니스벳의 좀 더 보수적인 뒤르켐주의(Durkheimian) 접근(1967)과 비교해서 읽으면 좋다.

참고문헌

Abrams, P. (1982) *Historical Sociology*. Shepton Mallet: Open Books.
Anderson, B. (1991) (2nd ed.) *Imagined Communities: Reflections on the Origin and Spread of Nationalism*. London: Verso.
Bauman, Z. (2001) *Community: Seeking Safety in an Insecure World*. Cambridge: Polity Press.
Bauman, Z. (2003) 'Plenary Lecture: Community' presented at the *Communities Conference*, Trinity and All Saints College, Leeds, 18th September.
Bauman, Z. (2004) *Europe: An Unfinished Adventure*. Cambridge: Polity Press.
Heller, A. (1993) *A Philosophy of History in Fragments*. Oxford: Blackwell.
Heller, A. (1999) *A Theory of Modernity*. Oxford: Blackwell.
Heller, A. (2005) 'The Three Logics of Modernity and the Double Bind of the Modern Imagination', *Thesis Eleven*, 81 (1): 63-79.
Hillery, G. A. (1955) 'Definitions of Community, Areas of Agreement', *Rural Sociology*, 20 (2): 111-123.
Nisbet, R. A. (1967) *The Sociological Tradition*. London: Heinemann.
Williams, R. (1973) *The Country and the City*. London: Chatto Windus.

해석학적 커뮤니티

각각 '번역/해석하다'와 '번역/해석의 전문가'를 의미하는 그리스어 hermeneuein과 hermeneutikos에서 기원한 '해석학'(hermeneutics)라는 용어는 신의 전령사라는 뜻을 가진 헤르메스에서 유래하였는데, 헤르메스는 인류가 이해할 수 없는 것을 인류가 알 수 있게 만들어주는 역할을 수행했다. 현대적 의미에서 해석학은 일반적으로 텍스트 해석의 기술이나 이론을 가리킨다. 해석학과 커뮤니티가 서로 연결되어 있는 방식은 전근대적 세계가 단일한 커뮤니티라는 기초 위에 세워져 있다는 사상에 그 기반을 두고 있다. 다시 말해, 커뮤니티는 한때는 아르케(arche, '우주의 근본'을 뜻하는 그리스어), 즉 인간세계의 모든 사물의 기본을 이루는 정수로 간주되었다. 해석학자들이 지적하듯이, 고대와 결정적으로 다른 근대 세계는 자유의 기초 위에 세워졌고, 따라서 근대 세계는 필연적으로 아르케(또는 커뮤니티)가 없는 세계로 운명지어졌으며 언제나 스스로를 재발명하는 과정 속에 있게 되었다는 것이다 (Heller, 2005). 사회에 내재된 이러한 파열은 지속적으로 사람들을 커뮤니티에 관한 노스탤지아에 묶어놓을 뿐 아니라 근대인으로서 그들에게 커뮤니티가 어떤 의미가 있는지를 설명하고자 하는 추동으로 이끌게 된다. 바꿔 말하면, 근대성에 의한 커뮤니티의 대체는 해석학적 커뮤니티들이라는 관념을 가능하게 만들었던 것이다.

섹션 개요

해석학적 커뮤니티 이론의 이론적 기초를 간략하게 개관한 후, 이 장에서는 존 밀턴(John Milton)의 걸작인 『실낙원』(Paradise Lost)이 17세기의 근대적 상상력 뿌리내리게 되면서 커뮤니티 철학을 정초하는 데 초석이 되었음을 설명한다. 그리고 난 후에는 포스트모더니티의 등장이라는 맥락에 비추어 해석학적 커뮤니티 이론의 수단과 방법의 궁핍화를 논의한다. 이 장을 마무리하면서는 새롭게 활력을 얻고 있는 해석학에 주목함으로써 우리가 포스트모더니즘과 근본주의에 의해서 설정된 커뮤니티의 한계를 이겨낼 수 있을 뿐 아니라 이 과정에서 개인적 우연성을 집단적 운명으로 전환하고, 이로써 더 나은 세상을 가능하게 만들 수 있음을 제시한다.

가장 넓은 의미에서 '해석학적 커뮤니티'라는 용어의 사용은, 근대성의 시작이 커뮤니티의 새로운 국면이라는 사실을 그 출발점으로 하고, 이 새로운 국면에서 비록 커뮤니티의 위력이 제한적이고 그 특성 역시 흐릿하게 되었지만, 인간의 상상력에 의해 풍부하게 제시되면서 커뮤니티가 새로운 힘을 갖게 되었음을 보는 어떠한 철학에도 적용될 수 있다. 아그네스 헬러(Agnes Heller)의 문화에 대한 일반론을 적용하여 말하자면, 근대성의 시작과 함께 커뮤니티는 생활방식에서 서사, 즉 해석의 과업으로 전환되었다는 것이며, 바꿔 말해 커뮤니티는 해석학적 실천이 되었다는 것이다. 일단 커뮤니티가 자족적인 것이기를 멈추면, 이 대신 커뮤니티는 점점 더 어떤 의미, 혹은 마틴 아미스(Martin Amis, 2006)가 최근 **알려진 미지**(the unknown known)라는 말도 안 되는(ridiculous) 범주라고 불렀던 것, 즉 통상 신의 개념과 결합되곤 하는 어떤 종류의 '낙원, 성서적인 무오류성'을 뜻하게 된다. 그렇다면 근대 세계에서의 커뮤니티는 특정한 일련의 사회적 그리고 문화적 관계들, 그리고 이런 관계들과 연관된 유대와 연결로 환원되기보다는 바로 해석학에 의해서 그 의미가 깊어지게 된다. 근대의 사람들에게 커뮤니티를 더욱더 의미있게 만드는 것은 바로 해석학이다. 커뮤니티에 대한 해석은 커뮤니티의 노스탤지아와 인정(認定)의 느낌을 불러일으킴으로써 커뮤니티의 아우라를 강화한다. 근대적 인간은 어떤 문화적 작업을 두고 '이것은 우리의 것과 다르다'라고 말하거나 '우리의 것과 가깝다'고 말한다. 이런 면에서 커뮤니티는 특별하며, 매력적으로 보일 수 있는 차이와 가까움은 해석을 통해서 만들어진다.

헬러의 요약을 더 인용하자면 의미, **알려진 미지**와 노스탤지아에 대한 호소, 그리고/또한 가까움에 대한 호소야말로 커뮤니티의 '시간을 연장하여' 근대적 문화 위계의 정점에 커뮤니티를 위치시킨다. 커뮤니티에 높은 가치가 부여되는 이유는 무한한 해석가능성에 복무할 수 있는 잠재성이 있기 때문이며 이미 학계와 일상에서는 여러 다양한 관점으로 지속적으로 해석되어 왔다 ('상상의 커뮤니티' 참조). 따라서 근대적 세계에서 커뮤니티는 의미를 산출하고 노스탤지아와 가까움의 느낌을 불러일으키는 기능을 수행한다. 커뮤니티에 대한 이러한 접근은 커뮤니티의 본래적 개념(커뮤니티의 **알려진 미지**)에 규율화될 수 없는 **어떤 것**, 즉 **비밀**이 있음을 상정한다. 커뮤니티의 비밀은 바로 해석 너머에 있다는 것이며 우리는 그 비밀을 알지도 못하고 알 수도 없다. 우리는 그 비밀이 가진 따뜻한 훈기를 **느끼고 지각할** 뿐이다.

전근대적 사회의 커뮤니티로부터 이러한 커뮤니티에 대한 근대적 갈망으로의 이행을 특징짓는 핵심은 레이몬드 윌리엄스(Raymond Williams)라면 아마 능동적인 헌신으로 전환된 *의식하지 못했던 구조*라고 불렀을 어떤 것, 즉 인간의 의식으로 옮겨진 사회적 관계에 있다. 의식하지 못한 구조는 사람들이 거기에 갇혀있다는 의미에서 전근대적이며, 능동적 헌신은 근대적이며 하나의 의무, 책무, 책임감, 그리고 심지어는 욕망으로서 느껴지게 된다. 실제로 한 커뮤니티의 부분이 되는 것과 같은 본래적인 무엇인가를 완벽하게 실현하는 것이 능동적 헌신의 목표라기보다는 그 목표에 수반되는 욕망이다. 지그문트 바우만은 이 부분을 지적하며 근대적 커뮤니티의 모호성이라고 지칭한다.

이러한 해석으로서의 커뮤니티의 재평가는 아마도 모든 근대 커뮤니티는 '그들의 진실성/거짓성이 아니라 그들이 상상되는 스타일에 의해 구별된다'는 베네딕트 앤더슨(Benedict Anderson, 1991:6)의 널리 알려진 확신에서 가장 잘 표현될 것이다 ('상상된 커뮤니티' 참조). 그러나 논쟁의 여지는 있지만 커뮤니티의 기원은, 17세기의 근대적 상상력에 기초하였으며 해석학적 커뮤니티를 정초하는 데 초석이 되었던 존 밀턴의 역작『실낙원』에서 찾을 수 있다고 말할 수 있다. 바꿔 말하면 커뮤니티에 대한 근대적 집착은 밀턴적이다.

1667년에 발간된『실낙원』은 에덴 동산으로부터 추방된 아담과 이브를 다루고 있는 서사시로 이들의 추방은 해석학적 커뮤니티에 의한 근원적인 커뮤니티적 삶의 방식의 대체에 대한 비유로서 읽을 수 있다. 다른 말로 하면 인류의 커뮤니티 사랑은 금단의 열매를 먹고 낙원의 문 밖으로 쫓겨나 그들 앞에 놓인 새롭고 공허한 세계를 마주하게 된 아담과 이브와 함께 시작되었다. 만약 물리적인 자의식이 그들이 추방된 후 느낀 맨 처음의 증상이라면 이에 곧바로 따라 나올 수 밖에 없는 인식은 어떤 실수는 돌이킬 수 없다는 것, 낙원은 영원히 상실되어 회환에 찬 채 돌아볼 수밖에 없다는 것, 현재를 벗어날 수 있는 방법은 없으며 바로 이 시점부터 아담과 이브는 그들 자신의 외로운 삶을 살아가야 할 것이며 이 삶을 같이할지 따로 할지는 그들 자신의 개인적 선택에 달려 있다는 것이다.

밀턴은 『실낙원』의 마지막 부분에 이를 아래와 같이 쓴다 (1968: 292).

> 세계는 온통 그들 앞에 있다. 어디를 고를까
> 그들이 쉴 곳은, 그리고 섭리는 그들의 안내자.
> 그들은, 손을 잡고 방황하는 발걸음을 했다, 천천히
> 에덴을 통과하여 그들은 고독한 길을 갔다.

아담과 이브는 두 가지 선택지가 있다. 그들은 충분히 애써서 찾아보면 부서진 총체성의 모든 파편들을 자신들이 모을 수 있을 거라고, 또 이 모든 파편들을 깨진 자국없이 되돌려놓으면 사라져버린 것이 다시 나타나며, 낙원의 흩어진 조각들과 잔재들이 어떤 말에 의해 다시 결합하고, 인간의 호기심의 불길에 소진되어 버린 어떤 것이 잿더미에서 다시 한 번 피어나리라는 희망을 가지고 노스탤지아에 젖어 낙원을 되돌아볼 수도 있다. [그러나] 크롬웰의 공화정 운동의 옹호자였던 밀턴은 이것이 환상이라는 것을 안다. 『실낙원』의 진정한 마법은 그것이 그린 세계를 사라지게 만들어 마치 애초에 존재하지 않았던 것처럼 완전히 소실되게 만드는 능력에 있다. 밀턴 시의 지속적인 메시지는 사람들이 영원히 추방되어 버린 낙원 이후에 그들이 서로를 돌볼 준비가 되어 있다면 '그들 앞에 있는' 세계를 인식하기 시작할 수 있다는 것이다.

달리 말하면, 인류는 구(久)세계의 커뮤니티로부터 유배되어 왔을지도 모르지만 인류는 또한 근대 세계에서 새로운 종류의 커뮤니티를 만들 기회를

갖고 있다. 대천사 미카엘은 아담과 이브가 에덴의 동산을 떠날 때 만약 그들이 기독교의 미덕을 실천하면 **그들 내부에서** 낙원을 찾게 될 거라고 말한다. 기독교의 기반인 목적론은 영원히 끝나지 않는 정처 없음으로 변화했고 이 집 없는 운명은 믿음의 기초 위에 자란 근대적 상상력에 의해 인정되기도 하고 저항되기도 한다. 그러나 클레어 토말린(2008)이 말했듯 밀턴은 때로는 '서로 모순된 생각들로 가득찬 인물'로 읽혀져야 한다. 실제로 밀턴의 생각들은 기독교적 기반으로부터 생겨났지만 기독교에 얽매어 있지도 않다. 물론 그는 기독교적 어법에서 벗어나기에는 기독교의 해석학적 경향에 너무 많이 묶여 있기는 하다. 그러나 궁극적으로 『실낙원』에서 떠오르는 핵심적 메시지는 공화주의적이고 세속적인 정신으로 읽혀져야 한다. 커뮤니티는 기독교적 기초에서 발원되었지만 기독교에 얽매어있지 않다. 사람들은 **그들 사이에서** 낙원을 찾을 수 있다는 선물을 갖고 있고 따라서 그들이 에덴에 있던 옛날보다 '더 행복해질' 수 있는 잠재성 역시 가지고 있기 때문에 『실낙원』에 대해서 노스텔지아를 느끼지 않아도 된다.

밀턴의 시는 해석학이 우리가 문장들에 바치는 찬사 이상의 어떤 것이라는 점을 지적하고 있다. 해석학은 근대를 사는 사람들의 연대를 논의하기 위한 유용한 기예일 뿐 아니라 효과적으로 실천되면 어떻게 하면 근대의 사람들이 본래적이고 선하고 정의로운 삶을 공동으로 살아갈 수 있는지 (그리고 이것이 바로 기초 없는 커뮤니티, 아르케 없는 커뮤니티의 개념이다)에 대해 말할 때 유용한 무언가를 가지고 있다. 위대한 멕시코 소설가인 카를로스 푸엔테스(Carlos Fuentes, 2005)의 말을 빌리자면, 해석학은 역사의 성급함이 소홀하게 취급한 인류의 삶을 복원하는 일을 한다. 바꿔 말해, 해석학은 역사 속에 묻혀버린 기억을 실재하게 만든다 (이 말의 뜻은 해석학이 또한 커뮤니티의 긍정적인 특징뿐 아니라 부정적인 면도 드러낼 수 있는 능력을 가지고 있다는 것이다).

커뮤니티의 역사가 커뮤니티가 과거에 어떠했는지를 보여줄 수밖에 없듯이, 해석학은 우리에게 언제나 지금까지 없었던 것을 제시할 것이다. 다른 말로 하면, 과거에 종속되지도 않고 자신이 미래에 무엇이 될지에 대한 가능성을 제한하지도 않는 커뮤니티의 대안적인 근대판을 해석학은 제공할 것이다.

『실낙원』의 발간 이후 인류는 언뜻 보아 셀 수 없을 만큼 많은 수의 커뮤니티 서사를 만들어왔다 ('상상의 커뮤니티' 참조). 그러나 밀턴이 과거와 미래를 조합하여 커뮤니티의 해석학을 비판적, 반영적, 반성적 과정으로 전환하고, 이에 따라 만약 인류가 더 나은 세상을 만들기를 원한다면 인류는 인간의 노력, 창조성, 연대와 어울리는 기독교의 가치들을 실천할 필요가 있다고 제안했다면, 밀턴을 제외한 다른 많은 접근들은 해석학을 잘 수행하지 못한다. 문제는 대부분의 해석이 그저 커뮤니티를 방금 포장에서 꺼낸 근사한 비스킷 컬렉션처럼 보여주려고 노력하기만 한다는 것, 그리고 정작 우리가 실제로 얻는 것은 부서진 다이제스티브 과자 한 봉지일 뿐이라는 것, 더 나아가 그 중에서도 어떤 조각들에는 이데올로기적 먼지가 덕지덕지 붙어 있다는 것, 그리고 심지어는 대부분의 과자들이 맛도 비슷하다는 것이다. 다시 말해 해석학적 커뮤니티들은 지금까지 그들의 기능을 잘 수행해 오지 못했다.

그 이유로는 세 가지를 들 수 있다. 첫째는 헬러의 근대성 분석(1999)에 잘 제시되어 있다. 해석학의 기능은 의미를 산출하는 것이지만, 그녀가 잘 보여주듯 해석학은 노스탤지아와 가까움의 느낌을 불러일으키려 하는 낭만적 감수성이라는 짐을 지고 있다 ('노스탤지아' 참조). 두 번째로, 역사적 증거가 잘 보여주듯 해석학적 커뮤니티들은 예외 없이 이데올로기와 유토피아라는 꿈을 동반하고 있는 것처럼 보인다. 이런 커뮤니티들 중 가장 근심스러운 것은 근본주의인데 예컨대 종교적 근본주의는 종교나 커뮤니티와는 거의 관계가 없으며 이데올로기적 권력과 영향력을 얻는데 온통 집중되어 있다. 세 번째로는, 최근 몇 년 동안 어떻게 커뮤니티를 해석하느냐에 있어 또 하나의 거대한 이행이 있었는데 대부분의 경우 그저 [커뮤니티라는] 말뿐인 현상이었다.

지그문트 바우만이라면 아마 이런 세 번째 현상에 대해서 커뮤니티의 관념이 이제는 깊은 상호성과 장기적인 호혜적 관계를 그저 **대신하기만 하는**(merely stand for) 탈근대의 표면적 이상이 되었으며, 마치 커뮤니티가 존경스러운 삶의 방식인 양 확신을 주는 듯이 보이지만 다른 모든 내구 소비재와 마찬가지로 겉보기에 그럴듯한 기능적 특징만을 내보이는 키치(kitsch)의 의해 커뮤니티의 헌신과 평생에 걸친 보증은 가려져 버렸다고 말할 것이다. 달리 말해 고급 예술 형태로서의 해석학이 저속한 지위의 어떤 것에 밀려나고 만 것이다. 예술로 비유하자면, 유동적 근대 해석학과 [전통적] 해석학의 관계는 muzak[6](쇼핑몰이나 레스토랑에서 틀어주는 상업화되고 완전히 개량된 '가벼운 음악')과 [고전] 음악과의 관계에 비유할 수 있다. muzak으로서의 해석학이 되고 만 것이다.

---

6   역주: 사무실이나 식당 등에서 무선이나 유선으로 보내지는 백그라운드 뮤직이나 전화 통화에서 상대방을 기다리는 동안 내보내지는 음악을 말한다.

이 모든 것은 아직도 커뮤니티의 불가해성, '물자체'(物自體), 칸트의 Ding an sich가 오늘날 가장 긴급한 사안이라는 것을 말해 준다. 실제로 '근대 세계에서 "커뮤니티"라는 단어의 의미는 무엇인가'라는 질문 자체는, 끊임 없이 흐르고 진화하면서 커뮤니티의 의미를 바꾸고 있는 유동적 근대의 삶의 표징이다. 하지만 커뮤니티라는 개념은 다른 어떤 개념들보다도 점점 더 이 질문에 취약해지고 있다. 우리가 지금까지 보아왔듯 다른 어떤 단어들보다 '커뮤니티'라는 단어는 왜 자신이 생겨나게 되었는지, 지금 어떤 모습인지, 그리고 미래에 무엇이 될지를 그 내부에서 대답하지 못한다. 커뮤니티의 운명은 사람들의 손에 달려 있다. 확실하게 말할 수 있는 것은 근대 세계의 탄생 이후 우리는 아직까지 커뮤니티가 무엇을 의미하는 지를 완전히 파악한 적이 없다는 사실이다.

비트겐슈타인(Wittgenstein)이 철학자들에 대해 말했던 것은 일반적으로 근대의 사람들에게 적용되며 특히 우리가 커뮤니티를 대하는 방식에 적용된다. 우리는 '커뮤니티'라는 해방적 단어를 찾고자 노력을 경주해 왔으며, 마침내 그 단어는 우리가 그 단어를 찾아낸 그 순간까지 보이지 않게 우리의 의식을 짓누르고 있었던 것을 파악할 수 있도록 해 주었다. 그러나 우리가 '커뮤니티'를 찾아내었을 때 우리는 그 노스탤지아와 가까움의 느낌에서 허우적거렸으며, 그리고 그 이후에는 '헤르메스의 신성한 소명을 효과적으로 중지하면서'(Heller, 1999: 150) 우리가 그 대신 했어야만 하는 것, 즉 해석을 통해 새로운 방식으로 커뮤니티의 의미를 찾는 노력을 져버렸다.

바꿔 말하면, 언제나 우리 자신의 이데올로기적 그리고 감정적 과잉을 통찰하면서, 풍부하고 놀랍도록 새로운 방식으로 커뮤니티를 해석하기 위해 해석학을 사용하는 일은, 영원히 끝나지 않은, 그리고 아마 끝나지 않을, 의미를 만드는 일을 수행하는 것이다. 헬러가 지적하듯 좋은 해석은 단어들을 깊이 있고 더 풍부하게 만들며, 해석이 진행됨에 따라 민주적으로 작동하는 원리들을 창조하고, 이 세계를 유토피아적이나 이데올로기적으로 남아있게 만들기보다는 우리가 마주친 세계가 실제임을 우리가 확신하도록 만든다. 해석학은 포스트모더니즘이나 근본주의의 대척점에 서 있다. 해석학은 어떤 주의(主義)가 아니며 문화적 담론이다. 바로 이런 한에서 해석학은 커뮤니티와 같은 어떤 것을 가능하게 만든다. 우리가 해석학에 종사한다면 우리는 **개인적인** 우연성을 **집단적** 운명으로 전환할 수 있다.[7] 더 나아가 우리는 아마 더 나은 세계를 가능하게 할 수도 있을 것이다. 해석학이 근대인들에게 던지는 도전은 보편적이지만 보편화하지 않는 세계를 만들어 모든 인간이 함께 그리고 따로 집에 안주할 수 있게 하는 것이라 결론지을 수 있겠다. 이 세계는 아마 수많은 커뮤니티들이 있는 세계이면서 그 중 어떤 하나도 전 생애를 보증할 수 없는 세계이겠지만 각각의 커뮤니티가 인간의 친절함, 참을성, 정의, 연대, 그리고 무엇보다도 자유라는 미덕에 집단적으로 헌신하는 세계일 것이다.

참고문헌

Amis, M. (2006) 'The Age of Horrorism: Faith and the Dependent Mind', *Observer Review*, 10th September.
Anderson, B. (1991) (2nd ed.) *Imagined Communities: Refl ections on the Origin and Spread of Nationalism*. London: Verso.
Fuentes, C. (2005) 'Time Will Tell, Maybe Time Will Sell: The Privileged Space of Incertitude', *Le Monde Diplomatique*, December.

---

[7] 역주: 이 문장은 개인의 관점에서 우연으로 밖에 사고할 수 없는 현상을 역사적으로 형성된 집단의 경로로 이해할 수 있게 한다는 뜻으로 이해해야 한다.

Heller, A. (1999) *A Theory of Modernity*. Oxford: Blackwell.
Heller, A. (2005) 'The Three Logics of Modernity and the Double Bind of the Modern Imagination', *Thesis Eleven*, 81 (1): 63-79.
Milton, J. (1968) *Paradise Lost and Paradise Regained*. New York: Airmont.
Tomalin, C. (2008) 'The Devils Advocate', *the Guardian Review,* 1st March.

유동적 근대 커뮤니티

이 개념은 우리의 삶이 커뮤니티와 더 분리되면 될수록 우리는 커뮤니티의 경험을 더욱더 바라게 된다는 생각을 전제하고 있다. 사람들이 안전하고 익숙하게 느꼈던 근대성 형성기의 근대성이 영원히 사라지고 있다는 것을 인식할 때, 그리고 끝내 상실될 수밖에 없는 커뮤니티 삶에 대한 열정을 통해서 그 상실에 대한 위안을 추구할 때, 바로 이때가 유동적 근대 커뮤니티가 성숙해지는 시기라고 하겠다.

섹션 개요

이 장의 출발점은 커뮤니티는 견고한 근대사회로부터 유동적 근대의 사회성으로의 이행이라는 맥락에서 이해되어야 한다는 지그문트 바우만의 설명이라고 하겠다. 바우만이 '유동적 근대성'(liquid modernity)이라는 용어를 통해서 무엇을 의미했는지를 개괄하고, 그러한 사회성의 출현이 사람들이 스스로를 상상하고 또 그들이 서로에게 어떻게 관계하는지에 대해 어떤 의미를 가지는지를 논의한 다음, 이 장은 이러한 정황이 커뮤니티의 존재론적, 윤리적, 그리고 미학적 위상에 대해 무엇을 말해줄 수 있는지를 탐구한다. 이 장은 바우만의 이론에 대한 비판 및 대안적 논평으로 끝을 맺는다.

왜 커뮤니티인가? 그리고 왜 지금인가? 지그문트 바우만의 유동적 근대 커뮤니티 이론은 우리가 커뮤니티의 존재를 더 이상 확신할 수 없게 되었을 때에야 비로소 커뮤니티에 대한 믿음이 절대적으로 필요하게 되었다는 역설에서 출발한다. 바우만에게는 커뮤니티가 현대 사회의 존속을 위해 필수불가결한 요소이다. 그는 오늘날을 사는 사람들이 마음 깊은 곳에서는 그들이 커뮤니티에서 태어난 사람들이 서로에게 건네줄 수 있었던 따스한 훈기는 물론 전근대적 사회 배열의 뒤를 이어서 등장했던 대체로 '예측가능하고, 그래서 경영이 가능했던' '무겁고' '견고한' 하드웨어 중심의 근대성과도 더 이상 함께 살 수 없다는 것을 잘 알고 있다고 주장한다 (Bauman, 2000). 그 이유는 바로 지난 30여 년간 경제적, 정치적, 사회적, 그리고 문화적 요인들의 상호작용에 의해 근대성이 변형되어 점점 더 '가볍고' '유동적인' 소프트웨어 중심의 세상이 출현하였기 때문이다. 견고한 근대성의 **생산자** 사회과는 뚜렷하게 대조되는 유동적 근대성은 개인들이 상품의 촉매자이기도 하고 그들 자신이 바로 상품이기도 한 **소비자** 사회성으로 특징 지어진다 (Bauman, 2007). 산업 생산이 전반적으로 글로벌 자본주의의 대들보인 소비자주의로 대체되고, 이와 동시에 바우만이 유동적 근대성의 부인할 수 없는 힘이라고 불렀던 개인화의 방향으로 삶의 기예가 노정되었으므로 소비자 사회성이라는 특징은 이미 놀랄만한 일이 되지 못한다.

'견고함'과 '유동성'의 가장 중요한 차이는 바로 후자가 두 지점 사이의 압력 차이를 견뎌내려 하지 않는다는 점이다. 이런 물리학 법칙과 유비관계를 채택하면서 바우만은 우리가 오늘날 거주하는 세계가 덜 구획화되고 덜 결정되어있으며, [어딘가에] 뿌리내리고 있다기 보다는 리좀적이며, 그 경험의 행렬은 끊임없이 밀려드는 새로운 도착과 출발은 물론 예기치 못했던 전환, 이탈과 취소로 분주하다고 설명한다. 바꿔 말하면, 근대 세계는 어떤 특정한 형태의 근대화로 진입했으며 그 가장 뚜렷한 특징은 변화가능성, 혹은 결정불가능성이다.

유동적 근대성은 **불확정성**(Unsicherheit, 바우만이 불확실성, 불안전성, 위태로움의 복잡한 조합을 묘사하기 위해 사용하는 독일어 단어)으로 특징지워지며 이는 경제적 불평등, 사회적 격변, 문화의 충돌, 정치적 불안정성, 실존적 불안전성, 환경적 위기, 테러리즘의 일상적 공포 등의 체제에 반영되는데, 이 모든 것은 유동적 근대의 전면으로 등장한다. 또한 이런 현상들은 쉼 없는 변화, 불확정성, 파편화와 이에 수반되는 결여를 나타내는 표시인데 이는 또한 오늘날 사람들이 영위할 수밖에 없는 탈구된 삶을 반영하면서, 사람들을 경계들의 세상에서 방랑하게 만들어 결국 그들을 정체성들 사이를 오가도록 만든다. **불확정성**에 의해 뿌리 뽑히고 지치고, 또 홀로 남겨진 유동적 근대의 사람들은 커뮤니티의 소속감, 뿌리내림, 휴식 등과 비슷한 어떤 것을 추구한다.

지금보다는 더 안전하고 상대적으로 안정적이었던 전근대성과 견고한 근대성의 세상들에 거주했던 사람들과는 뚜렷하게 대비되는 유동적 근대의 거주자들은 강제로 그리고 동시에 자발적으로 일상의 삶을 살아내며 신속하고 순간적이면서 일시적인 사회적 관계를 경험하는데, 실제로 그들이 경험하는 사회적 관계는 '재(再)배태의 중단과 쌍을 이루는 탈(脫)배태의 지속'(the continuation of disembedding coupled with dis-continuation of re-embedding)에 의해 지배된다(Bauman, 2002: 2). 그 결과 오늘날의 근대인들은 그들의 삶을 점묘적(pointillist)으로 살아가게 되는데, 다시 말해 근대인들의 삶은 단편적으로 경험된다 (Bauman, 2007). 또한 커뮤니티 역시 이와 비슷한 방식으로 경험되는데, 커뮤니티가 살아 있는 경우, 즉 중요한 축구경기에서 그들의 팀이 이겼을 때나 행복한 휴일과도 같은 즉각적인 사건들에 우연적으로 일치가 부과되는 경우를 제외하고는 어떠한 확장된 일치도 없는 것이다. 또한 바우만은 오늘날 근대인들은 끊임없이 변신하고 있다고 주장한다. 근대인의 정체성이 그들 안에 있는 것이 아니라 그들이 어느 특정한 순간에 떠맡는 그 당시의 형식을 통해서 주어지고, 더 나아가 이를 바꾸어갈 수 있는 능력이 있기 때문에, 근대인은 젠더, 나이, 민족성, 그리고 사회적 계급 등 어떠한 암묵적인 기대도 거부하면서 상호 의무나 호혜성과 같은 커뮤니티의 기대 역시 신경 쓰지 않는다.

유동적 근대성의 시기에는 [어떤 자명한 것으로] 가정된 이해관계의 일치가 전문화된 **해비태트**(habitat)[8]와 라이프 스타일과 개인성의 연관에 자리를 내어주며, 사람들은 '세상과 더 잘 연결되기 위한 기회를 위해 어떤 결과 산출의 안전한 원천을 포기하기를 꺼리지 않는 조작자'가 된다

---

8 역주: 해비태트는 거주공간으로 번역되기도 한다. 해비태트는 부르디외(Pierre Boudieu)의 이론에서 나온 개념으로 주체가 사회적 삶을 실천하며 살아가는 공간을 의미한다.

(Wellman et al. 1988: 134). 사람들은 '네트워크 안에 언제나 신뢰의 메시지를 주고 받을 수 있는 핸드폰 번호가 있기를 바라며' 그들의 희망을 '커뮤니티들'보다 '네트워크들'에 투자한다 (Bauman, 2006: 70). 결과적으로 세상에서 그들 자신의 길을 가지는 개인들은 자신들의 공동 이해관계를 나눔으로써 다른 개인들과 엮여서 마페졸리(Maffesoli, 1996)가 신부족이라고 불렀던 것을 형성하는 경향을 보인다. 이런 의미에서 오늘날의 커뮤니티들은 자신들에 의해 정의된 커뮤니티들이며 '자기동일시라는 개인적 행위들의 겹침에 의해' 개념적으로 형성된다 (Bauman, 1992: 136). 유동적 근대의 정체성 형성이라는 연질의 용해 속으로 빨려들어간 오늘의 커뮤니티는, 역시 유동적 근대의 한 부분인 개인들을 위해 그려진 개인화된 표현에 불과하다. 사실 유동적 근대의 커뮤니티는 어떤 보편적인 활기도 제공하지 않는다. 커뮤니티는 개인적인 소비를 위해서만 상상되며 집단적인 추위를 완화해 주지는 않는다. 바로 이것이 21세기의 소비자 고독과 권태가 업데이트된 커뮤니티다.

'각각의 사람은 진실로 혼자다'는 말은 『공동사회와 이익사회』(*Gemeinshaft und Gesellschaft*, 커뮤니티와 사회로 영역됨)라는 커뮤니티에 대한 고전적인 책을 쓴 작가인 퇴니스(Ferdinand Tonnies (1955, 1988))가 반어적으로 썼다. 퇴니스가 전혀 예상하지 못했던 것은 커뮤니티가 지금에 와서는 아무도 이의를 제기할 수 없을 만큼 **개인화된** 삶이 되어버린 것에 대한 영양 해독제에 불과하다는 바우만의 주장이 반박불가능하다는 점이다. 사람들의 삶과 라이프 스타일의 서식을 결정짓는 것은 커뮤니티가 아니라 *개인화* 라고 봐야 한다. 바우만이 지적하듯 (2006: 114), '우리 중 어느 누구도, 아마 아무도, 우리 자신의 이해관계를 쫓고 있다고 믿지도 (선언은 말할 것도 없으며) 않는'데 바로 이 점이 개인화에 의해 지배되는 삶이 우리 각각에게 요구하는 것이다. 커뮤니티는 우리의 개인화된 희망과 두려움의 도관(導管)일 따름이며 사람들이 스스로가 오늘날 진실로 혼자라는 것을 알고 있다는 사실이야말로 그 혼자됨을 거부할 수 없게 만든다. 만약 커뮤니티가 부재할 수밖에 없다면, 그럼에도 불구하고 근대의 사람들은 그들의 개인성을 통해, 즉 그들이 더욱더 가치롭게 여기고 행복의 최고 원천으로 간주하는 사유화된 독립성의 양식을 통해서 커뮤니티를 그리워한다. 이런 관찰이야말로 커뮤니티가 유동적 근대에서 지니는 핵심적 의미에 접근하기 위한 가장 중요한 단서라고 할 수 있다.

유동적 근대인들은 오직 **그들이** 커뮤니티를 원하는 방식대로 커뮤니티를 원한다. 개인적 소비를 위해 개별적으로 포장된 방식 말이다. 개인화된 사람들은 마치 세상의 지지와 뒷받침, 그리고 기성의 설비와 채비들, 관습적인 지향점들이 필요하지 않은 듯이 그들의 삶을 살아간다. 사람들은 완전히 개인화되고 독립적으로 되어 어디에 가서든지 살 수 있고, 최소한 당분간은, 어디든지 그들의 집이 될 수 있는 잠재성을 가지고 있다. 유동적 근대의 사람들에게 지향점이자 표지판은 그들 자신이다. 그들은 개인이라는 사실에 기인하는 간헐적 외로움을 달래기 위한 구식의 해결책이 필요할 뿐이며 그들은 그 대답을 커뮤니티에서 찾는다.

유동적 근대인들에게 커뮤니티는 '나는 이 집단의 사람들에게 헌신한다'는 운명적 선택으로 인해 많은 미래의 선택지들이 닫혀 버린다 해도 개의치 않는다고 그들 스스로가 믿을 수 있는 곳으로 데려다 줄 것으로 상상된다 ('상상의 커뮤니티' 참조). 문제는 유동적 근대성이 '연대 행동의 기초인 사회적 유대의 소산(消散)에 의해 규정되는' 세계라는 것이다. 유동적 근대성에는 또한 '사회적 유대를 지속하게 하고 믿을만하게 만들 수 있는 연대에 대한 저항이 두드러진다' (Bauman, 2006: 21). 사람들이 커뮤니티의 장소로 옮겨질 때 그들 모두는 그 선택으로 인해 많은 선택지들이 사라지게 될 것을 무척 걱정하고 있다는 것을 발견하고 그곳을 떠나려고 안달한다. 커뮤니티로 이끌리는 것이나 커뮤니티의 일원으로서의 삶이 수반하는 책임을 감싸안는 것 대신, 개인은 필연적으로 커뮤니티로부터 자신을 멀어지게 한다. 당신은 아마도 유동적 근대의 사람들이 커뮤니티의 확실성을 갈망한다고 이야기하고 싶을 지도 모르지만, 그들은 현재와 미래를 대면하기 위해 유동적 근대의 삶에 필요한, 예컨대 장비(가장 중요하게는 그들의 소중한 핸드폰)와 태도(개인주의적이면서 오직 나와 관계되는)와 같은, 최신의 보조물들을 비축해 놓을 필요가 있다는 것을 이미 마음 깊은 곳에서 알고 있다.

결국 커뮤니티라는 관념은 깊은 상호성과 지속적인 호혜적 관계를 그저 **대표하는** 그럴듯한 용어이다. 마치 커뮤니티가 존경스러운 삶의 방식인 양 확신을 주는 듯이 보이지만 다른 모든 내구 소비재와 마찬가지로 겉보기에 그럴듯한 기능적 특징만을 내보이는 현재의 비(非)영구성에 의해 커뮤니티의 헌신과 평생에 걸친 보증은 가려져 버렸다. 커뮤니티는 그 본원적 정체성을 박탈당했으며 사적인 소비로 변질되었다. 또한 역으로 사적인 소비는 커뮤니티를 그 거주자들로 하여금 '무엇보다도 우선 소비자로 그리고 그 이후에도 쭉 소비자로' 만들고 훈련시키는 현재 유동적 근대의 잣대가 되는 개념으로 만들었다 (Bauman, 2004: 66). 그 결과로 인해 커뮤니티는 자기파괴적인 경향을 띠게 되어, 유동적 근대성이 제공하는 모든 다른 상품과 마찬가지로 일단 소비되면 그 흔적도 없이 사라지게 된다. 이는 깊이 없는 일회용의 소비 문화의 정의와 일치한다. 만약 커뮤니티가 패키지 상품으로 오게 된다면 그것은 다음과 같은 소비자 경고 문구를 보여줄 것이다; '당신이 이미 예상했을지도 모르지만 딱 한 가지의 맛을 느낄 수 있고 그 맛은 오래 지속되지 않습니다' (비록 구매자들을 잠깐 동안이나마 충족시키는 데 매우 유용하긴 하지만).

바우만의 커뮤니티 이론화는 우리의 주의를 현시대 소비 세계의 본질인 일회성으로 이끌며, 이 문화는 '휴대품 보관소 커뮤니티'(cloakroom communities)이라는 바우만의 생각을 통해 가장 잘 이해될 수 있다. 휴대품 보관소 커뮤니티는 서서히 끓어오르기보다 끓어서 넘치는 커뮤니티로서 바로 이 부분이 그 문화의 탁월한 면이기도 하고 어려운 부분이기도 하다. 바우만에 의하면, 보통 결승전 마지막 경기에 해당하는 90분이나 즐거운 휴일을 유지하는 2주 이상이 될 수 없는, 금방 달아오르는 방식의 관계맺음은 어떤 특정한 친밀성을 요청하지만 이 관계맺음이 너무나 자족적이기 때문에 호혜적이 되거나 지속되기는 힘들다. 이런 종류의 커뮤니티의 좋은 예는 '사랑의 여름'으로 알려진 1988년에 영국을 강타한 레이브 문화와 같은 것이다. 이 커뮤니티는 공중에서 열린 불법 댄스파티, '엑스타시'(MDMA) 마약의 사용, 그리고 그 참여자들로 하여금 정신을 잃을 정도로 서로에게 흠뻑 취하게끔 독려하는 새로운 음악 등과 연관된다. 바꿔 말하면, 마약적으로 충전된 것과 같은 커뮤니티는 극단 상태에서 황홀경에 취하고 괴상하면서도 기분 좋은 흥분을 경험하고자 하는 사람들에 의해 열광적으로 받아들여졌는데, 이때 이들은 실제보다 더 실제 같은 어떤 커뮤니티적 감각으로 이를 경험했다. 실제로는 그 마약의 마지막 남은 신경안정제의 힘이 사그라지면서 그들은 현실로 돌아와 그들이 안고 있던 이들이 도대체 누구인지 어안이 벙벙했지만 말이다.

사람들이 이런 휴대품보관소 커뮤니티와 같은 곳에 들어서면서 일종의 [자연스럽게] 가정된 계약에 스스로를 얽매일 때, 이 계약은 그들이 그 곳에서 찾게 될 유대의 힘이 어떤 자율적이고 존재론적 영역에서 펼쳐질 것이라는 점을 받아들이도록 요구한다. 그러나 실제로는 종종 사람들은 이러한 존재론적 영역 내부에서만 유효한 진실들을 반신반의하며 수용한다. 만약 사람들이 이런 식으로 가정된 계약을 정말로 받아들인다고 해도, 그 계약에는 그들이 모든 감정과 생각, 그리고 헌신과 의지가 닻을 내릴 수 있는 어떤 궁극적인 권위에 의해 통치되는 커뮤니티에 이미 속했을지도 모른다는 믿음도 그 [계약] 기간 동안에는 제쳐놓아야한다는 단서조항이 **없는** 것이다.

이와는 반대로 유동적 근대의 커뮤니티는 휴일의 약속과 같은 공허한 봉인과 같이 다가오거나 축구경기 승리 이후의 긍정성에 둘러싸인 채 오는 경향이 있으며 이때 이들의 '이미 소화되기 쉬운 형태나 보장된 효과'를 두고 할 포스트(Hal Foster)는 아도르노(Adorno)를 따라 누구나 경험할 수 있지만 어떤 개인도 소유할 수는 없는 '허구의 느낌'이라고 부른다 (Foster, 2005). 유동적 근대의 커뮤니티는 그 시초에 있어서 너무나 자의적이고, 그 진화에 있어서 너무나 갑작스럽고, 또 너무나 덧없이 그 강도가 세지다가 너무나 빨리 단절되어 버리기 때문에 그 커뮤니티에 얹히게 될 어떤 무게를 지탱할 실체도 갖기 어렵다.

바우만의 도식을 따르면 그런 경험은 기 드보르(Guy Debord, 1995)라면 아마 커뮤니티의 스펙터클이라고 불렀을 어떤 것의 거짓 전위의 증거이며 이

때 그 커뮤니티의 추종자들은 파티가 끝나면 그 축제의 가면을 너무나 쉽게 벗어버린다. 바우만은 이런 '목표로 설정된 연대'와 '목표로 설정된 애국주의'의 짧은 축제들이 전반적으로 우리가 일상적으로 마주치는 '타자들'을 함께 살기 위한 기회의 흐름으로 보기보다는 '모호하고 흩어진 위협'으로 처리한다는 사실을 은폐한다고 말한다 (2006: 68). 이 커뮤니티들은 우리가 다시 한 번 보기를 기대하며 남겨두는 이미지처럼 작동하지만 우리의 만남들이 지속적인 경험을 초대하는 일은 거의 없는데, 왜냐하면 스펙터클의 생명력은 그 공연의 도중에 사그라지는 경향이 있기 때문이다. 사실 이 커뮤니티들은 이들을 위해서 만들어진 축하행사 이후에도 지속되는 것을 목표로 만들어진 것들이 아니다. 이 커뮤니티의 추종자들이 이 커뮤니티에 대한 개인들의 열정을 호혜적으로 나누는 집단적 상상력을 소중하게 여길 수도 있고 또 이런 이유로 그들은 계속해서 참가하지만, 그 스펙터클의 유효성은 너무나 잦은 노출과 함께 수그러들기 쉽고, 특별하게 보이는 가까움은 권태가 처음으로 드러나는 순간 허물어지기 쉽고, 한때 암묵적이라고 여겨졌던 것은 쉽사리 미지근하게 보이곤 한다. 유동적 근대성에서는 막상 당신이 어떤 장소에 가면 그 놀라움이 오랫동안 지속되지 않으며 커뮤니티 역시 이와 다르지 않다.

바우만의 유동적 근대 커뮤니티를 둘러싼 커다란 질문이면서 그의 분석에 빠져있는 질문은 커뮤니티의 **소비자**와 지속적인 호혜적 관계와 집단적 연대를 추구하는 커뮤니티의 **생산자** 간의 차이에 관한 것이다. 아담 브라운(Adam Brown)은 그의 축구 커뮤니티에 관한 연구에서 우리가 그 신념과 헌신의 정도에 따라 두 이상적 유형의 축구 서포터 커뮤니티들, 즉 수행성의 정도에 있어서 가볍게 참여하는 사람들과 진지하게 참여하는 사람들을 나누는 주요한 변수들을 발견할 수 있음을 예증한다. 가벼운 참여를 선호하는 사람들에게 '커뮤니티'가 일정한 역할을 수행하며 시장에 나와 있는 다른 신념의 유통과 경쟁한다는 것에는 반론의 여지가 없다. 왜냐하면 상품의 진열대는 이 사람들의 관심을 애원하는 다른 대안 정체성들로 넘쳐나기 때문이다. 반면 진지한 참여에 경도된 사람들의 경우, 그들의 삶에서 중요한 단 하나의 문화적 정체성만 있으며 그들은 전적으로 거기에 헌신할 뿐 아니라 집요하게 그 정체성을 정치화하고자 한다. FC United of Manchester가 바로 이 경우에 해당하는데, 이 커뮤니티에 기반을 둔 클럽은 기업합병을 이유로 Manchester United에 대한 지지를 철회한 팬 집단에 의해 설립되었다.

그러나 바우만에 대한 비판이 짚어내지 못한 것이 있다. 그것은 바로 바우만이 이런 유형의 집단 행위를 그의 커뮤니티 논의에서 다루지 않은 이유가, 이들의 비판 논리를 그대로 적용하자면, 이러한 집단적인 행위가 유동적 근대의 커뮤니티 [개념]에 속하지 않기 때문이라는 것이다. 실제로 집단적 행위는 그것이 실제로 무엇인지에 기반하여 논의되어야 하는데, 간단히 말해서 그것은 바로 **집단성들**(collectivities), 즉 '한 사회적 질서의 구성원으로서의 의미를 갖는 행위자들에 의해 재생산되고 재창조된 어떤 경계 지어진 사회적 질서'를 형성하는 제도들이며 (Malesevic and Hauggard, 2002: 2), 이 집단성은 동지적 개인들, 너그러운 호혜적 관계, 그리고 여기에 수반되는 필연적인 질곡에 의해 구성된다.

시대정신을 가장 통찰력 있게 기록하는 아담 필립스(Adam Phillips, 2006: 31)는 최근 다른 맥락에서 이를 묘사하면서 '근대적 삶에는 가까움과 친밀성의 환타지를 발생시키며 인간적 가능성을 훨씬 넘어서서 있는 무엇인가가 있다'고 말한다. 우리는 이제 바우만의 핵심적 메시지를 되풀이함으로써 유동적 근대 커뮤니티들에 대한 논의를 정리할 수 있을 것이다: 오늘날의 커뮤니티는 그 자신만의 고양적인 메시지와 함께 다가올 수도 있지만 부끄럽게도 그 메시지는 거의 언제나 그럴싸하지 않다. 또한 말레세비치와 하우가드를 따라 우리는 FC United of Manchester와 같은 집단의 뒤편에 있는 영향력 있는 사람들은 커뮤니티를 구성하는 것이 전혀 아니라, **그들 자신의** 의식을 통한 (**자신들의 의식과 무관한** 상상의 혹은 상상된 커뮤니티들과 대비되는) 집단성을 구성한다고 결론지을 수 있을 것이다. 덧붙이면, 우리는 또한 바우만의 핵심적 메시지는 다음과 같다고 결론지을 수 있다: 우리가 커뮤니티라는 관념을 사용하고자 한다면 우리는 이를 **비판적으로** 사용해야 될 뿐 아니라 **전유적으로** 사용해야 하지만, 또 한 가지 확실한 것은 특정한 과업에 더 적합하게 만들어진 대안 개념들(집단성이라는 개념과 같은)을 [커뮤니티의] 맥락으로 대체할 수 있는 것은 아니다.

추천문헌

커뮤니티라는 사고는 바우만의 작업에서 지속적으로 등장하는 주제다. *Community: Seeking Safety in an Insecure World*(2001)은 가장 훌륭한 안내글이지만 *Liquid Modernity*(2000)의 서장 역시 참고할만하다.

참고문헌

Bauman, Z. (2000) *Liquid Modernity*. Cambridge: Polity Press.
Bauman, Z. (2001) *Community: Seeking Safety in an Insecure World*. Cambridge: Polity Press.
Bauman, Z. (1992) *Intimations of Postmodernity*. London: Routledge.

Bauman, Z. (2002) 'Cultural Variety or Variety of Cultures?', in S. Maleševi´c and M. Haugaard (eds) *Making Sense of Collectivity*. London: Pluto Press.

Bauman, Z. (2004) *Identity: Conversations with Bendetto Vecchi*. Cambridge: Polity Press.

Bauman, Z. (2006) *Liquid Fear*. Cambridge: Polity Press.

Bauman, Z. (2007) *Consuming Life*. Cambridge: Polity Press.

Brown, A. (2008) '"Our Club, Our Rules": Fan Communities at FC United of Manchester', *Soccer and Society: Special Issue: Football in the Global Context*, 9 (3): 346-358.

Debord. G. (1995, 1967) *The Society of the Spectacle*. New York: Zone Books.

Foster, H. (2005) 'Yellow Ribbons', *London Review of Books*, 27 (13): July.

Maffesoli, M. (1996) *The Time of the Tribes: The Decline of Individualism in Mass Society*. London: Sage.

Maleševi´c, S. and Haugaard, M. (2002) 'Introduction: the Idea of Collectivity', in S. Maleševi´c and M. Haugaard (eds) *Making Sense of Collectivity*. London: Pluto Press.

Phillips, A. (2006) 'Thwarted Closeness', *London Review of Books*, 28 (2): January.

Tönnies, F. (1955, 1887) *Gemeinschaft und Gesellschaft* (trans. *Community and Society*). London: Routledge and Kegan Paul.

Wellman, B., Carrington, P. and Hall, A. (1988) 'Networks as Personal Communities', in B. Wellman and S. Berkowitz (eds) *Social Structures: A Network Approach*. Cambridge: Cambridge University Press.

탈근대 커뮤니티

표면적으로 볼 때, '탈근대 커뮤니티'라는 생각은 포스트모더니즘과 커뮤니티의 기본적인 전제들로 여겨지는 것들에 비춰 판단하자면 일종의 형용모순, 즉 용어상의 개념적 모순이라고 할 수 있다. 커뮤니티의 측면에서 접근하면 '커뮤니티'는 한 집단의 사람들이 깊이 있고 강력한 일련의 이해를 공통으로 공유할 수 있는 투명성과 친근성의 이상에 기반한 특별한 방식의 함께 있음을 단정적으로 의미한다. 함께 있음에 어떠한 하나의 특별한 방식이 있을 수 없다는 탈근대의 전제는 이와 완전한 대조를 이룬다. 커뮤니티는 단지 또 하나의 근대적 거대서사로서 종종 그 자신의 참조 범위의 한계로 인해 일정 수준에 도달하는 데 실패하곤 하며, 이런 한계는 그 서사의 지지자들이 그 서사가 그리는 세계에서 특권을 주장하는 방식에서 정확하게 드러난다. 실제로 오늘날의 근대 세계에서 산다는 것은 정초되지 않는 삶을 살아감을 의미하며, 이는 또한 차이와 함께 살아감을 뜻한다. 탈근대적 관점에 의하면 커뮤니티의 옹호자들은 이러한 양면의 '진실'을 무시하기로 작정했을 뿐 아니라 '커뮤니티의 어두운 면'을 못 본체 하려는 경향을 나타낸다. 이와는 전혀 다르게 탈근대적 전망은 커뮤니티가 우리를 언제나 실망시키는 것처럼 보이는 방식에 더 관심을 갖는다.

섹션 개요

개념적 편리성을 위해 이 장에서는 '긍정적인' 탈근대 커뮤니티와 '부정적인' 탈근대 커뮤니티를 구분한다. 삶에 대한 탈근대적 태도를 일별한 후, 이 장은 만약 오늘날 커뮤니티와 같은 어떤 것이 있다 해도 어떤 고정된 유리한 위치가 그것에 주어질 수 없음을 설명한다. 포스트모더니즘의 관점에서 볼 때 지식의 위상은 발본적으로 바뀌었으며 이와 함께 지금은 시장의 수행성과 언어가 커뮤니티의 언어, 더 나아가 전체로서의 세계가 되었음을 이 장은 예증한다. '부정적인' 탈근대 커뮤니티를 논의하면서는 다수의 관련 예를 통해 위상 변화의 결과로 커뮤니티라는 관념은 비어있는 기표가 되었으며, 이 기표는 또한 커뮤니티가 언제나 결핍하고 있었던 것으로 보이는 어떤 직접성을 테크놀로지가 복원해 줄거리는 희망을 가진 다양한 종류의 개인들, 공적 기관들, 그리고 제도들이 전유하는 재집결지가 되었음을 논증한다. 이후에는 어떠한 관점도 '긍정적인' 포스트모더니즘보다 커뮤니티의 가능성과 재앙을 더 첨예하게 이해할 수 없음을 논증하고 더 나아가 커뮤니티의 일대기, 커뮤니티의 집착, 그리고 그 운명에 '우리'와 '그들'의, 그리고 '동일자'와 '타자'의 끝나지 않는 대화가 있음을 설명한다.

'**탈**근대 커뮤니티'가 무엇을 뜻하건 그것은 정통 사회학적 의미에서의 커뮤니티와 정반대이며 ('서론: 오늘날 커뮤니티의 의미' 참조), 우리는 이 사실 하나로부터 이 문제가 심각하게 점검되어야 한다는 것을 추정할 수 있다. 그러나 이렇게 말했으면서도 사실 이 개론에 부과될 수밖에 없는 한계 내에서 이런 흥미로운 문제를 정당하게 다루기는 거의 불가능하다. 이런 이유로 현재의 장에서는 탈근대 커뮤니티라는 용어가 어떻게 두 가지의 기본적인 방식으로 이해될 수 있는지를 설명할 것이다. 편의상 이 두 방식을 '부정적' 탈근대 커뮤니티와 '긍정적' 탈근대 커뮤니티로 칭할 것이다. 독자들이 앞으로 보게 되겠지만 '부정적' 탈근대 커뮤니티들과 마찬가지로 '긍정적' 탈근대 커뮤니티들 역시 파편적이고 불연속성에 대해 취약하며, 기괴하면서도 놀라운 형태로 나타나기도 하고 어떠한 기준에도 합치되지 않으며 어떤 확실한 규칙도 따르지 않는다. 그러나 '긍정적' 탈근대 커뮤니티와 '부정적' 탈근대 커뮤니티를 구별 짓는 결정적 차이는 그 윤리성의 방식과 이들이 정치적 책임을 지는 방식이다.

커뮤니티 연구란 무엇인가?

'부정적' 탈근대 커뮤니티라는 관념을 들여다보기 전에 우리는 무엇보다도 먼저 아주 간략하게 커뮤니티가 하나의 거대서사라는 포스트모더니즘의 기본 전제에 살을 붙이고 탈근대의 실존적 삶의 방식을 들여다보고자 한다. 들뢰즈와 가타리(Deleuze and Guattari, 1987)에 의하면, 탈근대적 삶의 '자연적인' 해비태트는 커뮤니티의 밀집된 주름이나 뿌리내림에 놓여 있지 않고 '표면 바로 아래', '경계선'과 같은 실존에 있다. 바꿔 말하면 탈근대적 삶을 산다는 것은 리좀적인 삶, 즉 관습적인 커뮤니티 삶의 완고함보다 덜 굳어져 있으며, 언제라도 인생의 경로를 바꿀 가능성에 열려 있는 비틀림과 가지치기로 가득한 삶의 방식을 선택한다는 것이다. 이런 한에서 탈근대적 실존은 전적으로 이식가능하고 이양가능한 삶의 방식이며, 한 장소에 뿌리를 내리거나 굳어지지 않고 한 번에 뒤로, 앞으로, 옆으로 등 여러 방향으로 뻗어 갈 수 있다 ('유동적 근대 커뮤니티'의 서문과 비교).

리오타르(Lyotard, 1984)의 지적을 통해서 이미 잘 알려져 있듯, 삶에 대한 탈근대적 태도는 '거대서사들에 대한 불신', 혹은 다른 말로 바꾸면 근대적 상상력에 활력을 불어넣었던 환상의 붕괴로 특징져진다. 포스트모더니티의 출현과 연관된 광범위한 사회역사적 전환을 추동했던 사회적, 문화적, 정치적, 그리고 경제적 변동과 발맞추어 지식 주장이 정당화되는 방식에서도 주목할만한 변화가 있었다. 리오타르의 기본 전제는 근대 지식이 거대 서사들, 혹은 큰 이야기들(이 경우에는 커뮤니티 이야기)을 이용하여 '진실'의 독점을 확립하려고 시도했다는 것이며 더 나아가 거대서사는 그 탐구의 끝에서 정의를 약속했을 뿐 아니라 어떠한 의문도 제기되는 않도록 설득력 있게 스스로를 정당화시키려 했다는 것이다. 리오타르는 비판적인 탈근대적 감수성의 등장과 함께 더 이상 이것이 가능하지 않게 되었다고 주장한다.

그러나 이런 리오타르식의 진단에도 불구하고 특정 거대서사들을 옹호하는 사람들은 그들이 선호하는 방식의 세계 이해에 척도로 작용할 수 있는 이야기들을 조합하기도 했던 것이다. 과거의 전체론적 거대서사보다는 리오타르가 '수행성 규범'(performativity criterion)이라고 부른 것에 의해 지배되는 탈근대 세계에서는 국가, 정부 및 기타 조직들은 그들이 눈에 띄어야 될 필요가 있음을 인식하는데 이는 마치 개인들이나 사업체들이 느끼는 것과 흡사하다. 이는 또한 이런 조직들이 지금 동원할 수 있는 가장 효율적인 방법으로 그들의 정체성을 드러내야 한다는 것을 의미한다. 바꿔 말하면 오늘날 우리 모두는 서사를 필요로 하며, 비록 그 서사가 절대 보편적이 될 수는 없다고 할지라도 설득력이 있어야 한다는 것이다. 커뮤니티는 바로 이 '수행성 규범'에 의해 지배되는 서사의 하나이다. 커뮤니티의 옹호자들은 커뮤니티를 현재의 근대적 불확실성에 맞서는 굳건한 안전장치로 보고 있기 때문에 바로 그런 위상을 커뮤니티에 부여하려고 시도한다. 이런 의미에서 '부정적'(negative) 탈근대 커뮤니티는 커뮤니티의 정체성을 확언함으로써 세계가 커뮤니티 담론의 방식과 수단을 통해 생각하고 말하도록 만들기 위한 부단한 시도로 이해할 수 있다. 또한 커뮤니티 담론 소통의 가능성과 정당성을 확립하기 위해서는 다른 모든 '언어 게임들' 위에 있는 소통 커뮤니티라는 이상이 확립되어야만 한다.

'부정적' 탈근대 커뮤니티의 역설은 커뮤니티의 언어 게임이 우리에게 가장 소중한 선물을 제공할 수 있다고 믿는 데에 있는데, 이는 [언어게임의 전제인 다수성을 위반하는] 하나의 비전의 단수성의 어용론(語用論)에 불과하다 (Readings, 1989). 커뮤니티의 담론은 확언적(certain)이어서 근대적 삶의 불확실성(uncertainty)의 대척점에 서 있는 것이 사실이지만, 바로 이런 한에서 커뮤니티 담론은 또한 탈근대적 상상력을 매혹시키고 사로잡을 수 있는 역량을 가진 담론이기도 하다. 실용주의적으로 말해서 누가 커뮤니티를 부활시키고 싶어 하지 않겠는가? 결국 커뮤니티는 훌륭한 세계라는 관념을 의미화한다. '그것의 사이렌의 노래는 모두 . . . 함께함의 따뜻함, 상호 이해와 사랑에 관한 것이다. 경쟁과 끊임없는 불확실성의 춥고 가혹하고 외로운 삶으로부터 그런 안식이라니!' (Bauman, 1995: 277). 커뮤니티 그 자체가 다시 되돌려질 수 없기 때문에 ('근대성 이론' 참조) 차선은 바로 설득력 있는 대안을 구해서 그 노래를 수행하고 또 그 일과들을 해내는 것이다.

결과적으로 커뮤니티의 언어 게임은 커뮤니티가 부활해서 예술과 교류를 경축할 수 있는지, 지역의 커뮤니티들에 힘을 실어줄 수 있는지, 아니면 단순히 자유시장 방식의 제한들을 누그러뜨릴 수 있는지 등에 대한 확신이 없는, 일종의 인격 장애를 겪고 있는 것처럼 종종 보일지도 모른다. 그러나 이런 문제들이 정말 엄청나게 중요하지는 않은데 왜냐하면 커뮤니티는 오직 그 수행성에서만 존재하기 때문이다. 커뮤니티에 실질적으로 요구되는 것은 바로 그 **현전**일 뿐이다. 한편으로는 어떤 커뮤니티의 부분으로 보일 수 있는 미학적 외양, 그리고 다른 한편으로는 커뮤니티의 표면적 본래성을 실어 나를 수 있는 기술적 능력 말이다.

그 정체가 무엇이건 탈근대 커뮤니티는 그 옹호자들이 주장하는 것은 전혀 될 수 없다. 간단히 말하면 근대적 삶은 반드시 풀어야할 기술적 문제라고 할 수 있다 (Heller, 2005). 이 문제에 대한 실용주의적 해결책은 커뮤니티의 관념을 전유하고, 테크놀로지를 통해 그 강도와 범위를 바꿈으로서 커뮤니티를 변형시켜 커뮤니티가 표면 관계와 짧은 주기의 만남들에 적대적이 되지 않도록 하는 것이다. 그리고 이것은 커뮤니티에 서로 전혀 다르고 어울리지 않을 것 같은 기능들을 배정함으로써 될 수 있고, 이는 결국 커뮤니티를 재정의 한다기보다는 기성제품과 같은 어떤 것으로 변화시키는 것으로 귀결된다. 전근대적 커뮤니티처럼 탈근대 커뮤니티도 의심할 여지없이 인간 정신으로 경험되는 몸과 몸이 부딪히는 만남이 여전히 기조를 이룬다. 그러나 탈근대성의 사람들은 서로를 알고 서로에게 헌신함으로써 커뮤니티를 찾지 않는다. 이와는 반대로 그들은 '그 아름다운 거짓말, 삶의 모든 부정적인 면모를 숨겨주는' **키치**라는 관념을 알고 또 거기에 헌신함으로써 이를 행한다 (Culik, 2000). 결국 커뮤니티의 '부정적' 탈근대 판은 커뮤니티의 따스함과 무게를 '대표하는데' 사용될 뿐이다 (따스함과 무게 그 자체라기 보다는). 커뮤니티는 그 '전설'과 분리될 수 없는 것처럼 보일 수도 있지만 그 표면 아래를 긁어내어 보면 이 두 가지가 거의 공통점이 없다는 것을 알 수 있다. 탈근대 커뮤니티를 묶는 것은 표면이며 탈근대 커뮤니티의 표면 밑에 있는 단일성이라곤 찾아볼 수 없다. 예컨대 서로에게 헌신하고 있으며 자신들의 삶이 동료 인간에 대한 **깊은 윤리적** 관심에 의해 인도된다고 주장하는 개인들은 대체로 **표면들의** 창조물로서 자신들의 개인적 복지에 더 관심을 쏟고 자신들의 '커뮤니티'에 타인을 **포함하는** 것보다 **배제하는** 것에 몰두한다.

또 한 가지 구체적 예를 들어 본다면 1980년대 후반, 1990년대, 그리고 2000년대 초반에 '부정적' 탈근대 커뮤니티가 너무나 만연하고 그 본원적인 개념을 강타한 수많은 사건들에 의해 내몰린 나머지 영국에서는 더 이상 공공 정책 담론을 매혹시키며 안주하고 있을 수 없었다 ('서문: 오늘날 커뮤니티의 의미' 참조). 비평가들이 추후에 주장했듯 커뮤니티의 꼬리표들은 거의 아무것도 나타내지 못했으며, 그렇지 않으면, 혹은 바로 그렇기 때문에, 정치적 사고를 새롭게 하기 위한 아무런 새로운 지평도 제공하지 못했으며, 세상에 대해 진정으로 공유될 수 있는 범주화도 제시하지 못했다 (예컨대 Butcher, 1993 참조). 정반대로 이런 '부정적' 사용에 있어서 커뮤니티라는 관념은 단순히 비어있는 기표가 되었으며, 이 기표는 커뮤니티가 언제나 결핍하고 있었던 것으로 보이는 어떤 직접성을 테크놀로지가 복원해줄거리는 희망을 가진 다양한 종류의 개인들, 공적 기관들, 그리고 제도들이 전유하는 재집결지가 되었다 (Deutscher, 2005: 63). 그 직접성은 소실되었는데 왜냐하면 근대는 커뮤니티가 결핍될 수밖에 없는 춥고 가혹하고 불확실한 세계였기 때문이다.

이 시기의 공공 정책은 보드리야르(Baudrillard, 2005: 18)가 '통합실재'(Integral Reality)에 의한 '객관적 실재'(Objective Reality)의 대체라고 묘사했던 것을 경험하는 데, 이는 **진짜** 의미와 재현에 관계되는 실재를 '어떠한 원칙이나 궁극적인 목적 (도착점)에도 관계됨이 없이 모든 것이 실재화되고 기술적으로 구현되는, 그래서 한계가 없는' 언어 게임이 대체하는 것을 뜻한다. 일부 비평가들에게는 공공정책에서의 이런 변화의 과정이 사실은 커뮤니티를 테크놀로지로 전유함으로써 (역설적으로) '계급 없는 사회라는 사회주의적 목표를 달성하려는 자본주의적 환타지의 실현'을 촉진하는 징조로 여겨졌다 (MacCannell, 1992:100).

맥카넬의 관찰은 커뮤니티의 안전성에 대한 자본주의적 욕망이 심원한 의미를 가지고 있지도 않고, 상실된 무언가에 대한 갈망으로서 만들어 지지도 않았으며, 오히려 앞으로 받고자 하는 어떤 보상을 기반으로 하고 있음을 암시한다. 바로 이런 점이 탈근대 커뮤니티의 옹호자들을 들뢰즈와 가타리라면 '욕망하는 기계'(desiring machines)라고 불렀을 어떤 것으로 만든다. 여기서 욕망기계는 커뮤니티를 단순히 착취하고 소비하거나 수행하기 위해서 자본주의적으로만 (그리고 필연적으로 사유화되고 개인적인 방법으로만) 욕망한다. 바꿔 말하면 커뮤니티는 자본주의를 지속적으로 굴러가게 하는 연료이며 이 연료 없이는 자본주의가 고장나거나, 아니면 고장나는 것처럼 보인다. 이런 면에서 장 뤽 낭시(Jean-Luc Nancy)는 '우리가 (이런) 행위들의 균질성이라는 도전에 맞서지 않으면, 우리의 정치적 열망은, 만약 아직은 벌어진 일이 아니라고 할지라도, 우리를 저버리고 우리를 . . . 테크놀로지적 커뮤니티로 유기할 가능성이 농후하다. 그리고 이런 일이 아직 도래하지 않았다면, [그 도래는] 우리 커뮤니티들의 종말일 것이다' (Nancy, 1991: xli).

'부정적' 탈근대 커뮤니티처럼 '긍정적' 탈근대 커뮤니티도 커뮤니티의 거대 서사를 재활성화하려는 시도는 아니고 오히려 하나의 실존 양식이며, 더 나아가 만약 탈근대 커뮤니티가 개인은 물론 집단의 요구를 인식한다면, 탈근대 커뮤니티는 또한 하나의 과정이며 (불변하는 어떤 고정된 하나라기보다) 언제나 복수적이다. 이런 관점에서 본 '커뮤니티'는, '부정적' 탈근대 커뮤니티와 마찬가지로 실제로 존재하는 현실에 위치하는 것이 아니라 우리의 세계 이해가 각인되는 통로인 권력-지식의 담론 속에 위치한다. 실제로 '긍정적' 탈근대 커뮤니티의 옹호자들이 커뮤니티의 관념을 거대 서사로 바꿀 욕망이 없으므로 커뮤니티의 의미는 언제나 현전(現前)이 부인됨으로써만 성립한다. 다시 말해 커뮤니티라는 이상은 기껏해야 임시적이며 언제나

'추후 다른 공지가 있기 전까지'만 존재한다. 자크 데리다(Jacques Derrida)를 위시한 철학자들은 그 이유를 설명하면서 우리가 일상을 범주화하고 조직할 때 사용하는 이항대립(binary opposition)의 불균등성에 의해 커뮤니티 담론이 구성되기도 하고 또 이항대립의 불균등성이 커뮤니티 담론을 구성하기도하기 때문이라고 지적한다. 궁극적으로 커뮤니티를 구성하는 것은 언제나 데리다가 커뮤니티와 그 연관된 의미 사이의 '차이의 유희'(play of difference)라고 부른 것에 의지하는데, 예컨대 '우리들', '동일자의', '확립된' 것은 '그들', '타자의', '외부자들'처럼 정의상 [여기에] 부재하는 것들을 이들의 '열등한' 대립물로 만들기 위해 동원되는 것이다 ('커뮤니티의 어두운 면' 참조).

데리다의 관점에서 커뮤니티의 또 다른 문제는 바로 그 명칭이 너무 강력하고 널리 퍼져 있어서 그 명칭이 그 자신의 서명(signature) 단어가 되어 버렸다는 것이다. 다른 모든 서명 단어들과 마찬가지로 커뮤니티는 현재를 미래로 위탁한다는 약속과 함께 다가오며, 따라서 이는 미래가 담고 있을 가능성들을 제한하게 된다. 커뮤니티의 서명은 다음과 같이 말한다: '나는 지금은 이전이 된 어떤 현재에서 생산되었으며, 내가 나는 앞으로 다가올 모든 현재에서 지금의 나로 남아있을 것이며, 그 정당성을 입증하기 위해 사용된 현재까지 나였던 모든 것의 진실 역시 그대로 남아 있을 것이다'[9] (Lucy, 2004: 165). 이것이 바로 커뮤니티가 끊임없이 반복하는 말하는 약속이며 여기서 커뮤니티는 항상 자기 스스로를 정당화하는 인장(印章)을

---

9 역주: 원문은 아래와 같다. "I was produced in a present that is now former and I will remain what I am in every present to come, as will the truth of everything I have been used to validate."

스스로가 이미 만들어놓은 주요 구성 원리와 신화에 찍고 상기시키는데, 민족적 **정체성**과 그 운명, 문화적 유사성과 그 생명력 등등이 바로 여기에 해당한다.

만약 커뮤니티의 서명이 결정적 문제라면 커뮤니티가 잘못 재현될 잠재성 역시 마찬가지로 문제가 된다. 위에서 언급한 공동 정책의 예에서 이미 보았듯이, 다른 모든 서명과 마찬가지로 커뮤니티 역시 위조하기 쉽다. 데리다에 의하면 적어도 두 수준에서 '커뮤니티'라는 서명 단어와 관계된 잘못된 재현이 확인된다. 첫째, 잘못된 재현은 위조가 저질러지는 것과 같은 관습적인 방식으로 일어나는 것이 아니라 커뮤니티가 그 자신의 수행성을 실천하려고 시도하면서 '본래적' 또는 '진짜의' 방식으로 스스로 행세하려고 노력할 때, 즉 전통적 커뮤니티의 '한 때는 오직 하나였음'의 방식과 일치할 때, 위조가 생겨난다. 더 나아가 바로 여기에 커뮤니티의 역설이 있다. 그 자신의 서명에 새로운 인장을 찍으면서 커뮤니티는 스스로를 원래적으로 받아들여지도록 노력하는 거짓 약속을 한다. 그런데 두 번째 수준에서의 잘못된 재현은 이보다 더 알기 쉽다. 우리가 보았듯, 데리다는 모든 서명이 어떤 약속과 함께 다가온다고 말하지만, 우리가 어떻게 반복으로서의 커뮤니티가 그 약속을 지킬 것이라는 것을 알겠는가? 커뮤니티의 서명은 그 자체로 어떤 것도 약속하지 못한다. 왜냐하면 미래에 어떤 일이 일어날지에 대한 어떠한 확실성이나 보증도 없이 커뮤니티는 다가오기 때문이다.

루시(Lucy)의 말을 빌리자면, 바로 이 두 가지의 이중적 형태의 잘못된 재현으로 인해 커뮤니티는 그 역설을 보여준다. 한편으로 커뮤니티의 서명은 번역불가능한 그 자신의 현전의 표징으로 보여지기를 열망한다. 또 다른 한편으로는 커뮤니티는 언제나 확인을 받기 위해, 타자의 응답서명을 받기 위해 손을 내민다. 커뮤니티가 이런 결정불가능성에 사로잡혀 있다는 것은 커뮤니티가 어떤 '삶 속의 죽음'과 같은 좀비 범주에 속해서 '진짜' 약속과 '가짜' 약속의 사이 어디쯤에 붙들려있도록 운명 지어졌음을 의미하기도 하지만 더 나아가 이런 결정불가능성은 커뮤니티가 '그 시초부터 그 자신의 기계적 유령에 귀신들려'왔다는(haunted) 것을 폭로하기도 한다 (Derrida, quoted in Lucy, 2004: 166). 데리다는 우리가 커뮤니티에 우리의 믿음을 주어야 할 것이 아니라 지금의 세계, 우리 자신의 세계에 대한 책임을 지는 것이 중요하다고 말한다. 실제로 우리는 우리 자신의 서명을 하는 것을 (새로운 커뮤니티를 상상하는 것을) 두려워해야 하며, 부재하는 것에 어떤 현전을 부여하기 위해서가 아니라 '번역불가능한 표지를 지닌 새로운 사건들을 발생시키기 위해' 서명을 해야 한다. '이것은 광란의 요청, 타자로부터 yes를 구하는 서명의 고뇌, 그리고 대응서명을 향한 애원의 명령이다(*ibid*)'.

다른 말로 하면 우리는 커뮤니티를 대안적 문화 실천으로 대체하는 것을 탐구해야 한다. 커뮤니티의 자리에 대안문화를 심어(Rorty, 2007), 그 실천들이 '일종의 커뮤니티의 근거 없는 근거'의 기초위에 작동하며 또한 이들이 열려 있어서 언제라도 타자들에 대한 관계를 유지하고 가장 중요하게는 세계-내-존재의 다른 방법들을 추구할 것이라는 명확한 약속의 기초위에 그 실천들을 정초해야 한다. 내가 'yes'라고 내 커뮤니티에 말할 때, 나는 '"yes"를 또 다른 이에게 말하고 있으며 이를 통해 나는 다가올 어떤 것에 대해서도 열려 있고, 예상치 않게 혹은 내가 예측하지 못하는 형식으로 다가올지 모르는 타자들에 대해 열린 채로 남아 있겠다는 약속에 착수하는 것이다. 내 국가의 법이나 내 문화의 전통이 아니라 바로 이것이 나를, 차이들의 주변에 조직되는 것이 아닌, 어떤 커뮤니티의 감각과 접촉(touch)하도록 만든다'(Lucy, 2004: 163). '긍정적' 탈근대주의의 의제는 우리가 어떻게 같이 살아갈 수 있는지 그리고 어떻게 우리의 차이를 받아들일지인 것이다.

살만 루시디(Salman Rushdie, 2005)의 소설 『광대 샬리마르』(Shalimar the Clown)처럼 '긍정적' 탈근대 커뮤니티의 옹호자들은 문화적 차이들이 '분할'이 아니라 '묘사'처럼 될 날을 고대한다. 이 점을 염두에 두고 우리는 이제 '긍정적' 탈근대 커뮤니티는 아직 오지 않은 커뮤니티라고 결론지을 수 있을 것이다. 긍정적 탈근대 커뮤니티는 우리의 마음이 여행할 새로운 세계를 보여주는 커뮤니티에 대한 대안적 생각 방식을 제공할 뿐 아니라 가능한 것의 기예를 기뻐하는 문화 정치의 대안적 언어 게임을 제안한다(Rorty, 2007).

참고문헌

Baudrillard, J. (2005) *The Intelligence of Evil or the Lucidity Pact*. Oxford: Berg.
Bauman, Z. (1995) *Life in Fragments: Essays in Postmodern Morality*. Oxford: Blackwell.
Beck, U. (2002) 'Zombie Categories: Interview with Ulrich Beck', in U. Beck and E. Beck-Gernsheim (eds) *Individualization*. London: Sage.
Butcher, H. (1993) 'Introduction: Some Examples and Definitions', in H. Butcher, A. Glen, P. Henderson and J. Smith (eds) *Community and Public Policy*. London: Pluto Press.
Čulík, J. (2000) *Milan Kundera*. http://www.arts.gla.ac.uk/slavonic/kundera.htm.
Deleuze, G. and Guattari, F. (1987) 'Introduction: Rhizome', in G. Deleuze and F. Guattari (eds) *A Thousand Plateaus*. Minneapolis: University of Minnesota Press.
Derrida, J. (1973) *Speech and Phenomena, and Other Essays on Husserl's Theory of Signs*. Evanston: North Western University Press.

Deutscher, P. (2005) *Derrida*. London: Granta.
Heller, A. (2005) 'The Three Logics of Modernity and the Double Bind of the Modern Imagination', *Thesis Eleven*, 81 (1): 63-79.
Lucy, N. (2004) *A Derrida Dictionary*. Oxford: Blackwell.
Lyotard, J-F. (1984, 1979) *The Postmodern Condition: A Report on Knowledge*. Minneapolis: University of Minnesota Press.
MacCannell, D. (1992) *Empty Meeting Grounds: The Tourist Papers*. London: Routledge.
Nancy, J-L (1991) *The Inoperative Community*. Minneapolis: University of Minnesota Press.
Rorty, R. (2007) *Philosophy and Cultural Politics: Philosophical Papers*. Cambridge: Cambridge University Press.
Rushdie, S. (2005) *Shalimar the Clown*. London: Jonathan Cape.

커뮤니티 연구방법론

실행연구

> 실행연구는 실행과 반성, 이론과 실천의 통합을 추구하는 사회 탐구의 한 형태이다. 실행연구는 사회 변화를 만들어내기 위해 연구자와 전통적으로 연구의 '대상'으로 간주되어왔던 이들이 관계를 탈구축한다. 실행연구는 연구의 '대상'이었던 이들과 공동으로 작업하며 이들과 함께 공동의 지식을 창출할 수 있는 권한을 부여한다. 실행연구는 특히 소외계층 커뮤니티와 함께 연구를 진행하기에 적절하다.

섹션 개요

이 장은 실행연구의 중심 원리 개괄로 시작한다. 사회 탐구의 실행연구 접근의 기원을 간략히 살펴본 후, 이 연구 과정에서 핵심이 되는 주요 권력 관계들에 대해서 논의하고, 또한 이 권력관계들을 명시적으로 밝히기 위해 실행연구가 가진 특수한 정치적 경향성을 다룬다. 다음으로 이 장에서는 실행연구가 실전에서는 무엇을 의미하는지를 논한다. 이 논의의 종반부에서는 실행연구의 약점으로 지적된 부분을 고찰하면서 이러한 피상적 비판이 대체로 비평가들의 인식론적 입장에 기인함을 밝힌다.

이 연구의 지지자들에 따르면, 실행연구는 단지 좁고 넓은 의미의 '연구 방법론' 중 하나가 아니라 '[기존의 사회탐구 방법론과는] 다른 목적을 지닌, 다른 관계들을 기반으로 한, 다른 방식으로 지식을 규정하고, 더 나아가 다른 방식으로 지식과 실천과의 관계를 파악하는' 사회 탐구 태도로 더 잘 이해될 수 있다 (Reason, 2003: 106). 만약 실행연구가 하나의 특정한 목적이 있다면, 그것은 사회 변화를 가져오는 것이다. 이와 같은 의견에도 불구하고, 어떤 이들은 실행연구의 강조점이 단지 (예를 들어 스포츠와 레저 활동에 적극적인 참여를 증대시켜 건강과 복지의 증대로 이끄는 것과 같은) 사회 변화에만 있는 것이 아니라, 사회 과학이나 정치에서 사용하는 확립된 어휘에 얽매이지 않고 새로운 방식으로 세상을 설명하는 것에도 있다고 말할 것이다. 리즌은 실행연구가 이러한 목적을 달성하기 위해 "창발적이고(emergent) 발달적인(developmental) 다양한 앎의 방식에 기대어, 가치 있는 인간적 목표들을 추구하는 데 있어서 참여적·민주적 절차를 통한 실천적 지식을 개발하는 것에 관심을 두는 인문학적 탐구법"이라고 제안한다 (108).

실행연구의 유래에 관해서는 이견이 있지만 컬트 레빈(Kurt Lewin)이 처음으로 실행연구의 이론을 구축한 1940년대 중반으로 거슬러 올라간다고 볼 수 있다. 그는 "특정한 사회적 실천들을 이해하고 변화시키기 위해서는 사회 과학자가 조사의 모든 단계에 실제 사회의 실천가(practitioner)를 포함시켜야 한다"고 주장한다 (McKernan 1991: 10). 또한 '실행연구'라는 용어 사용에 대해서도 의견이 갈린다. 고르나훅과 올슨(Gornahug and Olson, 1999)은 협동 탐구(co-operative inquiry), 실행연구, 그리고 참여적 실행연구라는 세 가지 변형이 있음을 밝히면서, 이 세 변형들 각각이 동일한 탐구 경향에서 기인하였으나 많은 상이점이 있음을 밝힌다. 정보 수집의 방법, 성찰에 부여된 중요성, 참여자의 참여도 정도, 그리고 기초가 되는 이론의 측면에서 이 세 변형은 차이가 있다.

실행연구의 유래나 실행연구 적용의 세부사항에 대한 이견이 존재한다 하더라도, 실행연구는 사회 변화 성취를 주요 목적으로 할 뿐 아니라 세계를 설명하는 새로운 방식, 전통적인 사회 과학의 어휘에는 존재하지 않는 새로운 방식을 개발하는 것이 주요 목적인 사회 탐구로 여겨질 것이다. 이는 사회의 다양한 권력 토대들 (예를 들어, 지위, 지식, 권위), 다양한 권력 형식들 (예를 들어, 영향력, 조작, 통제), 그리고 다양한 권력의 목적들 (예를 들어, 학문적 목적, 정치적 목적, 커뮤니티적 목적)이 있는 것처럼, 실행 연구의 과정에도 이러한 요소들이 있음을 연구자들이 잘 인식하고 있음을 보여준다. 실행연구가 사회 정의, 진보 그리고 변화에 대한 사회 민주적 열망에 뿌리를 둔 사회탐구 방법이라는 데에 대부분의 평론가들은 동의한다. 실행연구는 모든 이들의 참여를 주요 목표로 삼는다는 점에서 *민주적*이다. 사람들의 평등한 가치를 인정한다는 점에서 *공정하다*. 또한 능력을 발휘하지 못하게 하는 억압적인 커뮤니티의 상황으로부터의 자유를 제공하는 것을 주요 목적으로 한다는 점에서 *해방적*이다(Stringer, 1999). 사회의 변화를 가져오고자 하는 이러한 바람은 실행연구가 단순한 서술, 이해 그리고 설명을 훨씬 넘어서는 연구임을 시사한다.

실행연구는 사회 정의를 증진하기 위한 자기 반성적 탐구다. 따라서 실행연구는 연구를 둘러싸고 일어나는 사건들을 구체화하며, 이 때 실행연구의 작동방식은 **적극적 행동**(positive action)이다. 이런 의미에서 실행연구는 사람들이 자신이 속한 사회 상황에 대한 이해를 넓히고 직면한 문제를 해결하도록 돕는 **커뮤니티 개발**(community development)의 중추적 도구로 여겨질 수 있다. 훌리(Hooley)는 연구자들이 느끼는 이 연구법의 인식론적 매력을 잘 설명하고 있는데, 그는 실행연구가 다루는 진실의 개념이 "영구적이거나 일반화된 것이라기보다 일시적이며 지역화된 것"이기 때문에 실행연구가 정통적인 사회 과학 연구법보다 훨씬 더 개인과 지역 커뮤니티의 복잡성에 깨어있도록 만든다고 주장한다 (2005: 68). 결론적으로 실행연구는 언제나 지역을 기반으로 하며 조직 지향적일 뿐 아니라 종종 하나의 커뮤니티를 형성하기도 한다. 어느 쪽이든, 실행연구의 주요한 목적 중 하나는 각자의 삶에서 일상적인 행위를 하는 사람들에게 유용한 실천적 지식을 생산하는 것이다. 또한 앞서 이미 언급한 것처럼, 보다 넓은 사회적 층위에서 볼 때 실행연구는 개인과 커뮤니티의 사회적, 심리적 그리고 경제적 행복의 증대를 도모하는 탐구 접근법이라고 정의할 수 있다.

실행연구의 주요 목적은 지식의 공동생성이다. 이는 사회적, 문화적, 경제적 그리고 정치적 불평등으로 속박된 삶을 사는 개인과 커뮤니티 그룹을 '일깨움으로서'(conscientizing)으로써 민주적, 참여적, 다원적인 사회탐구 커뮤니티의 형성을 목표로 하는 연구 방식이다 (예: Friere, 1970). 여기에서 실행연구는 [사람들의] '실천'을 해석하고 그 의미를 이해하여 아직까지 '숨겨진'(hidden) 변화의 가능성을 발견하려는 분명한 목적을 위해 이론과 실천이 만나는 일종의 **프락시스**(praxis)를 가리킨다.[1] 따라서 아직 발생하지 않은 무엇인가를 의미화한다는 측면에서, 실행연구는 *가능성*을 지향하는 연구이다. 여기서 *가능성*이라는 관념은 또한 '사태가 보여지는 방식'의 한계에 갇히기를 거부함을 의미하기 때문에(Berman, 1976 참조), 실행연구가 개인적 차원에서는 성취할 수 없는 방식으로 세계의 변혁을 추구하는 (마르크스주의 정치학보다는) 사회주의 정치학을 제안한다는 의미이다. 또 한편, 실행연구의 실천가들은 [가능성의 실천으로서의] 프락시스와 필연성 사이에 존재할지 모를 긴장에 대해 깨어있기도 하다. 바꿔 말하면, 혁명은 없을 것이라는 것, 그래서 *우리의* 세상을 더 나은 세계로 변화시키는 것에 천착할 필요가 있다는 것이다. 이런 면에서는 실행연구는 실용주의와 밀접한 유사성을 가진다.

위와 같은 측면에서 볼 때, 실행연구는 커뮤니티 문제를 연구하는 효과적인 방식이다. 이는 이 연구법이 '불확실한 것들이 명료하게 되고, 상이한 현실들이 공적으로 협상될 수 있는 공간'이라고 셀비(Selby)와 브래들리(Bradley)가 칭한 것을 제공하기 때문이다 (2003: 123). 연구의 특수성이라는 측면에서 보면, 이 연구는 우연성, 시간 그리고 장소의 특이성을 감지하지 못하는 미리 결정된 연구 프로그램을 기계적으로 따르기보다 *본래의 장*

---

[1] 역주: Praxis는 대개의 경우 실천으로 번역되지만 이 책에서는 practice를 실천으로 번역하고 있기 때문에 praxis를 그대로 음차하여 프락시스로 번역하였다. Praxis가 '실천'의 의미와 함께 배움이나 이론의 '적용'이라는 의미도 함께 가지고 있다.

소에서 사건을 관찰하고 반응하고 이해하는 것에 중점을 둔다.

문헌을 통해 우리는 실행연구가 역사적으로 여러 다양한 배경, 특히 교육, 건강 그리고 *커뮤니티 개발*의 영역에서 수행되어왔음을 알 수 있다. 실행연구는 학자, 실천가, 개인, 또는 커뮤니티 그룹에 의해 시도되고 또 개발될 수 있지만, 대부분은 커뮤니티 개발의 맥락에서 기관이나 실천가에 의해 시작될 가능성이 크다. 그러나 일단 실행연구가 시작되면, 실제 커뮤니티를 실행연구에 참여시키려는 노력을 거의 언제나 볼 수 있다. 즉, 실행연구는 그 과정을 계획·관리하는 통제권을 외부 '전문가들'로부터 지역의 '이해 당사자'에게로 이전하는 것을 추구한다. 그렇게 하는 것이 외부적으로 규정된 고정된 방식의 평가보다 유연하고도 지역에 적합한 탐구 방법의 개발로 이어지기 때문이다. 연구되는 장소에 몰입(immersion)함으로써, 연구자들은 그 장소에 대한 더 나은 이해를 추구할 수 있을 뿐 아니라 더 많은 청중에게 이를 전달할 수 있다.

이런 의미에서 실행연구는 사람들이 실제 삶을 영위하는 사회적 구조, 과정, 그리고 맥락에 대해 소통하도록 도움으로써 복잡한 방식으로 진화하는 커뮤니티 기능의 특성을 포착할 수 있도록 하며, 현재 공공정책을 주도하고 있음에도 불구하고 이런 커뮤니티의 특징을 잡아내는 데에 무력한 통계 중심 양적 연구의 유용한 대항마로 보인다 (Crabbe et al., 2005). 실제로 실행연구 접근법은 양적 연구에 딸려 나오는 정보보다 훨씬 더 '풍부한' 정보를 생산하며 때때로 이해 당사자들의 강도 높은 참여를 이끌어낼 수 있는데, 이는 당사자와의 협상 없이 멀리 떨어져서 진행된 연구 결과물보다 이 방식의 연구 결과물이 더 존중받을 수 있음을 의미한다. 실행연구는 연구자가 '가져간 것'을 '돌려주는' 에토스를 기반으로 하는 협업의 과정이며, 이 연구방법론이 지닌 직접적 특징으로 인해 연구자는 (어느 정도) 활동가의 역할을 맡을 수 있게 된다. 연구자의 관심이 미리 전제되어 있다고 할지라도, 실행연구 방식은 지속적인 기술(skill) 교환을 촉진하며 상호 존중 관계가 형성될 수 있는 맥락을 조성한다. 이러한 '주고받음'이 자원(resource)이 아예 없을 수도 있고 고갈에 직면했을 수도 있는 커뮤니티 환경에 이득이 된다는 것은 명확하다.

실행연구 참여자들에게 연구 결과의 확산을 위해 사용되는 언어는 핵심적인 중요성을 차지한다. 빈곤에 대해 종종 비대표적 추산(unrepresentative calculation)만을 제공하는 주관적 판단(subjective judgment)은 '불편의 커뮤니티'(communities of disadvantages)가 물질적인 의미에서만이 아니라 사회적 태도와 문화와 관련해서도 '결핍'되었다고 묘사하지만, 언어는 이러한 주관적 판단에서 벗어날 수 있는 관점을 제공할 수 있다. 실행연구가 외부의 '전문가'로부터 지역의 실제적 지식이 있는 이들에게로 초점을 옮긴 것처럼, 연구 결과물에 사용되는 언어도 연구에 관여된 사람들의 목소리를 약화하지 않으려는 환기적 소통(evocative communication)을 사용함으로써 결과물이 가능한 폭넓은 청중에게 도달될 수 있게 되어야 한다. 연구 과정의 마지막에 '결과물'을 전달하기보다, 변화를 가져오려는 실행연구의 작업은 그 반성적, 학습적 에토스에 발맞추어 연구가 발생하는 내내 이루어져야 하며 이는 결과물 공유를 포함한다. 이런 점에서 연구란 역사적 패턴을 미래의 가능성으로 변화시키려는 *현재의* 시기적절한 행동이라고 한 챈들러(Chandler)와 토버트(Torbert)의 주장에 무게가 실리는 것이다 (2003).

이와 같은 모든 장점에도 불구하고 실행연구를 비판하는 사람들은 두 가지 부인할 수 없는 약점이 있다고 주장한다. 첫 번째 문제는 실행연구의 예측 불가능성에 놓여 있다. 예컨대 해머슬리(Hammersley)는 이론과 실천을 접목하려는 대부분의 시도가 그 과정에서 모순을 노출한다고 주장하며 실행연구는 본질적으로 예측불가능하고 불안정하다고 주장한다 (2004). 그러나 이러한 관점은 몰입/분리라는 잘못된 이분법에 대한 믿음을 바탕으로 하며 이는 실천에 비해 이론을 특권화하는 경향을 입증할 뿐이다. 챈들러와 토버트가 우리에게 상기시켜 주듯 '경험적 실증주의의 가정 아래에서는 실행과 연구가 서로 양극단에 있는 듯 보이지만, 실제 삶에서 양자는 본질적으로 서로 얽혀 있는'것이다 (2003: 134). 실행연구에 대한 두 번째 이의는 이 사회탐구 접근법에 엄격성과 반복가능성 그리고 객관성과 신뢰도가 결여되어 있다는 것이다. 이러한 비판은 실행연구를 공격하기 쉬운 허수아비처럼 여기고 있을 뿐 아니라, 실증적 조사 방식을 고수하는 사람들이 선호하는 연구 방법론이 보편적이거나 최소한 일관된 성격을 지녔다고 가정한다. 그러나 이러한 비판은 반박 가능할 뿐 아니라 객관성이 연구 과정에 항상 이롭다는 것을 전제로 한다.

이러한 비판을 반박하는 비평은 실행연구의 비판자들이 약점으로 간주하는 것을 장점으로 볼 수 있다고 제시한다. 윌리엄슨(Williamson)과 프로서(Prosser)가 짚어주듯 '강령(mission statement), 정책 그리고 절차와 같은 공식 기록물에 적힌 삶은 조직의 비공식적이며 사적인 삶과 극명한 대비를 보여줄 수 있다' (2002: 588). 실행연구의 장점은 커뮤니티 개입에 관련된 이들의 '비공식적' 삶을 드러낸다는 것이다. 이처럼 실행연구를 사용함으로써 얻어지는 이점은 스포츠를 전환적(diversionary) 도구로 이용하여 소위 '문제적' 청소년들의 행동을 다루는 프로그램의 평가를 살펴봄으로써 예증될 수 있다. *커뮤니티 개발* 작업에 있어서 종래의 연구접근법은 개입(intervention)이 범죄의 패턴에 중요한 영향을 주었다는 '구체적' 증거를 제공하기 위해 분투해 왔다 (Coalter, 1989). 그런데 어떤 증거가 입수되건 그 증거는 내부적 평가 또는 양적 평가에서 얻어지는 경향이 있으며, 더 나아가 이러한 평가는 종종 범법 행위의 감소를 가져온 다른 가능한 원인들로부터 현재 진행 중인 프로젝트의 영향을 분리시켜 설명하는 데에 단지 단편적인 정보를 제공할 수 있거나 이마저도 실패하곤 할 뿐이다. 셀비와 브래들리가 지적하듯 (2003), 바로 이것이 실행연구의 강점인데, 즉 실행연구는 특정한 상황에 놓인 지역의 특정한 상황적(situated) 지식을 기록한다 (Selby and Bradley, 2003). 지식의 공동창출에 대한 이러한 헌신을 통해, 실행연구는 기껏해야 부분적인 해결책이 될 뿐인 즉각적인 해결책을 제시하려는 충동에 저항한다. 엘리스(Ellis)와 카일리(Kiely)가 결론 내리듯이 (2000), 실행연구의 가치는 실행연구가 다른 연구법에서는 분석의 '대상'이었던 사람들의 일상에 배태되어 있는 방식에 있다. 그렇게 해서 실행연구는 그동안 연구가 자신들에게 '향하도록' 해 왔던 사람들을 민주적으로 연구 과정의 중심에 위치시킨다. 다른 사회적, 경제적 또는 정치적 이점 못지않게 바로 이 점이 실행연구를 소외된 커뮤니티 연구를 수행하기에 이상적인 접근법이 되도록 만드는 것이다.

공동 저자: 도나 우드하우스(Donna Woodhouse)

추천문헌

『실행연구 안내서』(The Handbook of Action Research, Reason and Bradbury, 2001)는 실행연구에 대한 다양한 접근법의 예시가 수록되어 있다.

참고문헌

Bauman, Z. (1976) *Socialism: The Active Utopia*. London: Allen and Unwyn.

Chandler, D. and Torbert, B. (2003) "Transforming Inquiry and Action. Interweaving 27 Flavors of Action Research", *Action Research*, 1(2): 133-152.

Coalter, F. (1989) *Sport and Anti-Social Behaviour: A Literature Review*. Edinburgh: Scottish Sports Council.

Ellis, J. and Kiely, J. (2000) 'The Promise of Action Inquiry in Tackling Organisational Problems in Real Time', Action Research International Paper 5: http://www.scu.edu.au/schools/gcm/ar/ari/p-jellis00.html

Friere, P. (1970) *Pedagogy of the Oppressed*. New York: Seabury.

Gornahug, K. and Olson, O. (1999) "Action Research and Knowledge Creation: Merits and Challenges", *Qualitative Market Research*, 2 (1): 6-14

Grundy, S. (1982) "Three Modes Of Action Research", in S. Kemmis and R. McTaggert (eds) (1988) *The Action Research Reader*. Geelong: Deakin University Press.

Hammersley, M. (2004) "Action Research: A Contradiction in Terms?", *Oxford Review of Education*, 30 (2): 166-180.

Hooley, N. (2005) "Participatory Action Research and the Struggle for Legitimation", *The Australian Educational Researcher*, 32 (1): 67-82.

McKernan, J. (1991). *Curriculum Action Research. A Handbook of Methods and Resources for the Reflective Practitioner*. London: Kogan Page.

Reason, P. and Bradbury, H. (eds) (2001) *Handbook of Action Research. Participative Inquiry and Practice*. London: Sage.

Reason, P. (2003) "Pragmatist Philosophy and Action Research: Readings and Conversation with Richard Rorty", *Action Research*, 1 (1): 103-123.

Selby, J. and Bradley, B. (2003) "Action Research Intervention With Young People: A City Council's Response", *Australian Psychiatry*, 11 (Supplement): 122-126.

Stringer, E. (1999) *Action Research: A Handbook for Practitioners*. Newbury Park: Sage.

Williamson, G. and Prosser, S. (2002) "Action Research: Politics, Ethics and Participation", *Journal of Advanced Nursing*, 40 (5): 587-593.

커뮤니티 프로파일링

> 커뮤니티 프로파일링은 지역성(locality)이나 커뮤니티의 성격, 요구(needs) 그리고 자원에 대한 그림을 그려나가는 것과 관련한 사회연구 방법이다. 커뮤니티 구성원의 적극적인 참여로 이루어지는 이 연구의 목표는 발견된 문제를 다룰 행동 계획을 세우고 이를 집행하는 것이다.

섹션 개요

이 장은 문헌에서 정의된 커뮤니티 프로파일링의 다양한 방식을 개괄하는 것으로 시작한다. 그 후, 이 연구법이 지역 커뮤니티가 최대한의 잠재력을 발휘하도록 사용되어 오지 못했음을 보여주면서 이 접근 방식들에 대한 비판적 논의를 제공한다.

하우틴 등(Hawtin et al.)의 연구를 인용하자면, 커뮤니티 프로파일링은 '커뮤니티의 삶의 질을 개선시키는 실행계획이나 다른 여러 수단을 개발하려는 목적 아래 커뮤니티의 적극적인 관여로 수행되는 연구방식이며, 커뮤니티라고 정의되거나 스스로를 커뮤니티라고 정의한 곳의 주민의 요구와 그 커뮤니티에 존재하는 자원에 대한 포괄적 기술'이다 (1994: 5). 트웰브트리스(Twelvetrees)는 '커뮤니티 프로파일링의 목적은, 첫째, 지역사회의 요구와 실행의 가능성에 대한 정보를 수집하는 것이고, 둘째, 가능한 대안적 실행 절차들의 분석을 통해 그 중에서 중요한 것을 선택할 수 있도록 하는 토대를 제공하는 것'이다 (in Hqwtin et al., 1994: 161). 프로파일은 단지 커뮤니티의 실존적 조건을 보고하는 문서일 뿐 아니라, 커뮤니티의 요구와 자산을 정의하는 것을 넘어 그 조건을 개선하기 위한 실행계획의 수립과 집행으로 이행하는 과정의 일부이기도 하다.

페인과 페인(Payne and Payne)은 프로파일링의 세 가지 유형을 개요하고 있다 (2004). 첫 번째 접근법인 신속평가(rapid appraisal)는 현존하는 데이터에 의존하며, 커뮤니티의 주요 정보제공자와의 협의 및 관찰을 포함하는 여러 사회연구 방법을 혼용한다. 이 방식은 위탁연구(commissioned research)와 비교하여, 비교적 저비용으로 신속히 수행할 수 있는 대중적인 방식이다. 그러나 이 접근법은 커뮤니티 요구의 '상식적' 이해에 의존하는 경향이 있으며, 또한 종종 미숙련자에 의해 수행된다. 프로파일링이 '상식적'이며, 누구에 의해서라도 저렴하고 신속하게 수행될 수 있다는 견해는 커뮤니티에서 작업하면서 발생하는 복합적인 어려움, 그리고 프로파일러에게 요구되는 기술(skill)을 과소평가하는 것이다. 페인과 페인이 언급한 대로, 커뮤니티 연구와 관련하여 발간된 문헌에서 이 접근법의 인기는 영국 커뮤니티 운동의 '지적, 정치적 파탄'을 반영하며, 이들에 따르면 이러한 파탄은 좋은 연구에 대한 이데올로기적 무관심에서 일어난다 (2004: 42).

페인과 페인이 정의한 프로파일링의 두 번째 종류는 우선순위 조사(priority searching)이며 이는 1980년대 후반 셰필드 시의회에서 개발한 연구 패키지(research package)이다. 이 접근법은 커뮤니티에서 일반적인 질문에 응답할 주요 그룹을 정한다. 그 주요 그룹에서 나온 응답은 조사(survey)의 기초데이터로 사용되며, 통상 이 기초데이터는 다양한 응답 아래 놓여 있는 일관성을 발굴하려는 목적으로 설문지에 배치된 데이터 세트의 형태이다. 세 번째 유형의 프로파일링에서도 이와 비슷한 접근법이 사용되는데, 이는 리즈(Leeds)의 정책연구소(the Policy Research Institute)와 농촌지역 커뮤니티 연구소(the Countryside Community Research Unit)에서 개발한 '컴파스(Compass)'라는 패키지로, 응답자가 자신의 질문을 추가할 수 있는 400항목의 설문으로 되어있다. 이 접근법은 표본추출과 보고서 작성 전문가를 필요로 하기 때문에 커뮤니티 그룹에서 널리 사용되지는 않는다.

커뮤니티 프로파일링의 이 세 가지 접근법 중 첫 번째 유형에도 한계가 있지만 나머지 두 가지 접근법은 아주 큰 혼란을 불러온다. 실천가

(practitioner)와 커뮤니티가 공유해야 하는 것을 전산화 과정으로 축소시키는 것은 커뮤니티 개발이 지양해야 되는 일이다. 이는 커뮤니티와 함께 작업해야 한다는 '위협'에 직면할 때, 얼마나 많은 단체들이 자신들의 체제를 지역 커뮤니티의 요구에 도움이 되는 방식으로 통합하도록 조정하기보다는 자신의 체제에 맞도록 '커뮤니티 사업/개발'을 통합하고 변형하는가를 보여주는 실례가 된다.

따라서 커뮤니티 프로파일링은 위에서 논의된 세 가지 유형보다 훨씬 더 넓은 사회탐구 접근법이다. 프로파일링이라는 용어가 제시하듯, 커뮤니티 프로파일링은 커뮤니티의 요구를 파악하는 데 있어 필수적이며 계획, 시행, 목표 설정 그리고 모니터링과 평가를 위한 주요 정보를 제공한다. 비록 프로파일링이 개인과 그룹에 의해 시작되었다 하더라도, 커뮤니티 요구를 파악하고 다루는 지방정부 및 그 협력기관에 의해 활용되는 도구로 종종 사용되며, 따라서 법에 명시된 부문의 자원을 배치함에 있어서 합법적 토대가 되는 것이다. 커뮤니티 그룹들과 제3부문(third-sector)도 충족되지 않은 요구(need)를 보여주거나 개발반대 캠페인을 벌이는 데 프로파일링을 사용함으로써 정책 입안자들에게 책임을 묻기도 한다.

커뮤니티 지식을 사용하는 것과 더불어, 프로파일링의 명백한 이점은 커뮤니티를 결손의 장소로 묘사하는 것이 아니라 커뮤니티의 자산으로 이목을 집중시키는 능력이다. 이상적인 프로파일은 법정 기관이 이용할 수 있는 최고 수준의 자원을 동원하며, 그 프로파일이 이루어지는 커뮤니티 주민들의 참여가 구상에서 보급에 이르기까지 높은 정도로 수행될 때 이루어진다. 커뮤니티는 지역적 지식(local knowledge)을 소유함으로써 실천가가 단독으로 만들어낸 프로파일보다 더 풍부한 프로파일을 만들어 낼 수 있으며 이는 또한 현명한 의사결정을 이끌 수 있도록 도움을 준다.

프로파일링에 참여하는 것은 또한 커뮤니티의 역량강화(empower) 능력으로 이어진다. 그러나 *커뮤니티 개발의 윤리성(ethos)*을 충족시키기 위해 프로파일이 여러 기준을 달성해야한다는 점도 지적되어 왔다. 우선, 지역민의 주인의식과 의미있는 공헌을 가능하게 하기 위해, 연구되는 커뮤니티는 연구 과정의 모든 단계에 반드시 참여하여야 한다. 프로파일이 커뮤니티의 속도에 맞춰 생성되도록 일정이 사려 깊게 계획되어야 한다. 또한 프로파일은 실행으로 이어질 수 있는 아이디어 및 토론을 일궈내기 위해 노력해야 한다. 따라서 프로파일링은 훌륭한 소통 방법을 요구한다. 이를 위해, 프로파일링은 정보의 수집과 제출에 참여하는 그룹과 개인들을 아우르는 다양한 조사 방식들을 동원한다. 이 방식들이 커뮤니티에 절적할 때, 커뮤니티의 관심과 접근성(accessibility)을 유발할 수 있으며, 또 효력을 발휘할 수 있다. 이러한 작업의 결과는 대중들이 이용할 수 있어야 하며 전통적인 보고서 형식을 취할 필요는 없다. 그 대신, 결과물은 이야기, 행사, 사진, 블로그 등의 형태로 소통될 수 있다. 마지막으로, 커뮤니티 프로파일링은 여러 이슈들을 연계하고 커뮤니티 간의 차이를 인정함으로써 항상 다양한 범위의 주제들을 받아들이도록 노력하여야 한다.

프로파일링에는 항상 커뮤니티 참가자들 간 다양한 참여 수준이 있다. 커뮤니티의 대부분이 프로파일링 연구에 대해서 정보를 받았을 수도 있고 또 많은 이들이 정보의 출처일 수도 있다. 또한 더 실질적인 방식으로 돕기를 자원하는 커뮤니티 구성원들이 있을지도 모르고 혹은 연구작업을 계획하고 관리하는 데 도움을 주는 핵심 그룹이 있을지도 모른다. 커뮤니티는 자기결정권과 민주주의를 요청하는 커뮤니티 개발에 대해 응답하며 비지시적인(non-directive) 방식으로 일하는 실천가의 지지와 조언을 통해 프로파일을 수행할 역량강화를 하는 것이 이상적이다. 이런 식으로 프로파일링을 사용할 때의 긍정적인 면은 커뮤니티 내부에 이미 존재하는 기술과 지식을 발견할 수 있게 한다는 것이다. 그리고 이것은 실천가가 단독으로 생산했을 프로파일보다 훨씬 더 통합적인 프로파일을 만드는 데 기여한다.

프로파일이 영향력 있으려면 그 방법이 '전문적'으로 보여야 한다. 그렇다 하더라도 이것이 실험을 억압한다거나 결과물이 무미건조하게 정식화되어야 한다는 식으로 지시해서는 안 된다. 프로파일링은 단 한 번의 이벤트가 아니라 지속적인 참여 활동의 일부로 여겨져야 한다. 그것은 기술적 활동이 아니라 지역 정책 결정과 정치의 과정에 통합되는 것으로 여겨질 때가 최선의 상태이다. 연구자의 '코드화된 지식'과 커뮤니티 주민의 '경험에 기반을 둔' 지식을 병치할 때 (Percy-Smith and Sanderson, 1992: 13), 프로파일링 테크닉은 '주민들의 생활 현실을 더 정확하게 반영할 뿐 아니라 관료적 부서주의(departmentalism)에 저항'하는 잠재력을 지니며 (Hawtin et al., 1994: 5), 이는 담당 기관이 자신의 구조와 실천에서의 약점을 인식하도록 돕는다.

그러나 법정기관 및 제3부문 단체들이 이끌었던 최근의 커뮤니티 자문(community consultation)과 사용자 개입(user involvement)의 성장에도 불구하고, 자금원이 서비스의 구성과 실행을 맡는 이들에게 '고객(client)' 커뮤니티의 의견을 받아들이고 호응하도록 강요하는 경우가 여전히 존재한다. 그리고 그 결과 중 하나는 자문이 연구 제안서와 관련해서만 이루어지면서 형식적으로 되고, 따라서 냉소주의를 불러일으킬 수 있다는 점이다. 진정한 커뮤니티 개입을 운운하는 그 수사학은 전체적이고, 참여적이며, 질적인 현실과 거의 일치하지 않게 된다. 아래에 보이듯 우리가 커뮤니티 프로파일링에 대한 다양한 접근 방식을 조사해 보면, 이런 수사(修辭)와 커뮤니티와 함께 일하는 현실 사이의 불편한 차이는 명백해진다.

비록 커뮤니티 프로파일링의 사용이 폭넓은 커뮤니티 개발 접근법으로서 잠재력 있지만, 프로파일링 절차가 현장에서 작동할 수 있도록 하는 과정에서 여러 난점이 있다. 지방 정부가 프로파일링을 사용할 때 반드시 인지해야 하는 현실 중 하나는 관할(territoriality)에 대한 문제 그리고 커뮤니티를 정의하는 방식이다. 행정적 경계와 지역민들이 '자신의' 커뮤니티를 보는 방식이 일치하지 않기 때문이다. 이런 불일치는 참여를 감소시키고 결과를 왜곡할 수 있다. 이런 문제와 겹쳐지는 또 다른 문제는 바로 현존데이터(extant data)의 사용이다. 이 데이터가 부분적(partial)일 때가 종종 있는데, 그 이유는 지역 주민들의 도움으로 수집되지 않았기 때문일 가능성이 많고 이에 따라 데이터가 기술적으로도 지역 커뮤니티의 눈에도 타당선이 제한되기 때문이다.

또 하나의 문제는 많은 커뮤니티 프로파일링이 여전히 매우 '하향식(top-down)'이며, 따라서 자원, 일정조율, 보고서 작성, 그리고 실행 능력과 의지가 여전히 의뢰 기관에게 종속되어 있다는 점이다. 해그스트롬(Haggstrom)은 자신의 요구를 파악하고 집단행동에 참여하는 *행동하는*(acting) 커뮤니티가 아닌 *대상으로서의*(as object) 커뮤니티 개념을 비판한다 (in Hawtin et al., 1994). 많은 전문가들은 대상으로서의 커뮤니티에 '대하여' 영향을 미치려고 하는데 이는 그렇게 하는 것이 커뮤니티에 최고의 이익이 된다고 믿기 때문이다. 그러나 그러한 접근은 냉담과 의존을 초래한다. 결국 실천가와 정책 입안자는 커뮤니티 프로파일링의 사용이 '권한을 부여'(empowering)한다고 생각하겠지만, 커뮤니티는 여전히 정책을 *입안하*는 권한이 부족하다. 궁극적으로, 프로파일이 기대를 키울 수 있지만, 커뮤니티 개발에 대한 헌신 없이는 프로파일 결과에 부응하는 필수 정책은 이행되지 않을 것이며, 이는 냉소를 불러일으킬 것이다.

이질적인 커뮤니티들로 발전할 수 있는 사람들 사이의 요구와 우선순위에 대한 합의를 이끌어내는 것 역시 문제가 될 수 있다. 그래서 커뮤니티와 기관 사이의 권력 관계보다 커뮤니티 *내부*의 권력 관계가 어려움을 야기할 수 있다. 게다가, 다양한 커뮤니티가 저마다의 프로파일을 수행한다면, 이 커뮤니티들이 부족한 자원에 대하여 저마다의 몫을 주장하고 나설 때 화합보다 적대감이 유발되어 다툼이 일어날 수 있다. 프로파일링이 추가적 자원을 유치하지 않는 경향이 있고, 이 경우 정작 프로파일을 수행하는 데 걸리는 시간이 오래 걸리고 커뮤니티 참가자를 훈련시키는 데 드는 노력이 너무 힘들기 때문에 어떤 이들은 프로파일링 사용을 선택하지 않는다. 몇 차례의 사업추진을 경험하였으나 특히 큰 성과를 거두지 못했다면, 관련 연구자나 지역의 대표자들에게 프로파일링은 '뭔가를 하면서' 실제로는 연기시키는 방편으로, 또는 학자나 '전문가'에 의해 행해지는 어떤 것으로 비춰질지도 모른다.

또한 커뮤니티 프로파일링의 여러 *기술적*(technical) 측면들 역시 문제가 될 수 있다. 방법론적으로, 그리고 인식론적으로도, 커뮤니티 프로파일은 여전히 지배적인 '과학적' 패러다임에 너무 가까우며, 지방정부의 문화는 수치(measurement)에 의해서 주도되기 때문에 질적 데이터보다 양적 데이터를 산출하는 경향이 있다. 이러한 분위기에서 입력(inputs)은 종종 출력(outputs) 또는 결과(outcomes)로 잘못 보이게 되는데, 예를 들면 한 지역의 일반의(General Practitioner, GP)[2]의 수가 이용가능한 1차 진료(primary care)의 수준과 질을 대체할 수 있는 것처럼 여겨지기도 하는 것이다. 기관은 그들이 수집하도록 정해져 있는 자료만을 수집하며, 그마저 커뮤니티의 요구를 반영하기보다는 관리에 적합한 형태로 수집한다. 이 두 가지 문제는 커뮤니티 프로파일을 통해 수집된 데이터의 타당성과 포괄성에 의문이 제기될 수 있음을 의미한다. 그럼에도 불구하고 하나의 모델이 일관성있게 사용되면서 자원의 가치에 대한 비교가 이루어질 수 있다면, 프로파일링은 신뢰할 수 있으며 타당하고 또 유의미한 정보를 제공할 수 있다. 양적 데이터를 선호하는 관습에 대응하여, 커뮤니티를 연구하는 어떤 이들은 커뮤니티 프로파일링이 아니라 명백하게 질적인 *실행연구* 접근법을 선택할 수도 있다.

잘 시행된다면, 커뮤니티 프로파일링은 단순히 그 자체가 목적이지는 않다. 사실, 커뮤니티 구성원과 실천가가 프로파일링 중 익힌 기술(skills)은 그들이 생산한 '데이터' 만큼이나 중요할 수 있다. 커뮤니티 개발에 대한 여타의 접근법들과 마찬가지로, 프로파일링은 대충 때우면서 겉치레만 하거나, 커뮤니티가 아닌 조사를 의뢰한 사람들의 요구만 반영하게 될 수 있다.

---

[2] 역주: GP는 주로 '지역보건의'로 번역하며 전문의가 아닌 의사를 통칭하며, 영국에서는 일반적으로 지역주민들의 일차진료를 담당한다.

그러나 가장 좋은 커뮤니티 프로파일은 효과적인 메커니즘과 정책을 자리 잡게 만들고 지역 정치에 있어서 참여의 문화를 만들면서, 연구 수행에 참여한 사람들의 기술을 증진시킬 뿐 아니라 커뮤니티 요구와 자원을 정확하게 파악한다. 그러나, 현재 사례들은 이와 같은 긍정적인 시나리오가 일어날 가능성이 희박함을 보여주는데, 자신이 생각하는 최상의 운용 방식과 반대로 운영되는 연구 방식을 통제하려는 기관들이 잠재적으로 급진적인 커뮤니티 연구의 대다수를 무효화시키고 있기 때문이다.

공동 저자: 도나 우드하우스(Donna Woodhouse)

참고문헌

Hawtin, M., Hughes, G. and Percy-Smith, J. (1994) *Community Profiling. Auditing Social Needs*. Buckingham: OUP.
Payne, G. and Payne, J. (2004) *Key Concepts in Social Research*. London: Sage.
Percy-Smith, J. and Sanderson, I. (1992) *Understanding Local Needs*. London: IPPR.

커뮤니티 연구

'커뮤니티 연구'는 명확히 규정된 지리적 로컬리티, 장소 또는 근린(neighborhood)의 사회 구조를 구성하는 사회 네트워크, 친족 관계, 그리고 대면 사회관계를 전통적으로 연구해 온 여러 특정 경험적 연구(대체로 민속지학적이고 종종 연구되는 커뮤니티에 속한 연구자에 의해 수행되는)를 설명하는 데 사용되는 용어이다.

섹션 개요

이 장은 커뮤니티 연구의 방법과 수단을 설명함으로써 시작한다. 다음으로는 커뮤니티 연구의 역사적 발전을 다룬다. 커뮤니티 연구가 20세기 영국에서 등장하였음을 설명하면서 이 연구 전통이 제기한 몇 가지 형이상학적이고 이론적인 문제를 살펴본다. 또한 커뮤니티 연구를 발전시키는 것이 최근 사회 변화에 비추어 어떤 이론적 함의를 가지는지 간략하게 논의한 다음, 커뮤니티 연구 개발의 실제적이고 윤리적인 의미를 논하고, 마지막으로 현대적인 세상에서 과거와는 다른 방식으로 커뮤니티 연구가 유용한 측면을 간략하게 언급하면서 이 장을 끝맺는다.

커뮤니티 연구란 무엇인가?

커뮤니티 연구는 전통 사회가 현대성을 성취함에 따라 변화하는 과정에도 불구하고, 로컬리즘(localism)이 여전히 사회 조직의 중요한 원리라는 점에서 출발한다. 즉, 사회 네트워크, 친족 관계, 대면적 사회관계, 정체성 공유, 소속감의 가치와 정신을 강조하는 커뮤니티는 특정한 사회적 기능을 수행할 뿐 아니라, 개인을 위해서도 지속적으로 의미 있는 사회 구성체가 되어 왔다는 가정에서 이 연구는 이루어진다. 따라서 커뮤니티 연구는, 마가렛 스테이시(Margaret Stacey)의 (1969) 적절한 표현을 사용하자면, '지역 사회 체제'(local social system) 연구에 관심을 쏟아왔으며, 조사 대상 커뮤니티에 실제로 거주하거나 상당한 시간을 보내는 연구자를 포함하는 접근을 변함없이 사용하여 왔다 ('민속지학' 참조). 커뮤니티는 범위가 정해진 공간이라는 개념이 전통적으로 커뮤니티 연구의 관례를 지배해 왔기 때문에, 커뮤니티 연구의 대상이 되었던 대부분의 커뮤니티는 대체로 밀집되고 소규모인(compact) 경향이 있다. 역사적으로 볼 때 커뮤니티 연구는 시골과 도시 지역 모두에서 수행되어 왔지만, 대체로 도시의 커뮤니티 삶에 주목하는 경향을 보여 왔다. 가장 비인격적(impersonal)이고 인공적이며 외롭다고 여겨지며, 사회관계가 계산적이라고 추정되는 바로 그 장소에서 상호성, 소속감 그리고 친밀한 사회관계를 기반으로 하는 삶의 증거를 찾으려고 하는 커뮤니티 연구의 집착이 이러한 경향에 반영된다.

크로우(Crow)와 앨런(Allan)은 영국의 커뮤니티 연구 발전을 세 단계로 정의한다 (1994). 첫 번째 단계는 제2차 세계 대전 말에 시작되어 1960년대 말까지 지속되었는데, 지금의 관점에서 돌이켜보면, 이 단계는 그때까지 사회학에서 지배적이었던 두 가지 주요 개념, 즉 커뮤니티 상실이라는 논제와 도시-농촌 연속성에 대한 비판적 반응으로 파악될 수 있다 ('Community: An Interim Career Report' 참조). 이 두 개념의 유래를 따지자면 특히 뒤르켐(Durkheim)과 퇴니스(Tönnies)와 같은 창립자들의 연구로까지 거슬러 올라 갈 수 있겠지만 이 개념들은 20세기 초 미국 시카고학파의 연구에서 가장 강력히 등장했다.

이 연구는 도시가 매우 지배적으로 됨에 따라 도시성(urbanism)이 현대 생활의 기초가 되었다고 주장하며 커뮤니티 삶을 다소 비판적으로 보는 것으로 특징지을 수 있다. 그 결과, 로버트 파크(Robert Park)의 유명한 말이 정의하듯 '도시 환경에서의 인간 행동 조사'를 하는 도시사회학을 소개하고 발전시킨 학자들에게 도시는 주요한 연구 장소가 되었다 (1916). 도시사회학 형성기에 했던 그의 연구에서 파크는 사람들이 '스칠 뿐 서로 스며들지 않는(touch but do not interpenetrate)' 곳이라고 지역적 애착이 와해된 도시를 정의했다. 그러나 무엇이 도시적 고립의 논고가 되는가에 대한 더 영향력 있는 연구는 루이스 워스(Louis Wirth)에 의해 발전되었다 (1938). 워스는 그의 유명한 저서 『생활양식으로서의 도시성』에서 현대 도시 생활의 규모, 조밀도, 다양성 그리고 이질성이 사회 유대를 약화시키고 비인격적, 피상적, 일시적 그리고 단편적 사회관계를 만든다고 주장했다. 또한 친족관계와 이웃관계 그리고 이들로부터 생겨나는 정서와 같은 커뮤니티 관계들이 도시에서는 부재하거나 있다 하더라도 약하다고 결론지었다. 또 다른 시카고 학파의 학자 로버트 레드필드(Robert Redfield)는 비판적인 시선을 도시에서 교외지역으로 돌리고 '민속사회(folk society)'라는 개념을 채택하여 시골 삶의 방식에 초점을 맞췄다. 그러나 대체로 그는 그의 시카고 학파 동료들과 유사한 결론에 도달하였다. 즉, '생활양식으로서 도시성'이 익명성과 도시 삶의 비인격적 규칙을 연상시키는 반면, 커뮤니티는 '생활양식으로서 시골성'과 등치될 수 있다는 것이다.

위에서 제시하였듯이, 이와 같은 커뮤니티 상실이라는 논제와 도-농 연속성 모델에 대한 도전을 이끈 추동력은 전후 영국의 초기 커뮤니티 연구에서 비롯되었는데, 이는 이 두 논제가 모두 도시와 교외 밖에서 이루어진 현대화 과정이 어떻게 사회전체적 변화에 기여했으며 사회적 역할, 그룹 및 사회 네트워크에 어떤 영향을 끼쳤는지를 고려하지 못했기 때문이다. 이러한 초창기 연구 중 영향력 있는 연구는 뚜렷이 다른 두 개의 중점을 가지고 있었는데, 그것은 도시에서 커뮤니티를 발견하는 것과 시골 마을에서 도시성을 발견하는 것이었다. 경험적 커뮤니티 연구의 최전선에 있는 이러한 연구자들은 대체로 커뮤니티의 존재를 물리적이고 관찰 가능한 현실이라고 확신했다. 그들의 연구가 알려준 것은 커뮤니티가 현대적 세력에 의해 상실되었다기보다 단지 변화되었을 뿐이라는 것이었다. 그리고 20세기 전반기에 커뮤니티 재발견을 이끈 사람들은 바로 이 연구자들이었다.

도시 연구 조사는 도시 지역에서 상대적으로 안정적이고 긴밀하게 짜인 커뮤니티들이 존재한다는 것을 밝혔다. 리즈(Leeds)의 헌슬릿(Hunslet)에서의 개인적 경험 분석을 통해 작성한 리차드 호가트(Richard Hoggart)

의 『리터러시의 이용』(1957), 그리고 웨스트 요크셔(West Yorkshire)의 광산촌 애쉬튼(Ashton)의 일, 여가, 가정에 중대한 영향을 미치는 커뮤니티의 영향력에 집중한 대표적인 경험적 연구인 『석탄은 우리 삶』(Dennis et al., 1956)은 그 좋은 예이다. 그러나 이러한 연구의 가장 전형적인 예는 아마 피터 윌모트(Peter Willmott)와 마이클 영(Michael Young)의 장기 연구일 것이다 (Dench, Gavron and Young, 2006; Willmott, 1963; Willmott, 1986; Willmott and Young, 1960). 영국에서 이루어진 이 연구는 윌모트와 영의 대표적 연구인 『런던 교외의 가족과 계층』(1960)으로부터 시작되었다. 이 첫 단계 연구는 도시 환경에서, 특히 노동자 계층 지역과 산업 지역에서, 사회적 네트워크와 상호 조력이 강하다는 것을 보여주었다. 반면, 리스(Rees)의 『웰시 시골지역의 삶』(1950), 윌리엄스(Williams)의 고스포스(Gosforth) 지역 연구인 『영국 마을의 사회학』(1956), 그리고 리틀존(Littlejohn)의 연구 『웨스트리그: 체비엇 교구의 사회학』(1963)과 같은 시골 연구는 도시와 더 잘 연결될 것 같은 사회성(sociality)과 사교성(sociability)의 유형, 즉 비인격성, 고독, 사회 계층 간 분열 그리고 계약적 사회관계를 드러냈다.

그러나 풍부한 문헌이 이 연구를 통해서 생산되었음에도 불구하고, 이 단계의 커뮤니티 연구를 특징지은 것은 대다수의 연구 프로젝트들이 커뮤니티 개념을 사용하는 방식에 대한 일종의 불편한 느낌이었다. 비평가들은 그들의 커뮤니티 연구가 커뮤니티의 불화보다 연대에 강조점을 두는 경향이 나타났다고 비판하였으며, 몇몇 비평가는 이 연구의 지지자들이 '로컬리티를 매우 동정적으로 ... 과도하게 동정적으로 그려내고' 있다고 비난했다 (Bell and Newby, 1971:55) ('Nostalgia' 참조). 이러한 문제 때문에 스테이시(Stacey)는 이 연구자들에게 '지역의 사회 제도'(local social system)를 참조했는지 아닌지에 대해 솔직해지라고 요구하였으며(1969), 이는 이 연구자들로 하여금 '커뮤니티'에 대하여 향수적이고 이념적인 연관을 짓지 않도록 촉구하는 것이었다. 벨(Bell)과 뉴비(Newby)는 이보다는 덜 비판적이었지만 '커뮤니티 연구'는 [커뮤니티라는 이념적] 대상(object)이 아닌 *방법*을 지칭한다는 것에 동의했다 (1971).

그러나 크로우(Crow)와 앨런(Allan)은 엘리아스(Elias)가 '커뮤니티 연구의 이론적 측면이 현장의 경험적 연구보다 후진적'이라고 말할 때 그가 진짜 문제에 접근했다고 평가한다 (1974). 위의 비평가들이 충분히 고려하지 못한 것은 바로 커뮤니티 연구의 특이점이 '실재의'(real) 커뮤니티와 '상상된'(imagined) 커뮤니티 같은 용어들이 실제로 무엇을 의미하는 지를 답하지 않은 채로 남겨두어야만 했다는 사실이라는 것이다. 의심할 여지 없이 대다수 커뮤니티 연구의 중심에는 경험적 현상에 맞서려는 욕구가 있다는 것이었다. 즉, 커뮤니티 연구는 왜 사람들이 로컬리티에 애착을 갖는지를 이해하기 위해 사람들이 공유의 경험으로부터 얻는 어떤 느낌, 그리고 이 공유의 경험에 부여하는 집단적 의미를 붙잡으려 노력하였던 것이다.

스테이시(Stacey)의 밴버리(Banbury)의 연구(1960)는 기존의 사회 조직과 문화가 새롭게 유입되는 인구와 맞닥뜨려 변화되는 커뮤니티 성격과 이것이 지역의 사회관계와 제도에 미치는 영향을 분석하였다. 여기에 이 연구가 '커뮤티니'라는 용어의 용법에 대하여도 논의했다는 점 역시 중요하다. 스테이시의 연구는 이론적 측면이 더 정교하게 다루어지면서 더 반성적(reflexive)으로 발전한 두 번째 단계의 커뮤니티 연구의 시작을 알렸다. 또한 전후 기간에 실행된 빈민가 정리 프로그램을 통해 생겨난 주택 개발 단지는 다른 많은 연구들의 초점이 되었다. 그리고 이 연구들은 계급과 연속성보다 경력과 과시적 소비를 더 의식하는 사람들의 그룹을 포함한 매우 다양한 사회 그룹으로 특징되는 '새로운' 커뮤니티를 탐구했다. 윌모트의 『커뮤니티의 진화: 40년 후의 대거넘(Dagenham) 연구』는 이와 같은 연구의 좋은 예이다.

1980년대 이후 지속되고 있는 커뮤니티 연구의 세 번째 단계에서는 연구자들이 현장으로 돌아갔다. 그들은 방법론 학자의 날카로운 눈으로 연구와 관련된 문제들에 접근했으며 정치인과 같은 관심을 가지고 제조 산업의 쇠퇴에 다가갔다. 스테이시를 비롯한 연구자들은 밴버리 연구의 후속 연구를 진행했고(1975), 영국 북동쪽에서 진행된 파커의 연구는 산업 쇠퇴의 한 가운데에서 커뮤니티의 변화와 긴장을 조사했다(1986). 셰피(Sheppy) 섬 연구(Pahl, 1984) 그리고 그와 관련된 연구(Wallace, 1985)는 또한 가사 노동 분업, 그리고 광범위한 사회 구조적 힘이 커뮤니티에 미치는 영향에 역점을 두면서 이 세 번째 단계에 중요한 기여를 하였다. 이러한 연구는 '사회 관계의 특정한 패턴들을 특정한 지리적 환경과 연결시키려는 어떤 시도도 매우 헛된 일'이라는 팔(Pahl)의 초창기 주장(1966: 322)을 확인해 주었다. 이 연구의 세 번째 단계에서 웰먼(Wellman)과 그의 동료들도 개인적 커뮤니티들이 지역 커뮤니티보다 훨씬 더 중요하다고 주장했다 (1979; 1988). 이와 같은 의견에도 불구하고, 로컬리티는 일상에서 여전히 많은 사람들에게 중요한 판단 기준이라는 사실을 반박하기는 어려웠다. 심지어 오늘날에도, 많은 이들이 여전히 특정 지역에 대한 소속감을 지니고 있으며 그들이 그 장소에서 갖는 유대감과 우정을 그들의 '커뮤니티'라고 생각한다.

그러나 커뮤니티가 덜 장소의존적이 됨에 따라 ('Virtual Communities' 참조), 로컬리티에 중점을 둔 커뮤니티 연구는 세계의 일부 모습만을 제공한다는 것이 점점 더 명백해지고 있고, 모두를 아우르는 연대가 더 전문화된 형태의 커뮤니티나 개인성(individuality)을 특징으로 연결된 라이프스타일에 자리를 내주게 되었으며, 또한 비공식적으로 충족되었던 요구는 공식적 조직에 점점 더 의존하게 되었다 (Wellman, 1979; Wellman et al., 1988). 많은 사람들의 삶에서 장소의 핵심성을 폄하하는 것은 아니지만, 이러한 변화는 연구자들이 이제는 커뮤니티 연구의 또 다른 단계를 받아들여야만 한다는 것을 보여준다. 시간과 장소가 재구성됨에 따라 소속감, 연결된 사회 네트워크, 그리고 정체성은 더 우연적이고 짧아지면서 일상의 결(texture)을 장악하게 되었다고 보는 기든스[Giddens]의 '후기 근대성'(late modernity)에 대한 이론화(1987: 1990)에 대한 이해를 포함하여, 연구자들은 오늘날 사람들이 경험하는 커뮤니티의 복잡성을 인정해야 한다 ('유동적 근대 커뮤니티'; '탈근대 커뮤니티' 참조). 리즈(Leeds)에 관한 블랙쇼(Blackshaw)의 연구는 그러한 연구의 예이다. 직업(work)보다는 훨씬 간헐적이고 우연적으로 [이루어지는] 생활세계인 여가가 많은 개인의 정체성 공유와 소속감을 규정하는 중심 무대가 되었다고 주장하면서, 이 연구는 노동계급이라는 상상된 커뮤니티의 사회 네트워크와 여가 생활방식에 중점에 둔다.

초기의 연구가 물리적 장소로서의 커뮤니티에 집중하는 경향이 있었던 반면, 조금 더 정교해진 이 연구는 우리가 커뮤니티를 상징적이고, 상상된(imagined), 그리고 상상적인(imaginary) 어떤 것으로서 생각하도록 돕는다 ('The Symbolic Construction of Community'; 'Imaginary Communities';

'Imagined Community' 참조). 반복해서 말하자면, 이는 장소가 커뮤니티 연구에서 더는 중요하지 않다고 말하는 것이 아니라 사람들의 커뮤니티 경험에서 장소의 중요성을 지나치게 단순화된 기정사실로서 받아들여서는 안 됨을 주장하는 것이다. 커뮤니티를 공간으로 경계 짓는 정의에 의존하지 않는 접근법의 가치는 이 접근법들이 연대와 대립의 중심이 되곤 하는 사회관계의 중요성을 전면에 배치하는 데 도움을 준다는 것이다.

글래스(Glass)는 커뮤니티 연구를 '형편없는 사회학자의 소설 대용품'이라 부른 적이 있다 (Bell and Newby, 1971:13에서 인용). 이 비평은 초창기 커뮤니티 연구의 기술적(descriptive) 특성을 반영하고 있는데, 이는 커뮤니티 연구가 역사적 연속성과 현대의 변화에 대한 우리의 지식에 기여할 것이 거의 없는 사회라고 쉽사리 일축될 수 있음을 의미했다. 그러나 앞에서 살펴본 것처럼, 최근의 연구는 이 쟁점을 다루어 왔으며, 연구되는 장소를 기술하고 분석할 뿐 아니라 그 장소를 더 광범위한 사회적 맥락으로 연결하는 것을 시도해 왔다. 이 과정을 통해 최근의 연구는 이론적으로 더 탄탄해졌다. 양적조사 방식을 피하거나 무시해도 좋을 만큼만 사용하는 것은 커뮤니티 연구가 연구의 신뢰도와 타당성 측정을 위해 서로 비교될 수 없다는 것을 의미할 것이며, 이는 어떤 이들의 눈에는 우려의 원인이 된다. 그러나 전형성(typicality) 또는 차이점의 추구가 커뮤니티 연구의 목적이 된 적도 없으며, 커뮤니티 연구는 스스로가 정통 사회 과학적 의미에서 누적적(cumulative)이라고 주장하지도 않는다. 커뮤니티 연구는 한 번에 완벽해지는 세계 이해를 만들어내지 않으며, 커뮤니티 연구의 지지자들이 출판물에서 명확하게 표현하는 '현실'은 세상에 대한 완전한 이해를 추구하는 실증주의적 접근과 명백히 상충한다. 커뮤니티 연구를 수행한다는 것은 추상화된 경험주의의 한 형태도 아니며, 현장의 '사실들'은 그들 자신을 대변할 수 없다. 그 사실들은 본원적 의미나 가치를 지니지 않으며 연구자들이 해석하고 이론을 통해 연계됨으로써 의미를 얻게 된다. 결국, 우리는 커뮤니티 연구의 타당성을 판별함에 있어서 커뮤니티 연구의 존재론적 지위가 아니라 그것의 설득력에 의존하며, 이에 더하여 연구자에게 갖는 존중, 그리고 그들과 정보제공자의 성실성에 대한 신뢰를 기준으로 타당성을 판별한다.

커뮤니티 연구와 관련하여 현장의 어려움은 과거보다는 오늘날의 연구자들이 자신이 선택한 연구수행 장소에서 상대적으로 이방인이 되기 쉽다는 것이다. 오늘날 연구자들은 또한 커뮤니티 및 주요 정보원에게 접근하도록 도움을 주는 '후원자'가 될 주요 정보원과 관계를 구축해야만 할 가능성이 더 많다. 이처럼 현장 '알아가기'는 개시(entry), 지위 유지(maintaining a position), 그리고 종료(exit)의 폭넓은 삼 단계의 과정으로서의 커뮤니티 연구를 보여준다. 이방인으로서의 연구자와 친구로서의 연구자 사이의 변증법이 작동하는 현장조사(fieldwork)는 [커뮤니티나 정보원에게] 곤궁(distress)까지는 아니더라도 개인적 불편(uneasiness)을 안겨 줄 수 있기에 부담이 크다. 분리(detachment)의 개념 또한 문제가 있다. 만일 연구자가 너무 냉담하게 보인다면, 연구자는 그가 추구하는 풍부한 통찰에 접근할 수 없을 수도 있다. 그러나 이와 마찬가지로, 만약 연구자가 너무 몰입하는 (immersed) 것으로 동료들이 인식한다면, 그 연구자는 '현지인처럼 행동하고' 객관성을 상실한다는 비난을 무릅쓸 위험이 있다.

윤리적으로, 연구자들은 그들의 응답자에 대한 돌봄의 의무가 있다. 관례적으로 보면 개인 그리고 전체 커뮤니티조차 연구 결과의 작성에서 익명이어야 한다. 그러나 커뮤니티 연구에서 사람과 배경의 '느낌'(feel)을 잃지 않고 그들을 숨기기는 어렵다. 연구 수행의 측면에서는 연구자들은 조사 과정과 그 이후에도 다른 연구자가 그들의 최초의 진출을 뒤따라 커뮤니티로 진입하는 것을 불가능하게 하는 태도를 취해서는 안 된다. 이를 프란켄베르크(Frankenberg)는 '기본 원칙'(cardinal principle)이라 칭했다 (1996). 또한 연구결과로부터의 배움(learning)이라는 측면에서 볼 때, 콜먼(Coleman)은 커뮤니티 연구가 제한되거나 적어도 흥미 없는 방식으로 작성되는 경향이 있어서, 그 결과 실제 커뮤니티 구성원들이 조사에 참여하고도 얻는 것이 없을 수 있다고 경고한다 (Bell and Newby에서 인용, 1971). 이는 커뮤니티 연구의 결과물이 그 연구를 발생시킨 세계보다 학문에 적합한 방식으로 제시되는 관행이 변함없기 때문인 것 같다. 이는 학문적 언어에 친숙하지 않은 이들이 그 연구로부터 많은 유용한 정보를 얻기 어렵게 만든다.

그러나 커뮤니티 연구의 이 모든 한계에도 불구하고, 그리고 특히 커뮤니티 연구를 '매력적이며 동시에 짜증나게' 만드는 지역적 관심사에도 불구하고 (Bell and Newby 1971:250), 거대하고 불투명한 인간관계 복잡성의 결을 설명하는 데에 커뮤니티 연구에 필적할만한 다른 사회생활 연구법은 거의 없다. 실제로 커뮤니티 연구는 현대적 삶을 경험하는 방식에서의 주요 변화를 가늠하는 척도로 지속적으로 작용하고 있다. 커뮤니티 연구는 어떻게 현대 상황에서 사회 네트워크가 작동하는지에 대하여, 그리고 공유되기도 하고 종종 대립하기도 하는 여러 가치에 의해 네트워크가 뒷받침되는 방식에 대하여 우리에게 알려주며, 이 과정을 통해 인간성의 풍부함과 복잡함을 밝히는 커뮤니티 연구의 전통을 유지한다.

공동저자: 도나 우드하우스(Donna Woodhouse)

추천문헌

벨과 뉴비(Bell and Newby, 1971)는 커뮤니티 연구의 대표적 개론서이다. 크로우와 앨런(Crow and Allan, 1995) 그리고 데이(Day, 2006) 또한 최근 연구의 동향을 파악하기에 유용하다.

참고문헌

Bell, C. and Newby, H. (1971) *Community Studies: An Introduction to the Sociology of the Local Community*. London: George Allen and Unwin.
Blackshaw, T. (2003) *Leisure Life: Myth, Modernity and Masculinity*. London: Routledge.
Crow, G. and Allan, G. (1994) *Community Life: An Introduction to Local Social Relations*. London: Harvester Wheatsheaf.
Day, G. (2006) *Community and Everyday Life*. London: Routledge.
Dench, G., Gavron, K. and and Young, M. (2006) *The New East End: Kinship, Race and Conflict*. London: Profile Books Ltd.
Dennis, N., Henriques, F. and Slaughter, C. (1956) *Coal is our Life: An Analysis of a Yorkshire Mining Community*. London: Tavistock
Elias, N. (1974) "Foreword - Towards as Theory of Communities", in C. Bell and H. Newby (eds) *The Sociology of Community: A Selection of Readings*. London: Frank Cass.
Frankenberg, R. (1966) *Communities in Britain*. Social Life in Town and Country. Harmondsworth: Penguin.
Giddens, A. (1987) *Social Theory and Modern Sociology*. Cambridge: Polity Press.
Giddens, A. (1990) *The Consequences of Modernity*. Cambridge: Polity Press.
Hoggart, R. (1957) *The Uses of Literacy*. London: Chatto and Windus.
Littlejohn, J. (1963) *Westrigg: the Sociology of a Cheviot Parish*. London: Routledge.
Pahl, R. (1966) "The Rural-Urban Continuum", *Sociologia Ruralis*, 6 (3-4): 299-329.
Pahl, R. (1984) *Division of Labour*. Oxford: Basil Blackwell.
Park, R. (1916) "The City: Suggestions for the Investigation of Human Behavior in the Urban Environment", in R. Sennett (1969) (ed.) *Classic Essays on the Culture of Cities*. Englewood Cliffs: Prentice-Hall.

Parker, T. (1986) *Red Hill: A Mining Community*. Sevenoaks: Coronet.
Redfi eld, R. (1947) "The Folk Society", *The American Journal of Sociology*, 52 (3): 293-308.
Rees, A. (1950) *Life in a Welsh Countryside*. Cardiff: University of Wales Press.
Stacey, M. (1960) *Tradition and Change*. A Study of Banbury. Oxford: Oxford University Press.
Stacey, M. (1969) "The Myth of Community Studies", *British Journal of Sociology*, 20 (2): 134-47.
Stacey, M., Batstone, E., Bell, C. and Murcott, A. (1975) *Power, Persistence and Change. A Second Study of Banbury*. London: Routledge & Kegan Paul.
Wallace, C. (1985) "Forms of Work and Privatisation on the Isle of Sheppey" in B. Roberts, R. Finnegan, and D. Gallie (eds) *New Approaches to Economic Life: Economic Restructuring, Unemployment and the Social Division of Labour*. Manchester: Manchester University Press.
Wellman, B. (1979) "The Community Question: The Intimate Networks of East Yorkers", *American Journal of Sociology*, 84 (5): 1201-1231.
Wellman, B., Carrington, P. and Hall, A. (1988) "Networks as Personal Communities" in B. Wellman and S. Berkowitz (eds) *Social Structures: A Network Approach.Cambridge*: Cambridge University Press.
Williams, W. (1956) *The Sociology of an English Village: Gosforth*. London: Routledge & Kegan Paul.
Willmott, P. (1963) *The Evolution of a Community: A Study of Dagenham after Forty Years*. London: Routledge & Kegan Paul.
Willmott, P. and Young, M. (1960) *Family and Class in a London Suburb*. London: Routledge & Kegan Paul.
Willmott, P. (1986) *Social Networks, Informal Care and Public Policy*. London: Policy Studies Institute.
Wirth, L. (1938) "Urbanism as a Way of Life", *The American Journal of Sociology*, 44 (1): 1-24.

민속지학

커뮤니티 연구에서 '민속지학'(ethnography)은 일반적으로 특정한 그룹이 공유하는 집단적 관심 또는 삶의 방식에 대한 연구를 가리키는 데 사용되는 용어이다. 이 용어는 또한 가장 기본적인 의미에서 하나의 문화가 다른 문화를 탐구하는 연구 방법을 일컫는다. 민속지학은 보통 연구자가 하나의 커뮤니티에 공공연히 또는 은밀히 가장하여 일정기간 동안 참여하면서, 발생하는 일을 관찰하고, 말을 듣고, 냄새 맡고, 만져보거나 맛보고, 언어적 소통보다 더 깊은 비언어적 소통과 같은 무언의 것들을 기록하고, 또 커뮤니티 구성원들에게 이런 관찰에 기반한 관련 질문을 하는 동시에 이 모든 것을 연구자가 이미 알고 있는 것 그리고 결과로 상상한 것과 연결하는 작업을 말한다.

섹션 개요

사회 인류학과 사회학에서 민속지학의 역사적 발전을 개요한 후, 이 장은 길모퉁이 사회(Street Corner Society) '코너빌'(Cornerville)을 다룬 윌리엄 푸트 화이트(William Foote Whyte)의 고전적인 민속지학을 집중적으로 다루면서(1943) 커뮤니티 연구에서 이 연구법의 역할을 논의한다. 그 이후, 민속지학이 실행되고 작성된 방식에 있어 수년간 느리지만 심도 있는 변화가 있었음을 설명하며, 그것이 커뮤니티에 대한 산 경험을 포착하는 이 연구법의 역량에 대한 일반적 견해 전체를 철저히 바꾼 변화임을 보여준다.

민속지학의 지지자들은 이 연구법이 커뮤니티 일상의 산 경험으로부터 비롯한 의미와 애착(attachment)의 자세한 내용을 조사하고, 잡아내며, 또 제공하기에 적합한 사회 조사법이라고 주장한다. 학문적 조사 방법으로서 이 연구법의 발단은 에드워드 타일러(Edward B. Tyler)가 1871년에 출반한 『원시 문화』(Primitive Culture)에서 유래한다. 그의 저서는 '인간 생활 연구의 새로운 접근법의 원칙들을 제시했다' (Colls, 2001:245). 1896년 타일러가 옥스퍼드에서 인류학 교수가 되었을 때, 콜스(Colls)가 지적한 것처럼, '원시 문화'라는 개념은 인류학에서 일반화되어 있었으며, 민속지학이 20세기 초반 영미 대학의 기능주의적 사회 인류학 안에서 확립되는 데에 있어서 그 발달에 막대한 영향을 끼쳤다.

쿠퍼(Kuper)는 '원시 문화'라는 개념이 이러한 인류학자들에 의해 '근대 문화'(modern culture)의 반대 개념으로 사용되었다고 설명한다 (1988). 그 결과 대부분의 초창기 민속지학 연구는 아프리카, 남아메리카 그리고 오스트랄라시아 같은 곳에서 문자를 사용하지 않는 부족 커뮤니티에 대한 연구로 시작되었다. 그러나 일단 미국 도시 사회학을 연구하는 시카고 학파가 민속지학을 채택하면서부터는 이 연구법이 도시의 가정으로 다가오게 된다. 민속지학자이면서 동시에 사회학자였던 이 연구자들은 그들의 인류학 전임자들이 점점 더 밀려오는 현대성에도 불구하고 아프리카, 남아메리카 그리고 오스트랄라시아에서 보존된 마을 생활을 연구한 것과 마찬가지로, 광대한 도시 환경에서는 위협받는 반면, 지역 근린에서는 보존되는 것으로서 커뮤니티의 사회 구조를 탐구하는 민속지학자로서 사회학자였다.

'코너빌'을 연구한 윌리엄 푸트 화이트(William Foote Whyte)의 대표적 연구 『길모퉁이 사회: 이탈리아인들의 빈민가 사회 구조』(Street Corner Society: The Social Structure of an Italian Slum, 1943)는 사회인류학과 사회학에서 생겨난 민속지학을 새로운 맥락에 위치시키며 다음의 세 가지 주요한 주제를 제시하였다. 먼저, 일정 기간 동안 커뮤니티에서 거주하고 커뮤니티 거주자들의 일상에 참여하는 것을 승인된 조사법으로서 확립했다. 다음으로 하나의 커뮤니티를 다양한 소그룹으로 구성된 사회 구조로서 분석함으로써 하위문화 분석이 유행하도록 이끌었다. 마지막으로 빈민가가 당연히 무질서하고 체계적이지 못하다는 암묵적인 가정을 없앴다. 그 '커뮤니티'의 질서와 체계가 비록 범죄, 갈취, 지역정치에 기반하고 있기는 하지만, 그럼에도 불구하고 질서와 체계를 유지하고 있음을 보여주는 증거를 보여주었던 것이다 (Boelen, 1992).

위의 마지막 주제에 대한 화이트의 견해는 '코너빌'의 삶을 보는 그의 일차원적인 방식을 보여주기도 한다. 즉, 만약 빈민가도 커뮤니티라면, 그곳은 황폐한 주택 편의시설과 높은 빈곤율 및 범죄율과 같은 대도시의 다른 이민자 지역에서도 끊임없이 반복되는 사회 문제의 전형적이고 병적인 특징을 보여주는 커뮤니티였다. 불런(Boelen, 1992: 27)이 지적한 것처럼, 화이트가 범죄 조직들과 갈취인들 그리고 부패한 정치인에게 시달리는 조직적인 "빈민가"라고 여긴 것은, 그의 의견을 빌면 "도시 마을"(urban village)이라고 할 수 있는데, 그 이유는 그곳의 유대와 공동 활동의 패턴이 타지역의 도시(urban) 빈민가 맥락에서보다 이탈리아 농촌(village) 생활의 고유한 맥락에서 해석될 때 더 사회학적 타당성이 있기 때문이다.

이전에 어느 누구도 질문에 응답해 보기는커녕 질문을 제기했던 기억도 없는 그런 질문들을 '코너빌'에 대해 함으로써, '친숙한 것을 낯설게 하고'(Bauman, 1990), '자기 비판적 시선으로 자신이 속한 사회의 가치를 볼' 수 없다는 무능력을 자인(自認)하게 되는 것(1943: 164)은 지역의 커뮤니티에서 민속지학을 수행하는 외부인과 관련된 일반적 문제를 두드러지게 보여주는데, 그것은 바로 공감이 핵심적인 문화적 실천임을 깨닫지 못한다면 연구가 제한적이 될 수밖에 없다는 사실이다. 불런이 결론 내리듯 화이트는 자신이 연구하는 커뮤니티에서 자신을 분리시킨 거리를 충분히 고려하지 못했으며(1992), 따라서 그의 민속지학은 항상 부적합할 수밖에 없는데, 그 이유는 그가 이탈리아어를 할 수 없었기 때문일 뿐 아니라 이탈리아의 문화에도 친숙하지 못했기 때문이며 이 낯설음은 또한 의심의 여지없이 그를 그 커뮤니티로부터 떼어놓았던 것이다. 이러한 비판과는 별개로, 화이트의 연구는 민속지학이 수반하는 보편적 약속, 즉 커뮤니티 삶의 무한한 섬세함(subtlety)과 암시성(suggestibility), 특히 언어적 의사소통보다 더 심도 있는 비언어적 상호작용에 열려있다는 것에 대한 인식 역시 부족했다.

이쯤 되면 민속지학이 그 실천가들에게 높은 수준의 기술(skill)과 능력을 요구하는 연구법이라는 것은 명백할 것이다. 그러나 기술과 능력이 준비되어 있더라도 여전히 여러 문제가 있을 수 있다. 커뮤니티에 접근한다는 것은 항상 쉬운 일은 아니며 주요 정보원을 통해 접근이 가능할 때조차 이러한 개인들에게 과도하게 의존하는 것은 연구를 왜곡시킬 수 있다. 예를 들어, 불런에 따르면, 화이트는 그의 주요 정보원 '닥'(Doc)에게 과도하게 의존한 나머지 실제의 가치보다 훨씬 더 '코너빌'의 '범죄조직' 구조를 강조하게 되었다는 것이다. 민속지학에서 주요 정보원에게 너무 많이 의존하는 것에는 또 다른 문제가 있다. 커뮤니티에 받아들여지면, 실제보다 더 받아들여지고 있다고 상상하면서 연구자들은 그들이 새로 발견한 지위에 너무 자신만만해할 가능성이 있다. 그리고 극단적인 경우에 연구자들은 연구 중인 커뮤니티에 너무 사로잡혀 비가시적 긴장감이나 관계를 의식하지 못하게 될 수 있다. 이처럼 민속지학과 관련된 일반적인 방법론적 문제에도 불구하고, 커뮤니티 환경에서 연구를 수행하는 모든 민속지학자들이 직면해야 하는 특정한 문제가 있다. 그것은 바로 비록 연구자들이 자신들의 [연구 중인 커뮤니티에 받아들여지지 못하는 관찰자적] 존재에 의해 매개되지 않는 방식으로 커뮤니티의 삶을 관찰할 수 있다 하더라도, 커뮤니티가 무엇인지, 그리고 커뮤니티가 어떻게 보여져야 하고 또 어떻게 느껴져야 하는지에 대한 그들 자신의 기대에 매개되지 않고 커뮤니티를 관찰할 수 있을지는 결코 확신할 수 없다는 어려움이다.

또한 바로 이 지점이 화이트의 연구에 대한 불런의 폄하를 반박하여 비평하도록 이끄는데, 그 반박의 내용은 민속지학자가 고도로 숙련되고 민속지학이 단호하게 조직적으로 수행된다면 연구 중인 어떤 커뮤니티라도 그 본질을 알 수 있다는 가정에서 불런의 주장이 작동한다는 것이다. 그러나 이런 '사실주의'로서의 민속지학, 즉 일종의 *진리 대응론*(correspondence theory of truth)으로 묘사되어 왔던 민속지학에 대한 비평은 최근 들어 왕성해졌다. 오늘날 자신이 연구에서 실행하는 것이, 커뮤니티를 비롯한 사회적 문화적 삶의 형태의 '진실된' 혹은 정확한 모습을 생산하기 위해 어떤 객관적인 현실의 정확한 재현을 '발견'하는 것을 중점 목표로 하는 질적 조사법이라고 믿는 민속지학자는 거의 없다.

이러한 비평에 힘입어 민속지학자는 자신들의 노력에 있어서 야심을 줄여가고 있다. 오늘날의 민속지학은 커뮤니티가 존재한다는 것을 믿지만, 민속지학이 아무리 열심히 조사해도 어쩔 수 없이 어떤 문제에 대해서는 무지할 수밖에 없다는 것, 따라서 현실을 알아가는 우리의 능력이 결국 불완전하도록 운명 지어졌다는 것을 아는 한에서 그 커뮤니티가 존재한다고 믿는 것이다. 이와 비슷하게 오늘날의 민속지학자들은 [과거의] 인식론적이고 존재론적인 확신, 그리고 방법론적인 엄정함의 추구 대신, 이를 문화를 바탕으로 한 진실의 해석으로 대체했다. 리처드 로티(Richard Rorty)가 말한 것처럼 이 해석은 '[그 해석이] 타당함을 믿는다는 의미에서 타당하다는 것을, 그리고 *한정되고 지정할 수 있는 이유에 비추어 타당하다*'는 것을 스스로 증명하는 것이며(good in the way of belief, *and good, too, for definite, assignable reasons*), 이는 궁극적으로는 커뮤니티 생활이 한 때 우리가 상상했던 것보다 훨씬 더 복잡하다는 것을 알려준다. 비단 그뿐 아니라, 바커(Barker)가 주장한 것처럼, 오늘날의 민속지학은 형이상학적 정당화보다는 개인적, 시적 그리고 정치적 정당화를 가져가는 경향이 있고, 그 결과 민속지학자들은 다양성을 지닌 커뮤니티와 문화에 대한 혁신적인 정치적 글쓰기를 발전시키는 데에 집중하고 있다 (2004).

커뮤니티 연구란 무엇인가?

대부분의 명석한 민속지학자들은 그들의 연구 결과가 항상 부분적일 수밖에 없다는 것을 인식하고 있으며, 그들은 또한 전통적인 민속지학 글쓰기 형식의 한계 또한 인식하게 되었다. 전통적인 민속지학 글쓰기 형식은 글레이저와 스트라우스(Glaser and Strauss)에서 보이듯 사회 현상의 세심하고 단계적인 관찰이 이론의 초석을 제공한다는 것인데(1968), 이 연구조사법은 이론이 연구 '데이터'로부터 생겨난다고 가정하는 접근법이며, 이 경우 인터뷰 인용과 같은 현장 기록에서 나오는 '데이터'가 그 전형적인 예가 된다. 이제 민속지학자들은 전통적 접근법 대신 조사 중인 커뮤니티의 실세계를 반영하는 민속지학적 글쓰기 기법 개발에 점점 더 주목하고 있다. 이러한 새로운 종류의 민속지학은 이론과 세부(detail)의 융합을 추구하는 과정에서 사랑, 기억, 가족과 같이 사람들의 삶을 관장하는 중요한 것들, 그리고 아름다움, 진실, 본질, 현현(epiphany)과 같이 사람들의 개인적이면서도 공유된 삶에 의미를 부여해 주는 많은 것들에 대해서 말하고자 한다. 이런 민속지학은 또한 [보고서와] 현실의 직접적인 일치가 아니라, 조사 중인 현실에 대하여 독자들을 *납득시키*는 연구자의 능력을 통하여 최상의 민속지학이 효력을 발휘한다는 전제 위에서 작동한다. 민속지학에 대한 이러한 접근법은 민속지학이 모든 좋은 소설처럼 잘 쓰여야 하지만 그것의 진정한 강점과 힘은 연구자의 민속지학적 상상력에 놓여있다는 가정에서 작동한다. 즉, 기어츠(Geertz)가 칭한 대로, 민속지학의 두터운 서술(thick descriptions)은 사회학적 전문용어와 편집자적 논조(editorializing)에서 자유로워야 하며 커뮤니티 생활의 매일, 매주, 매년의 실제 느낌을 불러일으킴으로써 커뮤니티를 친밀하고도 실제적으로 만드는 것에 독자들이 관여할 수 있도록 해야만 한다 (1973).

이러한 관점에서 민속지학은 사실을 이야기하는 창의적 방식이 된다. 이는 민속지학적 글쓰기에서 하나의 전환을 시사한다. 민속지학은 과거와 마찬가지로 일상을 포착하려는 열망에 사로잡혀있기는 하지만, 또한 그 열망만큼이나 이제 민속지학은 어떤 분위기를 창조하려는 열망도 가지게 된다. 그것이 단일한 의식에 대한 분위기건 어떤 공유된 의식에 대한 분위기건, 그리고 심지어는 어떤 우연적인, 그래서 지속적이라기보다 그 형태가 변화하는 커뮤니티의 분위기건 간에 말이다. 블랙쇼(Blackshaw)는 오직 그런 무대화(staging)에 의해서만 민속지학자가 다른 방법으로는 발견하지 못할 진실에 더 심오한 수준까지 도달할 수 있다고 주장한다 (2003).[3] 지금 몇몇 논평자들이 민속지학적 픽션(fiction)이라고 부르는 이 방식은, 특정한 운명을 공유하는 사람들이 어떻게 생각하고, 추론하고, 욕망하고, 이해하고 살아가는지를 독자들에게 이야기해줌으로써, 그리고 이를 그 응답자들의 모든 몸짓, 모든 태도, 그들이 말한 모든 단어를 창의적이고 계획적인 연구의 일부로 만드는 방식으로 이야기함으로써, 독자들을 그 세계로 데려가는 임무를 즐기는 것이다.

남성 노동자층의 여가를 기반으로 한 *상상된 커뮤니티*(imagined community)에 대한 연구인 블랙쇼의 『여가 생활』(*Leisure Life*)은 이런 종류의 민속지학의 좋은 예이다. 관점을 교차시켜 '친구들(the Lads)'의 시선과

---

[3] 역주: 무대화(staging)는 공연학(Performance Studies)에서 쓰이다가 예술비평 전반에 일반적으로 쓰이게 된 용어로서 어떤 실제록 혹은 비실제적 상황과 분위기를 무대 위로 연출하는 것을 의미하는데, 여기에서는 민속지학의 글쓰기가 일상의 실제나 모든 것을 있는 그대로 전달할 수 있다는 환상을 버리고 하나의 모델이나 분위기를 '무대화'함으로써 일상의 중요한 요소들이 두드러지게 '재현'되고 '(재)연출'되는 것을 의미한다.

민속지학자의 관점에서 차례로 사건을 설명하도록 함으로써, 블랙쇼는 여가 생활세계의 단순한 분석 이상의 것을 해낼 수 있었다. 그는 독자들을 구슬려 독자들이 '친구들'의 입장에서 '친구들처럼' 그들의 세계관을 경험할 수 있도록 이끈다. 강렬하고 시적인 언어를 사용하여 사실을 소설처럼 읽게 만들고, 이로써 독자들을 진실을 찾는 문화적 여정으로 인도함으로써, 즉 물리적으로 독자들을 [새로운 세계관으로] 이동시킴으로써, 이 책은 민속지학자의 글쓰기 기술을 재발명하고 있는 것이다. 이렇듯 민속지학의 대안적 글쓰기 방식은 이전의 경우보다 더 많은 세부 묘사를 가능케 하고 또 요구하기도 한다.

소설에서 빌려온 권위(prestige)가 민속지학을 자유롭게 할 수도 있지만 제한할 수도 있다고 확언하는 비평가들도 있다. 즉, 민속지학을 소설에 비유하는 것은 민속지학이 소설과 겹쳐진다는 것을 암시할지도 모른다는 것이다. 그러나 이러한 반응은 지극히 경험적인 설명조차도 겉치레적인 강화의 제물이 될 수밖에 없다는 것을 인식하지 못한 것이다. 실제 세계가 우연적이고 혼돈 상태이며 비본질적인 것들로 가득한 반면, 사회학은 질서, 주제, 그리고 구조를 필요로 한다. 그래서 연구자들은 자신들이 겪은 경험의 축적을 분석의 대상으로 변형시킬 수 있게 된다. 그 결과 [보고서의] 이 부분의 관찰은 더 날카롭게 보이게 만들고 저 부분에서는 인용이 더 적합하게 보이도록 만들어야 한다는 유혹이 어떤 연구자에게라도 생길 수 있다는 것이다. 과연 어느 지점에서 사실이 소설로 바뀌는 것일까?

블랙쇼와 크랩(Blackshaw and Crabbe)은 이러한 민속지학의 대안적 글쓰기 방식이 민속지학자들의 속임수로 이해되어서는 안 된다고 역설함으로써 위의 질문을 피해가는데, 더 정확하게는 민속지학이 자기반영적이 되면서, 과거에 할 수 있었던 모든 것들을 여전히 할 수 있고 이와 동시에 그보다 더 많은 것들을 할 수 있게 되었음을 강조한다(2004). 민속지학적 소설의 비결은 정확하게 말하자면 속임수를 쓰는 것이 아니라 '진실'을 윤색해서 사회의 '진실'을 말할 수 있다는 것이다. 이런 의미에서 볼 때, 민속지학적 소설은 독자들로 하여금 책의 페이지에서 다루고 있는 현실의 '사실'을 믿게 만들려 노력하는 대신 그 '현실'을 불러내온다. 블랙쇼와 크랩이 연구를 통하여 잘 보여주듯, 이처럼 변화된 서사경제(economy of narration)는 전형적으로 민속지학자들이 스스로 의식하면서 영화적 방식의 글을 쓰도록 만든다. 민속지학자들이 은유, 환유 그리고 제유와 같은 수사적 기교에 의존하는 경향이 있지만, 이는 그들이 현실을 대체하기 위해 이러한 방식을 사용하는 것이 *아니라* 커뮤니티와 여타의 사회 문화적 구조에 대한 우리의 이해를 명백하게 하고, 심화시키고, 향상시키기 위해 사용한다. 맬컴 브래드버리(Malcolm Bradbury)가 살만 루쉬디(Salman Rushdie)의 역사 소설에 대하여 평한 바를 적용해서 말한다면, 우리가 현실을 꿰뚫으려고 한다면 어떠한 환상을 통해서 그 현실이 쓰여야 하는지를 보여주는 것이 문학의 비결이며, 새로운 민속지학적 글쓰기는 바로 이점을 시사하고 있고, 또 이 과정을 통해 민속지학은 되살아난다.

추천문헌

이 장에서 언급한 두 개의 민속지학 커뮤니티 연구와 더불어 이 책의 '커뮤니티 연구'장의 참고도서를 추천한다.

참고문헌

Barker, C. (2004) *The Sage Dictionary of Cultural Studies*. London: Sage.
Bauman, Z. (1990) *Thinking Sociologically*. Oxford: Blackwell.
Blackshaw, T. (2003) *Leisure Life: Myth Masculinity and Modernity*. London: Routledge.
Blackshaw, T. and Crabbe, T. (2004) *New Perspectives on Sport and 'Deviance': Consumption*, Performativity and Social Control. Abingdon: Routledge.
Boelen, W. A. M. (1992) "Street Corner Society: Cornerville Revisited", *Journal of Contemporary Ethnography*, 21 (1): 11-51.
Colls, R. (2001) *Identity of England*. Oxford: Oxford University Press.
Geertz, C. (1973) "Thick Description: Towards an Interpretive Theory of Culture" in *The Interpretation of Cultures*. London: Hutchinson.
Glaser, B. and Strauss, A. (1968) *The Discovery of Grounded Theory*. London: Weidenfield and Nicholson.
Kuper, A. (1988) *The Invention of Primitive Society: Transformations of an Illusion*. London: Routledge.
Tyler, E. B. (1871, 1903) *Primitive Culture*. London: John Murray.
Whyte, W. F. (1943) *Street Corner Society: The Social Structure of an Italian Slum*. Chicago: University of Chicago Press.

사회 네트워크 분석

사회 네트워크 분석은 커뮤니티의 핵심인 관계와 유대의 망에 관한 연구이다. 사회 네트워크 분석은 사회 조사의 특정한 패러다임인 동시에 하나의 강력한 분석 도구로서 다양한 전략은 물론 분석 단위(units of analysis)라고 불리는 것을 사용하여 협력과 사회 연대의 패턴을 계획하고 명확히 하며 이해하려 한다.

섹션 개요

커뮤니티 연구와 관련된 사회 네트워크 분석의 중심 원리를 개괄한 후, 이 장에서는 사회 네트워크 분석에서 사용되는 여러 접근법과 주요 도구를 소개한다. 그리고 커뮤니티가 형성되고 작동하는 방식에 대하여 사회 네트워크 분석이 우리에게 알려주는 것이 무엇인지 개괄한다. 사회 분석의 도구로서 그리고 사회 탐구의 패러다임으로서 이 접근법의 한계를 논하며 이 장을 끝맺는다.

사회 네트워크 분석의 관점에서 커뮤니티는 일반적으로 굳게 결속된 연대와 조밀하게 짜인 상호 관계로 구성된 매우 특정한 종류의 사회 네트워크로 이해된다고 추정될지도 모른다. 그리고 이러한 추정의 결과로, 사회 네트워크 분석은 연대와 상호 관계가 여러 개인과 사회 그룹에게 미치는 영향을 이해하는 것 뿐 아니라 이들이 어떻게 작동하는지를 밝히는 것에 관심이 있다고 추정될 수도 있다. 실제로는 그렇지 않다. 그와는 반대로, 사회 네트워트 분석의 지지자들은 커뮤니티 연구에 있어서 사회 네트워크 분석의 효용성은 '이 분석이 그 출발선상에서 지역과 친족을 포함한 어떠한 연대도 상정하지 않으며, 연대감의 지속성을 발견하고 설명하는 것을 주요 목표로도 하지 않는다'는 것에 있다고 강조한다 (Wellman, 1979: 1203). 사회 네트워크 분석의 분석적 강점은 커뮤니티의 *사회 구조*의 패턴을 발견하는 방식에 있다.

사회 네트워크 분석가들은 커뮤니티에 대한 어떤 추정적 가정을 통해 어떻게 관계와 유대가 여러 종류의 행동과 태도를 설명할 수 있는지 조사하는 것보다, 위에서 언급한 의미에서 관계와 유대를 주안점으로 삼는다. 이들은 다음의 질문들에 대해 답하는 데 관심이 있다. '커뮤니티에서 누가 누구에게 말하는가? (관계와 유대의 구성)', '무엇에 대하여 말하는가? (관계와 유대의 내용)', '관계와 유대가 어떻게 지속적으로 유지되는가?', '개인들 간의 관계와 지위 관계가 커뮤니티에 어떤 영향을 미치는가?', '특정한 커뮤니티에서 누가 주요한 영향력을 행사하는가?', '커뮤니티에서 가장 강하게 연결된 개인들과 그룹들 사이의 관계는 어떻게 작동하는가?', '누가 커뮤니티에 포함되고 누가 포함되지 않으며, 그 이유는 무엇인가?', '커뮤니티에서 지지 네트워크(support network)는 어떻게 작동하는가?', '지역성이나 강한 유대로 묶이지 않은 커뮤니티에서 사회 네트워크는 어떻게 작동하는가?'. 다시 말해, 사회 네트워크 접근법은 연구자가 커뮤니티의 형이상학적 문제에서 벗어나도록 한다. 즉, 사회 네트워크 분석은 주요 사회관계 연구를 강조함에 있어서 커뮤니티를 물화된(reified) 구조적 실체로서 규정하는 실수를 범하지 않는다 (Bulmer, 1985).

대부분의 논평자들은 사회 네트워크 접근법의 발단을 가족과 결혼에 대한 보트(Bott)의 대표적 연구(1957, 1971) 또는 반즈(Barnes)의 노르웨이의 섬 커뮤니티 사회 네트워트 연구라고 본다 (Knox, 1987; Scott, 1991; Crow and Allan, 1994; Stokowski, 1994). 더 최근의 사회 네트워크 조사와 비교하면 이러한 초창기 연구들은 너무 단순하게 보일 수 있다. 그러나 모든 사회 네트워크 분석은 개인들을 '점들'로 묘사하고 그러한 개인들의 사회관계를 연결 '선'으로 여김으로써 커뮤니티의 사회적 상호관계 구조를 설명하려는 기본 목표가 있다 (Granovetter, 1976; Knowx, 1987; Scott, 1991).

사회 네트워크에 대한 정보는 설문지, 인터뷰, 포커스 그룹, 일기, 관찰, 참여 관찰 그리고 민속지학을 포함한 많은 연구법을 통하여 수집된다. 'B와 C와 관계하는 A가 B와 C 사이의 관계에 의해 어떤 영향을 받는지를 발견하려면 네트워크 개념을 사용해야 한다'라고 사회 네트워크 분석의 지지자들이 지적하는 것처럼(Barnes, 1972: 3), 이러한 모든 접근법의 관심은 관계와 유대에 있다. 더 최근의 분석 중 몇몇과 초창기의 연구와의 가장 큰 차이는 이들이 경험적 증거를 분석하고 기술하는 데 있어 그래프 이론(graph theory)과 컴퓨터 생성 수학 모델(computer-generated mathematical model)을 사용하는지, 그렇지 않으면 특정한 이론적 패러다임을 바탕으로 하는가에 달려있다 (e.g., the structural analysis Wellman et al., 1988).

그래프 이론 모델은 사회 네트워크의 조직적 요소를 측정하는 방법으로서 수학과 이론을 혼합한다. 이 모델의 기본적인 접근법은 의사소통의 패턴을 밝히려는 목적으로 커뮤니티 내부의 사회 네트워크 관계 지도를 그리는 데 소시오그램(sociogram)을 사용하는 것인데, 이는 연구자들이 개인들 간 그리고 사회 그룹 내부의 권력 관계가 어디에 놓여있는지를 파악하여 사회구조를 설명할 수 있게 한다. 존 스캇(John Scott)은 이 모델을 신봉하였는데, 그는 사회 네트워크 연구자들이 수학을 최대한 활용해야 한다고 주장하는 동시에, 그들의 연구 형태와 발표가 그들이 이용하는 이 모델이 아니라 그들 자신에 의해서 결정되어야만 한다고 주장한다. 스캇이 지적하는 것처럼, 이 모델은 연구자들이 사회 네트워크의 여러 집중도와 네트워크의 구조적 특징을 밝힐 수 있도록 해 주지만 그래프만으로는 현실세계의 거리 개념과 공간의 조직화를 설명할 수 없는데, 그 이유는 다차원적인 사회 주체가 이차원적 포맷으로 표현되는 제약을 받기 때문이다. 스캇에게는 연구자가 사용한 수학 모델이 아니라, 연구자 자신이 연구를 형성하고 발표 방법을 결정하는 것이 필수적이다. 이것이 '선으로 형성된 패턴의 속성을 묘사하는 수학적 공리와 공식으로 구성되어 있는' 그래프 이론이 그 본령을 드러내는 지점이다 (Scott, 1991:13).

배리 웰먼(Barry Wellman)은 개인적 커뮤니티에 대한 그의 다양한 연구에서, 사회 구조의 이론화가 최우선 관심사인 사회 네트워크 분석법을 제시한다 (1979; 1988). 웰먼은 당시 사회학에서 일반적인 방법론적 개인주의(methodological individualism)로부터 구조 분석(structure analysis)으로의 변화를 그의 조사 방식이 반영한다고 주장한다. 근대적 커뮤니티에 대한 많은 해석과 떼려야 뗄 수 없는 경향이 있던 '커뮤니티 상실' 대 '커뮤니티 보존'이라는 다소 무익한 논쟁을 넘어서서, 웰먼은 20세기 후반에 이르러 커뮤니티의 형태가 변화되었으며, 그 결과 우리는 이제 산업화 이전의 긴밀하고 전통적인 커뮤니티, *그리고* 후기 산업화라는 말로 설명될 수 있는 더 개인화된 형태의 커뮤니티가 다양한 정도로 공존함을 볼 수 있게 되었다고 주장한다 (1979). 후자 형태의 커뮤니티에서, 모두를 아울렀던 연대는 이제 더 전문화된 형태의 커뮤니티와 개인성을 특징으로 연계되는 생활 방식에 자리를 내주었으며, 비공식적으로 충족되었던 욕구들은 공식적 조직에 의존하게 되었다는 것이다 (Wellman, 1979; Wellman et al., 1988). 이 관점에서 본다면, 매우 발달된 소통수단과 수송망을 겸비한 현대적, 세계적 도시가 다양한 관심사를 바탕으로 한 커뮤니티를 촉진시켰다는 점에서 커뮤니티는 '해방'되었다고 볼 수 있다. 이러한 주장에 깔려있는 논리는 '사람들은 [커뮤니티 상실을 추동할 정도로] 반사회적이거나 [커뮤니티 복원을 추구할 정도로] 집단적인 존재이기보다는 동작자(operator)로서 세상과 더 연결되는 기회를 위하여 결실이 보장된 원천을 기꺼이 포기하려고 한다'는 것이다 (Wellman et al., 1988: 134).

이러한 논리를 바탕으로 웰먼과 그의 동료들은 토론토의 이스트 요크(East York) 지역 내의 여러 커뮤니티의 *다양성*을 분석하기 위해 *개인적 커뮤니티들*(personal communities)의 사회 네트워크를 활용하였다 (see Wellman, 1979; Wellman et al., 1988). 이 연구를 수행하는 동안, 그들은 사회적 관계와 관련한 다양한 데이터, 즉 우정, 친족 유대, 여가 네트워크, 사람 간의 지지, 그리고 비공식적 사회 통제와 관련한 데이터를 사용하였다. 결정적으로, 그들이 지적한 것처럼, 이러한 사회 네트워크 접근법의 사용은 하나의 장소에 국한된 한정된 하나의 커뮤니티 관찰로 연구가 제한되지 않게 한다. 커뮤니티들은 도시와 그 너머를 가로지를 것이다.

앞서 밝힌 것처럼, 커뮤니티를 분석하는 사회 네트워크 분석에서 사용되는 두 가지 주요한 도구는 관계와 유대이다. 그러나 이 두 범주 안에 다음과 같은 더 정교한 분석 단위들이 포함된다.

- 결합하고 이어주는 유대(Bonding and bridging ties)
- 강하고 약한 유대(Strong and weak ties)
- 네트워크 밀집도(Network density)
- 다중성(Multiplexity)
- 분할하는 네트워크(Partitioning networks)

이들을 각각 간단히 요약하는 것은 사회 네트워크 분석가들이 커뮤니티 연구에서 이 분석 단위들을 어떻게 가져가는지 또는 어떻게 사용하는지에 대한 실례를 제공한다.

사회 네트워크 이론가들이 말하듯 커뮤니티의 대부분의 사람들이 이러 저러한 종류의 사회 네트워크에 소속되며 무수히 많은 관계를 맺을 수 있고, 대체로 이런 관계들은 타인들도 호혜적으로 경험한다. 사회적 행위자(social actor)를 연결해 주는 것이 바로 이 유대이다. 퍼트넘(Putnam)은 이 커뮤니티를 구성하는 유대의 기본적인 특징으로 *결합하는 유대와 이어주는 유대*의 두 가지를 지목한다 (2000). *결합하는 유대*는 사회 네트워크가 내부 지향적이고 배타적인 '유사한 사람들' 간의 상호작용을 뜻하며, *연결하는 유대* 또는 그룹 간 유대는 더 외향적이며 포용적이다 ('사회적 자본'과 '공동체주의' 참조).

그러나 여가에서의 커뮤니티 네트워크에 대한 스토코프스키(Stokowski)의 논의가 증명하듯 (1994), 어떤 네트워크는 동등하게 교환될 것이지만 모든 커뮤니티 유대가 반드시 균등한 것은 아니며, 사람들은 더 높은 사회적 지위를 지닌 사람들과 비호혜적인(nonreciprocal) 관계를 경험하기 쉽다 (Johnson, 1971). 다시 말해, 커뮤니티 안에서 누구와 누구가 교류하는가의 문제는 사회 계급, 민족성, 종교, 젠더 그리고 연령을 포함한 [호혜적 관계가 아닌] 많은 다른 요소에 의존하기 쉽다. 그럼에도 불구하고 사회 네트워크 분석을 지지하는 이들은 이 접근법이 사회적 행위자들 간 상호작용의 본성을 이해하기 위해 개인들의 독특한 속성 너머를 보려고 한다는 것을 강조한다 (Wellman et al., 1988).

이를 달성하는 또 한 가지 방법은 *강한* 그리고 *약한 유대*를 구별함으로써이다. 무엇이 *강한 유대* 또는 *약한 유대*로 생각되는지는 아마도 맥락에 따라 다르겠지만, 이런 용어가 암시하는 것처럼, 전자는 가까운 친구와 가족들과의 친밀하고 지속적인 관계를 포함할 것이며, 친근함(familiarity), 높은 수준의 호혜성, 그리고 자아개방(self-disclosure)에 의해 인도되는 경향이 있다. 반면, 약한 유대는 일반적으로 더 접촉이 드물고, 거리를 두며, 친밀하지 않다.

언뜻 보기에, 커뮤니티의 작동을 이해하는데 이 둘 중 *강한 유대*가 더 유용한 분석 단위를 제공하는 듯 보인다. 특히 대부분의 커뮤니티 연구가 강한 유대를 지닌 사회 행위자들이 좀 더 자원을 공유할 가능성이 많다고 제안하는 점을 고려한다면 말이다 (예를 들면 Wellman and Wortley, 1990 참조). 그러나 이러한 가정과는 반대로, 사람들이 비공식적 접촉을 통해 직업을 얻는 방식에 대한 그라노베터(Granovetter)의 중요한 연구는 커뮤니티의 작동을 이해하는데 약한 유대가 아마도 더 유용한 분석 단위가 될 수 있음을 제시한다 (1973, 1974). 이는 커뮤니티 유대가 일반적으로 약한 경향이 있기 때문만이 아니라, 그 유대가 개인들의 기회와 커뮤니티로의 통합에 필수불가결하기 때문이기도 하다. 이에 힘입어 블랙쇼와 롱(long)은 강한 유대가 지역 결속을 낳을 가능성이 많을 것 같지만, 그 과정에서 강한 유대들이 지역 커뮤니티의 전반적 균열로 이어질 수 있으며, 더불어 약한 유대는 소외를 만들어내지 않는다는 가설을 세우게 된다 (1998).

*네트워크 밀집도*는 '하나의 네트워크에 관련된 모든 사람들이 서로를 안다고 가정할 때, 존재할 수 있는 잠재적 유대의 수에 대해 실제로 존재하는 네트워크 유대의 비율'로 정의될 수 있다 (Crowe and Allan, 1994: 180). 이 분석 단위는 커뮤니티에서 발견되는 복합적 연결망에 관심을 두며, 조밀한 사회 네트워크에서 발견되는 지속성과 친밀함, 그리고 지지 수준에 대하여

우리에게 알려준다. 최근의 연구에서 이 분석 단위는 다중성(multiplexity)으로 대체되고 있는데, 다중성은 또한 사회 네트워크가 더 조밀해질 때 어떤 일이 일어나는지를 탐구하는 데 사용된다. 예컨대 인터넷과 이메일에 의해 생성된, 가상 커뮤니티 분야의 연구는 이 접근법에 의존해 왔는데, 이 접근법은 전통적인 지식이 주장하는 바와는 반대로 사람들이 자발적이고, 친밀하며, 지지적이고, 지속적인, 즉 복합적인(multiplex) 온라인 커뮤니티 관계를 만들고 유지할 수 있다고 확언한다 (see Wellman and Gulia, 1999).

사회 네트워크의 구성과 패턴을 밝히는 것은 커뮤니티에서 관계와 유대가 생성되고 유지되는 여러 방식을 이해하는 데 핵심적이다. 가튼(Garton), 헤이쏜스웨이트(Haythornthwaite), 그리고 웰먼(Wellman)은 이를 이해하는 세 가지 분석 단위를 밝히고 있으며 '분할하는 네트워크'라는 명칭 하에 그룹(groups), 지위분석(positional analysis), 그리고 네트워크들의 네트워크(network of networks)로 이를 요약하고 있다 (1997).

사회 네트워크 분석가들에 따르면, *그룹*(groups)은 단지 공동 이익으로 묶인 집단적 단위가 아니다. *그룹*은 경험적으로 발견된 구조인데 종종 파벌이나 독점을 기반으로 형성되고 유지된다. 사회 네트워크 분석가들은 사람들이 그룹에서 기대하는 것들, 예를 들어 그들의 개인 '커뮤니티' 관계의 기반, 커뮤니티 그룹에서 다른 사람들로부터 받는 상호지지 등을 알고자 한다. 분석가들은 커뮤니티 그룹이 스스로를 규정하고 지탱하는 방식 그리고 집단 정체성을 표현하는 방식에 관심을 보인다.

지위분석(positional analysis)은 그룹이 커뮤니티의 다른 그룹과 관련하여

스스로를 위치시키는 방식을 연구한다. 지위분석이 사회 네트워크 분석에서 출발했지만, 엘리아스(Elias)와 스콧슨(Scotson)의 대표적 연구 『기득권자와 아웃사이더』(The Established and Outsiders, 1994)는 한 커뮤니티에서 비슷한 위치에 있는 구성원들이 자신보다 권력이 약한 이들의 기회를 제한하고 기존의 사회적 경계를 유지하기 위해 어떻게 약자들과 자신을 분리시키는지를 보여주는 좋은 예가 된다 ('커뮤니티의 어두운 면' 참조).

네트워크들의 네트워크(network of networks) 개념은 게오르그 짐멜(Georg Simmel)이 사회 네트워크를 촉진하기도 하고 제약하기도 하는 '그룹 관계망'(webs of group affiliations)을 관찰한 것에서 유래한다. 이 개념은 그룹을 통한 정체화, 그리고 이와는 다른 방식의 정체화 형식이 결합하는 방식을 연구한다 (Garton, Haythornthwaite and Wellman, 1997). 조직화된 글로벌 네트워크와 응집력을 갖춘 국제 테러 조직은 이 분석 단위로 연구할 수 있는 '커뮤니티'의 좋은 예이다. 한 평론가에(Burke, 2003) 따르면 네 가지 부류로 구성된 *네트워크의 네트워크*로 이루어진 그룹, 알 카에다(al-Qaeda)를 예로 들어보자. 알 카에다는 오사마 빈 라덴(Osama bin Laden)의 핵심 세력인 '알 카에다 하드 코어'(al-Qaeda hard core), 50여 개의 여러 나라에서 빈 라덴이나 그의 핵심 세력과 관계를 맺거나 맺었던 많은 전투적 이슬람 그룹들, 그리고 빈 라덴이나 그의 추종자들과 공식적 접촉은 전혀 없으나 태도, 행동, 그리고 활동으로 볼 때 스스로를 알 카에다와 연결 짓기 원하는 전 세계적으로 다수인 젊은 이슬람교도들로 구성된다.

관계와 유대, 그리고 이들을 가로지르는 네트워크 구조를 명확하게 밝힘으로써 커뮤니티를 연구하는 사회 네트워크 분석이 분명 매력적임에도 불구하고(Know, 1987), 이 연구법의 비평가들은 이것이 사회 현실의 일부만을 그리고 그것도 지나치게 조직화된 사회 현실만을 보려한다고 주장한다 (Blackshaw and Long, 1998). 의심할 여지없이, 사회 네트워크 분석, 특히 웰먼의 구조적 접근법은 구조와 주체의 '이중성'을 극복하려 시도하지 않으며, 사회 활동을 이해하고 설명하는 데 있어 사회적 행위의 구조적 제약의 측면에서만 바라보는 막연한 시도를 할 뿐이라는 것이다. 스토코프스키(Stokowski)는 기든스(Giddens)의 구조화 이론을 사용하여 근거이론(grounded theory), 통계적 실험, 그리고 현상학을 사회 네트워크 분석과 결합시킴으로써 구조주의의 결정론적 특성과 이로 인한 사회적 활동의 주변화를 극복하려고 시도하였다 (1994). 불행히도, 구조적 접근을 뒷받침하는 핵심적 원리가 현상학의 공리와 너무 불일치하기 때문에 이러한 접근은 아직 설득력이 없다. 수학적 모델로 자율적 의사 결정과 개인의 느낌을 수용하기가 쉽지 않은 것이다. 사실, 기든스의 사회학이 내포하는 관점은 행위자가 능동적으로 스스로의 의미를 창출하고 타인과 부딪히는 일상에서 호혜적인 사회성을 생성한다는 것이다. 아마도 이것이 '현상학을 구조주의와 합병하는 것이 사회학에서 흔하지 않은' 이유이다 (Stokowski, 1994: 97).

에이브럼스(Abrams) 또한 사회 네트워크의 관점 안에 커뮤니티 생활, 특히 이웃한 커뮤니티 생활의 중요 양상을 조사할 진정한 가능성이 있다고 생각했다 (1982). 불머(Bulmer)가 지적한 것처럼, 비록, 에이브럼스가 결국 이 방식을 거부하고 질적 방법을 토대로 하는 더 역사적인 접근법을 택하게 되었지만 말이다 (1986: 91). 이는 에이브럼스가 사회 네트워크 관점이 형식을 강조한 나머지 내용이 희생되는 경향이 있다고 생각했기 때문이다 (Bulmer, 1986: 91). [사회 네트워크 접근법의] 복잡한 지도와 그래프들이 명백한 사용 가치를 가지고 있지만, 최근의 커뮤니티 생활에서 발견되는 관계의 진정한 모습을 조금밖에 보여주지 못하는 것도 확실하다. *근린*(neighbouring)을 이해하는 분석 단위로서 네트워크 밀집도에 대하여 에이브럼스는 다음과 같이 설명한다.

> 밀집도와 다른 요인들 사이에 가능한 것으로 제시된 많은 관계들이 실세계에서는 효과적으로 발견될 수 없는 주요 이유 중 하나는 … 밀집도가 상호관계의 공식적 속성으로 진지하게 받아들여지는 한, 밀집도는 네트워크의 모든 연결에 비추어 측정되어야하기 때문이다. 실제 연결(link)의 다양한 내용은 의도적으로 무시되고, 사람들의 관심에 따라 다양한 중요도를 가지는 연결들에 상관없이, 모든 연결에 동등한 중요도가 부여되는 것이다. 연구자가 각각의 연결들이 한 네트워크 안의 개인들이라고 할지라도 매우 다른 가치를 지닐 수 있다는 것을 깨닫게 되면, 그는 아마 자신이 흥미를 느끼는 관계에 대한 설명에 더욱 끌리게 될 것이며, 이 경우 그 설명은 더 이상 상호작용의 공식적 속성으로서의 밀집도 개념에 근거를 두지 못하게 된다. 이 설명은 네트워크 구조에 대한 설명이 아니라 관계의 의미 있는 내용에 관한 설명이다 (Abrams in Bulmer, 1986: 89).

바로 이런 이유로 에이브럼스는 사회 네트워크 관점이 그 실증주의(positivism)로 인해 가로막혀 초창기의 잠재력을 개발하는 데 실패했다고 결론짓는다. 그리고 이것이 에이브럼스가 이 용어를 항상 은유적으로 사용하는 이유일 것이다 (Bulmer, 1986: 90).

참고문헌

Abrams, P. (1982) *Historical Sociology*. Shepton Mallet: Open Books.
Abrams, P. (1986) in M. Bulmer (ed.) *Neighbours: The Work of Philip Abrams*. Cambridge: Cambridge University Press.
Barnes, J. A. (1954) "Class and Community in a Norwegian Parish", *Human Relations*, 7 (1): 39-58.
Barnes, J. A. (1972) *Social Networks*. Reading: Addison-Wesley.
Blackshaw, T. and Long, J. (1998) "A Critical Examination of the Advantages of Investigating Community and Leisure from a Social Network Perspective", *Leisure Studies*, 17 (4): 233-248.
Bott, E. (1957, 1971) (2nd ed.) *Family and Social Network*. London: Tavistock.
Bulmer, M. (1985) "The Rejuvenation of Community Studies? Neighbours, Networks and Policy", *Sociological Review*, 33 (3): 430-448.
Bulmer, M. (ed.) (1986) *Neighbours: The Work of Philip Abrams*. Cambridge: Cambridge University Press.
Burke, J. (2003) *What is Al-Qaeda? The Observer*, 13th July.
Crow, G. and Allan, G. (1994) *Community Life: An Introduction to Local Social Relations*. London: Harvester Wheatsheaf.
Elias, N. and Scotson, J. L. (1994) *The Established and the Outsiders*. (2nd ed.) London: Sage.
Garton, L., Haythornthwaite, C. and Wellman, B. (1997) Studying online social networks. Journal of Computer-Mediated Communication, 3(1). http://jcmc.indiana.edu/vol3/issue1/garton.html [Reprinted in S. Jones (ed.) (1999). Doing Internet Research (pp.75-105). Thousand Oaks, CA: Sage.]
Granovetter, M. (1973) "The Strength of Weak Ties", *American Journal of Sociology*, 78 (6): 1360-1380.
Granovetter, M. (1974) *Getting a Job*. Cambridge: Harvard University Press.
Granovetter, M. (1976) "Network Sampling: Some First Steps", *American Journal of Sociology*, 81: 1287-1303.
Johnson, S. K. (1971) "Sociology of Christmas Cards", *Society* 8: 27-29.
Knox, P. (1987) (2nd ed.) *Urban Social Geography: An Introduction*. New York: Longman.
Scott, J. (1991) *Social Network Analysis: A Handbook*. London: Sage.
Stokowski, P. A. (1994) *Leisure in Society: A Network Structural Perspective*. London: Mansel.
Wellman, B. (1979) "The Community Question: The Intimate Networks of East Yorkers", *American Journal of Sociology*, 84 (5): 1201-1231.

Wellman, B. (1988) "Structural Analysis: From Method and Metaphor to Theory and Substance", in B. Wellman and S. Berkowitz (eds) *Social Structures: A Network Approach*. Cambridge: Cambridge University Press.

Wellman, B. and Berkowitz, S. (eds) (1988) *Social Structures: A Network Approach*. Cambridge: Cambridge University Press.

장소로서의
커뮤니티

코스모폴리타니즘, 세속성, 그리고 문화매개자

'세계'를 의미하는 그리스어 코스모스(*kosmos*) 그리고 '우리의 다양성을 인정하고, 그 다양성의 보존을 만남의 목적으로 하면서, 서로를 동등하게 만날 수 있는' 장소를 의미하는 폴리스(*polis*)로부터 유래된 (Bauman, 1994: 33), '코스모폴리타니즘'(Cosmopolitanism)이라는 용어의 의미는 코스모폴리타니즘의 비판적 지지자들의 용례에 잘 나타나 있다[1]. 이 용어의 의미는 세계의 다양한 지역에 대한 친숙함이나 공감적 흥미를 갖는다는 생각을 환기시키는 데에 국한될 수 없으며, 이 용어가 단일한 글로벌 커뮤니티로서의 인류에 주목하는 정치 철학만을 반영하는 것만도 아니다. 비판적 코스모폴리탄이 된다는 것은 오늘날 우리가 거주하는 지구가 '가득찼다'는 것을 받아들이는 것이다. 여기서 '가득찼다'는 말의 의미는 우리에게 더 이상 식민지로 만들 장소도 없고 쓰레기를 버릴 장소도 남아있지 않다면, 이는 또한 우리에게 더 이상 상호 책임과 의무를 회피할 장소도 남아 있지 않다는 것을 의미한다는 바우만(Bauman)의 주요한 관찰을 인정하는 것이다 (2004: 4).

---

1 역주: cosmopolitanism은 주로 '세계시민주의'로 번역되며, cosmopolitan은 '세계시민'으로 번역할 수 있다. 여기에서는 원문의 의미를 십분 살리는 의미에서 '코스모폴리타니즘'과 '코스모폴리탄'으로 번역한다.

> **섹션 개요**
>
> 지난 20년간 공산주의의 몰락, 세계적 규모로 생산되고 거래되는 상품과 시장의 성장, 서구 문화패권의 지속적 강화, 기술발전으로 인한 정보망 확산, 전 세계적 인구이동의 급증 등으로 인해 세계화는 가속화되었으며, 이 장은 이 가속화된 세계화의 격렬한 과정에 대한 반응으로 최근 등장한 비판적 코스모폴리탄 사회학의 원리를 개략함으로써 시작한다. 이어 비판적 코스모폴리탄이 타자성에 집중해 왔음을 논증하는데, 이는 코스모폴리탄 상상력을 촉발한 것이 바로 타자이기 때문이다. 이와 관련, 세속성(worldliness)에 대한 에드워드 사이드(Edward Said)의 개념과 벡(Beck)의 사회학을 비교하면서, 비판적 코스모폴리탄들이 직면한 많은 문제점들을 밝힌다. 특히 서로 다른 문화 커뮤니티들의 상호교류에 생기를 불어넣는 일의 어려움, 그리고 상호교류의 과정에서 서로 상이한 문화 그룹의 사람들을 도덕적 지성을 가진 개인과 커뮤니티로서 진지하게 받아들여야할 필요성을 강조함으로써 핵심적 역할을 담당하는 문화매개자에 대한 논의로 이 장을 마친다.

위의 정의에서 제시된 바와 같이, 비판적 코스모폴리탄이 되는 것은 한편으로 세상의 문제에서 벗어나려는 노력이 헛됨을 알고 다른 한편으로는 글로벌 커뮤니티의 어려운 운명의 무게를 염려하는 굳건한 통찰, 즉 코스모폴리탄 상상력의 축복을 받는 것이다. 코스모폴리탄적 전회(cosmopolitan turn)가 격렬한 세계화 과정 중 드러난 새로운 현상이라면, '지금까지 철학자들이 다양한 방식으로 세상을 해석했지만 중요한 것은 세상을 변화시키는 것이다'라고 한 칼 마르크스(Karl Marx, 1888)의 선구적 관찰에 이 전환의 존재 이유가 이미 각인되어 있다고 말할 수도 있다. 세상을 더 좋은 곳으로 변화시키려는 이러한 헌신으로 인해 딜랜티(Delanty)는 비판적 코스모폴리타니즘이 세계를 개방하고 변화시키는 헌신을 하는 데 있어 자기문제화(self-problematization)를 기반으로 작동한다는 점에서 반성적(reflexive)이라고 주장한다 (2006: 35).

일반적인 영토 경계를 탈구축하는 코스모폴리탄 특유의 사회학적 접근법을 개발하는데 있어, 코스모폴리탄 상상력이 집중하는 세 가지의 서로 연관된 지점이 있다고 벡과 츠나이더(Beck and Sznaider)는 주장한다(2006). 첫 번째는 새로운 세기가 글로벌할 뿐 아니라 재계몽화된 *코스모폴리타니즘의 시대*라는 널리 알려진 인식이다. 두 번째는 코스모폴리탄 상상력을 공유하는 사람들은 *방법론적 민족주의*에 대한 비판을 공유한다. 바꿔 말해, 그들은 연구활동이 민족주의적 선입견으로 환원될 수 없다는 생각에 몰두한다는 공통점이 있다. 벡(Beck)이 관찰이 보여주듯, 사회학적 글쓰기는 민족적 관점으로 특정되거나 제한되어 왔다 (2002). 그러나 이는 사회학적 설명에서 어떤 국가 그리고 누구의 생각이 지배적이 되느냐의 문제일 뿐 아니라 연구자가 어떤 연구 의제를 선택하는지와 어떤 질문을 제기하는지에도 영향을 미친다. 벡이 지적한 것처럼, *민족 사회학*(national sociology)은 '독백적 상상력'(monological imagination)에 지배받는 경향이 있다. '독백적 상상력'은 '타자의' 대안적인 인지적 틀과 부딪힐 때, 자신의 문법을 바꾸기보다 단지 그 내용을 자신의 민족주의적 언어로 번역하는 성향이 있다. 따라서 만약 타자의 틀들이 번역될 수 없는 언어로 남아 있다면 그것이 무엇을 의미하는지에 대해서는 상상하려 하지 않는다 (Blackshaw, 2005).

세 번째로는, 벡과 츠나이더가 지적하듯, 코스모폴리탄 사회학에서 세계적 대 지역적, 민족적과 국제적, 동양과 서양 등등의 약칭된 이분법이 사라지고 따라서 이들이 더 이상 타당성을 지니지 않는다는 점에 대해 합의된 인식이 있다는 것이다. 이는 현존하는 사회과학의 개념적이고 실증적인 접근법을 뒷받침하는 인지적 틀이 계속 타당한지에 대한 질문이 요구됨을 함축한다. 코스모폴리탄 사회학의 이 세 번째의 특징과 관련하여, 벡과 츠나이더는 계급, 신분, 그리고 커뮤니티처럼 확실한 개념은 사회학의 다른 주요 메타 개념들과 마찬가지로 우리가 처한 곤경의 세계성을 이해하는 데에는 오직 부분적으로만 유용하며, 전통적 사회과학과 관련되어 이미 검증된 모든 방법론들과 서술(narration) 방식 또한 부분적으로 유용할 뿐이라는 것을 분명하게 밝힌다. 다관점의(multi-perspectival) *방법론적 코스모폴리타니즘* 위에 세워질 새로운 연구 의제 개발에 대한 헌신이 공유된다는 점이 이 세 번째 비평의 기초를 이룬다.

벡의 연구에 함의된 주장은 민족국가의 후원 아래 실천가가 수행하는 학문으로서의 사회학은 유행이 지났으며, 인간이 처한 상황에 대한 현재와 미래의 곤경은 글로벌하게 이해될 필요가 있다는 것이다 (2002). 벡의 *코스모폴리탄 사회학*은 글로벌 커뮤니티에서 사람들의 삶의 질을 높이기 위한 이해와 변화의 노력에 있어 *민족 사회학*보다 더 나은 입장에 있다. *코스모폴리탄 사회학*이 '대화적 상상력'으로 특징되기 때문만이 아니라, '*내부적* 세계화, 국가사회 내부로부터의 세계화'의 일상적 경험을 지역적으로 또는, 벡의 표현을 빌리자면, 글로컬하게(glocally) 다룰 수 있기 때문이기도 하다 (p. 17). 이는 세계화 과정이 *외부*로부터 일어났다고 단순하게 묘사하기보다, 지역 커뮤니티 *내부*로부터 일어나는 세계화 과정의 생생한 상황에 대하여 말해 주는 데에 비판적 코스모폴리타니즘이 필수적임을 시사한다.

벡의 관심은 민족이라는 국내적 화폭으로부터 세계화의 광범위한 논점과 문제로 중점을 옮기면서도 동시에 여전히 지역에 뿌리를 두고 세계를 반영하는 사회학을 개발하는 데에 있다. 그가 반영하고자 하는 세계는 어떤 면에서는 '지역민' 또는 '원주민'이면서 동시에 거의 모든 사람이 경제적 이주자, 난민, 망명자는 물론 테러범과 여행자를 아우르는 '방문자'인 곳이다. 벡이 그의 연구를 통해 그리려는 지도는 가속화된 세계에 적합한 사회학이다. 이 가속화된 세계의 사회적, 문화적, 경제적 그리고 정치적 환경은 선택에 의해서건 필연적이든 간에 잠재적으로 모든 이가 이동 중이며, 비록 그들이 도착하여 그곳에서든 다른 어디에서든 환영받지 못할지도 모르지만, 결국 어느 곳에서든 '가정'(home)을 이루기를 기대할지 모른다. 다시 말해, 그는 '생산과 소비의 모든 행위 그리고 행위자와 수백만 명의 보이지 않는 다른 이들을 연결하는 일상의 모든 행위'를 파악하는 것을 목적으로 하는 비판적 코스모폴리타니즘을 발전시키기 원한다 (Beck and Sznaider, 2006: 22). 또한 벡은 개인과 집단이 텔레비전에서 무엇을 보는 지에서부터 길 건너에 새로 이사 온 외국인 이웃에 대해 어떻게 생각하는지에 이르기까지 공적, 그리고 사적 역사의 수많은 파편을 포착할 수 있는 비판적 코스모폴리타니즘을 발달시키기 원한다.

벡은 또한 이러한 방법론적 접근이 코스모폴리타니즘을 단지 세계화된 세상에서 자신의 여권으로 어느 곳이든 갈 수 있음을 알고 마음껏 문화적 차이를 찾아다니며 세계를 방랑할 수 있는 부유한 구성원들이 누리는 특권활동으로 여기는 것에 대한 저항임을 강조하기 위해 노력한다. 그러나 톰 네언(Tom Nairn) 의 신랄한 관찰이 잘 보여주듯 그가 충분히 지각하지 못한 부분도 있다 (2006: 12-13). 톰 네언은 만약 세계화가 우리의 세계화라면, 이는 '여러 가지 의미가 있지만, 그 의미들 중에는 세계가 도망갈 수도 없는 강압적인 융합 지역으로, 그리고 탈출이 불가능한 상호 교류로 전환된다는 것도 있으며, 이를 바꿔 말하면, 자기의식이 강한 코스모폴리탄들이 마을 사람의 역할을 하지도 않고, 또 이들이 상상가능한 가장 큰 커뮤니티의 주술사가 될 계획도 세우지 않는 그런 지구촌이 된다는 의미다'라고 설명한다. 이러한 비판에도 불구하고, 벡의 코스모폴리탄 사회학은 우리 시대의 세계가 수없이 많은 장소의 일부를 이루고 있으며, "뿌리"와 "날개"를 모두 가진 수많은 사람의 일부를 이루고 있다는 점에 주목한다(2002: 19). '그래서 코스모폴리탄 사회학은 코스모폴리탄 대(對) 로컬이라는 지배적 대립 또한 거부한다. 로컬리즘이 없으면 코스모폴리타니즘도 없다'.

이미 밝힌 것처럼, 자민족중심의 근본적 불평등과 커뮤니티의 일상을 동질화 하려는 암묵적 성향을 뛰어 넘기 위해 코스모폴리탄 사회학의 대화적 상상력은 동양과 서양, 주체와 객체, 내부자와 외부자 같은 여타의 이분법적 대립항에 도전할 수 있다. 물론, 벡이 이러한 이분법적 고비를 넘긴 첫 지식인은 아니다. 에드워드 사이드(Edward Said)는 오리엔탈리스트(Orientalist) 사고방식이 동양을 이국적 신비로 [담론적으로] 구축했으며 그 동양적 신비에 대한 지식을 구하기 위해 서구의 합리성을 받아들여야 한다고 가정했다는 것도 보여주었다 (1978).

사이드는 푸코(Foucault)의 담론구성(discursive formations) 개념을 통해 동양이 서양의 신비스럽고 이국적인 타자(Other)였고 (아마도 여전히 그러함을) 설득력 있게 개진하였다. 사이드의 설명에 따르면, 오리엔탈리스트 담론은 타자를 신비화하고 이국적으로 만드는 데 그치지 않으며, 그 자신의 판본을 만드는 과정에서 타자가 '정말로' 누구이며 무엇인지는 무시한다. 사이드가 명료히 밝힌 것처럼, 오리엔탈리스트 담론을 구축하는 절차는 권위적이며 암묵적이며, 일상의 언어적 문화적 실천을 통해 그 절차가 실재화되면서 권력을 행사할 수 있게끔 됨에도 불구하고 '공식적인'(formal) 느낌을 주게 된다. 따라서 오리엔탈리즘은 담론의 한계를 설정하여 '동양에 대한 언명(statements)을 만들어내고, 동양에 대한 관점에 권위를 부여하고, 동양을 묘사하고, 동양에 대해서 가르치고, 동양을 고착화하고, 또 동양을 지배함으로써, 동양을 다루는' 담론적 마취를 통해 이루어지며, 결국 '동양과 동양의 주체들에 대한 잘못된 인상을 줄 수밖에 없게 된다. 요컨대, 오리엔탈리즘은 동양을 지배하고, 재구성하고 동양에 대한 권위를 갖는 서구의 방식(style)이다' (Said, 1978: 3). 호미 바바(Homi Bhabha)가 뒤이어 지적하듯, 식민주의 오리엔탈리스트 담론에는 아이러니가 덧붙여지는데, 바로 식민주의 오리엔탈리스트 담론의 성공은 그 자체의 실패에 의존하고 있다는 것이다 (1994). 피식민자인 타자는 식민주의자의 문화와 언어를 어쩔 수 없이 흉내 낼 수밖에 없지만, 이 흉내 내기는 식민자에게도 스스로에게도 맞지 않음을 드러낼 뿐이다. 결국, 피식민자는 결코 진짜(authentic)가 아니며, 진짜가 될 수 없고 '거의 같지만 *완전히 같지는 않은*'(almost same, but not quite) 채로 남아 있을 수밖에 없게 된다.

잘 알려져 있듯, 이러한 상황에 대한 응답으로 사이드는 세계에 대한 '비판적 사유'(critical elaboration)에 착수하였으며, 팔레스타인의 기독교인 사이드는, 안토니오 그람시(Antonio Gramsci)의 표현처럼 '기록을 남기지 않는 무수한 흔적'으로 당대의 역사적 과정이 침전하면서 발생한 우연적 결과로서의 사이드 자신에 관한 의식으로 요약될 수 있는데, 사이드는 『오리엔탈리즘』에서 바로 이 [남겨지지 않은 역사의] 기록을 엮어내는 도전을 감행했던 것이다. 서양의 눈에 비친 동양*인*이라는 것의 역사적 기록의 현황과 조사에 대한 응답의 과정에서 (Viswanathan, 2004: xv) 사이드가 사용하게 된 개념은 *세속성*(worldliness)이었다 (Said, 1978). 이 개념은 명백하게 벡의 코스모폴리탄 사회학을 상기시키는데, 왜냐하면 세속성 개념 역시 분과학문적 제약에 구애받지 않을 뿐 아니라 지적 여행(intellectual tourism)에 저항하는 메커니즘 또한 내재되어 있기 때문이다.

*세속성*은 '타자의 타자성을 제거하는 민족적 관점의 독백적 상상력'과 반대될 뿐 아니라 (Beck, 2002: 18), 사이드가 타자에 대한 '전면적 관심'(omnicompetent interest)이라고 부른 것에 의해 정의되기도 하며 (2004: 140) 일상에서 일어나는 진정한 투쟁과 진정한 사회 운동에 뿌리박고 있다. 비판적 코스모폴리타니즘과 마찬가지로, *세속성* 역시 자민족중심주의적 사고의 불가피성과 연구자의 연구 방식에 대하여 끊임없이 질문을 던져야 된다는 책임을 부과하는 관점에 의해 촉발된다. *세속성*은 또한 연구자가 분석을 통해 개발하고 있는 것이 또 다른 형태의 문화 제국주의일 수 있다는 생각에서 그 영감을 얻는다. 다시 말해, *세속성*은 *오리엔탈리스트* 판타지, 민족적 정체성과 [국가] 커뮤니티, 진부한 방법론에 묶여 있는 학문 분과들 등을 포함한 모든 지배적인 제도의 관념에 도전한다.

양자 사이의 관련성에도 불구하고, *세속성*의 개념은 또한 벡의 코스모폴리탄 사회학이 『오리엔탈리즘』과 몇 가지 주요한 직관적이고 실질적인 우연성(contingencies)을 공유한다는 사실을 인정하고 반성적으로 숙고하는 데 실패했기 때문에 비판받을 수 있음을 시사한다. 그리고 이는 코스모폴리탄 연구자들에 대한 주요한 윤리적 질문들을 제기하게 한다. 예를 들어, 벡은 『오리엔탈리즘』의 두 가지 본원적인 즐거움, 즉, 한편으로는 지리적 경계를 넘나드는 자유와 능력, 그리고 다른 한편으로 타자를 상상할 수 있는 힘이 모두 코스모폴리탄 상상력의 중요한 측면이라는 중대한 사실을 결코 고려하지 않는다. 이러한 비판에 비추어, 비판적 코스모폴리타니즘의 관점에 내포되어야 하는 것은 *세속성*이 가져다주는 자유와 즐거움에 대한 자기 반성적 질문임을 우리는 덧붙여야 하며, 이는 코스모폴리탄적 판단을 내리는 데 관련된 가치, 도덕 그리고 정치적 당위를 항상 비판적으로 의식하는 것을 뜻한다.

벡은 또한 식민주의가 그 작동을 위해 크건 작건 문화매개자에 의존했던 것과 마찬가지로 방법론적 코스모폴리타니즘 또한 궁극적으로 문화매개자에 의존한다는 사실을 생각하지 못한다. 이는 '코스모폴리탄'과 그들의 '중개자' 그리고 그들의 응답자 사이의 권력관계에 대해서 뿐 아니라 그들 사이의 만남을 통해 발전시킨 '이야기'의 가치에 대해서도 주요한 질문을 제기하게 한다. 또한 이런 코스모폴리타니즘의 관계를 만듦으로써 제기되는 잠재적 한계와 윤리적 딜레마를 비판적으로 인식할 필요성이 있지만, 그럼에도 불구하고 문화매개자의 역할은 코스모폴리탄 커뮤니티를 발전시키는 데에 필수적이다. 문화매개자가 '주체'와 '객체', '같음'과 '다름', '우리'와 '그들', '글로벌'와 '로컬' 등의 이분법적 체계를 없애는데 도움을 주는 정치 전략을 제공할 뿐 아니라, 발터 벤야민(Walter Benjamin)의 표현을 빌리자면, 이는 한 커뮤니티의 '의미의 방식'(way of meaning)을 또 다른 커뮤니티로 번역하는 매우 효과적인 방법이기 때문이다 (1996). 아피아(Appiah)는 만약 문화와 종교가 매우 다른 커뮤니티 출신의 사람들이 무지, 편협, 불신 그리고 폭력 없이 함께 살려 한다면, 그들은 반드시 이러한 대화의 기술을 터득해야 하며, 이와 더불어 메시지 없이 의사소통하는 듯 보이는 것이 메시지를 전달하는 더 강력한 방식임을 아는 능력을 습득해야 한다고 주장한다 (2006).

비록 벡의 관점이 세계화 과정에 수반되는 사회 구조의 변화를 기반으로 코스모폴리탄 사회학에 대한 강력한 존재론적 정당성을 입증하고 있다 하더라도, 인식론과 방법론의 문제에 대한 침묵이 코스모폴리탄 사회학의 한계를 규정한다는 것이 벡의 관점이 지닌 마지막 문제다. 즉, *법론적 민족주의*를 극복한다는 벡의 주장에도 불구하고 그의 *방법론적 코스모폴리타니즘*은 불행히도 부족한 부분이 있는데, 이는 한편으로 그들이 상상하지 않았다면 그들에게 이질적이었을 현실로 상상을 통해 들어갈 때 발생할 일들을 충분히 고려하지 못하였기 때문이기도 하고, 다른 한편으로 코스모폴리탄 연구를 실제 수행하는 과정에 관련된 실질적 측면을 간과했기 때문이기도 하다.

추천문헌

아래의 참고문헌에 나와있듯, 비판적 코스모폴리타니즘의 개념은 벡과 그 외의 연구자들이 최근 연속 출간한 출판물, 특히『영국 사회학 저널』의 코스모폴리타니즘 특별판에 더 자세히 분석되어 있다 (2006, Volume 57: 1). 코스모폴리탄의 윤리 문제, 그리고 한 커뮤니티가 그들의 공동 정체성을 얻기 위해 스스로를 다른 사회 그룹과 구별지을 필요를 느낄 때 발생하는 문제에 대해서는 아피아의 연구를 추천한다.

참고문헌

Appiah, K. A. (2006) *Cosmopolitanism: Ethics in a World of Strangers*. New York: Norton.
Bauman, Z. (1994) *Alone Again: Ethics After Uncertainty*. London: Demos.
Bauman, Z. (2004) *Wasted Lives: Modernity and its Outcasts*. Cambridge: Polity.
Beck, U. (2000) 'The Cosmopolitan Perspective: Sociology and the Second Age of Modernity', *British Journal of Sociology*, 51 (1): 79-105.
Beck, U. (2002) 'The Cosmopolitan Society and its Enemies', *Theory, Culture and Society*, 19 (1, 2): 17-44.
Beck, U. (2006) *Cosmopolitan Vision*. Cambridge: Polity.
Beck, U. and Sznaider, N. (2006) 'Unpacking Cosmopolitanism for the Social Sciences: A Research Agenda' in *The British Journal of Sociology*, 57 (1): 1-23.
Benjamin, W. (1996) 'The Task of the Translator' in M. Bullock and M. W. Jennings (eds) W. Benjamin *Selected Writings*, Volume 1, 1913-1926. Harvard: Harvard University Press.
Bhabha, H. (1994) *The Location of Culture*. London: Routledge.
Blackshaw, T. (2005) *Zygmunt Bauman*. Abingdon: Routledge.
Delanty, G. (2006) 'The Cosmopolitan Imagination: Critical Cosmopolitanism and Social Theory', *The British Journal of Sociology*, 57 (1): 24-47.
Foucault. M. (1972) *The Archaeology of Knowledge*. London: Tavistock
Marx, K. (1888, 1979) Theses of Feuerbach, quoted in the 3rd edition of the *Oxford Dictionary of Quotations*. Oxford: Oxford University Press.
Nairn, T. (2006) 'History's Postman', in *London Review of Books*, 28 (2): 26th January.
Said, E. W. (1978) *Orientalism: Western Conceptions of the Orient*. London: Penguin.
Said, E. W. (2004) *Power, Politics, and Culture*. Edited by Gauri Viswanathan. London: Bloomsbury.
Viswanathan, G. (2004) 'Introduction' in Edward W. Said, *Power, Politics, and Culture*. Edited by Gauri Viswanathan. London: Bloomsbury.

리미널리티, 커뮤니타스 그리고 반-구조

자연스레 모인 개인들이 그들 자신으로부터 벗어나게 되어 '시간의 안과 밖에서 동시에'(in and out of time) 어떤 동적(動的) 장소로 옮겨진다는 것을 강렬하고 날카롭게 경험할 때 발생하는 커뮤니티의 감각(sense)을 이해하는 데 있어, 서로 연계되어 있는 이 세 개념은 중추적이다. 이때 개인들은 지고한 것처럼 보이는 힘에 의해 서로 묶이며, 그 힘은 인간 조건의 어떤 진정한 본질처럼 느껴지는 평등한/커뮤니티 정신의 심원한 계시로 여겨진다.

섹션 개요

이 장은 세 가지 개념의 개요와 논의로 시작된다. 그 후, 카니발, 종교 축전(feast), 그리고 대중적 페스티벌(popular festival)에서 지배적 사회 규범을 전복시킴으로써 사람들이 공유했던 리미널(liminal) 경험을 통해 이들이 역사적으로 서로 연결된 방식에 대하여 이 세 개념이 우리에게 어떤 이야기를 할 수 있는지 설명한다. 또한 이러한 경험들이 현대에 와서 어떻게 휴가, 록 콘서트, 그리고 스포츠 관람과 같은 여가의 형태로 변화되었는지를 논의한다. 그런 후, 리미널리티, 커뮤니타스 그리고 반-구조(anti-structure)에 대한 연구가 일상의 경계(border)에 관심을 집중함으로써 사회의 주요한 문제에 대한 논의를 소홀하게 다루게 된 점에 대한 폭넓은 비판이 있었음을 지적한다.

리미널리티, 커뮤니타스 그리고 반-구조의 삼두정치는 빅터 터너(Victor Turner)의 순례 여정에 관한 연구에 등장한다 (1973). 라틴어 *limen* ('문턱'을 의미하는)에서 유래한 리미널리티의 개념은 '사이' 또는 '시간의 안과 밖에서 동시에'(in and out of time) [발생하는] 동적 장소의 개념을 내포한다. 터너의 연구에서 상세히 설명된 것처럼, 리미널리티는 종교적 통과의례와 관련하여 정의하기 어려운 사회적 정신적 위치(location)를 말한다. 이것은 또한 여가 연구에서도 상용되는 개념으로, 이 때 리미널리티는 카니발, 록 콘서트 그리고 스포츠 경기 등에서 볼 수 있는 공유된 경험에 공통적인 의례(ritual)로서 '친숙하고 습관적인 것으로부터의 공간적 분리'를 나타내며, 그 의례 과정에서 소통의 경로를 열어 계층, 젠더, 인종, 민족, 정치, 종교, 또는 심지어 지리의 한계를 초월하는 문화 영역을 생성한다. 터너의 연구로부터 얻은 통찰은 리미널 영역이 강력한 우주론적 의미를 갖고 있음을 확신시키며, 주로 이 의미는 사물의 대안적 (무)질서를 긍정하면서 '배타적 관계보다 포괄적 관계'를 강조하는 감정으로 설명된다.

터너는 커뮤니타스 개념을 사용하여 공유된 리미널리티 경험을 설명하는데, 이 개념은 문화적 사회적 차이를 적극 받아들일 뿐 아니라, 부르주아 사회에 내재된 명백한 불평등으로 인해 부인된, 사회그룹으로의 '귀환'(return)을 마련하는 열림으로 '향해 있다'. 마페졸리(Maffesoli)와 거의 유사한 방식으로 (1996) 터너는 *커뮤니타스*의 개념이 공리주의적이고 합리론적인 사회 구조를 능가하며 전복한다고 주장한다. 그리고 이는 '유사한 헌신(commitment)과 지위(position)를 공유하는 그룹 내부에서 자연스럽게 솟아오르는, 구체적이며 매개되지 않은 공동의 의사소통'이라는 말 속에 표현돼 있다 (Thompson, 1981: 6). 철학자 제임스 카스(James Carse)는 커뮤니타스*(communitas)*를 시비타스*(civitas)*와 구별한다 (2008). 커뮤니타스가 훨씬 더 열려있으며 집단적 기쁨에서 생겨난 경향이 있는 반면, 시비타스는 엄정하고 방어적인 커뮤니티이다. 커뮤니타스는 리미널한 '주변'의 상황에서 보여질 수 있으며 '열려있으며 특수화되어 있어, 일상의 구조적 필요와 의무로부터의 즉각적인 해방의 실현일 뿐 아니라 순수한 가능성의 솟아오름이기도 하다' (Turner, 1973: 217). 그리고 신비로운 깊이로 빠져드는 듯이 집단적 관능을 향해 깜짝 놀랄만한 돌진을 하며 전복된 세상을 보여주기도 한다. '작은 마을의 사교성과 안락함의 분위기'를 가진 커뮤니티가 추구될 때조차도 이는 대개 실망감을 안겨주곤 하는데 비해, 여기서 터너는, 에런라이크(Ehrenreich)와 마찬가지로 (2007), 커뮤니티 개념이 내포하는 그 어떤 것보다 더 명백하고 훨씬 더 강력한 소속감에 이끌리고 있는 것이다.

터너는 커뮤니타스를 세 가지 유형으로 정의한다. *실존적 커뮤니타스* (existential communitas)는 경제적 소외, 계급, 젠더 그리고 인종적 불평등 위에 세워진 불평등한 세상에서 마주하게 되는 관계의 자본주의적 상품화에 저항하며, 한 사회 그룹이 명백하고 전체적이며 진지하게 함께하게 될 때 발생한다. 개인적인 차원에서 볼 때, 실존적 커뮤니타스에 참여한다는 것은 자아와 타자들 간의 변증법에 전적으로 의존하는 것을 수반하며, 이런 일이 일어날 때, 커뮤니타스를 경험하는 사람들은 '동질적이며 비조직화되어 있으며 자유로운 커뮤니티'라는 족쇄 없는 사회 그룹으로의 복귀가 가능해진다. 실존적 커뮤니타스는 놀라운 것이며, 그렇기 때문에 언제나 일시적인 경향을 보인다. 하지만, 실존적 커뮤니타스가 항상 일시적일 필요가 있는 것은 아니며, 터너는 *이데올로기적 커뮤니타스*(ideological communitas)를 '사회에 대한 다양한 유토피아적 모델이나 청사진에 적용할 수 있는 이름'이라고 정의하면서 ('상상적 커뮤니티' 참조), 이 모델의 창시자들이 [자신의 모델이] 실존적 커뮤니타스의 최상의 상태를 예시하거나 제공한다고 믿었다는 것을 지적한다.

규범적 커뮤니타스(normative communitas)는 실존적 커뮤니타스가 지속되면서 그 사회그룹이 자신의 지위(position)를 더 안전하게 만들고 조직화할 필요가 있을 때 발전된다. 그러나 터너는 이와 같은 좀 더 지속적인 형태의 커뮤니타스가 뒤르켐주의적(Durkheimian) 기계적 연대 등에서 보이는 공리주의적 사회 연대와 혼동되어서는 안 된다는 점을 강조한다. 뒤르켐주의적 연대는 이전의 구조에서 유래하며 부르주아적 원리인 *이익 사회*를 토대로 세워지는 경향이 있다. 터너에게 커뮤니타스 유형의 사회 그룹은 비공리주의적이며 주술적이고 원시적인 기원을 지닌 경향이 있으며, 이런 의미에서 커뮤니타스 유형의 사회 그룹은 이를 둘러싼 경제 질서에서 만연해있는 공리주의적, 기능주의적 양상을 언제나 능가한다 (Maffesoli, 1996: 79).

터너에 따르면, 삼두정치의 세 번째 개념인 사회적 '반-구조'(anti-structure)는 리미널러티의 문턱에서 경험한 내삽(內揷, interpolation)의 의미를 가장 잘 보여준다. 이 개념은 명백하게 일상생활에 관여하는 패턴과 구조의 폐기라는 의미를 내포하고 있는데, 이는 리미널 커뮤니타스를 경험하는 동안 성취될 수 있는 '일시적 변심'을 허용할 뿐 아니라 (Thompson, 1981) 지배적 사회 질서 없이 지내기(dispensation)를 시사하기 때문에 유용하다.

터너가 종교적 순례 여정과 관련하여 리미널러티, 커뮤니타스, 그리고 반–구조의 특정(specific) 모델을 제시하는데 반해, 에런라이크(Ehrenreich)는 15세기 카니발, 종교적 축전 그리고 유명 페스티벌의 출현을 추적함으로써 '집단적 환희의 역사'(history of collective joy)에 대한 일반적(general) 논의를 제시한다 (2007). 이러한 종류의 축제들은 교회 내부에서 열정적인 형식의 예배와 대중적 형식의 경건을 억압한 결과로서 발생하였는데, 바로 이때부터 사람들은 규칙적이며 공식적으로 승인된 휴지기에 일상의 힘든 일을 떠나 '질서있는 무질서'(ordered disorder)의 공동 장소를 만들기 시작했다고 에런라이크는 주장한다. 이 공동의 장소에서 사람들은 분장, 노래 그리고/또는 춤이라는 향락적 의례에 함께 참여함으로써 집단적 환희와 따뜻한 결속감을 생성할 기회를 제공받았을 뿐 아니라, 사회 규칙이 일시적으로 깨지고 전복되어 소요[의 경험]은 물론 '타자성', 즉 인간이라는 것이 의미하는 것의 바깥, 그래서 이런 공동 경험이 없었다면 소통될 수 없는 채로 남아있었을 어떤 것을 커뮤니티의 처벌 없이 안전하게 탐험할 수 있었던 것이다.

에런라이크의 논지에서 가장 중요한 부분은 리미널리티, 커뮤니타스, 그리고 반–구조가 더 이상 과거의 그 모습이 아니라는 것이다. 그녀의 관점에서, 17세기 이후 우리가 커뮤니타스를 경험하는 방식에 느리지만 심원한 변화가 있어왔고, 또 이 변화는 집단 의례에 대한 우리의 전체적 견해를 철저히 바꿔왔다. 이때쯤이면 이미 근대적 문명화 과정이 한창 영향력을 행사하던 때였으며 (Elias, 1994), 베버(Weber)가 그의 고전적 연구『프로테스탄트 윤리와 자본주의 정신』에서 강인하고 훈련된 노동력으로 매일 열심히 일하는 윤리의 중요성에 대해서 주장한 것처럼, 자본주의와 그것의 하녀인 청교도주의 또한 상승일로에 있었다 (1930). 19세기와 20세기에 이르면, 집단적 환희를 중심에 놓았던 카니발은 오락의 '스포츠화' (Elias and Dunning 1986), 페스티벌의 상업화, 그리고 민족 의례의 군국화를 통하여 스펙터클(spectacle)로 대체되었으며, 카니발에서 한때 집단적 의례를 생산했던 이들은 소비자 관중으로 바뀌었다.

이러한 관찰에도 불구하고, 로젝(Rojek)은 여가 공간, 여가 실천, 유대의 지형(configurations of association), 그리고 정체성 형성과 관련한 리미널리티 논의에서, 리미널 관례와 실천은 현대사회에서도 계속해서 관심을 끄는데 그것은 개인들이 그것들 안에서 자유의 약속과 진정으로 자신이 될 기회의 가능성을 인식하기 때문이라고 설명한다(1995). 리미널 지대는 '문명화된 질서의 통제를 넘어서는 "자유 공간"으로 드러나기 때문에' 계속해서 이 약속과 기회를 제공한다 (Rojek, 1995: 88). 이것의 좋은 예는 쉴즈(Shields)의 연구인데 (1991; 1992), 이 연구는 '일상적 과정, 그리고 적절한 행동으로부터 벗어나는 통제되고 합법적인 탈출의 문턱'을 경험하는 여가의 중요성을 탐색한다 (1991: 7). 쉴즈의 연구에 비추어, 해변에서 무도회장까지, 안마 시술소에서 운동 경기장에 이르는 여가 상황은 '정상적인' 사회 질서가 일시적으로 전복되는 무수한 사이 공간(betwixt and between spaces)을 제공하며, 이 때 리미널리티의 풍부함을 볼 수 있다.

여가 연구 분야에서 이러한 중요한 연구에도 불구하고, 톰슨(Thompson)은 리미널러티와 커뮤니타스의 개념이 그 자체로 문제가 있다고 주장한다. 그는 리미널러티와 커뮤니타스가 사회적 집단성이 '커뮤니티 정신'(community spirit)을 만들 수 있다는 것, 그리고 사람들이 여가를 보낼 때처럼 일상생활의 구조적 통제로부터 해방될 때 발생하기 쉽다는 것과 같은 상식적인 선 이외에 거의 아무것도 알려주지 않는다는 가설을 제시한다. 결과적으로, 리미널러티와 커뮤니타스가 규범적 질서를 그대로 둔다는 점에서 어떤 개념적 '내용'도 없는 것처럼 보이기 때문에, 톰슨에게 리미널리티와 커뮤니타스는 비실체적 개념으로 남는다.

여기서 톰슨은 터너를 비롯한 이들의 연구가 '주변부'에 위치한 리미널의 '문턱'에서 마법처럼 자유로워지는 '본질적이고 보편적인 인간 정신'의 필연적 특성을 추정한다는 점에서 본질주의적(essentialist) 감수성을 취한다고 주장한다. 그들의 분석에서 본질주의를 향하는 내재적 성향이 전제로 남아있게 된다는 것이다. 이것의 결과로 일상생활의 구조적 통제가 깨지거나 중단될 때 '해방된' 어떤 것은 궁극적으로 *이론화되지 않은* 채 남게 된다고 톰슨은 생각한다. 터너의 연구에 따르면 이는 '본질적, 보편적 인간 정신'이 무엇인지에 대한 설명이 순례 여정 그 자체의 종교적 경험에 의존하기 때문이다. 톰슨에게 있어 이러한 설명은 터너의 논지가 동어반복적임을 보여줄 뿐인데 (p. 10), 그 이유는 터너의 연구에서 종교적 리미널 경험이 무엇인지 확고히 밝히는 것은 '종교적' 경험 연구가 어떤 설명을 제공하느냐에 전적으로 달려있기 때문이라는 것이다. 다른 비평가들 또한 리미널러티 개념이 결국에는 공허한 개념이라고 정의한다. 터너의 주장에 반대하면서, 풀검(Fulgham)은 리미널러티의 가장 강력한 차원이 역설적으로 리미널리티의 고립성(solitariness)에 있다고 말한다. 리미널리티는 모여서 하나가 된다는 의식이 아니라 개인의 실존적 분리의 방식을 강조한다는 것이다 (1995).

터너 이론의 존재론적 입장을 살펴보아도 리미널러티와 커뮤니타스의 개념에서 추가적 문제들을 발견할 수 있다. 터너의 설명은 무엇이 사회현실을 구성하는가라는 형이상학적 문제에 대한 이해가 부족하다. 사실, 다른 구조기능주의 지지자들과 마찬가지로, 터너는 사회 현실을 물화된 구조적 독립체로 정의하는 실수를 범한다. 그리고 이러한 측면에서 그는 명백히 실증주의적(positivistic)이다. 실증주의의 존재론적 입장은 세상이나 현실이 이미 존재하고 있으며 [연구자는] 이를 발견하거나 알기만 하면 된다고 가정한다. 그리고 실증주의 연구자의 목표는 세상에 대한 *바로 그 진실(the truth)*을 밝히는 것이고, 그 과정에서 어떻게 세상을 측정하고, 통제하고, 또 예측하는지를 알아가는 것이다. 구성주의자들은 이렇듯 우리가 현실 밖에서 안을 들여다보고 있는 것처럼 가정한다는 것이 인식론적으로 설득력이 없다고 볼 뿐 아니라, 도덕적 윤리적으로도 잘못되었다고 본다 (Guba and Lincoln, 1994 참조). 터너의 연구가 이런 비평에 대해서 무지하다는 것은 명백하다.

커뮤니티를 뒤르켐주의적으로 이해하는 것에 대한 비판에도 불구하고, 터너의 인류학적 설명은 또한 사회를 '사회 체계'로 이해하는 구조기능주의에 토대를 두고 있다. 그리고 이러한 '사회 체계'는 사회 현상이 서로서로 기능하고 전체 사회로서 기능하는 방식, 즉 사회 체계가 통합적인 사회 안정을 위해 서로 조화되는 사회의 각 부분을 '필요로' 하는 방식과 관련하여 조사함으로써 분석될 수 있다. 리미널 상황으로 촉발된 커뮤니타스는 두 가지 측면에서 사회 체계의 균형을 기능적으로 유지하는 데에 기여한다. 한편으로 리미널 경험은 리미널 경험 그 자체로 남아있으며, 다른 한편으로는 사회 갈등을 일으키고 기존질서에 도전하는 리미널한 순간들은 '정상'으로 돌아가는 과정에서 사라진다. 머튼(Merton)이 지적한 것처럼, 사회적 패턴들은 많은 결과를 낳게 되며, 우리 사회와 같이 복잡한 사회에서 이 결과들은 종종, 그리고 때로는 역설적으로, 여타의 사회 그룹보다 몇몇 사회 그룹을 더 이롭게 하면서 결국 무수한 방식으로 영향을 주게된다 (1973). 그 결과, 기존 질서가 유지됨으로써 가장 많은 이득을 보게 될 사람들은 궁극적으로 리미널 상황에서 촉발된 커뮤니타스 관계로부터 더 큰 이익을 얻게 되는데, 이는 힘을 가진 그들의 사회 위치가 급진적 변화 없이 유지되기 때문이다.

리미널 상황과 관련, 또 하나의 중요한 문제는 리미널 사황이 사회의 도덕 체계를 약화시키는 경향이 있다는 것이다. 이는 대체로 임시적이라고 할 수 있겠지만, 그럼에도 불구하고 리미널 상황은 특정 그룹에게 상대적으로 과도하게 영향을 주는 무질서한 활동으로 이어질 가능성에 열려있다. 이는 많은 윤리적 문제를 제기한다. 예를 들어, 파티와 같이 열광적인 방식으로 발현되는 커뮤니타스는 종종 약물이나 알코올의 남용과 연관되며 이는 건강에 관해 우려를 낳는다. 또 이러한 발현이 종종 파괴적 폭력으로 이어질 가능성이 많다는 점도 역시 중요하다. 허가받지 않은 이런 환락이 소수 민족 커뮤니티나 여성과 같은 취약 그룹에게 가할 수 있는 영향에 대해 우려가 제기되는 것이다.

참고문헌

Carse, J. P. (2008) *The Religious Case Against Belief*. London: Penguin.
Elias, N. (1994) *The Civilizing Process: The History of Manners and State-Formation and Civilization*, Integrated Edition. Oxford: Blackwell.
Elias, N. and Dunning, E. (1986) (eds) *Quest for Excitement: Sport and Leisure in the Civilizing Process*. Oxford: Basil Blackwell.
Ehrenreich, B. (2007) *Dancing in the Streets: A History of Collective Joy*. London: Granta.
Fulgham, R. (1995) *From Beginning to End*. New York: Ballantine Books.
Guba, E. G. and Lincoln, Y. S. (1994) 'Competing Paradigms in Qualitative Research', in N. K. Denzin and Y. S. Lincoln (eds) *Handbook of Qualitative Research*. Thousand Oaks: Sage.
Maffesoli, M. (1996) *The Time of the Tribes: The Decline of Individualism in a Mass Society*. London: Sage.
Merton, R. (1973) *The Sociology of Science: Theoretical and Empirical Investigations*. Chicago: Chicago University Press.
Rojek, C. (1995) *Decentring Leisure: Rethinking Leisure Theory*. London: Sage.
Shields, R. (1991) *Places On the Margin*. London: Routledge.
Shields, R. (1992) (ed.) *Lifestyle Shopping*. London: Routledge.
Thompson, G. (1981) 'Holidays', in *Popular Culture and Everyday Life*. Milton Keynes: Open University Press.
Turner, V. W. (1973) 'The Center Out There: Pilgrim's Goal', *History of Religions*, 12 (3): 191-230.
Weber, M. (1930) *The Protestant Ethic and the Spirit of Capitalism*. London: Unwin Hyman Ltd.

로컬리티, 장소 그리고 근린

커뮤니티 연구에서, '로컬리티', '장소' 그리고 '근린'이라는 용어들은 모두 대면 관계가 지배적인 지리적 공간을 지칭한다. 그처럼 경계가 정해진 공간들은 안전감, 헌신, 그리고 소속감을 조성하는 능력이 있기 때문에 커뮤니티의 형성 및 유지와 관련되어 있다고 가정할 수 있다.

섹션 개요

지리적인 로컬리티나 장소와 관련된 의미와 개념을 생산하는 과정에서 근린이 주로 사용된다는 점에서 이 장은 근린을 이데올로기적 개념으로 제시한다. 커뮤니티와 관련하여 근린을 분석한 후, 로컬리티와 장소의 개념이 어떤 방식으로 협업을 가능케 하는 상호 부조와 소속감에 연결되는지, 그리고 다양한 커뮤니티의 거주민들이 어떻게 근린 관계를 교섭하는지를 다룬다. 동시에, 직장과 가정생활에서의 최근 변화를 논의하며, 이러한 최근의 변화가 사람들의 지역 결속력과 근린 협력을 약화시키면서도 어떻게 지역 교제, 소속감, 그리고 장소 애착에 대한 욕구를 강화하는지를 논의한다.

장기 방영된 호주의 드라마 〈이웃들〉(Neighbours)만큼 근린의 이데올로기를 잘 설명해 주는 것은 없다. 멜버른(Melbourne) 근교 '에린버러'(Erinsborough, 'Neighbours'의 철자 순서를 바꾼 것임)의 '램지 거리'(Ramsay Street)라 불리는 막다른 골목을 중심으로 펼쳐지는 이 드라마의 플롯은 긴밀하게 조직된 커뮤니티의 일상적 만남을 중심으로 반복된다. 마치 근접성(propinquity)이 이웃의 본질적이고 주요한 특질이라는 필립 에이브럼스(Philip Abrams)의 말을 확인하기라도 하듯 (Bulmer, 1986), 이 드라마는 근린 지역 밖의 삶에는 관심을 두지 않는다. 이웃들 간 공간적 거리는 다양할 지 모르지만, 이 거리는 항상 근린의 경계를 넘지 않는다. 이는 이웃이라는 것이 로컬리티 또는 장소의 문제라는 것을 보여준다.

'커뮤니티'라는 단어와 마찬가지로, '근린'은 '공유된 경험, 공통의 언어, 친족 관계에 기반을 둔 소속감 그리고 무엇보다 공통의 공간에 거주함을 연상시키는 긍정적 함의와 연관되는 경향이 있다' (Delanty, 2003: 55). 근린은 이러한 면에서 '[특정] 상황에 놓인 커뮤니티로서 공간적 혹은 가상적 실제성(actuality)과 사회 재생산의 잠재력으로 특징지어질 수 있는' 것으로 여겨진다 (Appadurai, 1996: 179). 즉, 근린은 이미 존재하는 사회 구성으로, 여기에서 커뮤니티 관계는 숙련된 행위자가 성취하는 어떤 것으로 여겨질 수 있는 것이다. 바로 이 점이 근린을 로컬리티와 구별짓는데, 로컬리티는 '근본적으로 관계적이며 맥락적이며, 사회적 삶의 현상학적 측면[을 지칭하며], 스칼라(scalar)적이나 공간적이라기보다 범주적(categorical)'으로 정의된다 (Amit, 2002: 3).

근린의 개념은 또한 '특정한 장소는 일련의 특정 가치들의 저장소'라는 대중적 인식에 부합되도록, 불확실한 현대에서 그 구성원들에게 안전(security), 주인의식, 그리고 안전성(safety)을 제공하는 친근함, 신뢰 그리고 공통성의 환대를 촉진하는 것으로 종종 묘사된다 (Clarke et al., 2007: 94). 사실, 근린에 소속된다는 생각은 근린이 현대 세계에서 커뮤니티에 가장 근접한 사회 구성일 뿐 아니라 근린이 공간적으로 경계가 정해져있고 또 소규모이기 때문에 중요하기도 하다는 것을 의미한다. 예를 들어, 영국의 남서쪽에 위치한 두 도시에 대한 연구에서, 클라크(Clarke)와 동료 연구자들은 '영국 커뮤니티'(the British community) 개념이 그들의 응답자들에게 거의 의미 없다는 것을 발견했다. 대신 응답자들은 학교, 교회, 청소년 클럽과 같은 근린의 소규모 지역 기관들이 집단 정체성과 소속감에 더 중요하다고 밝혔다 (2007).

1920년대와 1930년대 '시카고 학파' (도시 연구에 집중했던 시카고 대학의 학자들) 사회학자들은 도시가 인간 사회 질서를 재현하기 때문에 그것이 현대 '커뮤니티'의 자연스러운 발현이라고 단언하였다 (Delanty, 2003). 이후 레드필드(Redfield)도 커뮤니티는 도시에서 항상 위협 속에 놓여있을지도 모르지만, 이는 커뮤니티가 소규모일 때만 그렇다고 주장한다 (1955). 이후 녹스(Knox)와 같은 이들은 커뮤니티는 도시 생활에서 두드러진다고 주장해 왔다. 1960년대에 행했던 연구에서 녹스는 영역이 정해진 커뮤니티들이 명백히 도시 안에서 발견되어 왔으며 이 커뮤니티들이 공통적으로 지역 술집과 당구장 같은 지역 기관들에 집중되어 있다는 것을 입증하였다 (1987). 그러나 산업화 때문에, 그리고 최근에는 세계화와 포스트모더니티의 위협 때문에, 현대 도시 생활이 커뮤니티에 도움이 되지 않는다고 주장하는 사람들도 있다 (Delanty, 2003). 그런데도 많은 도시 사회학자들이 도출한 결론은 커뮤니티가 로컬리티에서는 안전하지만 도시에서는 항상 위협받는다는 것이다 (Gans, 1982; Harvey, 1990 참고). 다시 말해, 도시의 엄청난 규모와 다양성은 거주자들을 양극화하여, 그들이 거주하는 환경과 의미 있는 관계를 형성하지 못하게 한다. 이는 또한 이웃은 작은 로컬리티에서만 의미 있고 중요할 수 있음을 시사한다.

이와 같은 논쟁은 로컬리티를 바탕으로 초창기 커뮤니티 개념, 즉 전통적 노동자 계층 커뮤니티 개념에서 생겨났다. 광산업과 같이 제한된 범위의 산업은 이러한 로컬리티에 전형적이었으면서도 노동자들의 의미 공유에 핵심적이었으며, 당시 '직업적 커뮤니티'(occupational communities)라고 불리기도 했던 산업 노동자 커뮤니티 구성원들은 역사적으로 높은 사회적 연대를 향유해 왔다고 주장되어 왔다. 이것은 이러한 커뮤니티의 물리적 고립과 그 구성원들의 지리적 사회적 유동성 부족으로 인해 용이했으며, 이러한 상황은 이 커뮤니티가 다른 커뮤니티와 접촉하는 것도 제한했다. 그러나 그러한 커뮤니티들은 1차 세계대전 종전 후 대규모의 공공 주택이 처음 소개되었을 때 비롯된 '빈민가' 철거 정책의 결과로 쇠퇴하기 시작했다 ('Community Regeneration'; 'Community Studies' 참조). 광산과 철강 같은 제조 산업의 쇠퇴를 이끈 광범위한 경제구조 재편과 함께 노동자 계층 커뮤니티들은 지리적으로 분산되었으며, 이들은 주로 공업 도시의 외곽지역으로 분산되었다. 이 때 만약 커뮤니티 의식이 장소를 공유하는 경험에 기반을 둘 수 있다고 가정하면 커뮤니티에 새로운 활기가 생길 수 있다고 이야기할 수 있을지도 모르겠지만, 에이브럼스(Abrams)는 복지 입법이 빈민가 철거, 지방 정부 의회가 추진한 대규모의 특색 없는 임대주택, 그리고 잇따른 지방 정부의 사회보건 서비스 증가로 이어졌으며, 이런 맥락에서 이웃들이 사실상 이웃들은 사실 위기 상황에서 서로에 대한 의존도를 줄이게 되었고 그 결과 서로에게 강한 유대감을 형성하지 않게 되었다고 주장한다 (Bulmer, 1986).

에이브럼스가 20여 년 전 수행한 자신의 현장 연구에서 주목한 것처럼, 근린은 (만약 그런 적이 있었다고 하더라도) 더는 커뮤니티를 유지할 수 없다 (Bulmer, 1986: 98). 영국 웨스트 요크셔의 출판사에서 출판된 최근의 조사 연구는 에이브럼스의 판단을 뒷받침한다. 이 연구는 주택 보유자들이 일반적으로 '더 많은 사생활과 개인 공간'을 추구하여 이웃을 피하면서 커뮤니티 유대를 꺼린다는 것을 보여준다. 또한 이 연구는 주택 소유자의 반 이상인 53%가 '다른 사람들과 어울리지 않기를 선호하며 자신들의 일을 알고 참견하는 이웃을 원치 않는다'는 것을 발견했다. 그리고 응답자의 다섯 명 중 세 명인 59%가 사생활이 보호되고 이웃에서 내려다보이지 않는 집의 구매를 선호한다고 말했다는 것을 보여주었다. 반면 세 명 중 한 명 이상인 37%는 그들의 이웃을 만나거나 이야기하지 않고 종종 몇 주를 보낸다는 것을 인정했다. 이런 증거는 상식적 주장에도 불구하고 현대가 의심할 여지없이 이웃과의 연대가 줄어드는 방향으로 나아가고 있다는 것을 제시한다.

'근린' 의식이 만들어지기 위해서는 장소를 함께 경험한 거주자들이 그 장소를 통제하고 있다고 느끼는 것 (Power, 2007), 그리고 이웃과 빈번한 교류를 즐길 수 있다고 느끼는 것이 필수적이다. 영국의 지방 의회 임대 주택 역사에 대한 자전적 설명에서 핸리(Hanley)가 발견한 바와 같이 (2007), 바로 이것이 커뮤니티에 대한 소속감을 생성하는데 필수적인 사교 클럽, 놀이 장소, 술집, 그리고 만남의 장소와 같은 사회적 생활 편의시설이 결핍된 많은 주택 단지들의 흔한 결점이다 (Knox, 1987: Clarke et al., 2007). 비좁고 인접한 도시 상황보다 더 선호될 것 같은 이러한 주택 단지의 더 넓은 지리적 공간은 사실 그곳의 거주자들에게 더 큰 고립과 외로움을 안겨준다 (Hanley, 2007a). 사람들과의 만남이 줄어들고 그에 따라 같은 로컬리티를 공유하는 사람들과의 유대감과 신뢰감이 줄어들기 때문이다. 대처[(hatcher) 행정부가 1980년 주택법(Housing Act)에서 매수권 정책(Right-to-Buy policy)을 도입하면서 이런 상황은 1980년대에 걸쳐 더욱 악화된다. 핸리가 주장하듯, 이 주택법은 임대 주택에 거주하는 노동자 계층 커뮤니티를 집을 구매할 여력이 있는 사람들과 그럴 수 없는 사람들로 갈라놓는 역할을 했으며, 결국 이는 가장 가난한 그룹을 사회로부터 고립시켰을 뿐 아니라 서로로부터 역시 고립시켰던 것이다.

구성원들이 강하게 유대관계를 맺고 위기 시에 서로에게 의존하는 가장 전통적 형태의 근린[이라는 개념]으로부터 벗어나 근린 이데올로기로 향하는 변화, 그리고 근린 이데올로기가 지역 이해를 위한 지금의 탐구와 맺는 관계성을 설명하면서, 에이브럼스는 이를 그가 '현대 근린주의'(modern neighbourhoodism)라고 부르는 논의로 끌어온다. 에이브럼스에 따르면, 산업화의 징후로서 지역 차원에서 증가한 이동성과 선택[의 폭]은 근린의 정치화 및 형식적 조직화로 이어지게 된다. 에이브럼스는 현대 근린주의가 '지역의 사회 세계'(local social world)를 창조했으며, 이곳에서는 생활 편의시설 보장과 강화된 자원의 보전을 요구하고 로컬리티 지배권을 '외부 당국'과 지역민 사이에 협상함으로써 로컬리티에 대한 거주자들의 애착을 공공연하게 집결시키려는 시도들이 이루어진다고 말한다 (Bulmer, 1986: 95).

로컬리티, 장소 그리고 근린에 대한 많은 사회학적 이해에서 주요한 주제는 확실히 외부의 위협에 직면한 커뮤니티의 방어에 대한 것이었다. 커뮤니티의 공통성은 커뮤니티 구성원들 사이의 유대를 강화할 수 있는 반면(Delanty, 2003), 이는 또한 여러 측면에서, 특히 대표적으로는 사회계급이나 민족성의 측면에서 열등하게 인식되는 외부자의 배제로 이어질 수 있다. 다시 드라마의 예를 빌리자면, '램지 거리'(Ramsay Street)의 이웃들은 서로 가까이 살고 있는 사람들일 뿐 아니라 이들 모두는 예외없이 백인이며 중산층이다. 최근에 이러한 경향은 교외지역의 사유화를 통한 분리, 그리고 특히 '빗장공동체'의 증가로 예시된다. 그와 같은 근린은 높은 담장, 24시간 감시카메라, 그리고 종종 사설 경비 회사 고용을 포함한 전례 없는 수준의 감시를 통해 그들의 거주자들에게 외부인들과 그로 인한 위협(예를 들자면 범죄와 같은)으로부터 분리된 (따라서 '보호받는') '사적 커뮤니티'(private community)를 제공한다 (Delanty, 2003). 이와 같은 '우리'(us)와 '그들'(them)의 분리는 엘리아스(Elias)와 스콧슨(Scotson)이 '정착한 이들'(the Established)과 '외부자들'(the Outsiders)이라고 칭한 분리의 현대적 발현으로, 이들은 널리 알려진 이 연구에서 로컬리티에 장기간 유대를 가져온 거주자 그룹과 신입자 그룹 사이의 커뮤니티 관계를 분석한 바 있다 (1994).

엘리아스와 스콧슨은 근린커뮤니티가 타자들을 열등하게 간주하여 배제할 수 있다고 말한다. 비록 그러한 구분이 보잘 것 없는 차이를 기반으로 이루어진다 하더라고 말이다. 사실, 대부분의 서구 세계의 생활수준 향상과 사회적 상승 기회의 증가를 고려하면 사회계급의 차이는 과거만큼은 현저하지 않다. 따라서 이제 우리 커뮤니티의 정체성(sense of self)을 이끌어낼 수 있는 다른 원천들을 발견해야만 하는데, 이는 타자와의 관계 속에서 이루어질 수밖에 없다 (Cohen, 1985; Jenkins, 1996). 또한 위에서 언급한 것처럼 근린과 지리적 장소는 커뮤니티와 그 경계의 형성에 있어 중요성이 줄어들고 있기 때문에, 코헨(Cohen)이 주장한 것처럼 상징적 방식으로 커뮤니티를 재언명할 필요가 있는 것이다 (1985). 빗장공동체의 출입문은 타자가 들어오는 것을 막는 물리적 경계 이상의 의미가 있고, 그 출입문은 '그 문을 바라보는 사람들의 마음에' 존재하면서 (Cohen, 1985: 12) 출입문의 내부와 외부에 있는 사람들이 '스스로를 다르다고 생각'하게 하는 상징적 경계가 된다 (ibid: 117). 같은 상징을 공동으로 갖는다는 점에서 그 문들은 문 안의 거주자들 간의 공유된 이해와 소속감에 대한 상징이 된다.

그러나 그러한 통합의 상징들은 종종 그 의미(예를 들어 커뮤니티의 출입문)가 모든 구성원들에게 반드시 일치하는 것은 아니기 때문에 불안한 토대 위에 세워지기 마련이며 (Cohen, 1985), 대체로 그 '커뮤니티'의 구성원들이 서로에게 낯선 사람들이기 때문에 빗장공동체는 이질적이고 유동적일 가능성이 크다. 블랜디(Blandy)와 리스터(Lister)가 발견한 것처럼, 빗장공동체 내부의 관계는 매우 약한 유대을 중심으로 이루어지는 경우가 다반사이며, 거주자들은 이웃과의 강한 유대감보다 안전과 '자산' 가치에 훨씬 더 큰 중요성을 부여한다 (2005). 그러나 특권화된 커뮤니티로부터 제외된 사람들도 마찬가지로 통합적이지 않으며, 이들이 약화되고 '똘똘 뭉쳐서 대항하지 못하게' 됨에 따라 상징은 피상적인 효력만을 유지하게 된다 (Elias and Scotson, 1994: xxii).

많은 이들은 현대를 특징짓는 현대 생활의 일시성(temporality)과 이동성(mobility)이 사회적 유대의 약화 (Clarke et al., 2007)와 사회 통합의 약화를 견인하는 역할을 해 왔다고 주장한다. 예를 들어, 이제 일정 기간을 명시한 계약에 따라 사람들이 고용될 가능성이 높아지고 이들은 직업이나 경력을 자주 바꿀 것을 예상하며, 이는 지리적 유동성의 증가를 불러오게 된다. 또한 대중교통보다는 자가용에, 그리고 지역의 상점보다는 도시 외곽 쇼핑몰에 의존도가 증가한다는 것은 우리가 이웃들과 점점 덜 접촉한다는 것을 의미한다. 핸리(Hanley)가 안타까워하듯 '우리가 살고 있는 거리에서 우연히 만나는 일은 거의 일어나지 않으며 이것은 우리 집 주변의 공간이 공공적이고 공유적이며 그곳의 주민들과 같이 소유하는 장소라는 생각을 줄어들게 한다' (2007b). 게다가, 집의 소유권을 둘러싼 현대의 담론들은 이제 상품화를 기반으로 하며, 이는 영구히 머물 가정을 찾기보다는 일시적 투자로서 '재산'을 구입한다는 것을 의미한다. 이러한 요소들을 같이 고려한다면, 이는 많은 이들이 주변에 거주하는 사람들과 강한 커뮤니티 유대를 형성할 이유를 보지 못하게 되었으며, 그 결과 그들의 정체성과 소속감[의 형성]을 이웃에게 의지하지 않게 된다는 것을 의미한다. 바꿔 말해, 이제는 더 이상 로컬리티에 기반한 근린 커뮤니티를 강화하기 위해 필요한 영구적 상태(state of permanence)는 없게 된 것이다.

이웃 간의 관계 형성이 이제는 종종 근접성 이상의 것을 바탕으로 하기 때문에, 근린은 '거주자들을 강한 유대 관계로 제약'하지 않으며 사실 의미있는 관계를 지속하기에 이는 너무나 협소한 틀이라고 볼 수 있다 (Bulmer, 1986: 87). 심지어는 로컬리티와 강한 유대를 맺는 것은 약점이 될 수 있다는 주장도 가능한데, 이는 갈수록 개인화되어가는 소비 사회에서 이것이 결국에는 지위 상승의 이동성(upward mobility)을 제약할 수도 있기 때문이다. 바우만(Bauman)이 지적하듯, '로컬리티의 하락'(the degradation of locality)이 의미하는 것은 부동성(immobility)이 '오늘날 사회 빈곤의 주요 척도'가 되었다는 것이다 (2001: 38-39). 반대로 현대의 목표는 '가볍게 여행하기'와 '지속적인 관계 형성 피하기'이다 ('유동적 근대 커뮤니티' 참조).

전통적인 근린 커뮤니티의 쇠퇴 그리고 이를 수반하는 근린 이데올로기의 쇠퇴가 '지구촌'에서 도시 커뮤니티를 강화할 잠재력이 있다고 주장할 수도 있을 것이다. 정보통신기술의 빠른 발달로 인해 시간과 공간에 대한 이전의 제약이 점점 더 중요하지 않게 되고 있기 때문에, 근린 커뮤니티의 상실이 더 이상 거대한 손실이 아니라고 제안하는 것처럼 보이기도 한다. 연구자들은 지리적 위치가 이익과 욕망의 공유보다 중요하지 않게 된 상황에서는 인터넷이 커뮤니티의 보완적 형태로서 사용될 수 있다고 주장하기도 한다 (Castells, 2000). 카스텔스(Castells)는 지구촌의 커뮤니티들은 커뮤니티 구성원들이 로컬리티와 문화라는 전통적 유대에 기인한 의무감 때문이 아니라 개인의 욕망과 믿음 때문에 능동적으로 참여를 선택한 선택적(elective) 커뮤니티이기 때문에, 세계화된 도시적 삶은 그곳의 거주자들에게 힘을 부여하고 시민들이 새로운 사회운동에 참여하도록 자극한다고 지적한다 (1999). 이러한 정황 때문에 리차드 플로리다(Richard Florida)는 그의 저서 『누가 당신의 도시인가?』(Who's Your City?)에서 세계화는 장소를 중요하지 않게 만든 것이 아니라 장소를 더욱 중요하게 만들어왔다는 결론을 내리게 된 것이다 (2008). 플로리다에 따르면, 세계 경제를 견인하는 것은 바로 거대 도시라는 경제 단위다.

이는 또한 근린의 이데올로기가 완전히 사라졌다고 말하는 것이 너무 이르다는 것을 보여주기도 한다. 특히 점점 더 불확실하고 유동적인 세상이 역설적이게도 장소에 대한 사람들의 애착 (또는 최소한 그러한 애착에 대한 우리의 갈망)을 강화시키게 됨에 따라 여전히 근린의 이데올로기가 사람들의 위치(position)를 정의하는 데에 중요한 도구로 사용될 수 있기 때문이다. '지리적' 커뮤니티에 대한 강한 욕망은 여전히 남아있으며, 특히 위기 시에 더욱 그러하다 (Procopio and Procopio, 2007). 세네트(Sennett)는 다음과 같이 주장한다.

> 근대 자본주의의 의도치 않은 결과 중 하나는 커뮤니티에 대한 갈망을 불러일으키면서 장소의 가치를 강화했다는 것이다. . . . 유연성의 불확실성, 깊이 있는 신뢰와 헌신의 부재, 팀워크의 피상성 . . . 은 사람들이 어떤 다른 애착과 깊이를 찾도록 만든다 (1998: 138).

사실, 우리가 여전히 '나는 어디로부터 왔는가?'라는 질문에 매우 집착하는 이유는 바로 현대 노동 생활의 불확실성일지 모른다. 실로, '에린버러'의 '램지 거리'의 주민들이 즐기는 듯 보이는 확실성과 안전은, 어떤 것, 어떤 사람에게서도 제약받지 않으면서도 (지위 상승의) 이동에 대한 압박으로 특징되는 삶에 대한 매력적인 해결책이다. 그러나 바우만이 주장하듯, 로컬리티, 장소, 그리고 근린의 완화는 우리가 이동하기 전 일시적으로만 진정으로 가능하고 또 일시적으로만 종종 갈구되는데, 이때 우리는 진정한 '커뮤니티' 의식을 위해 필요한 로컬리티에 헌신하려고도 하지 않으며 또 헌신할 수도 없는 것이다. 바우만은 현재의 커뮤니티는 반드시 유연해야하고 변화할 수 있어야 하며, 커뮤니티가 만족스럽지 못하거나 더 좋은 대안이 생겨나면 대체될 수 있어야 한다고 결론짓는다. 결국 로컬리티, 장소, 그리고 근린의 매력은 여전히 강력하게 남아 있는 반면, 이들에게 기대하는 위안은 충족되지 못한 채로 남아 있게 될 것이다.

공동 저자: 베스 필딩-로이드(Beth Fielding-Lloyd)

추천문헌

『이웃: 필립 에이브럼스의 연구』(Neighbours: The Work of Philip Abrams, Bulmer, 1986)는 이웃 연구에 대한 대표 저서이다. 또한 크로우와 앨런(Crow and Allan)의 책은 기초적인 입문서다.

참고문헌

Appadurai, A (1996) *Modernity at Large: Cultural Dimensions of Globalisation*. Minneapolis: University of Minnesota Press.
Amit, V. (2002) Reconceptualizing Community' in Amit, V. (ed) *Realizing Community*. London: Routledge.
Bauman, Z. (2001) *The Individualized Society*. Cambridge: Polity.
Bell, C. and Newby, H. (1971) *Community Studies: An Introduction to the Sociology of the Local Community*. London: George Allen and Unwin.
Blandy, S. and Lister, D. (2005) 'Gated Communities: Ne(gating) Community Development?' *Housing Studies*, 20 (2): 287-301.
Bulmer, M. (1986) *Neighbours: The Work of Philip Abrams*. Cambridge: Cambridge University Press.
Castells, M. (1999) 'The Culture of Cities in the Information Age', in I. Susser (ed.)

(2002). *The Castells Reader on Cities and Social Theory*. Malden, MA: Blackwell.

Castells, M. (2000) (2nd ed.) *The Rise of the Network Society: The Information Age: Economy, Society and Culture* Vol 1. Oxford: Blackwell.

Clarke, S., Gilmour, R. and Garner, S. (2007) 'Home, Identity and Community Cohesion', in M. Wetherell, M, Laflèche and R. Berkeley (eds) *Identity, Ethnic Diversity and Community Cohesion* (pp. 87-101). London: Sage.

Cohen, A. P. (1985) *The Symbolic Construction of Community*. London: Routledge.

Crow, G. and Allan, G. (1994) *Community Life: An Introduction to Local Social Relations*. London: Harvester Wheatsheaf.

Delanty, G. (2003) *Community*. London: Routledge.

Elias, N. and Scotson, J. L. (1994). (2nd ed.) *The Established and the Outsiders*. London: Sage.

Florida, R. (2008) *Who's Your City?* New York: Basic Books.

Gans, H. (1982) *The Urban Villagers*. New York: The Free Press.

Hanley, L. (2007a) *Estates: An Intimate History*. London: Granta.

Hanley, L. (2007b) 'My new old neighbours', *The Guardian*, 24th May http://society.guardian.co.uk/comment/story/0,,2086609,00.html (accessed 20th August 2007).

Harvey, D. (1990) *The Condition of Postmodernity: An Inquiry into the Origins of Cultural Change*. Oxford: Blackwell.

Jenkins, R. (1996) *Social Identity*. London: Routledge.

Knox, P. (1987) (2nd ed.) *Urban Social Geography: An Introduction*. Harlow: Longman.

Power, A. (2007) *City Survivors: Bringing Up Children in Disadvantaged Neighbourhoods*. Bristol: Policy.

Procopio, C. H. and Procopio, S. T. (2007) 'Do You Know What It Means to Miss New Orleans? Internet Communication, Geographic Community, and Social Capital in Crisis. *Journal of Applied Communication Research*, 35 (1): 67-87.

Redfield, R. (1955) *The Little Community*. Chicago: University of Chicago Press.

Sennett, R. (1998) *The Corrosion of Character: The Personal Consequences of Work in the New Capitalism*. New York: Norton.

가상 커뮤니티

이 용어는 일반적으로 정보디지털기술에 매개한 사회 네트워크를 칭할 때 사용된다. 가상 커뮤니티는 영토적 제약을 받지 않으며 전통적으로 커뮤니티 관계의 중심으로 여겨졌던 대면 접촉을 필요로 하지 않는다.

섹션 개요

이 장은 장소와 인접성의 제약으로 제한되지 않는 사회 네트워크인 가상 커뮤니티가 전통적인 커뮤니티 개념에 미치는 영향을 탐구한다. 이 장에서는 커뮤니티 관계를 생성하는 가상 세계의 역량을 살펴볼 뿐 아니라, 기존의 제한을 벗어나 개인적인 선택과 욕망을 기반으로 한 정체성 실험을 가능하게 하는 사회 네트워크를 생성함으로써 사용자의 권한을 증대시킬 수 있는 가상 소통의 능력을 숙고한다. 이러한 논의에 기반하여, 이 장에서는 또한 '실재하는' 것으로 여겨지는 커뮤니티와의 관련 하에서 가상 커뮤니티를 고찰하여, 이것이 계급, 민족, 젠더를 기준으로 하는 사회, 문화, 그리고 경제의 전통적 분할에 대하여 무엇을 시사하는지 연구한다. 마지막으로 가상 커뮤니티가 오직 가상의 사람들을 위해서만 존재하며 가상 커뮤니티의 사회 네트워크가 궁극적으로 얕거나 약한 유대를 기초로 하고 있기 때문에 이용자 중 극소수만이 '실재하는' 커뮤니티가 될 수 있다는 주장을 평가한다.

커뮤니티 연구란 무엇인가?

가상 커뮤니티에 관해 제일 먼저 이야기할 것은 그들이 전통 사회학적 의미에서의 커뮤니티라기보다는 사회 네트워크 또는 *네트워크 커뮤니티*로서 가장 잘 이해된다는 것이다. 논란의 여지가 있지만, 이러한 대안적 소속문화(alternative cultures of belonging)를 매력적으로 만든 것은 커뮤니티의 결핍이라고 할 수 있다. 가상 커뮤니티는 가상의 개인들을 위해 존재하며, 가상 커뮤니티의 '사용자들'이 그들 자신만의 특정한 개인적 요구를 충족시키는 다양한 '커뮤니티들'을 찾을 수 있다는 점에서 이들은 매우 개인화되어 있다. 예를 들어, 가상 커뮤니티는 개인들이 토론 그룹과 이메일 목록화를 통해 서로와 연결될 수 있게 해 주는데, 이를 통해사람들은 가장 적절한 상품에 대한 소비자 조언을 검색할 수도 있고 감정적, 신체적, 또는 관계의 문제에 관해 지지를 구할 수도 있다. 가상 커뮤니티는 또한 일이나 여가에 대한 관심의 공유를 중심으로 (예를 들어, 스포츠 팀, 자동차 클럽, 음악 장르) 비슷한 생각을 가진 개인들과 관계를 할 수 있게 한다. 물리적 접근성, 공유된 역사, 또는 인구통계학적 유사성이 부재한 가상 세계에서 이러한 도움과 지지가 제공될 수 있다 (Constant et al., 1996). 가상 커뮤니티는 우리가 향수를 느끼곤 하는 전통적인 마을 형태의 커뮤니티, 그리고 이와 연결된 폭넓은 지지와 호혜의 제도에 개인들이 의존해야만 했던 이전의 방식과는 명백히 대조적이다. 그리고 이는 로컬리티와 친족 유대를 바탕으로 한 커뮤니티로부터 전문화된 기능을 기반으로 한 커뮤니티로의 광범위한 변화를 보여주는 징후로 볼 수 있다 (Wellman and Gulia, 1999). 사이버 공간에서 가능한 개인화된 커뮤니티는 가족과 같은 1차적(primary) 관계와 협회 회원 등에서 볼 수 있는 2차적(secondary) 관계로부터 멀어져 *3차적 관계*(tertiary relationships)로 향하는 경향을 확실히 드러낸다. 3차적 관계의 핵심은 개인의 선택이며 따라서, 논란의 여지는 있지만, '사회성의 사유화'(the privatization of sociability)로 이어진다고 할 수 있다 (Castells, 2001: 128). 바꿔 말하면, [3차적 관계에서] 정보 기술은 커뮤니티보다는 개인들 간 의사소통에 사용된다.

가상 커뮤니티에서 개인의 선택에 일차적 초점이 맞춰진다는 사실은 가상 커뮤니티가 대체로 얕거나 약한 유대로 구성되어 있고 지속적인 헌신을 요구하지 않는다는 이유로 진정한 커뮤니티가 아니라고 주장되기 쉽다는 것을 의미한다. 가상현실에서 아바타, 또다른 자아(alter ego), 또는 제한된 프로필 등에 의한 익명성이 장려된다는 것은 확실하다. 그러므로 사이버 공간에서 우리는 타인들과의 육체적 접촉으로부터 이탈하며, 가상 '커뮤니티'의 참여자로서 우리는 본질적으로 이방인들로서 젠더, 민족성, 국적, 그리고 종교와 같은 사회적 특성들을 공유할 필요가 없고 호혜의 전통에도 구속받지 않는다. 그래서 '커뮤니티' 구성원들은 갈등 상황에서 쉽게 빠져나올 수 있으며, 이 때 대면 접촉 시에는 필수적이었을 타인들의 반응에 대한 염려도 신경쓰지 않을 수 있다 (Castells, 2000).

그러나, 이러한 가상 맥락에서 사회적 특성의 중요도가 덜하다는 것은 실제 생활의 상호작용에서 전형적으로 발생하는 '의사소통 수용자'(communication audience)라는 제약이 감소한다는 것을 의미한다. 더 나아가 전화에서 인터넷으로 바뀌는 것과 같은 빠른 기술 발전은 우리로 하여금 '근린과 친족의 제한을 초월'할 수 있게 만들어 왔으며 (Wellman, 1996: 348), 이에 따라 그렇지 않았다면 권리를 박탈당했을지 (disenfranchised) 모를 사회 그룹의 잠재적 권한을 증가시켰다 (Wellman and Gulia, 1999). 여기의 시사점은 가상적 접촉에 전형적인 얇은 유대를 묵살하기보다, 배경과 상황이 서로 다른 사람들 간의 평등한 연결을 증진시킬 잠재력을 지닌 것으로 보이는 이 유대를 우리가 실제로 받아들여야만 한다는 것이다. 그래서 우리는 점점 더 개인화되는 세상에서 우리와 유사하다고 생각되는 사람들을 찾는데 우리의 사회성(sociability)을 국한시키지 않고 (Castells, 2000), 우리가 전통적으로 타자라고 규정했을 사람들을 포함시키는 것으로 확장할 수 있다.

정보와 디지털 기술은 헌신적이고 활동적인 구성원에서부터 '눈팅족'(lurker)에 이르기까지 다양한 정도로 다수의, 그리고 부분적인(partial) 커뮤니티들에 참여하는 것을 독려하는 데 도움이 된다 (Wellman and Culia, 1999). 이에 따라 개인들은 일상의 정체성 제약으로부터 자유로워져서, 어떤 측면을 다른 측면보다 더 부각시키거나 그들의 환상과 생각을 투사하면서 자신의 정체성을 실험할 수 있게 된다 (Turkle, 1995). 확실히 몇몇 논평가들은 발전된 현대성(advanced modernity)이 강화된 성찰성(hightened reflexivity)으로 특징된다고 주장하면서 (Giddens, 1991), 개인들은 이용가능한 선택지들, 아이디어들, 그리고 정보들의 다수성(multiplicity) 속에서 자신이 누구인지 그리고 누가 되고 싶은지를 생각하는데 더 많은 시간을 보낼 수 있게 된다고 설명한다 (Bell, 2001). 예를 들어, 소셜 네트워킹 사이트와 MMORPG(Massively multiplayer online role-playing game)가 결합된 〈세컨드 라이프〉(Second Life)의 가상세계는 그 거주민들에게 자신이 선택한 정체성을 나타내는 '아바타'를 창조할 자유를 준다. 그리고 이것은 주민들이 그들의 '진짜' (즉, 오프라인) 젠더, 민족성, 직업, 그리고 섹슈얼리티를 바꿀 수 있게 하고 온라인상의 페르소나를 기반으로 우정과 애정관계를 발전시킬 수 있게 한다 (Smith, 2006). 더 나아가 〈페이스북〉과 같은 소셜 네트워킹 사이트에서 커뮤니티 개념은 지속적 수정이 장려되는 (그리고 '정보 업데이트'와 '뉴스 피드'를 통해 이러한 수정을 다른 이들에게 알리는) 개인들의 (취미, 사회생활, 관심 등에 대한) 자화상을 중심으로 조직된다. 이러한 방식으로 탈근대적인 삶을 전형적으로 보여준다고 말해지는 파편적(fragmentary) 수행적(performative) 정체성이 가상 커뮤니티에서 구현된다 ('탈근대 커뮤니티' 참조).

권한 부여와 변화를 추동하는 인터넷의 잠재성에 대해 열렬히 목소리를 높여 지지하는 라인골드(Rheingold)는 새로운 종류의 커뮤니티가 이제 가상현실에서 성취될 수 있다고 주장하며, 인터넷에서는 관심과 가치의 공유를 통해 사람들이 서로 결속할 수 있을 뿐 아니라 이 결속이 대면접속으로 확장될 수 있다는 점에서 해방적(unbound) 사회성을 약속한다고 말한다 (1993). 라인골드는 커뮤니티의 전통적인 현시(즉, 장소, 친족 또는 직업 등으로 정의된 커뮤니티)가 와해되었으며, 따라서 이제 커뮤니티를 향한 인간의 영속적 욕망에 대한 자연스러운 응답이 바로 가상 커뮤니티라고 말한다. 라인골드는 '실재'와 '가상'이 뚜렷이 구분되며 이들을 각각 독립적으로 보아야 한다고 주장하면서 가상은 '잘못되어 버린 세상에서 대안적 현실'로서 창조되었다고 정의한다 (Robins, 2000: 87). 확실히 라인골드는 현대성의 도래로 상실된 이상적 커뮤니티에 대한 향수 어린 추구를 충족시킬 가능성을 가상 접촉을 통해 보고 있는 것이다 ('커뮤니티 이론' 참조).

라인골드의 말처럼 인터넷의 자유는 사람들이 그들과 다른 사람들과 접촉할 수 있게 하지만, 또한 그런 자유는 역설적으로 '생각이 비슷한 개인들로 이루어진 의도적 고립 장소'를 만든다는 것을 라인골드는 고려하지 못했다 (Sunstein, 2001: 193). 사실 인터넷이 제공하는 개인 선택의 자유는 커뮤니티 개념에 있어 아마도 가장 중요한 문제일 수 있는데, 왜냐하면 '걸러낼 무한한 권한을 개인에게 보장하는 소통 체계는 과도한 파편화를 만들어 낼 위협'이 있다는 선스타인(Sunstein)의 주장에서 보듯이, 온갖 종류의 그룹들의 지위를 인터넷이 강화시킴에 따라 듣지 않아도 되었을 이들의 목소리가 퍼져갈 수 있는 기회가 주어지게 되는 것이다. 예를 들어, 비차별적(indiscriminate)으로 보이는 가상 커뮤니티의 가능성은 사실 극단적인 정치적 견해[가 설 자리]를 지지함으로써 차이와 갈등을 초래할 수도 있다. 사회적 문화적 분할을 가로질러 접촉할 수 있는 가능성이 가상 커뮤니티에 존재하는 반면, 이러한 가능성이 지속적으로 충족되거나, 항상 민주적이라고 가정하는 것은 실수가 될 것이다.

이러한 초기의 낙관주의는 카스텔스(Castells)와 같은 비평가들에 의해 비판되어 왔다. 그는 라인골드의 권한부여(empowerment) 이론을 지지하지만 인터넷이 사회성에 미치는 효과는 애초에 예상한 것 보다는 극적이지 않다고 주장한다. 라인골드가 '실재'와 '가상'을 명백히 다른 사회적 영역으로 이해한 반면, 차이, 배제, 갈등과 같은 현실에서의 문제들은 불가피하게 가상 세계로 흘러 들어간다는 것이다. 예컨대 새로운 정보 기술의 접근은 여전히 필수적인 경제, 교육, 문화 자원을 가진 사람들에게 제한되는데, 이는 이 정보 기술이 오직 지배적인 사회 네트워크에 속한 사람들만 '권한부여를 할'(empower) 가능성이 있음을 의미한다 (Castells, 2000). 웰먼(Wellman)과 굴리아(Gulia)가 주장한 것처럼, 우리가 젠더, 문화적 기대, 그리고 사회경제적 지위와 같은 '짐'(baggage)을 온라인과 오프라인 모두에 가져간다는 면에서 온라인 소통은 오프라인 소통과 차이가 없다 (1999: 170).

구성원들이 '실재' 커뮤니티와 마찬가지로 사회 문제를 처리하는 가상 커뮤니티인 〈세컨드 라이프〉는 이를 잘 예시한다 (Dell, 2007). 예를 들어, 작성 당시, 〈세컨드 라이프〉는 설립 이념인 자유와 자기표현을 지지하는 사용자들과 온라인상의 경제적 이윤 보장이라는 매우 실질적인 이익을 위해 중앙 집권식 경영와 규제를 요구하는 사용자들 사이에서 타협점을 찾는 노력을 하면서 광범위한 갈등을 겪는다 (Krotoski, 2006). 이는 〈세컨드 라이프〉와 같은 소셜 네트워킹 사이트들이 위치한 맥락을 커뮤니티 편의(community comfort)로 보기보다는 자유롭게 흐르는 시장에 의해 촉진된 소비자 편의(consumer comfort)로 봐야 한다는 것을 시사한다. 이는 또한 원래는 지지적이고 공감적이었을 커뮤니티의 특성과 멤버십이 상업화의 압력으로 인해 필연적으로 변화될 수밖에 없다는 것도 보여준다 (Zhou, 2000; Castells, 2001에서 인용).

'온라인'에서의 정체성과 경험, 그리고 관계가 '실재' 세계의 정체성, 경험, 관계에 의해 형성된다는 점에서 가상 커뮤니티는 '오프라인' 커뮤니티의 연장으로 보이는 것이 사실이다. 또한 가상 커뮤니티가 다소 비현실적이라고 주장하는 비평들을 회의적으로 바라보아야 한다는 것 역시 명백해 보인다. 카스텔스(Castells)가 지적하듯, 일반적으로 사전에서 '실재'는 '현실적으로 존재하는'이라고 정의된 반면, '가상'은 '비록 엄밀하게 또는 명목상으로는 볼 때는 아니지만, 실제로는 그러한'이라고 정의된다 (2000: 403). 라인골드와는 대조적으로 (1993), 카스텔스는 인간의 소통이 항상 의복이나 언어와 같은 상징을 통해 행해지고 경험되어 왔기 때문에 사이버 공간에서 우리가 실제로 경험한 것은 *실재하는 가상*(real virtuality)이라고 주장한다. 따라서 새로운 소통 기술이 창조해 낸 커뮤니티가 가상이기 때문에 조악하다고 보는 생각은 그릇된 것이다. 애당초 모든 커뮤니티는 코드화되어 있으며 모호할 수밖에 없는 것이다. 보드리야르(Baudrillard)는 이런 사고를 잘 표현해 주었는데, 그는 실제와 그 재현 사이에 유의미한 차이는 없다는 것을 가르쳐준다 (1983). 오히려 우리가 살고 있는 시뮬레이션 세상에서는 더 이상 진실과 허위 사이의 차이가 구분되지 않으며, 이는 곧 이런 차이가 위협받는다는 것을 의미한다. 결국 우리가 실재적 정체성과 가상적 정체성, 실재적 커뮤니티와 가상적 커뮤니티와의 차이를 알 수 없다면, 양자 간의 차이는 비가시적이 되고 중요하지 않게 된다. 보드리야르의 의학적 비유를 빌리자면, 이제는 커뮤니티의 '진실'을 알기 위해 (네트워크나 포럼과 같은) 가상세계에서 시뮬레이션된 징후(symptom)의 너머를 보려는 시도가 없다 (1983). 이런 시도는 어리석다고 할 수 있을 텐데, 왜냐면 이런 시도는 결국 '그 너머에 아무것도 없다'라는 것을 드러낼 것이기 때문이다 (p. 9). 징후는 이미 커뮤니티 구성원들이 받아들이는 진실이다. 다시 카스텔스에게로 돌아가서, '가상'과 '현실' 사이의 차이에 대한 논쟁을 벌이는 대신 우리는 우리의 '가상현실'을 아래와 같이 탐구해야 될 것이다:

. . . 사람들의 물질적/상징적 실존인 현실 그 자체가 가상 이미지 환경, 즉

경험이 소통되는 스크린에만 현상(appearances)이 있는 것이 아니라 현상이 경험이 되는 가공의(make believe) 세계에 완전히 붙들리고 전적으로 몰입된 하나의 시스템 (2001: 404)

가상현실 수용의 증가를 고려하면, 가족이나 친구와의 대면 접촉 쇠퇴에 대한 향수어린 염려, 그리고 이런 연유로 다른 이들과의 소속감 소통을 위해 증가하는 새로운 미디어 기술의 사용은 점점 더 시대에 뒤쳐져진 것이 되고 있다. 개인주의, 확장된 이동성, 그리고 선택의 다양성을 수반하는 현대에는 대면 커뮤니티가 현실적인 목표가 아님을 받아들이는 것이 더 적절하다. 사실, 인터넷은 분리된 현실을 제공하지도 않으며, 반드시 타인과의 사회 접촉으로부터 이탈시키는 것도 아니며, 오히려 인터넷은 일반적으로는 *이미 존재하는 관계를 보완*(supplement)한다. 예를 들어 〈페이스북〉(Facebook)이나 〈비보〉(Bebo)같은 소셜 네트워킹 사이트는 만남의 사이 사이에 친구들과 소통할 수 있게 해 주며 종종 직접 대면하는 만남을 계획하는데 사용되기도 한다. 이는 지리적 위치로 인해 자주 볼 수 없는 사람들 사이에 이미 존재하는 관계를 전화가 항상 보완해 왔던 것과 마찬가지다.

그런 이유로, 웰먼과 굴리아(Wellman and Gulia)는 가상 커뮤니티와 물리적 커뮤니티를 대립적으로 파악할 필요가 없으며 이런 대립적 시각은 관계보다는 매체에 너무 집중하게 될 뿐이라고 말한다. 오히려 이 두 커뮤니티는 자신만의 규칙과 역동을 지닌 각각 다른 형식의 커뮤니티일 뿐이다. 이에 따라 웰먼이 선택한 용어는 '개인 커뮤니티'(personal communities)인데, 이 용어는 소수의 두텁고 친밀한 관계에서부터 더 얇고 덜 친밀한 수백 개의 잠재적 유대에 이르기까지 온라인과 오프라인에서 작동할 수 있는 관계를 우리가 선택한다는 점을 반영한다 (Wellman and Gulia, 1999). 가족이나 오래되고 친밀한 친구부터 수십 년 동안 대면 접촉이 없었던 과거의 지인들까지를 '친구'로 모집할 수 있는 〈페이스북〉 현상은 아마 개인 커뮤니티의 가장 좋은 예가 될 것이다. 물론 소셜 네트워킹 사이트의 중심인 얇고 약한 유대는 우정보다는 자아도취적으로 지위(status)를 추구하는 것의 징후라고 비판받을 수 있을 것이다 (Rosen, 2007). 그러나 그래노베터(Granovetter)가 주장하듯, 약한 유대가 우리의 이동성을 강화하고 근린과 친족의 좁고 '강한 유대' 안에서 사장될 수 있는 정보와 기회를 우리에게 제공한다는 측면에서, 약한 유대는 보통 유익하다 (1983).

그래서 만약 정체성, 장소 그리고 커뮤니티에 대해 더 영속성 있는 개념이 상실되었다고 가정한다면, 가상 커뮤니티가 얇고 약한 유대를 둘러싸고 조직된다고 말하는 것이 전적으로 타당한 것처럼 보일 것이다. 사실 현대성은 가상세계에서 활성화되는 간접적(indirect) 관계를 *지지*하고 있는 것처럼 보이기도 한다. 그러나 얇고 약한 유대가 가상세계에서만 드러난다고 가정하는 것은 맞지 않는다. 우리의 '오프-라인', '현실-세계' 커뮤니티가 친족과 로컬리티에 충실하기보다는 종종 이해관계의 공유에 바탕을 두고 있으므로, 각각의 커뮤니티가 가진 다양한 힘과 헌신의 정도에 따라 다양한 문제도 공유하고 있다. 마치 시장에서처럼, [가상세계에서] 우리는 우리의 특정한 욕구에 적합한 커뮤니티를 찾다가 우리가 더 적당한 대안을 찾으면 그 커뮤니티를 버린다고 말해진다 (Bauman, 2001). 그러나 이는 아마도 우리가 소셜 네트워킹 사이트나 토론 게시판 등을 통해 우리의 특정한 욕구와 욕망을 충족시키는 인간적 접촉을 쇼핑하는 것처럼 '컴퓨터 네트워크의 설계 그 자체가 시장과 같은 상황을 촉진시킨다'며 시장의 은유가 과장되어 가상의 맥락에서 사용된 것일 뿐이다 (Wellman and Gulia, 1999: 186).

그러나 이는 가상세계가 정보와 지지, 그리고 동료애(companionship)의 근원이 될 수 없다고 말하는 것이 아니다 (Wellman and Gulia, 1999). 벨(Bell)이 제시하듯, 우리의 가상세계 참여는 커뮤니티의 형식과 기능에 중요한 영향을 미쳐왔지만, 그것이 커뮤니티라는 *이상*(ideal)의 쇠퇴로 이어진 것은 아니었다. 따라서 우리의 결론은 커뮤니티를 형성하는 장소로서 가상관계의 중요성에 관한 논쟁은 온갖 사회적 맥락에서의 커뮤니티의 쇠퇴라는 가정을 둘러싼 논쟁과 많은 유사점이 있다는 것이다. 가상세계는 이전에 있던 정체성의 확실성과 경험의 공유가 상실된 세상에서 소속감의 추구가 또 다른 방식으로 발현된 것일 뿐이다.

공동 저자: 베스 필딩-로이드(Beth Fielding-Lloyd)

참고문헌

Baudrillard, J. (1983). *Simulations*. New York: Colombia University.
Bauman, Z. (2001) *Community: Seeking Safety in an Insecure World*. Cambridge: Polity.
Bauman, Z. (2005) 'Identity for Identity's Sake is a Bit Dodgy', *Soundings*, 29: 12-20.
Bell, D. (2001) *An Introduction to Cybercultures*. London: Routledge.
Castells, M. (2000) (2nd ed.) *The Rise of the Network Society: The Information Age: Economy, Society and Culture* Vol 1. Oxford: Blackwell.
Castells, M. (2001) *The Internet Galaxy: Refl ections on the Internet, Business, and Society*. Oxford: Oxford University Press.
Constant, D., Sproull, L. and Kiesler, S. (1996) 'The Kindness of Strangers: The Usefulness of Electronic Weak Ties for Technical Advice', *Organization Science*, 7 (2): 119-135.
Dell, K. (2007) 'Second Life's Real-World Problems', *Time Magazine*, Thursday 9th

August http://www.time.com/time/magazine/article/0,9171,1651500,00.html (accessed 6th March 2008).

Giddens, A. (1991) M*odernity and Self-Identity: Self and Society in the Late Modern Age*. Cambridge: Polity.

Granovetter, M. (1983) 'The Strength of Weak Ties: A Network Theory Revisited', *Sociological Theory*, 1: 201-233.

Krotoski, A. (2006) 'Real Life Crashes into Second Life's Digital Idyll', in *The Guardian*, Thursday 30th November http://www.guardian.co.uk/technology/2006/nov/30/secondlife.web20 (accessed 17th December 2007).

Rheingold, H. (1993) *The Virtual Community: Homesteading on the Electronic Frontier*. Reading, MA: Addison-Wesley.

Rosen, C. (2007) 'Virtual Friendship and the New Narcissism', in *The New Atlantis*, 24: 15-31.

Robins, K. (2000) 'Cyberspace and the World We Live in, in Bell, D. and Kennedy, B.M. (eds.) *The Cybercultures Reader*. London: Routledge.

Smith, D. (2006) 'How to Get the Life you Really Want', in *The Observer*, Sunday 9th July http://www.guardian.co.uk/technology/2006/jul/09/secondlife.web20 (accessed 6th March 2008).

Sunstein, C. (2001) *Republic.com*. Princeton: Princeton University Press.

Turkle, S. (1995) *Life and the Screen: Identity in the Age of the Internet*. New York: Simon & Schuster.

Wellman, B. (1996) 'Are Personal Communities Local? A Dumptarian Reconsideration', *Social Networks*, 18: 347-354.

Wellman, B. and Gulia, M. (1999) 'Virtual Communities as Communities: Net Surfers Don't Ride Alone', in M. A. Smith and P. Kollock (eds) *Communities in Cyberspace* (pp. 167-194). London: Routledge.

커뮤니티 정체성/ 귀속의식

커뮤니티와 정체성

'정체성'(identity)이라는 단어의 의미상 근원은 '같음'(sameness)이다. 심리학에서 정체성의 '문제'는 일반적으로 개인적인 정체성의 문제로 여겨진다(즉 '나는 누구인가?'). 반면에 정확하게 무엇이 시간을 통해서 특정 개인의 정체성을 구성하는지 그리고 그것이 어떻게 사회적인 상호작용의 결과로서 형성되는가에 관한 골치 아픈 이슈가 사회학자들에 의해서 제기된다. 커뮤니티 연구에 있어서 그 용어[의 문제]는 특히 귀속의식(belonging)의 이슈와 관련되어 생겨난다(나는 무엇에 소속되는가?).

섹션 개요

이 장은 커뮤니티와 정체성 사이의 관계를 하나의 지속적인 근대의 문제로서 특징지으면서 시작된다. 그 문제는 끊임없는 변화의 첨단에 위치하는 특성을 띠는 세계에서 우리가 해결하기를 열망하는 문제이다. 이어서 커뮤니티에 호소해서 우리 자신을 정의하려는 노력이 왜 불가피한 것처럼 보이는 차이로 구성된 상태로 귀결되는가에 관해 살펴본다. '커뮤니티'라는 용어가 이런 방식으로 사용될 때 그 용어의 사용에 관해 문제가 되는 것은 그 용어가 사회적 관계를 아마르티아 센(Amartya Sen)이 고립주의적(solitarist) 관점이라고 부르는 것을 통해서 이해하는 것처럼 보인다는 점이다. 그러한 관점은 우리의 정체성이라는 것이 어떤 단일한 커뮤니티의 구성원 자격(membership)에 의해서 형성된다고 가정하는 경향이 있다. 그러나 실제로 우리는 동시에 다른 많은 커뮤니티에도 속하게 되는 경우가 훨씬 더 빈번하다. 이어서 단일하고도 겉보기에는 고정된 듯한 정체성에 관한 개념들이 어떻게 해서 형성되고 유지되는가를 설명하기 위해서 폴 리쾨르(Paul Ricouer)의 ipse 와 idem 정체성 전략들을 상당히 세세하게 살펴볼 것이다. 이 장은 커뮤니티와 정체성, 개인주의 사이에 복잡하게 얽힌 관계에 관한 이슈들을 제기함으로써 마무리된다.

'identity'라는 단어는 16세기 표현인 identitas로부터 직접적으로 파생된 것인데, identitas 자체는 '동일한'(same)이라는 의미를 가진 라틴어인 idem의 파생어이다.[1] 그러나 젠킨스(Jenkins, 1996)가 지적하듯이 동질성(sameness)이라는 개념(다른 사람들과의 공통된다는 것으로서)에는 구분된다는 것(distinctiveness)(시간의 흐름과 더불어 계속되는 다른 사람들로부터의 차이를 의미하는)의 개념이 함축되어 있다. 이것이 시사하는 바는 정체성이 돌이킬 수 없을 정도로 사회적이라면(그것이 다른 사람들과 더불어 있고 그들과 관계를 맺음으로써만 구성될 수 있다면), 사회적 정체성의 형성에는 차이(difference)도 또한 돌이킬 수 없을 정도로 함축되어 있다는 점이다.

물론 정체성이라는 개념은 일상생활에서 사용하는 어휘에서 중심적인 기능을 하면서도 그 중심 이슈들을 넘어서서 개인적인 정체성(나는 누구인가)과도 관련된다. 여기에서 정체성이라는 단어의 의미는 우리가 다른 사람과 공유하는 어떤 것(나는 무엇에 속하는가)이면서 동시에 명백하게 하나

---

[1] 역주: 리쾨르가 주장하는 바에 따르면 idem-identity는 결코 변하지 않는 항구적인 동일성의 정체성을 말하고 ipse-identity 변화 과정을 거치는 동일성을 말한다. 자아 정체성은 그 두 가지 차원을 포함한다. 즉 나는 10년 전의 나라는 사람이면서 동시에 그 사람이 아닌 것이다.

의 지속적인 소유물로서 규정되는 어떤 것으로서 종종 이해되곤 한다. 그러나 이 평범한 관점이 제시하는 것과는 반대로 정체성은 소유물이라기보다는 계속해서 작업될 필요가 있는 프로젝트이다. 그래서 그것은 성취된다고 해도 결코 완성될 수는 없는 것이다(Bauman, 2004). 그것은 정체성이라는 것이 '실질적인 성취'로 여겨지는 것이 가장 타당하다는 것을 의미한다(Jenkins, 1996: 25). 이것이 시사하는 바는 정체성이라는 개념이 지극히 근대적인 개념이라는 것이며, 그에 못지않게 그것이 근본적으로 해결되어야 할 문제로 남아있게 될 수밖에 없다는 것을 이해하는 것이 중요하다는 점이다. 현대인의 삶의 기초를 이루고 있으며 동시에 우리에게 종종 복잡다단하고 혼란스럽게 비춰지는 불확실성과 변화 때문에 정체성이 너무나 중요하게 되었다는 주장이 제기될 수 있다. 특히나 만약 우리가 현대적인 삶의 종잡을 수 없는 변화로부터 피난처나 탈출로를 찾으려 한다면 정체성이라는 것이 더욱 큰 중요성을 갖는다(Bauman, 1996).

우리의 정체성이 항상 변화되는 상태에 있다고 할지라도 그것이 우리가 세계 속에 존재하는 데 필요한 지속적이고도 명백하게 정의될 수 있는 방법들을 얻을 수 없다는 것이나 얻게 되지 못했다고 느끼게 될 수밖에 없다고 말하는 것은 아니다(Brah, 2007). 왜냐하면 일정한 기간을 대상으로 고려해 볼 때 우리의 정체성은 상당히 안정된 모습을 띠기 때문이다. 더욱이 우리가 살아가면서 안정감을 추구하는 경향이 있다는 것이 안정된 정체성의 개념이 호소력이 있다는 것을 말해 준다. 그것은 그러한 안정된 정체성이 각 개인들에게 그들이 스스로 자신들을 이해하는 것처럼 서로를 이해할 수 있는 방법을 제공하기 때문이다. 젠킨스(1996: 5)가 지적하듯이 '본인임을 확인하다'(to identify)[2]라는 동사는 사물이나 사람을 분류하다는 뜻이며, [우리는] '다른 사람들이 누구인지에 대한 지식을 얻을 수 있는 수단이나 우리가 누구인지에 대한 어떤 의식이 없다면 인간의 사회적인 생활을 상상하는 것이 불가능하다.' 이것이 나타내는 바는 우리 자신을 어떤 존재라고 정의하기 위해서는 우리가 무엇이 아닌지를 규정해야만 한다. 그런 이유 때문에 어떤 평자들(commentators)은 정체성의 근원이라고 여겨지는 동질성(sameness)은 불가피하게 '차이'를 초래하며 그 결과 다른 사람들과 대조되고 결과적으로 다른 사람들과 갈등하게 되는 테두리를 발생시키는 사회적 구분이 확고하게 유지되어야 한다는 필요성을 제기한다(Young, 1990). 멜루치(Melucci)(1989: 46)가 주장하듯이 인간의 갈등은 개인이나 집단이 '타자들이 부정하는 것을 긍정하려고 투쟁하는 데서 생겨나는 정체성의 갈등이다.'

줄리아 크리스테바(Julia Kristeba)가 최근에 주장했듯이, 우리는 인류사에서 남성과 여성이 '내가 누구인가?'라는 질문을 하는 경향은 더 적어졌고 '내가 무엇에 속하는가?'에 최대의 관심을 갖게 된 시기에 살고 있다(Kristeva는 Wajid에서 인용됨, 2006). 그 결과 오늘날 정체성이 더욱더 귀속의식과 혼동되게 되었다. 이러한 견해는 영(Young, 1990)에 의해 강화되는데 그녀는 커뮤니티의 기초를 형성하는 정체성들의 문제성 있는 관계들에 관해서 논한다. 커뮤니티를 향한 욕망에 항상 부속되는 것은 두 가지 형이상학적 본질의 토대가 되는 것이다: 한편으로는 현존(presence)의 형이상학과 다른 한편으로는 정체성의 논리가 그것이다. 다시 말하면 그것은 그녀[

---

2 역주: identify라는 동사의 우리말 뜻은 "사람의 성명·신원, 물건의 명칭·분류·소속 따위를 인지[판정]하다"이다.

영]가 소위 '차이를 부정하는 형이상학'이라고 부르는 것이다. 그것은 결국 하나의 이상(ideal)을 향한 물신주의에 불과한 상태에 이르게 된다. 그런데 그러한 이상은 추정적인 정체성을 가진 현대 세계에서는 부재할 수밖에 없는 것이다. 또한 그러한 추정적인 정체성이란 어떤 대가를 치르고라도, 만약 필요한 경우라면 종종 다른 사람들을 약탈해서라도 보존될 필요가 있다('커뮤니티의 어두운 면' 참조).

상황을 이처럼 진술하는 데 대한 비판적인 반응으로, 센(Sen, 2007)은 우리가 차이의 문제를 피할 수 있고 또 우리의 다양성을 통해서 어떤 종류의 조화에 이를 수 있는 것은 오로지 인간 정체성의 다양성을 인정함으로써만, 즉 단일한 정체성을 추구하는 것이 무용한 일임을 수긍함으로써만 가능하다고 주장한다. 겉보기에 추정적인 차이들을 구체화한다기보다는, 예컨대 서방세계가 벌이는 테러와의 전쟁과 이에 중동을 대변하는 자살폭탄의 잔학성을 대비시킴으로써 [구체화하기보다는], 우리는 차라리 서로의 정체성을 더욱 강조할 필요가 있다. 그리고 무엇보다도 중요한 것은 우리가 무엇을 공유하고 있는가를 함께 인정하는 것이다. 이러한 주장이 가진 윤리적인 설득력에도 불구하고 정체성의 문제는 좀처럼 해결하기 어려운 난제로 남아 있게 될 것 같다. 특히나 취약한 정체성을 가진 커뮤니티에 대해서는 더욱 그렇다. 집단적 불안정성을 극복하고 자신들을 위한 더 안전한 존재 상태를 성취하려는 것이 그 집단의 사명인 그런 커뮤니티에게는 더더욱 그렇다.

커뮤니티들이 스스로를 존재론적으로 더욱 안전하게 만들기 위해서 취하는 주된 전략 중 하나는 자신들과 타자들에 관한 이야기를 자기 스스로에게 들려주는 것이다. 해석학 철학자인 폴 리쾨르가 이러한 서사 과정에 대해 매우 흥미로운 설명을 제시한다. 그의 설명에 따르면 두 개의 보완적 책략이 존재론적 안전을 확보하기 위해 공공이 행하는 시도의 기초가 된다. ipse-정체성 전략과 idem-정체성 전략이 그것이다. 리쾨르의 생각을 훌륭하게 적용한 사례가 토니 블랙쇼(Tony Blackshaw, 2003)의 『여가 생활』(*Leisure Life*)이라는 책이다. 그 책에서 그는 자신이 '그 청년들'(the lads)의 여가생활 세계(leisure life-world)라고 부르는 것을 구성하는 자아와 타자(Other)의 변증법에 관해 탐색한다. '그 청년들'이란 영국 리즈(Leeds)에 사는 한 무리의 남자들로서 도시에 있는 선술집과 클럽에서 함께 자신들의 여가 시간을 보내는 사람들이다.

분석을 시작하면서 블랙쇼는 idem-정체성 전략이 정체성을 위해서 일종의 영속성의 의식(sense)을 확보하려고 시도한다고 주장한다. 정체성 만들기 과정 자체가 올바르게 파악해 보면 복잡하게 구성되어 있지 않다는 것을 보장해줌으로써 그런 의식을 확보할 수 있다는 것이다. 이러한 주장은 정체성 자체가 시간과 공간을 초월하는 견고한 불변성을 가지고 있다는 생각을 포함한다. 그[블랙쇼]의 주장에 따르면 '그 청년들'은 여가생활 세계에 대한 담론에서 그런 종류의 전략을 위해서 본질주의적(essentialist) 지지를 발견할 수 있다는 것이다. 블랙쇼는 '청년 스타일'로 발전된 idem전략이라는 것이 하나의 수행적 절차(performative procedure)인데, 그것은 타자들의 '참된 면모'(true face)를 구성하고 구체적인 모습으로 그 형태를 '도식화하기' 위해서 칸트의 상상력(Einbildungskraft) 범주, 즉 문자 그대로 상상력의 초월적 힘에 의존한다(Zizek, 2002)고 말한다.

여가생활 세계와 관련된 전략은 '그 청년들'로 하여금 여가생활 세계의 일부분이 아닌 사람들에게 타자에 대한 기성의 버전들을 부여한다. 그것은 '그들이 모호하게 하는, 실제 신체들보다도 더욱 사실적인 눈부신 이미지들'과 같은 것들이다. 여가생활 세계에 대한 서술은 여성들에 관해서도 마찬가지 방식으로 묘사한다. 그렇지만 거기에는 '훌륭한 여성들'이라거나 '음탕한 여자들'이라거나 '패니'(fanny)³ 등 가지각색의 표현들이 추가된다. '그 청년들'은 그러한 정체성들을 [구성원들에게] 나누어주는데, 그 이유는 그렇게 하는 것이 그들로 하여금 타자에게 확고부동하다는 의식, 즉 동질성의 의식을 부여하도록 해 주기 때문이다. 이러한 합리적 추론(rationality)의 보편적인 진실은 '그 청년들'로 하여금 [사람들을] 자신들과 타자들이라는 두 범주로 구분할 수 있게 해 준다는 점이다. '우리들'과 '그 사람들'로 말이다. '그 청년들'은 상호적으로 구성된 idem-정체성에 관한 그 이야기들이 단지 우화일 뿐이라는 것을 알고 있다. 그렇지만 타자들이 그 이야기로 무엇을 만드는가는 여기에도 저기에도 없다. 그 말의 요지는 타자(Other)가 만약 그렇지 않다면 질서 있는 장소였을 것이며 또 당연히 그렇게 다루어져야만 하는 어떤 것을 여기저기로 흩뜨려버린다는 것이다. '그 청년들'로 하여금 타자를 다루도록 촉구하는 것은 특정하게 혼란스러운 세계에서 어떤 질서를 추구하려는 의도 때문이다. 그리고 '그 청년들'이 일종의 유토피아 같은 세계가 성취될 수 있다고 인식하게 되는 것은 바로 '자신들의' 그러한 여가생활에서이다('가상의 커뮤니티' 참조).

리쾨르의 어법에 따르면, idem-정체성 전략은 언제나 다의적이다. 즉 타

---

3   역주: fanny는 비속어로 여성의 성기를 뜻함.

자성(Otherness)의 다의성이다. 이 경우 타자들이란 결코 사람들이 아니다. 그들은 '그 청년들'에 의해서 쓰인 여가에 관한 이야기의 플롯 속에 나오는 등장인물들(characters)에 불과하다. 더욱이 그처럼 성격화된 것들(characterizations)이 사실적일 필요는 없다. 단지 '그 청년들'은 그 등장인물들이 사실적이라고 확신하기만 하면 된다. '그 청년들'에게 중요한 것은 그 성격화된 것들이 진실에 대한 그들[청년들]의 버전에 '자신들을 위한 의미'를 갖는다는 것이다. 그것은 그들[청년들]이 함께 여가를 즐기고 있을 때 자신들이 인식하는 것이 세계라는 데 익숙하게 할 수 있게 하는 어떤 것이다. 실제로 그 청년들이 그 성격화된 것들 — 타자에 대한 자신들의 성격화 — 을 자신들의 여가생활 세계에 거주하게 한다면, 그것이 그들[그 청년들]에게는 충분한 의미를 갖는다.

또한 이야기하기의 이러한 과정들은 ipse-정체성 만들기라는 대항 전략에 의존한다. 리쾨르에게는, 그러한 전략이 자기 정체성을 타당하게 하는 현상을 야기하는 것을 포함한다. 자기 정체성을 타당하게 하는 것은 언제나 일상생활의 유동 속에서 야기되는데, 그것은 이야기하기의 과정을 통해서 '신화적 안정성'을 달성해가면서 생겨난다. 그리고 이 경우에는 그러한 과정이 그 청년들로 하여금 자기 자신들의 세계를 다른 사람들로부터 확연히 구분 짓도록 하는 것을 영속화해 준다. ipse-정체성 전략은 다음과 같은 방식으로 여가생활 세계의 담론을 통해서 작동한다. 우선 한 '그 청년'의 형상(figure)이 여가생활 세계의 스토리 라인 속에서는 항상 등장인물로 이해된다. 그리고 그는 여가생활 세계에서의 자신의 경험을 통해서가 아니라면 그 어떤 것으로도 상상되지 않는다. 그러한 세계에서는 그 청년들 각자가, 리쾨르의 표현을 빌리자면 '역동적 정체성'의 조건을 공유한다. 그 역동적 정체성이란 청년들이 함께할 때마다 상세하게 서술되는 이야기에서 구체적으로 나타난다. 이런 의미에서 여가생활 세계는 평범한 의미의 시간과 공간의 개념을 벗어나서 담론적이고 우연적인 시간성을 갖게 된다. 바로 그것이 청년들 각자의 정체성을 구성하며, 그것이 이른바 '서술된 이야기를 구성하는 데 있어서 그 자체의 특수한 서사적 정체성'이라고 불리는 것이다(Rioeur, 1992). 그래서 그것이 여가생활 세계에서의 담론에 의한 메타정체성인데, 바로 그것이 ipse-정체성에 의해서 확증된 지속성과 동질성을 영속화시키는 여가생활 세계의 담론에 순응하려는 집단적 욕망뿐만 아니라 그 청년들 각자의 개인적인 ipse-정체성도 만들어낸다.

리쾨르의 용어에 따르면, 궁극적으로 여가생활 세계는 상호의존적인 두 가지 방식으로 작용하는, '그 청년들' 자신의 '인증'(attestation)의 현상학이다. 첫째 여가생활 세계의 담론은 세계에 대한 '그 청년들' 자신의 진실로서 작용하는데, 그 진실은 하나의 정체성의 확실성을 통해서 규정된다. 그 정체성이 '그 청년들'로 하여금 자신들이 진정으로 그들 자신이 될 수 있는 것은 자신들의 여가 속에서라는 확신을 서로에게 심어준다. 두 번째로 그 청년들이 자신들의 여가 세계가 그와 같은 서사를 통해서 창조해낸 사람들로부터 자유롭다는 것을 공인할 수 있는 것은 이러한 담론의 동일한 확실성을 통해서이다.

그러나 바우만(Bauman)의 작업에 대한 논평에서, 블랙쇼(2005)는 근대성의 핵심이 되는 양가성(ambivalence)은 대부분의 사람들이 사실상 단수적(singular) 정체성의 존재론적 안정성을 추구하지 않으며, 개인주의가 발생시키는 외로움이나 당혹스러운 요구를 누그러뜨려주는 데 도움이 되는 정체성들을 추구한다는 데에서 비롯된다고 결론짓는다. 실제로, 우리는 자신의 커뮤니티가 정체성과 같으리라고 예상한다. 그 정체성은 가소성을 가지고 있고, 우리가 마음대로 처분해버릴 수도 있고 변화를 받아들일 수용성도 있어서, 그것들이 우리를 만족시켜주지 못할 경우 언제라도 더 매력적인 대안에 의해서 대체될 수 있다는 것이다(Bauman, 2001). 그래서 블랙쇼가 주장하는 '그 청년들'과 마찬가지로 우리들 대부분은 우연적이고 짧은 수명을 가진 신부족(neo-tribes)을 이용한다. 그것이 스콧 래시(Scott Lash, 2007: 27)가 동적이고 유연한 구룹핑의 '탈전통적' 커뮤니티(Gemeinschften)라고 부르는 것이다. 그것들은 때로는 지속적이지만 우리의 이해관계에 따라서 종종 쉽게 와해되며, 강력한 감정적 결속으로 형성된다. 우리가 그런 커뮤니티에 속하려 하는 것은 거기에 수반되는 필요한 의무가 없이도 함께한다는 느낌과 소속감을 제공해줄 수 있다는 입발림(lip-service) 때문이라고 볼 수만은 없다. 아마도 그런 이유 때문에 루더포드(Rutherford, 2007: 30)는 다음과 같이 결론짓는다. 즉 정체성이라는 개념은 자유와 안전을 동시에 표현하는 욕망인데, 그것을 통해서 우리는 '자신에게 고유하고도 의미 있는 개인적인 삶을 열망하지만, 동시에 더 폭넓은 집단에 소속되고 그것을 통해서 자신을 정의하려는 욕구를 느끼게 된다. 다른 사람들과 갖게 되는 그러한 관계 속에서 비로소 우리는 이러한 역설을 화해시키고 자기 충만감을 발견하려고 시도한다.

공동저자: 베스 필딩 로이드(Beth Fielding-Lloyd)

추천문헌

젠킨스(Jenkins, 1996)는 사회적 정체성 및 커뮤니티와 그 관계에 대한 훌륭한 개론을 제공한다.

참고문헌

Bauman, Z. (1996) 'From Pilgrim to Tourist — or a Short History of Identity', in S. Hall and P. Du Guy (eds) *Questions of Cultural Identity*. London: Sage.
Bauman, Z. (2001) *Community: Seeking Safety in an Insure World*. Cambridge: Polity Press.
Bauman, Z. (2004) *Identity: Conservations with Benedetto Vecchi*. Cambridge: Polity.
Bauman, Z. (2005) 'Identity for Identity's Sake is a Bit Dodgey', *Soundings*, 29: 12-20.
Blackshaw, T. (2003) *Leisure Life: Myth, Masculinity and Modernity*. London: Routledge.
Blackshaw, T. (2005) *Zygmunt Bauman*. London: Routledge.
Brah, H. (2007) 'Non-Binarized Identities of Similarity and Difference', in M. Wetherell, M. Lafleche and R. Berkeley (eds) *Identity, Ethnic Diversity and Community Cohesion* (pp. 136-145). London: Sage.
Jenkins, R. (1996) *Social Identity*. London: Routledge.
Lash, S. (2002) *Critique of Information*. London: Sage.
Melucci, A. (1989) *Nomads of the Present: Social Movements and Individual Needs in Contemporary Society*. London: Hutchinson Radius.
Ricoeur, P. (1988) *Time and Narrative Vol. III*. Chicago: University of Chicago Press.
Ricoeur, P. (1992) *Oneself as Another*. Chicago: University of Chicago Press.
Rutherford, J. (2007) *After Identity*. London: Lawrence and Wishart.
Sen, A. (2007) *Identity and Violence: The Illusion of Destiny*. London: Penguin.
Wajid, S. (2006) 'Murder, She "Wrote"', *The Times Higher Education Supplement*, 24th March, p. 20.
Young, I. (1990) 'The Ideal of Community and the Politics of Difference', in L. J. Nicholson (ed.) *Feminism/Postmodernism*. New York: Routledge.
Zizek, S. (2002) 'Are We in a War? Do We Have an Enemy?', *London Review of Books*, 24 (10): 3-6.

상상된 커뮤니티

'상상된 커뮤니티'(imagined community)[4]라는 개념은 베네딕트 앤더슨(Benedict Anderson)의 작업으로부터 가져왔다. 앤더슨은 근대 국민국가의 발흥을 검토하기 위해서 그 개념을 개발했다. 앤더슨의 작업이 제시한 바에 따르면, 비록 국민국가가 대부분의 사람들에 의해서 지극히 당연시되는 하나의 실체이지만 그것이 생겨난 과정은 사회가 그 자체에 관해 생각하면서 외부 세계와 소통했던 방식을 개주하는(recasting) 것을 포함하는 일련의 특별한 사건들로부터 비롯된 결과였다. 그것은 근대 커뮤니티가 있는 곳에는 연관관계가 있다는 사실뿐만 아니라 그 커뮤니티가 집단 상상력에 새겨질 때는 영역이 중요하다는 사실도 시사한다.

섹션 개요

앤더슨이 주장하듯이 국가란 궁극적으로 상상된 커뮤니티이다. 그 이유는 그 상상된 커뮤니티가 표면적으로는 공동의 역사와 공유된 문화, 외견상의 목표의식을 가진 응집력 있는 실체이기 때문이다. 이 장에서는 국민국가라는 상상된 커뮤니티의 탄생에 관해 윤곽을 그려가며 논의한 다음, 왜 그 개념이 커뮤니티 연구에 있어서 도처로 퍼

---

[4] 역주: 베네딕스 앤더슨의 책 *Imagined Communities: Reflections on the Origin and Spread of Nationalism*는 우리나라에도 소개되었으며 세계적으로 큰 영향을 끼쳤다. 여기서는 최근의 번역을 따라서 imagined를 '상상된'으로 번역하였으며, 이는 이 책의 다른 부분에서 소개될 virtual community나 imaginary community와 구분하기 위함이다. virtual community와 imaginary community는 각각 '가상 커뮤니티'와 '상상의 커뮤니티'로 번역하였다.

져나간(ubiquitous) 존재의미를 갖게 되었는가를 탐구하고, 그 점에 있어서 그 개념이 축구 경기에 적용된 방식에 논의의 초점을 맞출 것이다. 그렇게 함으로써 이 장의 논의에는 그[상상된 커뮤니티] 개념이 커뮤니티 연구에 있어서 강점뿐만 아니라 약점도 갖고 있다는 점을 분명히 보여주는 비판적 시각도 역시 포함된다.

앤더슨의 논제는 근대 자유국가가 봉건 사회를 대체하게 되면서 사회 성층(stratification)에 심원한 변동이 있었다는 것에서부터 출발한다. 그러한 변동은 민족의 과거와 현재 그리고 가능한 미래에 대한 우리의 전체적인 견해를 근본적으로 바꾸어 놓았다. 봉건제도는 계층적 '사회계급'(hierarchal estate)에 기초한 수직적 조직화 과정을 통해서 이루어진 토지 소유권과 법적 불평등에 근거한 사회 성층의 폐쇄적인 제도였다.(일등 계급은 군주와 귀족, 지주계급이었고 이등 계급은 교회였으며, 삼등 계급은 상인들과 장인, 농노였다.) 반면에 근대 자유국가는 개인이 한 사회 집단으로부터 다른 집단으로 이동하는 데 법적, 종교적 제한이 없는 개방 사회이다. 근대의 개인들은 — 근대 자유국가에서 인간은 처음부터 개인(individual)이고 이후로도 내내 개인이다 — '시민들'(citizens)이다. 그들은 군주의 신하들이 아니다. 그런 상황은 수평적 연합에 기초한 사회질서와 비형식적인 것까지는 아니라 할지라도 형식상의 평등한 사람들 사이에 정체성을 공유하는 것을 필수적으로 수반한다.

근대 국민국가는 다음과 같은 것들을 통해서 그와 같은 실체로 나타나게 되었다. 첫째가 정치 조직(constitution)을 통해서이고 둘째는 이제까지 파편화되었던 전통적인 연합체들을 무력화시킬(supersede) 수 있는, 그것[국민국가]이 가진 능력을 통해서이다. 그것은 새로운 매스컴 기술에 의해서 용이하게 되었다. 앤더슨이 상상된 커뮤니티 표본을 제안하는 것은 바로 그 두 번째 특징과 관련되어서이다. 그러한 상상된 커뮤니티는 이제까지 파편화되었던 전통적인 연합체들의 모든 편파적인 관점을 초월하는 공유 형식을 제공할 수 있을 뿐만 아니라 그 연합체의 어떤 것과도 강력한 관계를 맺을 수 있다. 앤더슨 자신의 용어에 의하면 인쇄 매체와 같은 매스컴의 신기술 발달이 모든 '근대 상상된 커뮤니티'의 선행조건이다. 그러한 커뮤니티는 그것이 '거짓되는가 참되는가의 여부에 따라서 구분되는 것이 아니라 그것들이 상상되는 양식(style)에 의해서 구분된다'(1991: 6). 바꾸어 말하면 적절한 기술의 도래와 더불어서 사람들은 똑같은 사건을 똑같은 방식으로 알 수 있게 되었다. 그 결과 그들은 국민(nation)을 일종의 정신적인 구성물로 그리고 국민성(nationhood)을 하나의 마음들이 집합된 상태라고 단언하게 되었다. 계몽사상의 주된 철학자였던 루소(Jean-Jacques Rousseau)가 믿었던 것과는 반대로 개인들이 커뮤니티를 이룰 수 있는 것이 더 이상 반드시 서로를 알게 되는 것을 통해서가 아니게 되었다. 사람들은 집단적으로 상상함으로써 커뮤니티를 알 수 있게 된 것이다.

한 가지 좋은 예로 영국 축구팀이 월드컵과 같은 국제 대회에서 경기할 때 영국 사람들의 반응에 관해서 생각해보자. 중요한 것은 단지 성 조지(St. George)의 십자가를 상징적으로 차용한 붉은색이나 흰색의 영국 축구팀 셔츠를 입은 수많은 사람들, 흰색 밴 트럭 운전자들이나 얼굴에 페인트칠을 한 사람들, 전국적으로 선술집이나 바(bar)에서 '잉-걸랜드(In-ger-land), 잉-걸랜드, 잉-걸랜드 … '라고 목청껏 질러대는 응원소리 등이 아니고,

그 개인들 각자가 자신들과 같은 방법으로 국가적 정체성을 찬양하는 다른 사람들이 있다는 것을 알고 있다는 점이다. 그 과정이 작동하는 것은 다음과 같은 종류의 확신을 통해서이다. 즉 집단적 차원에서 생겨나는 상상된 커뮤니티의 믿음은 그 구성원들 각자의 개인적인 믿음이다.

이것이 시사하는 바는 그러한 커뮤니티들에 대해서는 커뮤니티라는 의미보다도 '상상된'이라는 상황이 더 강하게 작용한다는 점이다. 그래서 상상된 커뮤니티라는 개념은 모순어법이 되어버린다. 무엇이 실제적이고 무엇이 그렇지 않은가 그리고 그 양쪽에 매달린 상상에 의한 가설의 해먹(hammock) 속에서 흔들리고 있는 것이 무엇인가를 규정하는 것이 어렵기 때문에 그 용어는 개념적 모순을 갖는다. 요지부동으로, 앤더슨은 그것이 응집력을 가진 실체라는 점에서 국민국가라는 개념이 궁극적으로 상상된 커뮤니티라고 제안한다. 응집력 있는 실체로서 국민국가는 그것을 신봉하는 사람들에게 공동의 역사와 공유된 문화, 외견상 하나의 목표 의식을 제공한다. 바우만(2006: 37)이 그 내용을 완벽하게 요약해 준다. 그는 '국가(state)란 그것을 위한 애국자들로서의 국민(subjects)을 필요로 하는데 그들은 국가라는(nation's) "상상된 커뮤니티"의 존속을 위해서 개인의 생명을 기꺼이 바치려는 사람들이다. 그러한 국가(nation)는 스테이트(state)의 국민으로서 그 구성원을 필요로 한다.[5] 그러한 국가는 국민을 징집할 수 있는 권한을 [국민으로부터] 부여받았다. 그리고 경우에 따라서는 국가의 불멸

---

[5] 역주: 정치학에서 "nation"은 공유된 문화와 가치, 민속, 종교, 그리고/혹은 언어 등에 의해서 하나의 결집체로 묶인 한 무리의 사람들을 일컫고, "state"란 단지 한 구획의 영토에 주권을 가진 정부가 존재하는 경우를 말한다. 또한 "nation"은 국민 혹은 민족이라는 의미를 갖기도 한다.

을 위해서는 그 국민들로 하여금 자신들의 목숨을 바치도록 강제할 권한을 갖는다'고 말한다. 다시 말하면 '국가라는 문제가 동물적인(creaturely) 고통과 침해당하기 쉬운 상태(vulnerability), 죽음(grave)의 두려움의 차원에서 생각할 수 있게 된 것'(Clark, 2006: 6)은 오로지 '상상된 커뮤니티'의 출현과 더불어서이다.

앤더슨과 관련되는 한, 발생 초기의 국민국가가 이전에는 종교 자체가 물을 수 있었던 질문에 대해 집단적인 답변을 내놓으려는 최초의 근대적인 시도인 한에 있어서 그[앤더슨]는 사회적 관계에 기초를 두고 있지 않은 커뮤니티에 대한 이해를 의도적으로 확장시켰다. 그래서 앤더슨이 단지 '국가주의에 주어진 정서적인 충성심을 위한 도구로서 … 그 개념을 전유할 뿐'이라고 주장하는 것이 불합리하지만은 않다(Amit, 2002: 6). 다시 말하면 그는 홉스봄(Hobsbawm)과 레인저(Ranger)의 '고안된 전통'이라는 개념과 매우 유사한 개념을 개발해 내었다. 아미트(Amit)에 따르면 앤더슨은 외관상 다양한 집단이 사람들로 하여금 자신들을 상상된 커뮤니티, 즉 이미 만들어진 국가에 속한다고 상상하게 하는 사회적 상호 작용과 진정한 의미에서 관련되지 않는다. 오히려 그는 하나의 특별한 역사의 버전이 어떻게 특정한 국민국가에 의해서 암묵적으로 수용되도록 하는가, 그리고 어떻게 해서 오늘날과 같은 환경이 그 결과 생겨나게 되었는가를 보여주기 위해서 그 개념을 사용하였다.

그러나 앤더슨이 '상상된 커뮤니티'가 여러 국민국가에 의해 동원된 방식을 이론화하여 집단적 심리상태로서의 국가성(nationhood)이라는 관념을 노정하기 위해서 그것[상상된 커뮤니티라는 개념]을 이용하고 있을 따름이라는 추정은 확실히 지나치게 단순한 주장이다. 그럼에도 1983년에 그의 책의 최초의 출판과 더불어서 '얼마 지나지 않아서 이런 저런 종류의 상상된 커뮤니티 [개념]들이 거의 모든 지역에서 우후죽순 격으로 생겨나게 되었다.' 그 책의 제3판 서문에서 앤더슨이 밝히듯이 '간략함의 이점은 별도로 하고라도 ['상상된 커뮤니티'라는 개념은] 진부함이라는 뱀파이어가 거의 모든 피를 빨아먹어버린 탓에 ['상상된'과 '커뮤니티'라는] 한 쌍의 단어를 편안하게 배제하여 버린다'(Clark, 2006: 6에서 인용함). 축구의 예로 다시 돌아가보자. 스포츠 사회학에서 실제로 종종 만약 축구 응원단과 같은 집단이 — 그것이 단지 대략 90분간만을 위한 것이라 할지라도 — 자신들이 [커뮤니티라고] 믿는다면 그들이 하나의 커뮤니티가 된다는 것을 제안하기 위해서 그 개념을 이처럼 느슨한 방식으로 사용하는 경향이 있다. 그러나 앤더슨의 개념을 이와 같은 방식으로 광범위하게 적용하는 것은 다음과 같은 상황을 알아차리지 못한 것이다. 즉 축구 커뮤니티들이 상상된 것이라면 그것들은 상상된 것이라고 할 수 있다. 그러나 그 이유는 그 구성원들이 대부분의 자신들의 동료 구성원들을 결코 알지 못할 것이기 때문뿐만이 아니라 현대의 생활 속에서 요청되는 요구사항이나 기회들로 인해 '상상된 커뮤니티'는, 토니 기든(Tony Gidden)의 딱 들어맞는 용어를 사용하자면, 탈배태되고(disembedding) 재배태되는(re-embedding) 과정에 언제나 있을 수밖에 없다는 것을 의미하기 때문이기도 하다. ('유동적 근대 커뮤니티' 참조)

샌드보스(Sandvoss)가 보여주듯이 만약 축구 커뮤니티가 구조에 있어서 상상된 것이라면 그것은 내용에 있어서도 역시 상상된 것이다(2003: 92). 왜냐하면 축구 팬들은 축구 게임의 가치와 속성을 추정해서 읽어낼 뿐 아니라 축구의 문화적 아비투스(habitus)를 고취함으로써 각 개인의 구성원 자격 요건을 결정한다. 하지만 아마도 오늘날에는 축구 팬덤(fandom)이 과거보다도 더 옮겨 다니기도 쉽고 양도하기도 쉽기 때문에 팬 커뮤니티들이 근접성에 의해서 묶여질 가능성이 점점 적어질 것 같다. 오히려 영역 구분이 없어진(deterritorialized) 상태로 그룹핑이 형성될 개연성이 더 커졌다. 샌드보스가 지적하듯이 이러한 현상이 어떤 축구 팬들을 '진정한 자격을 가진' 것으로 만들고 또 다른 팬들에 대해서는 '근거가 덜한' 것으로 하지는 않는다. 어떤 팬들은 들어오고 어떤 팬들은 계속 머무르며 또 어떤 팬들은 떠나갈 것이다. 왜냐하면 오늘날 그들은 현대의 소비문화 속에서 살고 있기 때문이다. 게다가 그들이 살고 있는 현대는 집단이 아니라 개인의 가치가 우선시되는 시대이다(Bauman, 1997).

이러한 견해에도 불구하고 앤더슨이 '상상된 커뮤니티'의 각각이 구성원들의 마음속에 자신들이 영적 교감(communion), 즉 마음속에 그려지는 깊은 상호성에 대한 이미지가 존재한다고 말했을 때 그는 확실히 축구를 연구하는 학자들에게 유용한 뭔가 다른 것을 염두에 두고 있었다. 그 학자들은 너 자신의 축구 클럽을 응원하는 경험을 공유하는 데는 카타르시스를 느끼게 하고 숨 막힐 듯 강렬한 무언가가 있다고 항상 지적해 오고 있다. 나아가서 앤더슨이 그 경계선 너머에 여러 가지 위협과 불확실성이 존재하는, 탄력적이면서도 그 자체로 엄격한 경계선을 가진 '상상된 커뮤니티'에 관해서 언급했을 때 그는 축구의 경쟁의식의 역동성을 이해하는 것과 관련된 무언가를 의미했다. 다시 한 번 샌더보스의 주장에 따르면 [축구 경쟁의식]은 축구 커뮤니티들이 영역으로부터 전지구적 '상상된 커뮤니티'라는 기호적 공간으로의 변형을 경험하고 있듯이 더 이상 장소의 개념에 제한되지 않는다.

커뮤니티에 대한 앤더슨식의 이해를 축구 문학연구의 사회학에 가장 흥미로운 방식으로 사용하는 경우가 앤토니 킹(Anthony King)이다(1995; 1997a; 1997b; 2000; 2002 참조). 킹에 따르면, 초기 근대성 속에서 상상된 세계처럼, 국민국가의 제도적 틀 안에 더 이상 갇혀 있지 않은 전지구적 세계에서 축구와 같은 스포츠가 개인들로 하여금 집단적 표현의 지역적, 국가적, 국제적 버전들을 통해서 자신들의 문화적 정체성을 표할 수 있도록 해 주는 데 중추적인 역할을 하게 되었을 것이라는 것이다. 그는 다음과 같이 말한다.

> 축구 팬들을 묘사하기 위하여 '지어낸 전통'이라거나 '상상된 커뮤니티'라는 용어를 사용하는 것이 그러한 커뮤니티들이 그것을 통해서 팬들의 정치적 요구가 마음속에서 지워져버리게 되는 그런 종류의 광범위한 사회적 집단이라고 주장하는 것으로 해석되어서는 안 된다. ... 오히려 그런 용어를 사용하는 것이 그런 집단이 생겨나게 된 실제 과정을 강조해 준다. 그것이 노동계층의 전통에 호소력을 갖기는 하지만 그런 집단의 형성은 계층적 위치와 같은 객관적이고 선제적인 사회적 사실들에 의해서 일차적으로 결정되어지지 않는다. 오히려 사회적으로 매우 다양한 개인들이 축구 경기에서 빈번하게 상호작용을 함으로써 그런 집단이 생겨난다. 거기에 모여서 그런 개인들이 서로를 알아보고 관계를 형성하게 되는 그와 같은 상호작용에 뒤이어서 오는 그러한 전통이라거나 노동 계층이라거나 맨체스터(커뮤니티라고 칭해야 할 것 같다)라는 개념에 대한 호소력이 그들 사이에 공통된 정체성이 형성되고 그런 집단이 생겨나게 되는 주된 방식이다. 팬들이 의존하는 세칭 오랜 전통이라는 것은 이 집단에 현재 참여하고 있는 개인들 — 그들의 출신 배경이나 후원 역사가 무엇이든 간에 — 의 관례(practices)를 일컫는다. 그리고 전통에 호소하는 것이 그들의 공유된 현재 경험과 이해를 강조하는 데 도움이 된다(King, 2001: 708-709).

킹의 분석을 더욱더 설득력 있게 만드는 것은 그것이 코헨(Cohen, 1985)이 주장한 '커뮤니티의 상징적 구성'에 대해 하나의 응용된 의미를 제공한다는 점이다. 그 커뮤니티의 상징적 구성 속에서 열렬한 축구 팬이든 그보다는 덜 적극적인 축구 소비자들이든 간에 그들은 함께 같은 우산 아래 피신할 수 있다.

그러나 킹이 충분히 고려하지 못한 점은 만약 축구와 관련된 '상상된 커뮤니티'가 유력한 지배력을 갖고 있다면 그 이유는 그것이 자유[라는 가치]가 앤더슨의 '상상된 커뮤니티'에 대비되어 비교될 정도로 희소하고도 극히 소중한 이상인 역사의 특정 시기에 존재하기 때문이 아니라, 팬들이 자신들의 축구팀을 응원하기로 마음먹었기 때문이라는 점이다. 축구에 있어서의 '상상된 커뮤니티'는 앤더슨의 국민국가로서의 '상상된 커뮤니티'와 현저히 대조되어 개인에게 총력화하라는(totalizing) 요구를 하지 않는다. 만약 그 커뮤니티가 원한다 해도 그렇게 할 수도 없다. 그리고 그것[축구 커뮤니티]은 [상상된 커뮤니티에] 대비되어 결코 충분히 보장되지도(guaranteed) 않는다. 리버풀의 위대한 감독인 빌 생클리(Bill Shankly)가 한 유명한 표현을 빌리면 축구는 '생사가 걸린 문제가 아니다. 그것은 그 문제보다 더 중요하다'. 하지만 그가 간과하고 있는 점은 사람들이 실제로 믿는 것과 그들이 살아가는 방식과는 차이가 있다는 것이다. 그래서 모든 점을 고려해 볼 때 축구는 결국 하나의 게임일 따름이다.

이 마지막 비판이 간과하고 있는 점은 너의 지역이나 네가 선택한 클럽을 응원하는 것이 너의 국가대표팀을 응원하는 것과 똑같지 않다는 것이다. 그러한 차이의 중요성이 드브레이(Debray)에 의해서 지적되었다(2007). 그는 점점 더 전지구화되어가고 세계화되어가는 세상에서조차도 국가적인 것은 결코 근본적으로 없어지지 않은 채 남아 있다는 것과 망각에 대항해서 역사를 기억하려는 전투가 여러 방면에서 치러지고 있다는 것에 주목한다. 그는 '전통과 언어 그리고 네가 입는 의복(우리는 축구 셔츠와 스카프와 깃발을 여기에 추가할 수 있다)으로서의 역사가 항상 개념에 우선한다'고 말한다. 국가적 문화가 가진 권력과 특수성에 관한 이처럼 중요한 견해를 고려하지 못하는 분석은 확실히 무언가가 부족하다. 그렇지만 축구에 있어서의 '상상된 커뮤니티'에 대해서 보다 더 충분히 이해하기 위해서는 혹은 그 점에 있어서 그 개념이 유용하게 적용될 수 있는 다른 방식들을 이해하기 위해서는 우리는 역시 대부분의 학자들이 이루지 못한 것을 실행할 필요가 있다. 그리고 그것은 바로 왜 커뮤니티가 우리에게 현재와 같은 불확실하고도 자연스러운 소음이 되었는가를 설명하기 위한 사회적 조건들을 정확하게 설계하는 일이다. 그러한 작업을 실행하기 위한 좋은 출발점은 '유동적 근대 커뮤니티' 장이나 '커뮤니티와 정체성' 장에 의존하는 것일 것이다.

참고문헌

Amit, V. (2002) 'Reconceptualising Community', in V. Amit (ed.) *Realising Community: Concepts, Social Relationships and Sentiments*. London: Routledge.
Anderson, B. (1991, 1983) (2nd ed.) *Imagined Communities: Reflections on the Origin and Spread of Nationalism*. London: Verso.
Bauman, Z. (1997) *Postmodernity and its Discontents*. Cambridge: Polity Press in association with Blackwell.
Bauman, Z. (2006) *Liquid Fear*. Cambridge: Polity Press.
Clark, T. J. (2006) 'In a Pomegranate Chandelier', *London Review Books*, 28 (18): September.
Cohen, A. P. (1985) *The Symbolic Construction of Community*. London: Tavistock.
Debray, R. (2007) 'The Religion of Revolution: An Interview with Gerry Feehily', *The Independent Review*, 13th April.

Hobsbawm, E. and Ranger, T. (eds) (1983) *The Invention of Tradition*. Cambridge: Cambridge University Press.

King, A. (1995) 'Outline of a Practical Theory of Football Violence', *Sociology*, 19 (4): 635-651.

King, A. (1997a) 'The Lads: Masculinity and the New Consumption of Football', *Sociology*, 31 (2): 329-346.

King, A. (1997b) 'The Postmodernity of Football Hooliganism', British Journal of *Sociology*, 48 (4): 576-593.

King, A. (2000) 'Football Fandom and Post-National Identity in the New Europe', *British Journal of Sociology*, 51 (3): 419-442.

King, A. (2001) 'Abstract and Engaged Critique in Sociology: On Football Hooliganism', *British Journal of Sociology*, 52 (4): 707-712.

Sandvoss, C. (2003) *A Game of Two Halves: Football, Television and Globalization*. London: Routledge.

커뮤니티의 상징적 구성

커뮤니티가 상징적으로 구성된 것이라고 말하는 것은 거기에 단지 어떤 특권을 가진 개인들만이 접근할 수 있다는 것을 의미하지 않는다. 그것은 또한 커뮤니티가 집단의식 — 그 자체의 존재론적 상태에 관해 확신과 명백한 의미를 가지는 — 과 유사한 어떤 상상력에 의해서 형성된다는 것을 의미하지도 않는다. 그와는 반대로 커뮤니티들이 자체의 존재를 위해 의존하는 무조건적인 작인(agency)의 산물일 뿐만 아니라 그것들이 이매저리나 경계 긋기 과정, 관습, 습관, 의식(rituals), 그리고 그러한 요소들 사이의 소통이 없이는 존재하지 않는다는 사실도 인식할 필요가 있다. 그것이 나타내 주는 바는 커뮤니티가 외부인이든 내부인이든 간에 사람들의 반복적이고도 심층적인 참여를 통해서 명백해진다는 점이다. 그것은 분석적 차원에서든 상상력의 차원에서든 그렇다.

> **섹션 개요**
>
> 이 장은 상징적 커뮤니티가 내부인들과 외부인들에 상상되는 것만큼이나 경계선(boundaries)에 의존한다는 앤토니 코헨의 개념을 탐색하면서 시작된다. 다음으로는 코헨의 모델이 가진 이론적 효과와 경험적 적용에 기초해서 코헨의 모델을 비판적으로 평가한다. 코헨의 개념이 커뮤니티 연구에 많은 것을 제공한다는 것이 이미 알려진 바이지만 거기에서 언급된 조건들에 따르자면 모든 종류의 사회적, 문화적 관계가 잠재적으로나 실제로나 하나의 커뮤니티가 될 수도 있다고 여기게 된다.

커뮤니티 연구란 무엇인가?

커뮤니티 정체성/귀속의식

리쾨르가 기술한 대로 상징은 우리의 신경을 거슬리게 하면서 동시에 우리에게 사고(thinking)를 위한 정보를 제공한다. 바꾸어 말하면 상징은 우리가 언어를 매혹적이거나 활기를 띠게 하는 방식으로 사용하는 은유나 유추처럼 의도적으로 고안된 수사적 장치가 아니다. 수사적 장치들은 자신들이 세계에 관해서 말하고 싶어 하는 것이 무엇인지에 관해 분명하게 알고 있으면서 단지 그것을 표현하는 더 좋은 방법을 필요로 하는 개인들이 가진 상상력에 의해서 형성된다. 그와는 대조적으로 상징은 그것이 없이는 인간의 사고가 그리고 그와 더불어 세계 자체가 불가능하게 되는 그런 것이다. 앤토니 코헨의 커뮤니티 이론에 관한 연구의 출발은 바로 이와 같은 '상징적'이라는 표현의 의미와 더불어서이다. 상징들과 그 상징들 간의 소통이 없다면 커뮤니티 자체가 불가능하다.

코헨은 커뮤니티에 관한 핵심 개념을 정의하는 정통적인 사회학적 접근 방법의 한계를 인식하고 있었으므로 단지 표준적인 정의에 의존하는 대신에 오히려 철학적 접근을 통해서 개념들이 일상생활에서 사용되는 방법을 효과적으로 탐색하도록 하는 데는 비트겐슈타인(Ludwig Wittgenstein)의 천재성을 필요로 한다고 지적한다. 그것이 커뮤니티에 관한 코헨의 이론화 방식이 출발하는 지점이다. 그의 이론화는 자신의 경험적 연구로부터 유도되었는데, 그것은 셰틀랜드 아일즈(Shetland Isles) 지역에 있는 웨일지(Whalsey) 섬에 관한 연구였다(Cohen, 1987). 그 연구를 통해서 그는 이매저리나 경계 긋기 과정, 관습, 습관, 의식(rituals), 그리고 그러한 요소들 사이의 소통 등이 커뮤니티 구성원들의 특징을 규정하는 데 필수적이라고 주장하게 된다. 그 이유는 그러한 요소들이 공유된 실재성(reality)에 대한 의사표시이기 때문일 뿐만 아니라, 표면상으로는 단지 내부자들과 외부자들 모두의 가상적인 사회적 구성물일지라도 그것들이 실재성을 형성하기 때문이기도 하다. 그것은 항상 눈에 띌 수는 없지만 항상 알려져 있는 커뮤니티에 관한 의미이다. 즉 그것은 내부와 외부 양쪽으로부터 가상된 커뮤니티의 지형학(topography)이다. 그런 입장은 또한 상징적인 것과 실제적인 것이 분리되어서 평가될 수 없다는 것을 말해 준다. 그 결과 우리는 어떤 커뮤니티가 그 위에 세워지는 침범당할 수 없는 진실이라는 견고한 지반이라는 것은 없다는 사실을 인정하도록 끈질기게 강요당한다.

어떤 층위에서 보면 코헨의 개념은 본질적으로 정통 사회학자들이 공통의 정서적 연합이라고 언급했을 때 의미했던 것 속에 이전에 요약된 커뮤니티가 '가상적'이라는 의미이다(Bell and Newby, 1971). 하지만 코헨의 입장(hands)에서 그러한 연합은 단지 추정되는 것이 아니라 경험적으로 확증된다. 실제로 커뮤니티에서 '가상적인' 것은 상징적으로 구성되는 어떤 것이다. 그리고 비록 그와 관련된 '귀속의식'이 반드시 특별한 중요성을 갖는 것은 아니라 할지라도 그 추정상의 구성원 자격은 공유된 의미와 암묵적이고 지역적인 지식에 종속된다. 코헨의 개념이 가진 최대의 장점은 장소와 공간의 의미를 지역적 관습과 습관, 의식 등과 융합시킨다는 것이다. 그것은 규칙적이고 반복적이며 규율에 의해 결정되는, 공유되고 공통된 경험을 의미하기 위해서 사용되는 사회생활의 패턴들을 말한다. 코헨이 제언하듯이 '그 구조의 경계가 변경되지 않고 본래대로 남아 있든지 그렇지 않든지 간에 커뮤니티의 실재성은 그 문화가 가진 생명력을 구성원들이 인식하는 것에 존재한다. 사람들은 커뮤니티를 상징적으로 구성한다. 그리고 그들은 그 커뮤니티를 의미의 원천이자 저장소, 그리고 그들의 정체성을 나타내는 대상으로 삼는다'(118).

커뮤니티에 대한 그러한 외견상 경험론에 근거한 이해에 대해 두 가지 기본적인 비판이 제기될 수 있다. 첫째 우리의 관심이 그것이 일상생활에서 사용되는 것으로서의 ― 단순히 규범상의 정의에 의존하는 것이 아니라 ― 커뮤니티 개념이어야 한다고 코헨이 주장함에도 불구하고 그가 인식하지 못하고 있는 것은 비록 그것들이 경험적으로 얻은 정보라 할지라도 개념들은 사회과학자들의 머릿속에 발생의 기원을 갖고 있으며, 그래서 ― 그 개념들이 그 사회과학자들을 대변한다고 말해질 수 있듯이 ― 그것들이 사회현상을 왜곡시키는 데 사용될 수도 있다는 점이다. 바로 그 점으로부터 코헨에 대한 두 번째 비판이 제기된다. 코헨 자신의 설명에 있어서의 문제점은 그것이 커뮤니티를 이해하는 대안적이고 응용된 방식과 함께 시작하지만 결국에는 임시적인 사건들을 언급함으로써 그 이론을 '증명하는 것'으로 끝맺는다는 것이다. 예를 들면 런던에서 매년 열리는 노팅 힐(Notting Hill) 축제나 혹은 세계적인 소집단이나 편협한 정신을 가진 장소들에서 찾아볼 수 있는 그런 종류의 커뮤니티 생활로 구성되는 대개 소규모이고 격식을 벗어난 인류학적 문화들과 같은 것들이 거기에 속한다. 그러한 문화들 속으로 기성의 사회적 관행이나, 문화, 도덕적 연대가 짓뭉개져 들어가서 그것들을 훨씬 더 작고 경직되었다고 느끼도록 만든다(Cohen, 1987). 그런 점에서 커뮤니티에 대한 코헨의 설명은 커뮤니티가 대부분의 사람들이 영위하는 근대적인 생활과 관련된 사회적, 문화적 생활을 해석하기 위한 기본 개념이라는 것을 설명해 주지 않는다.

이 두 번째 비판과는 대조되어 코헨의 작업은 커뮤니티 연구의 이론 분야에 중요한 부가물로 일반적으로 환영받아오고 있다. 정확하게 말하면 그 이유는 다양한 사회문화적 구성체들에 경험론적으로 적용될 수 있는 일반적인 커뮤니티 모델을 제공하기 때문이다. 코헨의 개념을 적용한 좋은 예가 브라운과 크래브, 멜러(Brown, Crabbe, and Mellor)의 축구와 그 커뮤니티에 관한 연구이다(2006). 그 저자들은 코헨이 축구 클럽을 그것을 둘러싼 관습과 습관, 공동 활동의 의식이 실행되는 상징으로 이해할 수 있는 유력한 모델을 제공할 뿐만 아니라, 우리들이 공동생활의 상징들을 (예컨대 축구 클럽이나 축구 경기장의 팬들에 의해서 들어차진 다른 스탠드들) 논쟁의 여지가 있는(contested) 현상으로 이해할 수 있게 하는 이론을 제공하기도 한다. 그것은 곧 다른 사람들에게는 다른 것들을 의미한다는 뜻이다. 그리고 그것은 그 의미들이 다른 역사의 시기를 거치면서 변화될 수 있다는 뜻이기도 하다. 브라운과 크래브, 멜러는 다음과 같이 말한다.

> 이 점에 관해서 코헨의 이론은 정해진 공간적 영역에서 사람들과 스포츠클럽 사이에 기능적이고도 불가피한 관계가 [필요하다는 것을] 인식하는 축구 응원 커뮤니티들에 대한 지리적으로 결정론적인 이해방식을 넘어서 운신할 수 있도록 해 준다. 대신에 코헨은 그들의 커뮤니티들을 창조하는 데 있어서 각각의 행위자들의 작인을 인지할 수 있도록 해 주고, 그 개인들로 하여금 그 커뮤니티 구성에 관한 자신들의 다른 해석을 가능하게 해 준다.

어떤 사람들에게는 축구 응원 커뮤니티가 전적으로 지리적 차원의 관심사일 수 있거나 항상 그런 일이었을 수 있다. 그것이 단지 그 사람들이 그들의 커뮤니티들을 정의하기 위해서 선택한 방식일 따름이다. 그러나 그런 커뮤니티들조차도 상징적이거나 '수행적인'(performative) 것으로 읽힐 수 있다. 그 커뮤니티 내부의 사람들이 자신들의 지리적 개념을 자신들의 축구 응원을 통해서 '나타내 보이려고' 추구하는 정도만큼이나 그렇게 읽힐 수 있다. 다른 사람들에게는 축구 커뮤니티가 완전히 다른 유형의 결속을 나타낸다. 핵심은 코헨이 축구 커뮤니티들을 유동적이고도 항상 변화 가능한 상태에 있는 것으로 볼 수 있도록 해 준다는 점이다(170).

이러한 관찰에도 불구하고 코헨의 논지를 따르는 데 있어서의 주된 장애물은 그런 관점에서 보면 모든 종류의 사회적, 문화적 관계가 잠재적으로 그리고 실제로 하나의 커뮤니티라고 보이게 된다는 점이다. 그럼에도 젠킨스가 지적하듯이 커뮤니티에 대한 그런 이론의 핵심적 강점들 중 하나는 — 그 이론이 유사성과 차이점을 의미심장하게 합체시키는 구조 위에 세워졌는데 — '그것이 "커뮤니티"에 대한 "귀속의식"이 외부인들에 의해서 자신들이 범주화되는 것에 대한 반응으로서 혹은 심지어 그에 대항하는 방어로서 사람들에 의해서 상징적으로 구성된다는 점을 강조한다'는 것이다 (1996: 112). 축구와 그 커뮤니티들에 관한 예에 한정해서 보면, 공동의 적처럼 축구 팬들을 결속시켜주는 것은 아무것도 없다고 말하는 것이 다소 진부한 일이 될 수도 있다. 그러나 젠킨스의 생각을 풀어서 말하자면 그런 주장은 축구에 있어서 차이점이 강하게 내세워지고 유사점이 상징적으로 구성된다는 대조개념(foil)에 대비된다. 공동의 정체성이 필요한 것은 타자에 직면하는 경우에 있어서이다. 이런 문제에 있어서는 그레고리 배티슨 (Gregory Bateson)의 반유형(anti-types) 개념이 유용하다(1958). 그 이유는 축구의 경쟁의식 영역에서 반대 팀의 팬들이 단순히 타자(Other)로서만 대표되는 것이 아니고, 오히려 두 개의 서로 상반되는 응원단 세트가 양극을 이루며 서로에게 타자가 되기 때문이다. 즉 반 시티(anti-City)로서 유나이티드(United) 그리고 반 유나이티드로서 시티와 같은 세트가 된다. 이런 방식으로 축구에 있어서의 경쟁의식은 반대파들의 충돌로서 여겨질 뿐만 아니라 충돌을 둘러싸고 생겨나는 하나의 대립행위(oppositioning)로도 볼 수 있다.

이러한 중요한 통찰을 잠시 접어두고, 커뮤니티에 대한 코헨의 이해에 수반되는 또 다른 근본적인 문제점을 살펴보자. 그 문제점은 그 커뮤니티가 구성원들이 가진 외견상의 차이점에도 불구하고 포섭(inclusion)을 과도하게 강조하는 이론을 통해서 구성된 것이라는 것이다. 그 커뮤니티는 빅터 터너(Victor Turner)의 리미널리티(liminality)과 커뮤니타스(communitas), 반구조(anti-structure)의 특수 모델을 기초로 취하고 있다고 볼 수 있는데, 그것은 그것이 순례여행(pilgrimage) 과정에 적용되었고 다시 그것을 일반적인 모델로 변형시켰기 때문에 그렇다. 물론 예컨대 축구 관중의 덧없이 사라지는 사회적, 문화적 드라마와 관련해서 공유된 의식(rituals)을 이해하기 위해서 터너의 작업에 의존하는 것이 효율적이라는 데는 의심의 여지가 없다. 그러나 '매일 매일의 구조적 필요성과 의무성(obligatoriness)으로부터의 즉각적인 해방을 실현하는 데 맞추어져 있을' 뿐만 아니라 '개방되어 있고 특수화된' 특수 모델을 일반적인 모델로 개조하는 데 있어서(Tuner, 1973: 217), 코헨은 이제까지는 관행적으로 분리할 수 있는 것으로 여겨온 유사성과 차이점은 물론 가상적인 것과 실제적인 것, 상징적인 것과 물질적인 것, 개인의 욕구와 집단의 욕구 등을 본질적으로 결합시키고 있다. 코헨은 그 모든 것들이 주어진 어떤 맥락 속에서 결과적으로 커뮤니티를 실제적으로 만든다고 주장한다. 그렇게 함으로써 터너와 마찬가지로 확실히 코헨도 서로 대립되는 그와 같은 관행들이 쉽게 서로 융합될 수 있는 정도를 과장하고 있다. 그것은 마치 사회적, 문화적, 정치적, 경제적인 추정상의 차이가 무엇이든지 간에 표면적으로 어떤 사람들이라도 하나의 우산 아래 잠정적으로 은신할 수 있다고 주장하는 것과 마찬가지이다.

표면상으로 코헨의 모델은 커뮤니티에 대한 고전적인 사회학적 개념화에 대한 유혹적인 대안이 되는 것처럼 보일 수 있다. 그러나 그것은 여전히 대체로 하나의 이상적인 커뮤니티를 학문적으로 만들어내는 것이다. 실제로 축구에 있어서 '커뮤니티' 관계의 역사가 보여주듯이 만약 커뮤니티가 세상에서 존재하는 방식에 있어서 차이가 중추적인 것이라면 그것은 언제나 변함없이 같음과 다름 사이의 부조화, 즉 우리의 클럽과 그들의 클럽 사이의 차이에 대한 반응이다. 영(Young)에 따르면 커뮤니티를 향한 '욕망'에 있어서의 영구적인 불변의 요소(fixture)가 되는 것은 두 가지 형이상학적 본질의 토대들이다(1990). 한편으로 현존의 형이상학이며 다른 한편으로 정체성의 논리가 그것인데, 그녀[영]가 말하는 '차이를 부정하는 형이상학'이다. 다시 한 번 축구의 예를 들면, 그것은 최근에 프레더릭 제임슨(Frederic Jameson)이 표현하였듯이 커뮤니티는 항상 변경과 경계를 통해서 그 자체를 정의해야만 할 필요가 있는 것처럼 보인다(2003). 제임슨은 '일종의 탈퇴(secession)를 통해서: 바꾸어 말하면 그것은 항상 ... 적을 단정한다'고 말한다.

아마도 틀림없이 커뮤니티에 대한 이론화가 그처럼 모호하고 애매한 활동이 된 것은 대체로 코헨 때문이다. 그리고 문헌연구(literature)에 대한 코헨의 기여가 커뮤니티가 그처럼 과도하고 포괄적인 개념이 되어버린 이유의 일부분이라는 시각을 부당하다고 볼 수만은 없다. 결론짓자면 블랙쇼와 크래브(Blackshaw and Crabbe)가 사회학에서 고도의 논쟁거리가 된 또 다른 개념인 '일탈행동'(deviance)에 관해서 말하는 것이 코헨이 커뮤니티를 임의적으로 사용하는 경우에 대해서도 사실이 된다(2004). 코헨이 습관적으로 사용하는 '명명하기'(naming)도 실제로 어떤 현실에 대한 반영이 아니다. 그것은 오히려 이념적이라고 볼 수 있는데 그 이유는 그것이 각기 다르고 다양한 관행들과 활동들, 정체성들, 여러 종류의 귀속의식에 대해 특수한 종류의 의미를 '고착시키는' 경향이 있기 때문이다. 그렇지 않다면 그러한 다양한 관행들에는 가능한 수많은 다른 의미들과 이해가 수반되었을 수도 있다.

자크 데리다(Jaques Derrida, 1991)의 표현을 따르면 커뮤니티라는 이름은, 코헨이 그렇게 사용하고 있듯이, 너무도 강력하고 광범위하게 퍼져나가서 그것이 그 자체의 고유한 특징을 나타내주는 단어(signature word)가 되어 있다. 다른 모든 시그니처 단어들과 마찬가지로 커뮤니티라는 단어도 현재를 미래에 위임하겠다는 약속을 수반하며, 그것 때문에 지리적 공간으로부터 사회적 정체성에 이르기까지 또한 문화적 차이로부터 정치적 긴급성에 이르기까지 어떤 관련된 [의미] 선택의 가능성을 제한한다. 예를 들면 프로 축구 클럽 인근에 사는 가난한 도시 내부 지역의 하층민들을 하나의 '커뮤니티'라고 부르는 것은 그것이 커뮤니티라는 증거가 되지 못한다. 오히려 그것을 '명명하는 것'은 반드시 일종의 '인식하지 못한 채 사고하기(thinking-without-knowing)로서 작용한다. 그리고 정확하게 그것[인식하지 못한 채 사고하기] 때문에 여하튼간에 그것[명명 행위]이 결국은 알게 될 예정이라고 결정한다(decides). 그래서 그것은 그 자체가 알고 있지 못하는 다양한 일들에 관해서 언명한다(pronounces)'(Jarvis, 2003: 45).

결론적으로, 커뮤니티에 대한 코헨의 개념은 그 자체가 제시하려고 하는 가능성을 단순히 넘어서버린다. 실제로 커뮤니티라는 표현을 그처럼 포괄적인 방식으로 사용하는 것은 커뮤니티를 정통적인 사회학적 개념에 대한 대응개념(counterpart)에서 나타나는 불변성(immutability)을 초월할 수 있는 — 적용된 방식으로 — 능력에 의해서가 아니라 오히려 커뮤니티라는 단어의 내재성을 확증함으로써 정의하는 경향을 보인다. 커뮤니티의 내재성이라는 의미에서는 그것을 사용하는 사람들은 다양한 사회문화적 상호작용과 제도적 질서(그리고 무질서)에 관하여 추정적인 가정을 행하는 경향을 보인다. 그래서 그와 같은 추정들이 커뮤니티 자체의 근원적인(originary) 개념에 관한 존재론적 궤적 안에 남아있도록 강요된다. 그러나 그들이 어떤 대안적인 렌즈를 통해서 바라보도록 주의를 기울인다면 그것들은 사람들로 하여금 가상적인 문화적 정체성들과 '실재성'과 그것의 재현 사이의 어딘가에 함께할 수 있는 방법들을 스스로의 힘으로 만들어 낼 수 있는 능력에 관해 훨씬 더 많은 것을 알려주게 될 것이다.

참고문헌

Bateson, G. (1958) (2nd ed.) *Naven*. Stanford CA: Stanford University.
Bell, C. R. and Newby, H. (1971) *Community Studies*. London: Allen and Unwin.
Blackshaw, T. and Crabbe, T. (2004) *New Perspectives on Sport and 'Deviance': Consumption, Performativity and Social Control*. Abingdon: Routledge.
Brown, A., Crabbe, T. and Mellor, G. (2006) 'English Professional Football and Its Communities', *International Review for Modern Sociology*, 32 (2): 159-179.

Cohen, A. P. (1985) *The Symbolic Construction of Community*. London: Tavistock.
Cohen, A. P. (1987) *Whalsey: Symbol, Segment and Boundary in a Shetland Island Community*. Manchester: Manchester University Press.
Derrida, J. (1991) 'Ulysses Gramophone: Hear Say Yes in Joyce', in P. Kamuf (ed.) *A Derrida Reader: Between the Blinds*. New York: Columbia University Press.
Jameson, F. (2003) 'Pseudo-Couples', *London Review of Books*, 25 (22): November.
Jarvis, S. (2003) 'Thinking-Cum-Knowing: A Book Review', *Radical Philosophy*, 117: 43-45.
Jenkins, R. (1996) *Social Identity*. London: Routledge.
Turner, V. (1973) 'The Center Out There: Pilgrim's Goal'. *History of Religion*, 12 (3): 191-230.
Young, I. M. (1990) 'The Ideal of Community and the Politics of Difference', in L. J. Nicholson (ed.) *Feminism/Postmodernism*. London: Routledge.

커뮤니티
이데올로기

공동체주의

공동체주의(communitarianism)는 정치 조직 모델로 운용된 철학이자 이데올로기로, 규범적 사회관계와 전통적 가치에 기반하여 공동체적 연대, 친족 관계, 그리고 다른 공동의 의무를 강조한다.

섹션 개요

이 장은 공동체주의 사상의 철학적, 이데올로기적 배경을 개관하면서 시작한다. 정치적 공동체주의의 주요 견해를 확인한 후, 이에 대한 엄정한 비평을 가한다. 근대적 삶에 일종의 도덕적 비판을 수행하는 공동체의 기능이 공동체주의자들에 의해 주도되고 있을 뿐만 아니라, 공동체가 개인의 자유에 부적절한 제한을 가한다는 점을 보여줄 것이다.

대부분의 논의에서 공동체주의의 철학적 입장은 대개 자유주의(liberalism)에 대한 이분법적 대척점으로 여겨진다. 공동체주의는 대다수 자유주의자들이 사회적, 정치적 연대를 위한 커뮤니티의 고유한 가치를 인식하지 못하는 우를 범하고 있다는 점에서 출발한다. 찰스 테일러(Charles Taylor)가 논의했듯이, 공동체주의자들이 자유주의 사상을 비판하는 주요 지점은 자유주의가 개인에 대해 원자론적 개념을 전제로 하고, 인간 행위 주체가 사실상 선택의 자유에 관한 문제라는 관점을 유지할 뿐만 아니라, 인간 삶이 근본적으로 *대화적*이라는 특징을 간과한다는 것이다 (Taylor, 1994). 이것은 철학에서 이미 충분히 논의된 쟁점으로 자유주의자와 공동체주의자를 존재론적, 인식론적 싸움으로 이끌었던 사회적으로 독립적인 개인(자유개인주의) 대 사회적으로 소속된 개인(공동체주의자)라는 무익한 (futile) 쟁점에 근거한다.

비판적 사회학적 관점에 따르면, 자유주의와 공동체주의는 한 종의 쌍둥이로 주장할 수 있다(비록 이 둘이 사상적으로 극단에 있으나). 두 입장 모두 자신만의 이해방식으로 세상을 다시 세우길 원하는 카리스마 있는 정치 극단론자들에 의해 선전되는데, 이는 이들이 인류를 작동시키는 것이 무엇인지 알고 있다고 믿기 때문이다. 그리고 두 입장 모두 문화의 힘을 정치적 무기로 이해한다. 이 각각의 정치 이데올로기가 가진 단순성과 일관성은 비슷하게 매력적이나, 이들의 근거가 되는 원리들은 기존의 사회현실에 거의 맞서지 못한다. 사회현실 대신에 우리는 정치적 목적을 가진 호언장담만을 듣게 된다.

또한 형이상학적 근본가설에 관한 비현실적인 논쟁을 넘어, 실용주의 철학자 리차드 로티는 진부한 내용들을 비켜서서 두 가지 상식과 자유주의에 대항하는 좀 더 정치적으로 유용한 공동체주의에 대해 논의한다(Richard Rorty, 1991). 첫째는 경험론적 주장으로 기존의 자유주의적 사회성과 현존하는 정치질서는 그것이 원칙으로 삼은 개인주의의 가혹한 결과들을 지속적으로 견뎌낼 수 없다는 것이다. 둘째는 도덕적인 반론으로 사회적으로 소속된 개인들과 그리고 그 개인들이 자신들을 대표하도록 계속해서 채택된 신자유주의적 정치 조직체들은 인류의 사회적, 문화적 환경(아마 자연적 환경을 포함할 수도 있겠다)에 대한 인류 공동의 책무를 계속해서 간과할 수 없다는 것이다.

정치형태로의 공동체주의는 여느 상호작용하는 커뮤니티의 기반이 되어야 하는 의무적인 책임이 결여된 개인들의 모임 사이에 존재하는 '추후 통지가 있을 때까지'(until further notice) 관계의 부적절한 도덕성에 반대한다. 공동체주의자들에게 커뮤니티의 기능은 근대적인 삶의 양식에 대한 일종의 도덕적 비판을 수행하는 것이다. 이러한 면에서 공동체주의는 개인의 책임감을 북돋기 위해 다른 정치, 즉 로컬 지식을(local ways of knowing) 고려하기를 바라는 진정어린 요청에 다름 아니다. 정치적 공동체주의의 행동원리가 있다면, '작은 것이 최선'이라는 것이다. '한 개인과 가족이 무엇인가를 할 수 없을 때만, 지역 단체, 학교 또는 교회가 책임을 져야한다. 지역 단체를 넘어서는 일일 때만, 시, 주 또는 정부가 책임을 져야 한다'(Smith, 1996). 요약하자면, 공동체주의는 얼마나 인간의 삶이 자유 사상과 이기적인 경쟁력에 대해 개인화된 집착으로 사유화되어 왔고 상호 책임으로부터 멀어지게 되었는지에 대해 통렬한(pointed) 반응이 기댈 수 있는 개념으로서 커뮤니티를 사용한다.

자신들의 철학적 상대들 중 일부처럼, 가장 극단적인 정치적 공동체주의자들은 이전에 좀 더 사회적, 정치적으로 세련된 집단적 삶이 자기소비적인 홉스식(Hobbesian) 사회로 붕괴되었다고 생각한다. 그러나 적어도 모든 정치적 공동체주의자들은 우리의 보편적 가치들 중 너무 많은 것들이 점차 쇠퇴해 왔다고 믿는다고 주장할 수도 있겠다. 상상의 과거에 대한 이러한 노스탤지아는 너무도 많은 현대인들이 '혼자서 볼링'(bowl alone)한다고 주장하는 로버트 푸트넘(Robert Putnam, 2000)과 잭슨 시대(the Jacksonian era, '사회적 자본' 참조)의 '자부심 있던 장인들'의 사라짐을 한탄하는 마이클 샌델(Michael Sandel, 1996)과 같은 미국 공동체주의자들의 글에 나타나 있다. 아마 틀림없이 공동체주의자들의 주요한 이데올로기적 사상은 결국 우리가 그럼에도 불구하고 현재에 협력하여 남아있는 황금시대의 일상으로 우리가 돌아가길 원한다는 것이다.

따라서 정치적 공동체주의는 지지자들의 과거에 대한 향수를 아미타리 에트지오니(Amitai Etzioni) 활동가의 저서에 있는 활발한 정치적 의식으로 묶어낼 수 있도록 작동해 왔는데, 그의 '응답하는 공동체'(responsive community) 사상은 그의 개인 웹사이트(www.amiati-notes.com)에 과장되게 선전되어 있다. 에트지오니는 현대 서구 문화를 보다 이동이 많고, 익명의 삶이 형성되어 있는 그리고 사람들이 자신들의 동료 시민들에 대해 더 이상 알지도 관심을 갖지도 않는 사회로 가정한다. 현대사회는 그곳에서 개인들이 그들이 소속된 지역 커뮤니티로부터 억압을 받고 소외된 곳으로 인식한다. 이러한 적극적인 정치적 공동체주의자들이 하는 것은 단순히 커뮤니티를 세상을 보는 창으로 만드는 것이 아니라, 커뮤니티를 개인화된 이상과 망상에, 그리고 특히 1960년대 부유함의 무책임하고 사치스러운 시대의 후예들에 대한 가열찬 비판을 가하는 것이다. 에트지오니를 비판하는 이들은 물론 그의 커뮤니티가 실제 존재했던 세계는 아니지만, 정치적 공동체주의자들이 소망하는 미국식 기분 좋아지는 영화처럼 마음 속에 감겨있기로 된 가상세계에 대한 암시들은 결국 풀려나서 이데올로기적으로는 온전하다고 주장한다. 이 암시들은 다음과 같은 비유적으로 확실한 이야기가 예가 될 수 있다. 교양있는 자녀들, 일 나간 아버지, 주방에 있는 어머니, 그리고 안식일에 모든 가족이 함께 쉬는 그러한 확실성에 대한 이야기이다. (더 자세한 사항은 에트지오니의 웹사이트를 참조)

복고풍의 달달한 뭔가(retro sugar fix)가 필요한 그들의 지지자들에게 이러한 공동체주의적 이야기들이 제공하는 활력과 기쁨을 의심할 여지는 없다. 그러나 이런 복고풍의 커뮤니티는 또한 사회 대다수가 사회적 자본도 그들의 일상의 삶에 맞는 도덕 교훈 지침도 없다고 생각하는 이러한 공동체주의자들에게 하나의 모형을 제공한다. 이 대다수는 상호 연대에 대한 헌신도 없고, 대체로 커뮤니티에 대한 자신들의 의무를 이행하는 것과 상충하는 너무 많은 권리들을 요구하는 이들이다.

1990년대 이후, 공동체주의는 "제3의 길"(Giddens, 1998) 정치 미학의 주요한 예시 중 하나가 되었는데, 이는 학자들, 두뇌 집단, 그리고 정책 입안자들 모두에게 그것이 가진 국가 통제와 자유 시장 사이에서 기능할 수 있는 능력 이외에도 연대감과 사회통제 기능에 관한 담론으로 인해 받아들여졌다. ('서론: 오늘날 커뮤니티의 의미'와 '정치적 커뮤니티' 참조). 미국과 영국에서 이 "제3의 길"은 정치 좌파와 우파 모두에게 채택되어 오고 있는데, 이들은 따분하고 구식인 마르크스주의와 관련된 사회계급 불평등을 재고하고 그들의 기조에서 권리뿐만 아니라 책임감을 강조하지만 어떠한 부의 경제적 재분배에 대한 헌신이 결여된 사회통합 정책들로 자신들을 다시 치장하기 위해 커뮤니티 개념을 확산시켜 왔다고 논의될 수 있다. 이는 곧 이상화 된 이데올로기로서의 커뮤니티로, 어떤 뚜렷한 정당 기부금(party subscriptions)을 요구하지 않고, 오직 일정의 통합주의적 하지만 궁극적으로는 본질주의적 공동체주의 이상(ideal)을 요구하는 믿음의 대상이다. 좌파에게나 우파에게나, 해결책은 반복적, 추가적, 더 큰 커뮤니티로, 정확히 상상의 과거처럼, '제3의 길'을 지지하는 이들에게 권력과 이익의 꺼질지 모르는 속성의 이미지를 남긴다. 근본적인 노선은 더 큰 커뮤니티, 더 큰, 계속 더 큰 커뮤니티-더 큰 커뮤니티이다.

커뮤니티 슬로건을 만드는 이러한 모조품 '브랜드'가 그 힘이 다하고 있다는 징후는 없다. 그리고 이러한 작업은 과거에 대한 확신으로 압도적이면서 가속화되는 노스탤지아의 확산으로 인해 지속적으로 형성된다. 하지만 공동체주의에 대한 주요 비평가 중 한 인물인 지그문트 바우만(Zygmunt Bauman)이 주장해 왔듯이, 공동체주의는 지역적 상황이 아닌 전지구적 상황에 뿌리를 두고 있는 현시대 사회, 경제적 문제들을 다룰 적절한 정치적 아젠다라고 볼 수는 없다.

> 공동체주의는 그것이 치료하겠다고 약속한 고통들을 제거하는 건 차지하고라도 완화시킬 것 같지 않다. 비록 공동체주의가 그 약속에 입각하여 정서적 자본을 축적하고 정치적 이익을 추려 가더라도 말이다. 한 가지 뿌리 깊은 결함이 공동체주의가 해결하리라 여겨진 과제에 대한 공동체주의에 특유한 부족함에 자리하고 있다. 그 과제가 지지자들이 가장 먼저 해결책을 찾도록 유발하는 불행의 원인들을 제거하는 것으로 구성되어 있어, 그들이 '글로벌화에 대해 뭔가 하도록' 바라게 만드는 과제임에 한해서. 글로벌화 세력들을 억제하고 그들의 풀린 고삐의 끔찍한 결과들을 미연에 방지한다기보다, 정치적 파편화, 적대감의 확산, 그리고 공동체주의가 만들어 낼 수 있는 (아마도 만들어 내려고 하는) 연대의 와해가 그것이 제어하고 거리를 두려고 했던 세력들의 여전히 더욱더 절대적이고 확고한 지배를 용이하게 할 뿐일 것이다 (Bauman, 2002: 85)

바우만의 또 다른 중요한 점은 공동체주의가 개인의 선택을 제한하고 규제하는 특정 종류의 선택과 선별(필연적인 배제와 포함이 담긴)을 대변하는 커뮤니티 모습을 제시하면서 미래에 면죄부를 주려한다는 점이다. 바우만은 순박한 자유주의적 입장을 거부하고 인간은 공유된 인간 세상의 구성원임을 이해하고 있다. 하지만 공동체주의자들이 자유로운 개인주의적 무관심은 남용이나 다름없다고 주장하는 것에 대하여, 바우만은 근대의 삶이 어느 때 보다도 자유와 우연의 결과임을, 특히 존재론적 주체와 우연적 결합의 결과임을 우리에게 환기시킨다. 그리고 그것으로서 우리는 사람들의 문화적 차이뿐만 아니라, 개인적 차이들을 존중해야 한다.

이러한 비판을 발전시키면서, 바우만은 공동체주의의 모토는 다음과 같다고 말한다. '선택하라. 그러나 현명하게.' 그리고 이것이 암시하는 바는 '다른 이들이 선택한 것을 선택하라. 그러면 당신은 잘못되지 않을 것이다'이다. 바우만에게 공동체주의자들은 실제로 자유를 믿지는 않고, 단지 다음과 같은 제한된, 단순화된 커뮤니티 모델을 믿고 있다.

> 커뮤니티는 많은 동일성과 극소량의 다양성을 의미한다. 드러난 단순화(the simplification on offer)는 오직 차이들의 구분을 통해서만 얻어질 수 있는 것이다. 차이들의 교접 가능성을 감소하고 대화의 범위를 제한함으로써 말이다. 이런 종류의 커뮤니티 단위는 분할, 격리, 그리고 거리두기에 의존한다. 이러한 것들은 공동체주의 보호소에서 광고하는 전단지에 가장 뚜렷이 등장하는 가치들이다.

요약하자면, 공동체주의자들은 문화적 다양성에 대한 여러 종류의 진정한 경험들로부터가 아닌, 그들의 이데올로기적이면서 전통적으로 형성된 앵글로-색슨적 가치를 대변한다. 공동체주의가 드러날수록, 이들이 사용하는 커뮤니티 개념이 문화적 차이를 덜 차별대우하고, 좀 더 모호한 복고적 소설이 됨은 더욱더 자명해 진다. 바우만의 용어에 따르면, 공동체주의자들은 과거를 재구성하여 미래를 제정하고 헤게모니적 시각을 유지하기 위해 미래를 사용한다. 바꿔 말해, 공동체주의로 만든 정책은 연출된 현실임에 반해, 현실 그 자체는 담화 속으로 점점 해체되어 가는 것 같다. 바우만의 관점에서 이러한 담화들은 궁극적으로 '우리'와 '그들', '같음'과 '다름'의 아주 간단한 통합적 전통들로 치환된 좌절된 희망과 꿈을 발견하는 따뜻하고 안락한 커뮤니티의 이면으로 언제든지 바뀔 수 있다.

바우만이 계속해서 지적하듯이, 공동체주의자들이 '차이'의 해방 정치를 말할 때, 그들은 자유주의자들과는 전혀 다른 것을 말한다. 자유주의자들에게 '차이'란 개인에게 **외부적**인 것인데, 이는 인간으로서 그리고 삶을 살아가는 다양한 방식에 관한 선택의 영역을 지칭한다는 점에서 그러하다. 그러나 공동체주의자들에게 '차이'란 '반대되는 것에 대한 거부'이고, 집단의 개별 구성원들에 의해 **내면화될** 상당히 의무적인 형태의 '차이'이다. 결국, 공동체주의에 대한 바우만의 경멸은 맹렬하다. 이는 자유에 관해서라면, 어떤 일이 일어나건 간에, 공동체주의자들의 '차이'는 언제나 사회적 행위자들의 자유를 **제한하는** 커뮤니티의 힘을 의미할 것이기 때문이다(Bauman, 1997: 188). 공동체주의는 결국 억압적인데 이는 공동체주의의 하향식 접근의 이데올로기가 공동체주의가 대변하려고 한 삶들에게 적절한 참여 여지를 주거나 허락하지 않기 때문이다. 그럴수 없는 것이, 공동체주의의 해결책은 항상 사전에 보장되어 있고, 사실, 그것의 확정적 스타일의 담화가 타자의 침묵에 의존하고 있기 때문에 그것이 대변하려고 하는 타자를 침묵하게 만들기 때문이다.

이러한 비판은 다음과 같은 에트지오니의 주장에 가장 잘 나타나 있다. 미국 사회에서 사회 계층과 자유 사이의 현재 모순을 교정하기 위해서는 책임이 권리를 향해 커져야만 하고, 권리도 책임의 방향으로 작아져야 한다. 그러나 이러한 방식은 젠더 차이와 같은 현존하는 사회적 불평등 문제를 해결한다기보다 복잡하게 만든다. 이러한 비판은 공동체주의에 대한 페미니스트의 항의를 나타낸다. 이 주장에 따르면 '커뮤니티'는 종종 가부장적 지배와 복종이라는 현존하는 음흉한 위계질서에 기반을 둔 구성원들을 요구한다. 그리고 가족, 이웃, 국가와 같이 공동체주의자들이 조성하는 사회

관계의 구성단위들 자체가 종종 '사회관계와 커뮤니티 삶의 문제를 일으키는 실례'가 됨이 드러난다(Friedman, 1989: 279).

앞서 언급한 비판에서 보듯, 공동체주의는 이미 오래된 똑같은 노래를 다시 쓰는 작업에 몰두한다는 정치적 한계가 있는 반면 세상은 자체로 매번 새로운 방식으로 변화해 간다. 실제로 우리는 공동체주의 정책 아젠다들이 상상의, 상상적 혹은 생각조차 못 할 황금시대에 집착해 있다면, 이 아젠다들이 또한 가정된 커뮤니티들의 균열 사이로 빠져나갈 개인들과 사회집단들을 다루기 어려울 것임을 경험해 왔다. 궁극적으로, 우리는 정치적 공동체주의가 지적인 측면에서 그것의 확실성으로 인해 왜소함을 겪을 것이라는 결론을 내릴 수 있는데, 이는 우리 자신의 요구만큼이나 문화적으로 정말 다양한 세상이 그 어떤 것에 대해서도 절대적으로 확신할 수 없음에 대한 개방성이 정말 커다란 정치활동일 때이다.

참고문헌

Bellah, R., Madsen, R., Sullivan, W., Swidler, A. and Tipton, S. (1987) *Habits of the Heart*. Berkeley: University of California Press.
Bauman, Z. (1997) *Postmodernity and its Discontents*. Cambridge: Polity Press in association with Blackwell.
Bauman, Z. (2001) *Community: Seeking Safety in an Insecure World*. Cambridge: Polity Press.
Bauman, Z. (2002) *Society Under Siege*. Cambridge: Polity Press.
Beck, U. (2002) 'Zombie Categories: Interview with Ulrich Beck', in U. Beck and E. Beck-Gernsheim (eds) *Individualization*. London: Sage.
Delanty, G. (2003) *Community*. London: Routledge.
Festenstein, M. (1997) *Pragmatism and Political Theory*. Cambridge: Polity Press.
Friedman, M. (1989) 'Feminism and Modern Friendship: Dislocating the Community', *Ethics*, 99 (2): January.
Giddens, A. (1998) *The Third Way*. Cambridge: Polity Press.

Putnam, R. D. (2000) *Bowling Alone: the Collapse and Revival of American Community.* New York: Simon & Schuster (Touchstone).

Rorty, R. (1991) *Objectivity, Relativism and Truth: Philosophical Papers 1.* Cambridge: Cambridge University Press.

Sandel, M. (1996) *Democracy's Discontent.* Cambridge: Cambridge University Press.

Smith, G. (1996) *Community-arianism.* (www.communities.org.uk/greg/gsum.html).

Taylor, C. (1994) 'The Politics of Recognition', in Gutmann A. (ed.) *Multiculturalism: Examining the Politics of Recognition.* Princeton: Princeton University Press.

상상의 커뮤니티

'상상된 커뮤니티'(imagined communities)와 혼동되지 않아야 할 이 용어는 필립 E. 웨그너(Phillip E. Wegner, 2002)가 항상 공상적인 관념이 되는 커뮤니티들을 식별하고, 설명하고, 분석하기 위해 사용된 것이다. 다시 말해, 상상의 커뮤니티는 세계를 상기시키고, 설명하고, 조직하는 대안적인 방식을 제공할 수 있는 커뮤니티들이다. 이점에 있어, 상상의 커뮤니티들은 설명적이고 해석적이며, 낭만주의(인생을 예술적이고 창의적인 창조로 보는)에 그 근원을 두고 있는데, 테크놀로지즘(인생을 해결되어야 할 기술적인 문제로 보는)과 대조될 수 있다. 이 낭만주의에서는 이성과 목적에 반대되는 상상력이 합리성을 의미하고, 객관에 반대되는 주관이, 상상력이 없는 사회 제도에 반대되는 시적, 사적 내적 성향이 곧 합리성을 의미한다.

섹션 개요

이 장은 커뮤니티가 그 어떠한 사상과는 다른 상상력을 촉발시킬 수 있는 능력이 있다는 점을 논의의 출발로 삼는다. 이상을 추구하고 꿈을 구현하고, 패배에 맞설 수 있는 상상력. 이 점을 염두하여, 상상의 커뮤니티 개념은 한편으로 유토피아의 또 다른 표현이고, 다시 말해 장밋빛 안개로 어른거리는 광경을 지닌 그리고 항상 그 핵심에는 고향(또는 다른 형태의 거주지)이 수반되는 지상 위의 낙원을 의미한다. 다양한 예들을 통해 **추상적**인 유토피아와 **구체적**인 유토피아를 구별하고 이데올로기와 유토피아 개념들 사이의 공통점과 차이점들을 구별한 후, 이 장은 비정상성과 연관되는, 헤테로토피아(heterotopia), 타락한 낙원이라는 푸코의 상상의 커뮤니티가 탈중심화되고 어떤 특정 장소에서 찾을 수 없다는 구체적인 논의로 마무리된다.

상상의 커뮤니티는 그다지 현실적이지 않지만(이는 세계에 있는 현실의 장소를 거의 반영하지 않는다), '물질적, 교육적, 그리고 궁극적으로 정치적인 효과들이 있어 사람들이 지식을 갖고, 결국엔 그들의 세상에서 행동하는 방식을 결정한다'(Wegner, 2002: xvi). 상상의 커뮤니티 지지자들을 하나로 묶는 것은 아직 가보지 않은 삶의 길에 관한 매력이고, 그 매력은 그들의 본능적인(예를 들어, 종교적, 박애주의적, 그리워하는 등의 본능) 그리고 현재 세계가 결코 좋지 않다고 믿는 집단적 정치 신념(대개 좌파, 반자본주의 그리고/혹은 생태주의적 신념)에서 그 힘을 얻는다. 그러나 우리는 다음과 같은 사실을 간과해서는 안 된다. 상상의 커뮤니티는 또한 헤겔이 '세계의 산문'(the prose of the world)이라고 표현했던 '일상'의 부분적인 편집에서 그 동력을 얻으며, 이는 편성(orchestration), 이데올로기, 그리고 교화(indoctrination)를 거부하는 일상이라는 세계에 무언가 중요한 것이 있음을 의미한다.

어떤 의미에서 상상의 커뮤니티 개념은 유토피아주의에 대한 대안적인 설명이다. 유토피아주의는 상상적 삶의 이상적 모델을 제시하는 정치적 사고의 한 형태로, 그 목적이 현세계를 상대화하고, 우리가 거주하는 현실이 바꿀 수 없는 것은 아님을, 그리고 인간의 상상력이 자본주의과 같은 지배 이데올로기들에 대항할 수 있음을 보여주는 것이다. 유토피아를 주장하는 이들을 하나로 묶는 것은 아직 가보지 않은 길에 대한 매력이고, 그러한 매력은 현재 상황이 그들의 열망을 충족시키지 못한다는 그들의 본능적인 의식에 그 에너지를 두고 있다. 이러한 점에서 유토피아주의는 역사를 변화시키기 위한 목적으로 행동을 촉발시키는 수단이요, 꿈을 현실화하는 방법이다. 망구엘(Manguel)과 가달루피(Guadalupi)는 이들의 특성답게 좌파적 유토피아 용어로『상상의 장소에 관한 사전』(The Dictionary of Imaginary Places)이란 상상의 커뮤니티에 대한 중요한 안내서에서 다음과 같이 말한다(1999: 675).

> 정치적으로 유토피아는 사적 소유가 없고 모두가 커뮤니티를 위한 자신의 의무를 성실히 이행하는 공화국이다. 누구도 부유하지 않고, 소유도 없으며, 누구도 무언가 부족함이 없다. 공공 창고는 경제의 효율성과 국가 자원을 이성적으로 계획 분배하여 항상 가득 차 있다. 사적 소유와 화폐의 철폐로 소유와 화폐에 대한 애착을 없애버렸다. 또한 이는 모든 범죄와 부와 우월감에 대한 욕망과 관련된 악폐들이 사라지게 했고, 같은 이유로 빈곤 자체가 사라지게 되었다.

이 인용이 시사하는 바는, 이는 인간 정신을 지금까지 매혹시켜 온 유토피아에 대한 설명이지 실제 사건은 아니다. 보스(Bose, 1997)가 지적한 바와 같이, 이는 놀랄만한 일이 아닌데, '유토피아'라는 말 자체가 'outopia'('어디에도 없는'이란 의미)와 'eutopia'('좋은' 또는 '행복한 곳'이라는 의미)의 두 가지 그리스 단어에 대한 유희이다. 1516년 토마스 모어(Thomas More,

1997)의 고전적 정치 공상인 『유토피아』(Utopia) 출간 이후로, 이 용어는 역설적으로 존재할 수 없는 이상적 또는 갈망하는 삶을 지칭하게 되었다.

이 마지막 소견에도 불구하고, 모어의 작품은 다른 세상에 대한 인간의 욕망을 표현하는데 만족하는 경향이 있는 *추상적인* 유포피아와 다른 세상이 실현 가능하다는 희망을 전달하는 *구체적인* 유토피아를 구분한다(Levitas, 1990). 추상적인 유토피아의 한 가지 좋은 예는 여가 시간인데, 이는 저항적 반응, 또는 적어도 '게으를 권리'를 통해 고된 노동을 벗어나려는 시도로 이해될 수 있다. 반면에 구체적인 유토피아의 좋은 예는 문화적 담론에 대한 칸트(Kant)적 모델로, 대화를 통해 사교에 대한 상호 만족감이 수반되는 좋은 음식과 음료를 즐길 수 있는 저녁 식사 자리에서 일어날 만한 것이다. 아그네스 헬러(Agnes Heller)는 이러한 예에서 볼 수 있는 문화적 담론은 효과적으로 '다른 세계'를 만들어 낸다고 주장한다. 이 '다른 세계'는 우리가 *가상 커뮤니티*(virtual communities)라고 부를 수 있는데, 이 커뮤니티들이 친구들 사이에서 공유될 수 있는 가상이고, 이 가상이 커뮤니티를 구체적으로 만들 수 있기 때문이다. 다른 말로, 이곳이 가상과 현실이 만나는 실재이다. 이곳이 바로 유토피아가 체감되는 곳이다. '삶에 있어 실용주의적, 이론적, 그리고 실제적 추구가 부분적 보류 상태로 남는다는 조건 하에서'(Heller, 1999: 133).

구체적인 유토피아의 또 다른 좋은 예는 찰스 테일러(Charles Taylor, 2004)의 '사회적 상상'(social imaginary) 개념이다. 이 개념은 근대의 남성과 여성이 그들의 사회적 존재를 상상하는 방식과 이 사회적 존재가 타인들이 생각한 것과 맞아 떨어지는 방식, 이러한 종류의 관계들이 사람들 사이의 사

회관계에 영향을 미치는 방식, 발생하는 기대, 그리고 이러한 것들이 충족되는 방식과 관련이 있다. 이러한 점에서 테일러는 어느 사회적 상상의 근거를 제공해 주는 우화, 신화, 시, 이야기, 노래 등과 같은 내러티브와 같은 '심층적인 규범적 개념들과 이미지들'에 관심이 있다. 이것들은 상상의 커뮤니티 구성원들에게 일반적인 관례를 가능하게 하는 일종의 상호 이해를 제공할 뿐만 아니라, 구성원들에게 옳고 그름을 판단하는 공유된 분별력을 제공한다. 테일러가 지적하듯이, 사회적 상상들은 구체적으로 실현되지 못한 채 수년 동안 문화나 사회의 주변부에 머물 수 있으나, 이 상상들은 충격으로 그리고 포탄처럼 중심부에 다다를 수 있다. 주변부의 사회적 상상이 정치의 중심으로 이동할 수 있는 방식에 대한 훌륭한 사례는 『노동절 선언』(The May Day Manifesto)으로, 크리스 로젝(Chris Rojek)가 윌리엄스(Williams, 1968)의 이 저서를 '신좌파의 사회적 상상의 최선의 표현 중 하나'로 인용한다. 이 저서는 '필수적인 경제 개혁을 착수할 뿐만 아니라 사적 경쟁과 소유적인 개인주의 문화를 변화시키려는 전략을 세우는 "사회주의적 국가 정책"을 요구한다'(2003: 157).

추상적인 유토피아와 *구체적인* 유토피아의 구분은 칼 만하임(Karl Mannheim, 1936)의 저서를 통해 또한 이해될 수 있다. 레비타스(Levitas)를 앞서, 만하임은 현재 상황에 대한 이상화된 형태로 묘사하는 이데올로기적 사상과 항상 새로운 종류의 사회를 추구하는 유토피아적 사상을 구분한다. 그러나 만하임은 유토피아 개념이 일반적으로 이 두 가지 해석을 모두 전달한다고 주장하면서 유토피아를 이데올로기와 비교하고 대조했다. 만하임의 관점에서 *구체적인* 유토피아와 *추상적인* 유토피아 모두 도달하기 어려운 이상을 표현한다고 할 수 있지만, 전자의 견해가 소중하게 지켜

온 이상에 대한 방향으로 희망적인 정치 행동을 효과적으로 고취시키나, 후자는 현체제의 이익을 만족시킨다는 점에서 단순히 이데올로기적이다. 이러한 이유로, 고된 노동에 대한 저항적인 여가 대응으로서 '게으를 권리'는 바로 유토피아적 이상의 실현불가능성과도 같다. 비록 개인들이 노동의 지배력을 일시적으로 벗어날 수 있지만, 자본주의는 인간의 가능성인 창조력을 계속해서 박탈하기 때문이다. 만하임이 저서에서 주장하는 바는 비록 유토피아적 이상이 잠재적으로 변화시키는 능력을 가지고 있기 때문에 이 이상이 일반적으로 이데올로기와 구별될 수 있다 하더라도, 우리는 모든 유토피아 역시 잠재적으로는 세계를 구성하는 것이 무엇인가에 관한 신념 체계와 본질적인 생각을 제공하는 이데올로기임을 명심할 필요가 있다는 것이다.

상상의 커뮤니티가 실현된다고 말할 수 있는 다른 방식들이 있다. 이에 대한 증거는 바우만(2003)의 견해로, 어떻게 상상이 되든지, 유토피아는 통상 역사적으로 명확히 한정된 장소나 영토와 연관되고 그것에 제한되어 왔다. 이러한 점에서 그는 유토피아적 상상력이 역사상 근본적으로 건축학적이고, 그것의 구체적인 표현들이 대개 도시 환경에서 발견되어 왔다고 주장한다. 여기서 바우만이 언급하는 것은 근대의 시작과 함께 등장한 이데올로기적 유토피아 실험의 결과로, 사회의 가난한 주민들에게 자유가 필연적으로 이해되고, 공손하게, 자발적으로, 그리고 기꺼이 받아들여지는 위로부터의 삶의 비전을 제공해 준다. 이는 달리(Darley, 2007)가 그녀의 저서 『비전의 마을』(Villages of Vision)에서 기록되어 있다. 달리는 영국에서 400개 이상의 이와 같은 상상의 커뮤니티를 추적하는데, 이 커뮤니티 모두가 애초에 현대 삶의 무절제함을 진정시키려는 계획된 목적이 있었고,

이상적인 사회 형태를 실현하기 위한 의도로 건설된 것들이었다. 이러한 예들로는 티투스 솔트(Titus Salt)의 웨스트 요크셔(West Yorkshire) 근처의 가내 공장 노동자들을(house mill workers) 위해 특별히 건립된 산업 마을이다. 20세기 초반 혼잡한 도시와 '낙후된' 시골이란 한 쌍의 문제를 해결하기 위해 건설된 웰윈(Welwyn)과 레치워스(Letchworth)와 같은 에브니저 하워드(Ebeneezer Howard)의 '정원 도시'(Garden Cities)들도 그러하다. 그리고 정원과 공지를 제공함으로써 남녀 노동자들의 삶을 개선하기 위해 캐드버리(Cadbury) 가문이 1900년에 설립한 본빌(Bourneville) 마을 신탁도 이러한 예이다.

스턴펠드(Sternfeld)는 그의 최근 사진집 『아름다운 지구: 미국의 실험적인 유토피아』(*Sweet Earth: Experimental Utopias in America*)에서 미국 도시 지형의 역사에 유토피아적 욕망이 깊이 내재해 있음을 밝힌다(2007). 다이어(Dyer)가 지적하듯이, 스턴펠드는 이 유토피아 실험들이 번성한 세 개의 시기를 구분한다(2007). 첫째는 1810년에서 1860년 사이에 일어난 것이다. 이는 공장 노동의 비인간적인 결말에 대한 저항으로 발생한 것이다. 그이후로, 구체적인 상상의 커뮤니티가 간간이 등장했지만, 1960년대와 히피(hippy) 저항문화의 성장 이후에야 유토피아 운동에 괄목할 만한 성장이 있었다. 세번째 단계는 1990년대 초반 이후로 진행되고 있는 대문 딸린 커뮤니티,[1] 에코빌리지(eco-villages), 그리고 공유주거 커뮤니티의 확산이다.

물질적인 것과 비물질적인 것을 혼합할 수 있는 능력을 보여주는 상상의

---

[1] 역주: 출입구가 정해져 외부인의 출입을 통제할 수 있는 사유지

커뮤니티의 또 다른 사례는 우리가 일반적으로 이미 존재하는 현실로 여기는 장소의 외부에 위치한 방식으로 헤테로토피아(heterotopia) 개념을 들 수 있다. 이 개념은 철학자 미셸 푸코(Michel Foucault)의 저서에 있는 개념으로, 그는 우리가 아는 바와 같이 하나의 완성된 형태로서 삶의 대안적인 방식으로 스스로를 내세우는 유토피아와 대조하여 헤테로토피아를 정의한다. 푸코(1984)에 의하면, 이 저서에서 그는 궁극적으로 유토피아를 '비현실적인' 장소 또는 공간으로 나타내지만, 그럼에도 불구하고 유토피아는 헤테로토피아와 대조되는데, 이때 헤테로토피아는 모든 사회와 문화에서 발견될 수 있는 '지리적 표시가 없는' '실제' 장소들이다. 이러한 헤테로토피아들은 구체적인 유토피아에 대한 초기 '대항장소'(counter-sites)를 효과적으로 형성하는데('리미널리티, 코뮤니타스 그리고 반구조' 참조), 이들은 역설적인 형태를 취함으로서 존재한다. 즉, 이들 헤테로토피아들은 기존에 존재하는 사회나 문화의 모든 장소들 외부에 존재하고, 동시에 실질적으로는 기존에 존재하는 현실 속에서 지역화된다.

푸코는 헤테로토피아의 두 가지 주요 범주를 규정한다. 위기의 전근대 헤테로토피아로, 근대 사회의 주변부로 밀려나는 경향이 있는 '저 다른' 곳으로 알려진 곳이다. 여기서 푸코는 특정한 통과의례를 거쳐야 하는 어린 소년들이 거주하는 동성 기숙학교와 같은 특권을 가진 장소를 염두해 두고 있다. 또한 순교지와 같은 성스러운 장소, 그리고 성행위를 위해 사람들이 매춘부를 찾아가는 사창가와 같은 금기의 장소들이다. 이러한 '저 다른' 장소들이 근대 사회에서 변화된 모습을 평가하면서 푸코는 두 번째 범주의 헤테로토피아를 제안한다. 가장 기본적인 장소로 감옥과 정신병동과 같은 비정상의 장소가 있는데, 근대적 기준에 의해 비정상이라 여겨지는 이들이 공간적으로 격리되는 곳이다.

헤테로토피아의 두 번째 분류에 대한 더욱 정교한 개념을 발전시키면서, 푸코는 이러한 비정상의 장소가 그들이 발생한 사회의 성질과의 관계에서 이해되어야만 한다고 분석한다. 푸코가 주장하기를, 근대사회에서 헤테로토피아는 통상 수많은 모순된 공간들로 여겨지는 것을 단일한 실제 장소로 병치시키는 능력이 있다. *유동적 근대 커뮤니티*와 공통적으로, 이들은 *점 묘화가*의 시간에 존재하는데, 이는 헤테로토피아가 이따금 경험됨을 의미한다. 헤테로토피아는 또한 이러한 격리된 공간에서 스스로를 나머지 사회로부터 격리시키면서 동시에 내부로 들어오려는 필수자격을 갖추지 않은 이들을 배재하는 '개방과 폐쇄'의 자체 시스템을 갖추고 있다('커뮤니티의 어두운 면' 참조). 마지막으로 중요한 것은, 여타 공동체와 같이, 헤테로토피아는 대립적인 방식으로 기능한다. 즉, 그들은 '두 양극 사이에서' 발생하는 경향이 있다. 그러나 헤테로토피아는 스스로의 (비정상적인) 구성원들이 나머지 사회에 의해 추측방식과의 관계에서 기능하는 보상(유토피아의 환상이라기보다는)의 공간을 제공한다.

푸코의 저서는 일부 사람들이 멀리 떨어진, 그리고 상상의 장소를 바라며 중심부와 현실을 떠나길 바라는 이유에 대해 질문한다. 그의 분석은 근대사회의 범위에 외부의 삶에 대한 보상심리가 사람들을 헤테로토피아로 이끌었다는 점을 보여준다. 현실과 합리성은 그들이 바라는 것이 아닌데, 이는 그들이 추구하는 것이 일상성을 벗어난 그 어떤 것의 직접적인 즉시성(an unmediated immediacy)이기 때문이다. 푸코는 또한 주장하기를 커뮤니티를 상상하는 것이 종종 이상을 추구하는 것이고, 특정한 희망을 실현시킨다면, 이는 또한 낙관주의적일 뿐만 아니라 멜랑콜리적, 행복하기도 하면서 중독성 있는 특징이 있다. 푸코의 헤테로토피아 개념에 이러한 '긍정적'이고 '부정적' 상상들이 서로 혼합되어 있다.

근대 사회에서 헤테로토피아가 작동하는 긍정적인 방식을 설명한 최근 연구의 한 좋은 예는 블랙쇼(Blackshaw)와 크랩(Crabbe)의 자동차 여행(car cruising)에 관한 논의이다(2004). 그들은 자동차 여행이 그만의 초연한 존재로서 '비정상적인' 여가 행위이고, '안에' 있으나 '그것이 일시적으로 차지하는 장소의' 행위는 아닌, 그리고 일상을 극장의 형식으로 변화시킬 수 있다고 주장한다. 그들은 또한 자동차 여행이 앞으로도 없을 만큼 전례 없는 '비정상적인' 여가 활동이고, 자동차 여행이 상상의 커뮤니티로 그것의 영감이 개인 여행자의 수행성(performativity)에서 나온다고 주장한다. 자동차 여행은 소비를 위한 사건이자 소비될 사물이다. 여행에서 발견되는 관계는 우정 같은 것이나 커뮤니티 고유의 것은 아니고, 공생의 것이다. 그리고 여행의 유일한 연결고리는 같은 마음을 가지고 있는 사람들과 연결될 수 있는 끝없는 관심이다.

결과적으로 블랙쇼와 크랩은 자동차 여행의 내러티브 구조가 여행자들의 집단적 상상에 의해 효과적으로 유지되고, 일시적으로만 만들어지고, 신뢰받을 수 있길 되기를 바라는 수행적인 커뮤니티로서 과시되기 때문에 엄밀한 의미에서 자동차 여행은 커뮤니티에 대한 것이 *아님*을 명확하게 강조한다. 자동차 여행은 단순히 수행하는 변형된 자동차들에 관한 것이고, 수행하는 몸들에 관한 것이다. 그러나 여가 행위로서 자동차 여행의 분명한 단순함에도 불구하고, 자동차 여행은 정주하기 어렵다. 첫째, 그것의 무조직성으로 인해 자동차 여행 문화는 어떤 특정한 장소에 한정되지 않는다. 이는 항상 유동적이고 그 수행성을 볼 수 있는 무대는 항상 즉흥적이다. '공식적인' 여행과 '비공식적인' 여행이 있는데, 후자가 '비정상적'인 경향이 있다.

블랙쇼와 크랩의 연구는 또한 여행객 대부분이 노동계층의 젊은 남성들로 이들은 자동차와 여성들과 함께 찾은 자신들만의 마술을 공연하는 공연가라고 주장한다. 자동차 여행은 그 특유의 여성혐오적 성격이 있다. 성차별주의적이며 남성의 우애를 중시하는 이 여행은 자유와 무책임의 쾌락주의적 감정이다. 이 여행객들은 친숙한 진리, 전혀 신비로운 것 없는 진리, 네 바퀴의 어떤 것으로 확실해지는 그런 것이다. 실제로 블랙쇼와 크랩이 지적하듯이 여행이 만들어 내는 종잡을 수 없는 현장은 당연한 것으로 여겨지는 헤게모니적 규범의 해체를 가능하게 한다. 바로 이 해체적 과정 안에서 개별 여행자들이 정서와 상상에 곤한 그들의 존재론적 능력을 증대시킬 뿐 아니라, 다른 비슷한 마음을 가진 사람들과 강화된 연대 분위기를 경험할 수 있다.

표면상으로 자동차 여행은 뚜렷한 위계질서가 없고 오직 미적 감각만 있고, 모든 이들이 포함되고, 어떤 것도 배제되지 않는다. 엔진과 뜨거운 타이어에서 나오는 연기를 포함되는데, 이것들은 안심 담요처럼 확실히 자동차 여행 광경에서 흔히 목격된다. 이는 단순히 기발한 개입으로 공연되는 덧없이 흘러가는 마술적인 여가 세계의 놀라운 현실이다. 하지만 좀 더 가까이 고찰한다면, 블랙쇼와 크랩이 주장하기를 자동차 여행은 단조롭고 특색 없는 여가 활동으로 독특함이나 개성이 거의 없고, 남성들이 여성에 대해 쉽게 무뚝뚝하고 성차별적으로 될 수 있는 거친 기계적인 환경을 가지고 있다. 그들의 마지막 분석으로 여행은 덧없이 기원을 나타내는 헤테로토피아(an ephemeral optative heterotopia)로, 표면적으로는 선택에 의해 결정되고, 실질적으로는 젠더, 나이, 그리고 좋은 공연 장비를 살 수 있는 능력에 크게 좌우된다. 자동차 여행은 또한 복잡하지 않은 자본주의적 환경에서 뽐낼 수 있는 한 공연 형태이다. 이 자본주의적 환경이란 골치 아픈 상업주의와 개인의 야심이 결합 된 위세 좋은 마케팅의 문화적 혼합이다. 자동차 여행은 개인 취향으로 위장된 집단 유사성이다.

헤테로토피아에 대한 이 논의가 보여주는 것은 요즘 상상의 커뮤니티에서 사람들이 종종 바라는 것이 비슷한 마음을 가진 사람들과의 '비정상적인' 관심사와 정체성을 일시적으로 나타내는 장소라는 점이다. 이는 유토피아의 의미가 미래에 있다면 현시대의 남성과 여성은 유토피아를 지금의 순간에 살길 원한다는 바우만의 주장을 입증한다. 실제 오늘날 유토피아는 어떤 구체적인 장소에 드러나지는 않고, 거의 일회성 행동도 아니며, '위에서부터'가 아닌 '아래로부터' 상상되는 경향이 있으며, 종종 '거처가 없고, 떠돌며, 더 이상 고정되거나 재정주(re-embed)되려 하지 않는다'(Bauman, 2003: 22). 이는 아마도 푸코(1984)가 '배는 탁월한 헤테로토피아이다. 배가 없는 문명에서 꿈들은 말라버리고, 정찰은 모험을 대체하고, 경찰은 해적을 대체한다'고 말한 것과 같은 맥락이다.

추천문헌

상상의 커뮤니티에 관한 필수적인 안내서는 『상상의 장소에 관한 사전』(The Dictionary of Imaginary Places)(망구엘과 가달루피, 1999)이다. 베그

너(Wegner, 2002)는 유토피아 문헌을 상당히 깊게 고찰하고 훌륭한 참고문헌을 제공한다.

참고문헌

Bauman, Z. (2003) 'Utopia with No Topos', *History of the Human Sciences*, 16 (1): 11-25.
Blackshaw, T. and Crabbe, T. (2004) N*ew Perspectives on Sport and 'Deviance': Consumption, Performativity and Social Control*. Abingdon: Routledge.
Bose (1997) 'Foreword', More, T. (1997) Utopia. Ware: Wordsworth.
Darley, G. (2007) *Villages of Vision: A Study of Strange Utopias*. Nottingham: Five Leaves.
Dyer, G. (2007) 'Look Right, Then Left', *Guardian*, 6th January.
Heller, A. (1999) *A Theory of Modernity*. Oxford: Blackwell.
Manguel, A. and Guadalupi, G. (1999) *The Dictionary of Imaginary Places*. New York: Hartcourt, Inc.
Foucault, M. (1984) 'Of Other Spaces (1967), Heterotopias'. Translated by Jay Miskowiec. http://foucault.info/documents/heteroTopia/foucault.heteroTopia.en.html
Levitas, R. (1990) *The Concept of Utopi*a. Syracuse: Syracuse University Press.
Mannheim, K. (1936) *Ideology and Utopia*. London: Routledge and Kegan Paul.
More, T. (1997) *Utopia*. Ware: Wordsworth.
Rojek, C. (2003) *Stuart Hall*. Cambridge: Polity Press.
Sternfield, J. (2007) *Sweet Earth: Experimental Utopias in America*. Göttingen: Steidl.
Taylor, C. (2004) *Modern Social Imaginaries*. Durham: Duke University Press.
Wegner, P. E. (2002) *Imaginary Communities*. London: University of California Press.
Williams, R. (ed.) (1968) *The May Day Manifesto*. Harmondsworth: Penguin.

노스탤지아

위대한 체코 소설가 겸 철학자인 밀란 쿤데라(Milan Kundera)가 그의 소설 『향수』(*Ignorance*)에서 지적하듯이, '노스탤지아'(nostalgia) 용어는 직접적으로는 그리스어 노스토스(Nostos, 돌아오다)와 알고스(Algos, 고통)에서 파생되었다(2002). 그러므로 이것의 주요 의미는 '돌아가고 싶은 채우지 못한 갈망'에 기인한 일종의 고통을 암시한다. 고향에 대한 추억의 열망과 멜랑콜리로 가득 차 있으면서 함축적인 의미를 가지고 있는 '노스탤지아'는 영원할 것이지만 전혀 그런 적이 없는 단어를 뜻한다. 래이몬드 윌리엄스(Raymond Williams)는 이와 비슷한 방식으로 커뮤니티를 이해할 필요가 있다고 언급한 바 있다. 즉, '지금까지 항상 그랬던' 함께하는 특별한 방식으로 말이다. 이는 커뮤니티가 고향을 떠나려고 하는 요구와 고향으로 돌아가고 싶은 열망의 영역 사이에서 갈등과 양가적인 힘을 항상 수반할 뿐만 아니라, 커뮤니티와 노스탤지아를 뗄래야 뗄 수 없다는 점을 의미한다.

섹션 개요

이 장은 노스탤지아, 커뮤니티 그리고 개인들이 서로 그리고 세계와 관련되는 현시대의 방식들을 개관하고 논의한 후에, 블랙쇼(2003)의 이론을 따라 그가 그의 저서 『여가 인생: 신화, 남성성, 그리고 근대성』(*Leisure Life: Myth, Masculinity and Modernity*)에서 '사내들'의 여가 인생-세계라 지칭한 것을 입증하는 데 있어 커뮤니티와 노스탤지아의 관계가 뿌리 깊다는 점을 심층적으로 계속해서 탐구한다.

노스탤지아와 커뮤니티 이 두 개념들은 매력과 욕망 모두에 뿌리를 둔 기억에 남겨진 과거의 개념을 동시에 일으키기에 서로 뗄 수 없을 정도로 연결되어 있다. '해석학적 커뮤니티' 장에 제시되어 있듯이, 원칙적으로 또는 정의적인 일관성에 따라 이 두 개념들이 구별되어야 한다고 생각될지라도 이는 불가능한데, 커뮤니티의 근대적 용법이 해석학적이고, 해석학은 낭만적 감성을 지니고 있으며, 이 감성은 본성상 노스탤지아 감정을 불러일으킨다(Heller, 1999). 이 두 개념들의 또 다른 공통점은 이들이 고향 개념을 중심으로 결합된다는 점이다. 만약 '커뮤니티'가 '고향'을 의미하는 다른 단어라면, '노스탤지아'는 세계에 대한 인간관계를 영원한 향수 중 하나로 이해하는 근대적인 사고방식에 사용된다. 이는 커뮤니티와 노스탤지아를 조합함에 있어 상실, 갈망, 후회, 그리고 고통이란 주제 사이에 강한 연결고리가 있다는 것을 의미하는데, 이 모든 것들은 근대 생활의 특징인 정도를 벗어나지 않는(undeviating) 변화와 변혁의 결과로 강조된다.

쿤데라는 우리가 나이 들수록, 근대 남성과 여성에게 중요한 무엇인가로 노스탤지아를 드는 경향이 있다고 주장하고, 그리고 그 자체로 노스탤지아는 과거의 보존이라고 한다. '우리가 더 많은 광대한 시간을 떠나올수록,

우리가 그곳으로 돌아가도록 우리를 부르는 목소리는 더욱 억누를 수 없다'(2002: 77). 이는 실제로 표면적인 것이다. 사실은 우리가 나이 들수록, 우리는 삶의 매 순간이 더욱더 소중해지고, 과거에 대해 회상하며 시간을 허비하는 것을 멈추려 한다는 것이다. 쿤데라에 의하면 이것이 노스탤지아의 '수학적 역설'(mathematical paradox)이다. 우리 인생의 지나간 시간이 다소 적을 때가 바로 우리 젊은 시절 노스탤지아가 가장 강력할 때이다.

여기서 쿤데라가 주장하는 것은 노스탤지아가 과거에 그랬던 것과 같지 않은 시대에 우리가 살고 있다는 점이다! 이 주제는 바우만(Bauma, 2000)이 *유동적인 근대성*에 관한 그의 저서에서 가져온 것으로, 현대 우리 시대가 급격한 기술의 진보를 이룬 시대인 것같이, 커뮤니티적 관계를 포함해 사회 *관계*들이 가끔씩(episodic) 발생하고, 어떤 경우에는 단지 가속화된 이별을 기반으로 한 기계적인 방식의 *관계맺기*가 되어 왔다는 것이다('유동적 근대 커뮤니티' 참조). 또한 바우만은 *시대정신(Zeitgeist)*의 가장 중요한 특징이 구체성, 즉 당신이 하는 것을 '실제로' 느끼는 그리고 열심히 사는 구체성에 대한 집착과 관련된 젊음의 보존임을 주장한다. 이 모든 것들이 의미하는 바는 우리가 우리의 일상을 열심히 살면서 우리의 현실을 진정한 것이라고 지속적으로 증명할 뿐만 아니라, 경험과 기대의 시작과 종결의 공식에서 우리는 모두 필연적으로 상실로, 노스탤지아로 이끌려 간다는 점이다.

바우만의 사상은 *가상 커뮤니티(virtual communities)*가 노스탤지아에 근거하여 작동하는 방식으로 이해될 수 있는데, 이 노스탤지아에서 남성과 여성은 항상 거절되거나 일어나지 않은 만남뿐만 아니라, 과거의 만남들을 의미하는 공유된 *정체*성을 경계한다. 충분한 친숙함을 가지고서 우리는 이베이(eBay)에 로그인하여 오래된 앨범과 어린이 만화책, 장난감에 가격을 매기고, 주변에서 볼 수 없을 것 같은 콘서트나 대중 비디오 영상을 유튜브(Youtube)에서 다운로드하고, 프랜즈 리유나이티드(Friends Reunited)나 클래스매이트(Classmates)에 로그인해 처음에 전혀 좋아하지 않았던 사람들과 다시 연락하고, 우리가 항상 바라던 또는 될 수 없었던, 또는 너무 당황해서 시도할 수 없었던 것의 '아바타'(핫칙스(hot chicks)), 락칙스(rock chicks), 칙마그넷(chick magnets), 스포츠맨 타입(sporty types) 등등)로서 세컨드라이프(Second Life)에 가입한다.

커뮤니티와 노스탤지아 사이의 관계는 토니 블랙쇼(Tony Blackshaw)의 저서 『여가 생활: 신화, 남성성, 그리고 근대성』(*Leisure Life: Myth, Masculinity and Modernity*)에 자세히 고찰되어 있다. 각 세대는 자신들만의 노스탤지아를 만들어 낸다고 하는데, 이 저서에서 저자는 그들의 공유된 과거로 순례를 떠나려 하는 노동층 남성 그룹의 여가 생활을 탐구한다. 여기서 커뮤니티는 이중적 움직임으로 상정된다. 시간상 이전 그리고 특정한 장소로 귀환. 바우만의 견고한 근대성과 유동적 근대성 ('유동적 근대 커뮤니티' 참조) 사이의 구분을 이용한 그의 주장의 핵심은 '사내들'의 집단 여가 경험이 그들의 공유된 남성적 노동계급 존재의 토대로 여겨지는 *상상의 커뮤니티*에 대한 믿음에 의해 움직인다는 점이다. 이 '사내들'은 오직 이 여가 생활-세계와의 관계에서 '진정성'을 느낀다. 이곳에서는 일종의 따뜻함, 이 생활-세계에 대해 고향으로 느끼는 특수한 감정이 있는데, 이는 이 '사내들'에게 그들이 유동적인 근대가 가진 변화의 불확실성으로부터 '자연스럽게' 보호받을 수 있는 방어적인 보호막을 제공해 준다. 그들은 그들 스스로의 어설픈 모델이 신뢰를 잃지 않도록, 그리고 그들의 남성적 리얼리즘의 정교한 톱니바퀴가 고장나거나 분실되지 않도록 신경 쓰기 위해 눈을 닫아 버린다. 이 여가 생활-세계는 그들이 그들의 집단 기억과 그들 자신의 사적인 갤러리, 즉 그들 젊음의 유물인 이곳에 기성제품 같은 내러티브가 유지될 수 있도록 한다.

블랙쇼의 주요 논지는 이 공유된 여가 생활-세계에 그 무게와 깊이를 주는 것이 바로 사라져 버린 견고한 근대, 때로는 자부심 있게 되살아나고 기념되며, 때로는 단순히 개인의 사적 부담감으로부터 나온 것이기도 한 *견고한 근대*에 대한 공유된 열망이라는 점이다. 그의 저서는 이 '사내들'이 때때로 금요일과 토요일 밤 리즈(Leeds) 도심으로 진출하는 모습을 그리는데, 이런 밤을 통해 사라진 세계에 대한 인상적인 해명이 이뤄진다. 밤을 새우면서 '사내들'이 다른 이들과 어울려 놀고 돌아올 때, 유명한 락 밴드들이 경험하는 재결합 중 하나와 같은 느낌을 주는 친근한 관계 속에서 오래 머무는 경향을 보인다. 이 '사내들'이 다시 한 번 모여 무대 위에 설 때는 모든 것이 멋져 보이고 그럴싸해 보인다. 그들은 과도하게 술을 빨리 마시고, 대화는 여러 주제로 옮겨 간다. 그들은 서로의 말을 끊고, 더욱 놀라운 것은 전혀 말하지 않고서도 대화한다는 점이다. 진정한 친밀감으로, 그들 사이에 존재하는 영적 교감의 정신으로 그들은 그들에게만 알려진 제스처를 사용한다.

'이 사내들'은 노스텔지아적 회상이라는 집단적 행동으로 과거의 현실을 회복시키는 과정을 통해 여가 인생-세계를 떠올린다. 죽음 너머의 삶에 대한 또 다른 표현으로서, 부활의 한 형식으로서 완전함이 아니라면 일종의 불멸성을 지니는 여가 인생-세계를 떠올리는 것이다. 여기서 커뮤니티는 '이 사내들'의 마음에 과거와 현재의 공백을 메운다. 가까움과 멂의 차이가 사라지고, 이제 현재와 병치되고, 여가 삶-세계의 형태로 하나의 커뮤니티 모델이 등장하는데, '이 사내들'에게 틸리히(Tillich, 1952)의 '존재의 힘'(power of being)의 세속적 모델을 제공해 주고, 이 존재의 힘은 철학자 마틴 하이데거(Martin Heidegger)가 말한 것처럼 그들이 그들의 비-존재(non-being)의 위협을 극복할 수 있게 해 준다.

이 여가 삶-세계는 상상의 현실과 실제로 존재하는 현실 ('상상의 커뮤니티' 참조) 사이의 첨점에서 작동을 하는데, 이 두 현실은 서로를 관통하고, 이들의 모습은 뒤섞여 있으며, 완전히 맞지는 않지만, 상당히 닮아있다. 여기서, 가상과 실제는 서로 떼어 평가하기 어렵다. 결과적으로, 우리는 이 여가 삶-세계가 기대고 있는 논쟁의 여지가 없는 진리에 확실한 근거가 없음을 인식하도록 끈질기게 요구받는다. 여가 삶-세계는 가상과 실제의 경계를 흐린다. 그것은 훌륭한 창작물로 세계와는 다르다. 간극, 차이, 여가 삶-세계에 대한 담론의 우연성, 그리고 이미 존재하는 현실 자체가 중요한 요소이다.

그러나 이 축제의 밤에, '이 사내들'은 그들의 젊음을 다시 산다기보다는 그들의 여가를 통해 비영웅적인 결말을 다시 만들어 낸다. 사실, 락 밴드 비유를 다시 사용한다면, 여가 삶-세계는 나이 든 사내들을 위한 일종의 유적 전시관으로 변하고 말았다. 이는 블랙쇼가 주장하듯이 최근 몇 년 사이 즐거움이라기보다 의무로 되어 버렸고, 그것의 누그러지지 않는 잠재의식의 힘이 겨우 대개는 다른 곳에서 경험된 개인의 삶 가장자리에서만 영향을 준다. 실제로 이것이 바로 '이 사내들'이 바라는 *견고한 근대적*(solidly modern) 여가 삶의 궁극적 경험이지만 실제로는 붙잡을 수 없는 것이며, [붙잡을 수 없다는 사실에도 불구하고] 이들은 단념하지 않고 힘과 과거의 확실성을 다시 획득하려고 노력하고, 오래전에는 그들의 것이었던 상호적 행복의 영역을 끊임없이 갈구한다.

여가 삶–세계 외부에, 포기와 환멸이 '이 사내들'이 가진 자유에 가장 가까운 것이고, 또는 그런 것처럼 보인다. *유동적 근대성*의 흐름 속에서 그들은 타자가 그들의 존재론적 그리고 물질적 영역으로 원치 않게 침범하고 있을 때 힘없이 바라봐야 한다. 여성들은 그들의 침실을 지배하고 그들이 무엇을 해야 할지 말하며, 여성과 흑인들이 그들의 직업을 빼앗아 가고, 그들의 집을 사가고, 그들의 상점과 학교를 점유하는 것을 바라봐야만 한다. 하지만 여가 삶–세계에서는 '이 사내들'이 통제할 수 있다. 여기서 그들은 그들의 여가 생활이 차이에 의해 영향받지 않는다고 확신하도록 결심한다. 이 여가 삶–세계에서 타자의 모습은 늘어나고, 녹아지고, 부풀다가는 다시 딱딱해진다. 사르트르(Sartre)의 *점액질*(le visqueux)처럼, 그들은 '이 사내들'의 스스로 만드는(DIY) 맞춤형 창작으로 변화해 간다.

여성들을 예로 들어 보라. 여성들은 여가 삶–세계에서 자신만의 삶에 대한 신명 나는 주체로서 존재할 수 없고, 단지 '이 사내들'이 공유하는 이상을 위한 발판으로만 존재한다. 즉, 그 이상은 아마도 노동계급 백인놈들을 오럴 섹스하는 것을 제외하고는 어떠한 관심도 없는 즐겁고 행복한 섹스. 이러한 특징묘사가 '실제'가 아니라는 점은 문제 삼을 것이 되지 않는다. '이 사내들'은 그들의 존재감을 확신시키는 것뿐이다. '이 사내들'에게 중요한 것은 그들만의 진리에 대한 이러한 특징묘사가 *그들에게 무슨 의미가 있는 가*이다. 이것은 그들이 여가를 함께 즐길 때에야 그들이 인식하는 것이 *바로 세계이다*라고 생각할 수 있게 하는 무엇이다. 여성들은 그들을 창조해 낸 여가 세계로부터 배제된 채, 자신들의 장소도 없는 *견고한 근대* 이야기로부터 지워져야만 한다. 타자에 대한 이러한 특징묘사는 복종, 권력과 지식, 지식의 확고한 버전에서 경험된 *확고한* 여가 생활의 감미로운 열매의 상징들이다. 합리성의 '보편적인' 진리는 '이 사내들'과 타자를 두 범주로 나눈다. 우리와 그들, 같음과 다름.

세상에서 그들 자신의 개인으로서의 철저한 우연성을 알고, 그들이 집단적으로는 더 이상 함께 할 수 없고, 또는 최소한 가끔씩만 그럴 수 있다는 것을 알고서 '이 사내들'은 걱정스럽게 그들의 비존재를 깨닫고 있다. 왜냐하면 그들의 집단적 존재가 그것으로 인해 위협받고 있기 때문이다. 여가 삶-세계에서 '이 사내들'은 개인적 그리고 집단적 두 세계의 가장 좋은 점을 가지고 있다. 그들은 그들의 노스탤지아적 신화를 가지고 있고, 그것만의 갇힌 세계를 소유하고 있는 하나의 *우연한* 여가 경험으로서 그 신화를 상대화할 수 있다. 실제, '이 사내들'이 함께 하는 여가의 수법(*modus operandi*)은 항상 지배권을 잡은 남성성의 조직과 붕괴된 안정감의 회복이라는 종결을 전제하고, 이 두 요소는 여가 삶-세계가 현시대 일상의 겉으로 드러난 유동성에 남권주의(masculinist), 즉 노동계층 신화의 고정성을 부여하고자 하는 보호된 시공간에서 과거 세계의 커뮤니티적 환희에 대한 암시를 제공해 준다.

그러나 '이 사내들'의 겉으로 드러난 견고한 확실성은 보기와는 다르다. 다른 *유동적인 근대* 남성들과 여성들과 공통적으로, 그들은 삶에서 너무 많은 다른 선택지들을 갖고 있기 때문에 오랜 기간 동안 확실한 자세를 취할 수 없음을 안다. '이 사내들'은 주말에 이 삶-세계를 경험하는 것이 단지 노스탤지아적 여가 휴가임을 안다. 그들은 이것을 알고 있으며, 이러한 그들의 운명에 순종한다.

일부 비평가는 이 여가 삶-세계과 관련된 노스탤지아가 상실, 열망, 후회, 그리고 고통과 관련이 적고, 오히려 감동적인 탐닉(affecting indulgence)과 관련 있는 또 다른 의미가 있다고 주장할 수 있다. 다른 말로, '이 사내들'은 그들이 잊어버린 파편들로 편집된 과거의 긴 비디오 영상보다 스냅 사진을 기억하며 단지 과거를 회상하는 눈으로 노스탤지아에 빠져 있다. 이데올로기에 관한 학자들은 이 여가 삶-세계와 관련하여 하나의 허위의식이 있다고 덧붙이는데, 이 허위의식은 한편으로는 노스탤지아적으로 기억되는 것이기도 하면서, 한편으로는 마술적으로 재창조되기도 하고, 또한 실제에 대한 부정으로서 억눌려지는 것이기도 하다. 그러나 블랙쇼의 독법은 이 여가 삶-세계가 결국에 가능한 것은 오직 그것의 불가능성 때문임을 보여준다. '이 사내들'은 아마도 노스탤지아적으로 과거로부터 만들어 낸 인물들일지 모르지만, 그들의 *정체성*은 현재 유지되어 있고, 다른 유동적인 근대 남성들과 여성들과 공통적으로 그들은 항상 *개인*들이다. 바우만의 말로 하면, 이 현상은 '이 사내들'의 여가 삶-세계의 '돌이킬 수 없고 회복할 수 없는 모순'을 보여준다.

참고문헌

Bauman, Z. (2000) *Liquid Modernity*. Cambridge: Polity Press.
Blackshaw, T. (2003) *Leisure Life: Myth Masculinity and Modernity*. London: Routledge.
Heller, A. (1999) *A Theory of Modernity*. Oxford: Blackwell.
Kundera, M. (2002) *Ignorance*. Translated by Linda Asher. London: Faber and Faber.
Tillich, P. (1952) *The Courage to Be*. New Haven: Yale University Press.

커뮤니티의 '어두운 면'

커뮤니티에 대해 전체적으로 긍정적인 면을 보여주는 것이 추세이지만, 이 장에서 보여 줄 것은 비판적인 해체, 표면의 밝음 이면에 있는 어두움에 대한 진단이다. 이 장에서는 커뮤니티를 생각하는 것이 종종 문화적 차이를 잊고, 적대감, 증오, 그리고/또는 불화를 만들어 내는 것이라는 점이고, 이는 같은 기준으로 누군가는 열중하게 하고 다른 이들을 두려워하게 만드는 강요된 구별 짓기의 정교한 분류작업의 상징적인 영역의 일부로 기능을 한다. 이는 선에 대한 간단한 합의를 완전히 뒤집어 버리는, 그리고 결국 타자에게 악, 폭력, 그리고 오해의 역사로 물들이는 관계들이다.

섹션 개요

어떠한 커뮤니티 환경에서 밝은 면과 어두운 면이 평행우주(parallel universes)를 메우고 있음을 증명한 후, 이 장은 적대감, 자신에 대한 승인거부를 통해 '그들'을 열등한 이들로 취급하고 '그들'을 표리부동한 방식으로 대우하면서 '외부인들'에 대한 상징적 폭력, 악의적인 행위를 조사한다. 이 작업을 통해, 이 장은 엘리아스(Elias)와 스콧슨(Scotson)의 저서를 활용하는데, 이는 일부 집단이 항상 그리고 반드시 '신뢰성 테스트'(authenticity test)에 실패하는 것처럼 보이고, 커뮤니티의 마법에 사로잡힌 분위기를 깨는 '외부인들', 즉 침입자, 위법자, 그리고 불청객 역할을 부여받는 방식을 보여준다. 이 논의는 매리 더글라스(Mary Douglas)의 용어로 어떻게 이 '외부인들'이 '오염' 또는 더러움의 개념을 통해 커뮤니티에 의해 사회적으로 구성되었는지 조사하는 것으로 확대된다. 분류를 통한 소외라는 주제는 이후 지그문트 바우만(Zygmunt Bauman)의 저서를 통해 논의된다. 그는 포괄주의와 배타주의 전략들이 어떤 식으로 이해되든지 어느 커뮤니티 통제 상황에서 상호결합하여 작동한다고 주장한다. 이 장의 마지막에서는 커뮤니티의 어두운 면의 의미를 인종청소라는 도덕적으로 혐오할 만한 과정을 이해하기 위한 것뿐만 아니라, 스포츠와 같은 대중 문화적 흥미를 위해 고찰한다.

커뮤니티 연구 문헌에서 종종 간과된 것은 커뮤니티가 항상 두 가지로 해석될 수 있는 것이라는 점이다. 다른 말로, 그 모든 따뜻함, 매력, 온정에도 불구하고, 커뮤니티에 관하여 분명 불안한 부분이 많이 있다. 만약 커뮤니티의 한 면이 포용과 조화라면, 그것의 짝이 되는 면은 항상 배제와 억압이다. 실제, 제니 디스키(Jenny Diski, 2008)가 가족에 대해 한 말을 풀어쓴다면, 커뮤니티는 본질상 공공연하면서 동시에 은밀한 작동을 위한 장소로, 계승을 통해 작동하는 최전선과 경계로 구성된 커뮤니티의 구조이자 분류 시스템은 악의, 음모, 표리부동을 일으키는 경향이 있다. 커뮤니티는 종종 구성원들에게 충실을 요구하고, 적을 인식하는데 있어서 역시 충실하면서, 대부분 '우리'와 '그들'은 지각 표층처럼 모두 커뮤니티 내부에서, 그리고 커뮤니티와 필수적인 타자들(외부인, 낯선 이들, 침입자, 위법자, 망명자, 이방인, 그리고 불청객들) 사이에서 때론 참을 수 없는 그리고 개선될 수 없는 갈등에 이르며 서로 접촉한다. 이것이 의미하는 바는 커뮤니티 연대의 어두운 면이 국방수비대(a territorial army)의 성격이 있다는 것인데, 어떠한 관용의 정신에서 나온 것이 아닌, 종종 노골적인 증오와 폭력으로 스스로를 드러내면서 두려움에서 생성된 것이다. 동시에 다른 경우에는 더욱더 조용하게 커뮤니티 안에 있는 사회적 약자들을 상징적 폭력에 복종하게 하는

데, 이 폭력은 권력자의 이해관계에서 구성된 의미 시스템을 정당화할 뿐만 아니라, 현존하는 사회 불평등 구조를 존속한다.

후자에 들어맞는 예들은 커뮤니티 연구 문헌에서 쉽게 발견된다. 예를 들어, 엘리아스(Elias)와 스콧슨(Scotson, 1965)의 고전적 연구인『기성체제와 외부인들: 커뮤니티 문제에 관한 사회학적 탐구』(The Established and the Outsiders: A Sociological Enquiry into Community Problems)에서 주장되기를, 커뮤니티의 표면적으로 따뜻한 겉모습 이면에 오래된 그리고 친숙한 구별이 종종 발견된다. 커뮤니티가 과정주의적 용어로 작동하는 방식을 탐구하는 사회학적 접근을 이용하여, 인간관계를 상호의존적으로 이해하기를 추구하고, 남성과 여성이 서로의 관계를 형성하는 결합의 망과 형상들로 발전하여, 엘리아스와 스콧슨은 구체적인 역사적 환경의 의도치 않은 사회적 결과들과 초기 사회적 구성에서 후기 사회적 구성으로 태동하는 방식을 탐구한다.

엘리아스와 스콧슨의 저서는 한 가지 문제에 있어 중요성을 가진다. 윈스톤 파바(Winston Parva)의 '작은 커뮤니티'(small community)에 가입할 수 있도록 허용된 사람은 누구인가? 윈스톤 파바는 그들 연구의 기본이 된 교외지역에 대한 가명으로 19세기 말에 세워진 영국 레스터(Leicester) 시의 교외에 있다. 언뜻 보기에 이 질문에 대한 답은 '누구나'가 될 수 있거나, 그럴 만 해 보인다. 결국 윈스톤 파바는 수많은 다양한 종류의 주거지들로 특징지어지고, 이곳은 다양한 사회 계층과 집단이 거주하며, 그들은 서로 다른 관심사를 추구한다. 그러나 엘리아스와 스콧슨이 증명하듯이, 겉보기와는 달리 이곳 커뮤니티는 상당히 복잡한데, 그 이유는 그들의 과정적 사회학(process sociology) 언어로 권력이 이 '작은 커뮤니티'에서 기성체제와 외부인 형성에 있어 상호의존적 활동의 활발한 작용을 *제약*하면서도 *가능*하게 하게 하기 때문이다.

엘리아스와 스콧슨에 따르면, 그 교외는 세 가지 거주 지역으로 구성되어 있다. 2구역은 윈스톤 파바에서 가장 오래된 곳으로, 커뮤니티의 중심지이고 다양한 주택뿐만 아니라 다양한 직장과 지역 편의시설로 이뤄져 있다. 1구역은 가장 작은 지역으로 1, 2차세계대전 사이에 단계적으로 세워져, 주변에 일부 더 가난한 '노동계급' 주거지가 존재함에도 불구하고 장소적으로는 2구역에 비해 근소하게 더 나은 거주지로 여겨진다. 3구역은 2구역 반대편 습지에 세워진 임대 주거지역으로 구성되어 있다. 이 저자들은 1구역과 2구역 거주자들 사이에 작동하는 사회 네트워크가 고도로 구조화되었고, 조직적으로 광범위한 반면, 3구역은 현저히 구조와 조직면에서 부족하다고 주장한다. 이러한 점에서, 그들은 1구역과 2구역 거주자들이 서로 친밀한 사회적 관계를 맺을 뿐만 아니라, 스스로를 윈스톤 파바를 대표한다고 생각하는 반면, 3구역 거주자들은 기존체제에 그 다음의 타자, '외부인'으로 스스로를 인식한다.

이러한 점에서 엘리아스와 스콧슨은 윈스톤 파바의 현재 커뮤니티 삶의 단편도 보여주지는 못하지만, 이 지역에서 역사적으로 일어난 변화의 양상을 추적한다. 이 변화는 주로 계획되지 않고 예측되지 않은 특정한 지역에서 발생한 지역의 장기간 발전을 말한다. 그들이 주장하기를 1구역과 2구역 거주자들이 사회 집단의 헤게모니를 쥐게 되면, 그 헤게모니로 1구역과 2구역 거주지는 커뮤니티의 순응된 중심이 되어, '기존체제'와 '외부인' 사이의 구별이 소속과 비소속, 훌륭한 태도와 난폭함의 구별에 대한 동의어가 될 뿐만 아니라, 그만의 선택 작용으로 이 논리는 이 소문으로 들리는 사회 공간적 배열이라는 안정성을 위협하는 이들에 대항하는 것으로 쉽게 방향 지워진다. 다른 말로, 이러한 권력의 형태는 권력 자체의 차별화하는 문화적 논리로 작동할 수 있는데, 이 논리는 집단 다양성의 다른 형태들을 억압하는 방식으로서 '기존체제'에 의해 결정된 공유된 정체성에는 우호적이다.

이러한 상황의 결과로 '기존체제'는 그들의 강력한 *사회 네트워크*를 사용해 상징적으로 커뮤니티 '외부'에 위치한 3구역 거주민들의 행위에 위치를 부여하게 한다는 점이다. 예를 들어, 엘리아스와 스콧슨은 한편으로 비록 지역 커뮤니티에서 비정상적 행위는 상당히 제재되지만, 2구역 거주민들의 산발적인 이상 행위가 대체적으로 윈스톤의 거의 모든 이들에 의해 간과되고, 반면에 3구역에서 소요를 일으키거나 나쁜 행동을 하는 일부 가정들의 행위는 전체 거주지를 비정상이란 꼬리표를 달게 됨을 지적한다. 이와 같이 커뮤니티의 일부가 되지 않는 것은 배제하는 시선의 아래에 있는 것, 집단의 눈총을 받는 불청객이 되는 것을 의미한다. 더욱이, 이처럼 '타자화' 되는 것은 주변부로 밀려나고, 은유적으로 장소가 없는, 즉 지역 커뮤니티의 '외부'로 밀려나는 것이다. 결국, '기존체제'는 '외부인들'이 *문턱의* (liminal) 장소에 살도록 강요한다.

엘리아스와 스콧슨의 연구는 또한 커뮤니티에서 '외부인들'의 사회적 역할이 내부인들이 그들에 대한 두려움을 갖는 것이라고 주장한다. 매리 더글라스(Mary Douglas, 1966)의 저서는 종종 오염과 더러움의 개념을 통해 커뮤니티에 의해 '외부인들'이 형성되는 모습을 논증하는데 사용될 수 있는 일반적인 구도를 제공하기에 이러한 현상을 이해하는데 유익하다. 여기서 더러움은 더글라스에게 문화적 관점에서 본래적으로 '더러운' 것은 아니지만, 그들에게 맞지 않고, 속하지 않은 커뮤니티에서 '더러움'의 모습을 갖는 '외부인들'에게 적용되는 것을 의미한다. 더글라스의 관점에서 더러움은 결국 사회적으로 구성된 분류화 제도의 결과이자, 무엇이 어디에 속하는지 문화적으로 정의된 상징적 지도제작이다. 분류화 시스템이 커뮤니티에 의해 유포될 때, 이러한 시스템을 통해 더러움은 외국인의 몸으로 구현되며, 이들은 무엇이 어디에 속해야 하는지에 관한 '우리의' 상징적 지도에서 어떠한 장소도 차지할 수 없기에 배제되어야 하는 오염물로 구현된다. 더러움과 그 사람들은 항상 다른 장소에서 출현하고, 이방 지역으로부터 커뮤니티를 침범한다. 다른 말로, '외부인들'은 커뮤니티 질서를 어지럽혔기 때문에, 그들이 그들의 바로 그 다름으로 '우리의' 분류화 시스템을 붕괴시켰기 때문에 조치가 취해져야 한다.

분류화 통한 소외라는 주제는 바우만(Bauman, 1995)에 의해서도 시작되었는데, 그는 엘리아스와 스콧슨과 공통적으로 사회 집단들이 공동으로 존재하기 위해서는 그들이 그들의 커뮤니티적 *정체성*을 획득하기 위해 다른 사회 집단들과 자신들을 종종 구별할 필요가 있다는 경험적 진리에 주목한다. 커뮤니티 삶에 있어 이러한 가장 치명적인 면에 집중하게 하면서, 바우만은 커뮤니티가 강경한 입장에서 한 가치체제를 고수하려고 전념할 때 어떠한 구분이 생길지 명확히 보여준다. 그리고 그가 제안하듯이, 이러한 횡포와 절대주의의 결과는 *억압*이고, 이는 '미래의 무리들을 우리에 가둬두려는 압박'으로부터 나온 것이고, '소속의 안정감에 대한 갈망은 속박에 대한 대가로 주어진다'(p.277).

바우만은 두 가지 보완적인 전략들에 의해 억압이 이뤄진다고 주장하는데, 이 전략들은 커뮤니티에 대한 충성이라는 가치를 강조할 뿐 아니라, 그들을 대립시키는 동안 '외부인들'을 동일하게 배제하는 작업을 한다. 레비 스트라우스(Levi-Strauss)의 말을 빌려, 바우만이 주장하기를, 사회 각 계층에서 커뮤니티는 공동으로 *식인의*(anthropophagic) 그리고 *폭식하는*(anthropoemic) 억압 전략을 차용하는 것으로 보인다. 이 두 전략은 그것들이 동시에 사용되는 이유 때문에만 효과적이다. *식인* 전략을 사용하는 커뮤니티들은 '강력한, 신비한 힘'을 소유했다고 여기는 '외부인들'을 먹어치우고, 잡아먹고 동화시킨다(p. 179). 뚜렷이 대조되게, '외부인들'에게 *폭식하는* 전략을 사용하는 커뮤니티들은 (*anthropoemic*, 그리스어로 '토하다'라는 뜻) 은유적으로 그들을 토해내고, '질서 있는 삶이 이뤄지는 곳에서 벗어나거나 추방 또는 탈출에 대한 희망 없이 안전하게 감금될 수 있는 보호받는 고립된 영토로' 추방시킨다(p. 180). 이 두 가지 전략은 하나로 작동한다.

> 식욕 전략은 *포함주의*이고, 분출(emic) 전략은 *배제주의*이다. 전자는 외부인들을 이웃으로 '동화시키고', 후자는 외부인들을 이방인들과 합한다. 이 두 가지 전략은 함께 외부인들을 양극으로 나눠 이웃과 이방인, '고향'과 '타향', '우리'와 '그들'이라는 양극단 사이의 귀찮고 불온한 중간 지대를 없애려는 노력을 한다. 삶의 조건과 선택이 이 두 가지 전략에 의해 결정되는 이방인들에게, 이 전략들은 순수한 '이것 아니면 저것'을 내놓는다. 순응하든지 저주받든지, 우리와 같이 되든지 너무 오래 머무르지 않든지, 우리 규칙으로 게임을 하든지 게임에서 모두 쫓겨날 준비를 하든지. 오직 '이것 아니면 저것'과 같은 것만으로 이 두 전략은 사회적 공간을 통제할 수 있는 최고의 기회를 제공한다. 따라서 이 두 가지는 모든 사회적 지배를 위한 공구 가방 안에 포함되어 있다. (ibid)

위에 개관된 각 연구에서 도출된 보편적인 주제는 커뮤니티의 친근한 앞모습 이면에 종종 숨어 있는 것이 상징적이면서 감정적인 폭력이고, 이 폭력은 커뮤니티의 마법에 사로잡힌 분위기를 깨는 '외부인들'에게 냉담하게 행해진 것을 말해 준다. 또한 이 폭력은 편견과 과도한 감정주의에 대한 커뮤니티의 기존 분출구를 통해 실제적, 물리적 폭력으로 변할 수 있는 가능성이 종종 있다. 이 편견과 감정주의는 종종 그들 스스로를 대개 그들의 가장 격렬한 적들에 대한 저항으로 정의하는 지독한 대립관계에서 발견된다. 그리고 이 폭력은 '우리'가 '그들'을 말살할 때면 언제나 등장하고, 그들의 필수적인 타자들을 파괴하여 그들의 감각적 연대를 이룬다. 이 연대는 본질적으로 일방적 또는 상호 증오에 기반하거나 그것을 의미하는 공동체성을 의미한다.

아마티야 센(Amartya Sen, 2006)이 그의 저서 『정체성과 폭력: 운명의 환상』(Identity and Violence: the Illusion of Destiny)에서 논의하듯이, 단일 커뮤니티 정체성의 환상이 종종 이러한 공공연한 물리적 폭력의 원천이고, 이는 커뮤니티를 단합하게 하는 결속력이 바로 증오라는 생각을 갖게 한다. 대중문화에서 좋은 예를 든다면, 블랙쇼(Blackshaw)와 같은 저자들에 의해 논의된 내용인데, 대부분 축구 팬들은 단일 집단 커뮤니티의 폭력적인 양상에 대해 알고 있다. 이 커뮤니티는 자신이 응원하는 '도시'(City)팀과 상호 공감과 관계를 기반으로 하고, 이는 '연합'(United)팀에 대항하는 극도의 결속력을 보여준다.[2] '연합'팀은 '도시'팀에 반대를, 그리고 '도시'팀은 연합팀에 반대를 의미한다. 좀 더 끔찍한 예를 들자면, 이러한 커뮤니티

---

[2] 역주: 영국 프로축구 리그 팀인 "맨체스터 시티 FC"(Manchester City FC)와 "맨체스터 유나이티드"(Manchester United)가 그러한 예이다.

들은 최악의 인종청소를 보여주는데, 이는 인종이나 민족주의적 영토 주장에 근거하여 소수자 커뮤니티들을 말살하는 데 사용된 체계적인 과정이다. 예를 들어, 대너(Danner, 1999)가 주장하듯이, 1990년대 초반 세르비아인들에 의한 보스니아와 코소보 인종청소에 대한 그의 비판적인 논의에서, 그러한 폭력에 대해 과대평가될 수 없는 것은 그 폭력이 의도되었고, 합리적으로 계획되었으며, 그리고 잔인하게 일상화된 정도이다. 이 두 가지 사례에서 보듯, 커뮤니티 폭력의 근원은 각 개인은 단일한 문화적 집단의 구성원이어야 하며 개개인이 속한 이 단일한 문화적 집단은 타자의 배제를 통해 정의된다는 가정, 그리고 이데올로기적 그리고/또는 종교적 원인으로 인해 커뮤니티 정체성을 공유하기를 또는 제한하기를 꺼려하는 완강한 고집인 것이다.

추천문헌

더글라스(1996)와 바우만(1989, 1995)의 저서는 커뮤니티의 어두운 면에 관한 이론적 논의의 핵심으로 안내해 줄 가장 유익한 것이고, 엘리아스와 스콧슨(1965)의 저작은 가장 고전적인 커뮤니티 연구이다.

참고문헌

Bauman, Z. (1989) *Modernity and the Holocaust*. Oxford: Blackwell.
Bauman, Z. (1995) *Life in Fragments: Essays in Postmodern Morality*. Oxford: Blackwell.
Blackshaw, T. (2008) 'Contemporary Community Theory and Football', *Soccer and Society* 9 (3): 325-345.
Danner, M. (1999) 'Endgame in Kosovo', *The New York Review of Books,* 46 (8): 6th May.
Diski, J. (2008) 'Extreme Understanding', *London Review of Books*, 10th April.
Douglas, M. (1966) *Purity and Danger*. London: Routledge Kegan and Paul.

Elias, N. and Scotson, J. (1965) *The Established and the Outsiders: A Sociological Enquiry into Community Problems*. London: Frank Cass.
Sen, A. (2006) *Identity and Violence: The Illusion of Destiny* (Issues of Our Time). London: W. W. Norton and Co. Ltd.

커뮤니티
정책과 실천

커뮤니티 실행

커뮤니티 연구의 다른 많은 개념들과 마찬가지로 '커뮤니티 실행'이란 말은 누가 사용하느냐에 따라 다양한 의미를 갖게 되는 넓은 개념의 용어이다. 널리 통용되는 정의에 따르면, 커뮤니티 실행은 조직화, 동원, 그리고 협상을 통해 변화를 이루려는 직접적이며, 때로는 지역적인, 집단적 실행의 조직화로서 그 방식은 비관습적일 수도 있고 또 비헌법적일 수도 있다. 이렇게 볼 때, 커뮤니티 실행은 현존하는 제도 또는/그리고 여타 공공기관의 형태와 맺는 네 종류의 권력 관계로도 파악할 수 있는 이는 각각 갈등, 협동, 대치, 그리고 변화이다. 이런 정의는 커뮤니티 실행이 참여적인 시민의 적극적인 관점을 상정하는 정치적인 과정이라는 것을 당연히 제시한다.

섹션 개요

이 장은 유기적인 커뮤니티 실행을 커뮤니티 개발에 속하는 것으로부터 구분하는 것으로 시작한다. 이 장에서는 사례를 통해 커뮤니티 실행의 두드러지는 특징을 지목하고 이를 짧게 논의한 후, 비록 오래 지속되지 않는 경우가 많기는 하지만 어떻게 개별적인 무관심이 급진적인 상호 행동으로 변할 수 있는지를 이해하는 데 있어 설득력있는 이론적 접근을 개관한다. 그 후 논의는 구체적인 사회 운동으로 옮겨간다. 다음으로는 대중적인 불만이나 급진적인 엘리트들에 의해 촉발된 사회 운동을 사례들을 통해 논의한다. 그리고 커뮤니티 실행의 한계에 대한 간결한 논의로 끝을 맺는다.

커뮤니티 실행(community action)에서 발생하는 많은 변인들은 어느 정도 겹쳐지기도 하고 뚜렷한 차이를 보여주기도 한다. 예를 들어 커뮤니티 실행은 종종 *커뮤니티 개발*(community development) 과정의 일부로 간주되기도 하며, 특히 대체로 커뮤니티 개발 실무자들에 의해 지원을 받는 사회적 약자 그룹이 커뮤니티 또는 근린 안에서 변화를 성취하기 위해 지역적으로 조직화하고, 동원하고, 협상하는 시도로 받아들여지기도 한다. 그러나 커뮤니티 실행은 이해를 같이하는 커뮤니티들 속에 뿌리박힌 보다 일반적인 관심사에서 자주 생겨나는데, 이는 공공기관에 대한 도전으로 전환되기도 한다. 이러한 도전은 사람들 스스로가 더 이상 현상태를 지속할 수는 없다고 느끼면서 집단적으로 활동가로 탈바꿈하게 되는 상황에서 생겨난다. 이 때 실행(action)의 촉매는 대개 억압 또는 착취이며, 그리고 이는 프랑스의 마르크스주의 실존철학자인 사르트르(Sartre)가 '외적 교환'(exterior exchange)이라고 부르는 어떤 변화에 의해 사람들의 일상적 생존과 관련된 이슈들이 뚜렷하게 부각되어, 세계가 달라질 수 있다(things could be different)는 자각으로 사람들을 이끌 때 일어난다 (1977). 이런 식의 커뮤니티 실행은 영국의 급진적인 대중 운동에서 긴 역사를 찾아볼 수 있다. 예를 들어, 17세기 중반 군대, 자작농 그리고 상인들의 광범위한 지지를 받았던 수평파[1](the Levellers)는 오랜 기간 사회적으로 형성된 급진적인 사상을 실천에 옮겼으며, 이들은 일원제 국회, 참정권, 신앙의 자유, 그리고 이외에도 막대한 영향을 미칠 사회적 개혁안들에 기초한 공화국 설립이라는 뚜렷한 목적을 가지고 있었다.

그러나 현상황에 대한 이러한 도전이 가진 비전 못지않게 중요한 것은 커뮤니티적 관계라는 사회적 힘인데, 커뮤니티적 관계는 이런 도전이 종종 단호히 모든 역경을 극복하고 오랜 시간 동안 지속할 수 있도록 만들어 준다. 그 좋은 사례 중 하나가 1980년대 폴란드 자유노조 운동(the Solidarity movement)이다. 자유노조는 가톨릭 교회의 지지를 업고 조선소 노동자들, 예술가들, 그리고 지식인들로 구성되었으며 공산주의 국가에서 최초로 출범한 비공산당원 노동조합이었다. 처음 폴란드 정부는 1980년대 초반 계엄령 선포 기간 동안 노조를 파괴하려 했다. 그러나 80년대 말, 자유노조 주도의 연립정부가 설립되었으며, 지도자인 레흐 바웬사(Lech Walesa)가 폴란드의 대통령으로 선출되었다.

어떤 커뮤니티들은 변화를 위해 결집하지만, 대부분의 커뮤니티는 그렇게 하지 않는 이유를 분석함에 있어서 합리적 선택/행동(rational choice/action) 이론 (예를 들어 Olson, 1971)을 제외하면 이론화는 거의 이루어지지 않았다. 사르트르의 프랑스의 모택동주의자들(Maoists)에 대한 논의는 예외적이다. 대중의 자발성(spontaneity)에 대한 모택동주의의 믿음을 논하면서, 사르트르는 비록 사람들이 자유롭게 태어나고 또 (예컨대 가족과

---

1 역주: 수평파는 청교도의 한 분파로 청교도 혁명 당시 평등, 종교적 관용, 참정권 등을 주장하였다.

지역 사회와 같은) 집단적으로 정향된 사회 조직에 의해 사회화되지만, 결국 자본주의 사회를 통치하는 (예컨대 노동과 사유재산은 물론 군대, 대학 등과 같은 다양한 여타의 제도들과 같은) 더 큰 사회적 힘들에 의해 사람들은 소외되고 원자화될 것이라고 말한다. 이런 관점에서 보면, 이러한 제도들은 결국 사람들을 그들 자신과 다른 '타자'(other)로 축소시킬 뿐만 아니라, 동시에 역시 자신과 다른 '타자'일 수밖에 없는 다른 모든 이들과 동일한(identical) 개인들로 축소시키고 만다는 것이다.

사르트르는 우리는 불가피하게 여러 사회 제도의 구성원이 되고 또 그래서 [이 제도에 속하는] 타인들과 함께하는 집단적 상황에 처할 수밖에 없지만 (사르트르는 이렇게 구성된 집단을 '집합태'(collectives)라고 불렀다), 이 때 우리는 이 집단적 상황에서 하나의 커뮤니티, 혹은 그 외의 어떤 집단적 조직의 일부로서가 아니라 단지 '한 계열(series)의 구성원'으로만 다뤄지게 된다는 것을 보여준다. 이 과정에서 우리는 '한 계열'의 다른 모든 구성원들과 동일하게 되며, 그들과의 차이는 학생증 번호, 임금대장의 번호, 지위를 나타내는 숫자 등과 같은 개인의 '일련번호'(serial number)에만 근거하게 된다. 우리가 이런 식으로 '계열화'(serialized) 될 때, 우리는 혼자라고 느끼고 체념하여 우리의 개별적인 운명에 몸을 내맡기게 될 뿐만 아니라, 이런 생각들이 명확한 형식으로 우리 안에서 떠오르지도 않게 된다. 왜냐하면 우리를 원자화(atomize)하고 분리를 정당화시키는 '계열적 사고'(serial thought)가 우리의 비판적인 능력(critical faculties)을 가려왔기 때문이다.

사르트르는 또한 이 상황을 고려할 때, 발본적인 방식의 집단적 항거 없이 사람들은 그들이 억압당하거나 착취당하는 것을 깨달을 수 없다고 설명한다. 이 깨달음은 오직 '외적 교환'이 발생할 때만 일어나는 데 왜냐하면 외적 교환은 세계[의 질서]처럼 보이는 방식들을 지속적으로 따라 하는 것에 대해 '특정하고, 구체적이고, 정확한 거부'를 유발함으로써 사람들 실존의 진짜 조건을 드러내기 때문이다. 계열적 사고는 처음에는 서로의 조직이 실질적인 통일을 이루고 있다는 점을 거부하지만, 구체적 실행에 있어 비록 한시적일지라도 어떤 집단적 실행이 요구되는 순간, 계열적 사고는 금방 어떤 이해의 커뮤니티로 대체된다. 이때 이런 이해의 커뮤니티는 비록 종종 명확하게 표현하지는 않지만, 억압이나 착취에 대한 발본적 거부를 보여준다. 또한 커뮤니티 실행이 취해지는 순간 이 그룹의 구성을 방해하는 어떠한 장애물도 빠르게 사라지는 것이다. 사르트르는 '[사람들이 분리주의적 사고(separatist thought)의] 메커니즘들을 인지하고, 파악하고, 언어적으로 비판할 수 있기 때문이 아니라 바로 분리주의적 사고의 양상들인 그 메커니즘들이 이제 더는 필요가 없어졌기 때문에 이런 현상이 발생한다'고 지적한다 (1997: 168).

사르트르가 여기서 묘사하고 있는 것은 한때 모택동주의자였던 철학자 바디우(Badiou)가 최근 '사건'(event)의 정치학이라 불렀던 것을 상기시키는데, 사건의 정치학은 세계에서 없음(nothing)이 갑자기 발본적인 어떤 것(something)으로 변화되는 것을 주목한다 (2005). 그리고 이 '사건'의 정치학은 세계의 무의미한 것이 갑자기 근본적인 어떤 것으로 변형되는 것을 포함한다. 바디우에 따르면, 오늘날 우리는 빈곤, 사회 부정의, 그리고 특히 젊은층에서 잘 드러나는 허무주의와 같은, 19세기에 다양했던 사회경제적인 현상들이 급속도로 재등장하기 시작하는 세계에 살고 있으며, 정치는 '"부에 봉사"(service of wealth)하는 것으로 용해되어 버렸다'. 바디우는 오직 '사건'을 통해서만 이런 일반적인 상황과 단절할 수 있다고 말한다.

> 이것이 반동적인 간주곡이 만연한 지금 해야 할 우리의 임무이다. 항상 글로벌하거나 보편적인 특성을 가지는 사고 과정(thought process)과 항상 로컬하거나 단수적(singular)이지만 그럼에도 불구하고 전이될 수 있는 (transmissible) 정치적 경험(political experience)의 결합을 통해 우리의 의식 안에서 그리고 현장에서 공산주의 가설의 실존을 새롭게 해야 한다. (2008: 42).

카스텔스(Castells)는 마르크스주의 관점에서 1970년대에 '도시 문제'(urban problematic)의 새로운 전쟁터가 출현했다고 주장하며, 이와 관련한 주거, 교통, 재개발, 여가나 레크리에이션 시설들 등에 대한 일련의 정치적인 투쟁을 주시하였다 (1983). 카스텔스의 관점에서 보면 이 새로운 전쟁터는 상품과 서비스 소비의 주요한 부분을 구성하였고, 그 재생산의 현장은 도시였으며, 이는 '노동력 분야의 일일 조직화와 대체로 상응하는 집단적 소비의 단위'이기도 했다. 카스텔스는 이 집단적 소비 비용을 국가가 지속적으로 감당할 수 없었기 때문에 결국 종종 공급량 삭감이라는 결과를 초래하게 되었으며, 이는 추후에 '뉴 소셜 무브먼트'(new social movements)로 알려지게 될 새로운 정치적 투쟁으로 번역되기 시작했다고 평가하고 있다.

사회 운동은 종종 이데올로기와 *정체성*을 공유로 연결된 그룹들이었으며 이 그룹들의 집단적인 목표는 그들이 속한 사회나, 더 일반적으로 말하자면 그들이 속한 세계에 변화를 (그리고 때때로는 어떤 변화에 대한 저항을) 가져오는 것이었다. '뉴 소셜 무브먼트'에서 '새로운'(new)이란 말은 커뮤니티 실행이라는 새로운 영역의 방식과 수단을 의미한다기보다는, 사회 운동이 계급의 정치학에서 커뮤니티의 '의제들'(issues)로 이동했음을 의미한다. 이 의제는 자본주의와 세계화에 반대하는 시위대, 환경주의자, 동물과 인간 권리를 주장하는 그룹들의 관심을 반영하기도 하였으며 '인종', 민족성, 성정체성, 연령, 그리고 장애 등과 같은 사회적 분리를 둘러싸고 형성되기도 하였다. 그러나 모든 사회 운동에서 공통적인 점은 이들이 자발적인 풀뿌리 형태를 띠는 커뮤니티 실행의 경향이 있으며, 권력을 가진 자들의 착취로부터 통제와 자원, 그리고 자유를 얻기 위한 정치적인 투쟁에 그 기반을 두고 있다는 것이다. 1932년 영국의 피크 지구(Peak District)에서 일어난 킨더 스카우트(Kinder Scout)의 대중적 트레스패스(Trespass, 무단침입)는 이러한 커뮤니티 실행과 관련한 사회운동의 좋은 예라고 하겠다. 공산주의 활동가인 베니 로쓰만(Benny Rothman)이 조직한 트레스패스는 자신들만을 위해 배타적으로 시골 지역을 유지하기를 원했던 부유한 토지 소유자들의 권력과 역사적으로 공공 통행로였던 것을 보통 사람들이 접근하지 못하게 했던 법에 대한 대응이었다. 돌이켜보면, 이 커뮤니티 실행의 영향력은 거대했으며 1939년의 산행법(the Access to the Mountains Act)은 물론 1960년대 국립공원 설립의 맹아가 되었다.

여가(leisure)는 오늘날의 급진적인 커뮤니티 실행에서 지속적으로 주요한 역할을 하고 있다 ('Leisure and its Communities' 참고). 라비오뜨(Laviotte)가 잘 보여주고 있는 것처럼, 익스트림 레져는 급진적 정치적 전복의 창조적 형식을 개발하기 위한 이상적인 수단을 제시한다 (2006). '쓰레기와 싸우는 서핑'(surfing against sewage)에 대한 인구학적인 연구에서 라비오뜨는 영국 콘웰(Cornwall)의 서핑 커뮤니티가 해안 레져 활동의 생태적 지속가능성(ecological sustainability)을 보호하기 위한 친환경 캠페인의 일부로서, 어떻게 극단적인 전복의 형태를 사용하는지를 탐구했다. 또한, 축구와 같은 스포츠에서 나타나는 커뮤니티 실행의 두드러진 성장 역시 두드러진 추세이다. 그 좋은 예는 FCUM(Football Club United of Manchester)의 설립인데, 맬컴 글래이저(Malcolm Glazer)에 의해 맨체스터 유나이티드 축구 클럽이 기업 인수됨에 따라 팬클럽 중 일부 그룹이 그들만의 커뮤니티를 기반으로 하는 클럽을 설립하기 위해 지지를 철회하면서 이 축구클럽이 설립되었다. FCUM은 모든 구성원들이 클럽의 동등한 지분을 가지고 클럽 운영에 관한 동등한 결정권을 소유하는 1인 1투표권 조직인 산업섭리조합(Industrial and Provident Society, IPS)이다. 이와 유사한 클럽은 AFC 윔블던(AFC Wimbledon)이 있다. 밀턴 케인즈(Milton Keynes)에게 윔블던 축구 클럽의 클럽 허가증을 이전하는 승인 결정과 함께 클럽이 런던 기반에서 옮겨지게 되면서, 이전의 윔블던 축구 클럽 팬들은 AFC 윔블던 클럽을 만들게 되었다. 돈스 트러스트(Dons Trust)는 이제 AFC 윔블던(AFC Wimbledon)을 소유하고 있으며 의사결정과정에서 서포터즈의 목소리를 강화하는 것에 전념하고 있는 비영리 조직이다. 트러스트(Trust)와 산업섭리조합(IPS) 모델은 축구에서 지배구조와 책임성에 대한 커뮤니티적 접근이 증가하는 움직임을 보이고 있음을 반영한다.

위에서 논의한 킨더 스카우트(Kinder Scout) 사례는 커뮤니티 실행이 종종 카리스마적인 개인들, 그리고/또는 급진적인 지식인들의 리더십(leadership)에 뿌리를 내리고 있음을 보여준다. 아마도 커뮤니티 실행의 가장 유명한 카리스마적 지지자 중 한 명은 간디(Mohandas Karamchand Gandhi)일 것이다. 간디는 '위대한 영혼을 지닌'(great-souled)이라는 뜻의

'마하트마'(Mahatma)로 알려지게 되었다. 인도 해방 운동의 도덕적 리더십을 통해 간디는 '불가촉천민'(untouchables)이라고 낙인찍힌 낮은 카스트(low caste) 힌두교도의 생활환경을 향상하고자 했을 뿐만 아니라 힌두교도와 이슬람교도 사이의 분열을 치유하고자 노력했다. '당신이 세상에서 보고 싶어 하는 변화는 바로 당신이어야 한다'라는 말로 자신의 커뮤니티 구성원들을 격려했던 그는 대규모 시민 불복종을 통한 비폭력 저항의 선구자였다.

지적인 영감을 제공하는 커뮤니티 실행의 좋은 예는 이탈리아 마르크스주의 사상가이며 활동가였던 안토니오 그람시(Antonio Gramsci)인데, 그는 '보통 사람들은 교육을 통해 그들을 압도하는 자본주의 헤게모니의 강압적이고 설득적인 힘을 이해할 수 있다'고 믿었다 (Hoare and Nowell Smith, 1971: 49-50). 사회적 변화를 가져오는 그람시의 반헤게모니적(anti-hegemonic) 접근은 사울 앨린스키(Saul Alinsky)의 작업과 좋은 대조를 이룬다. 앨린스키는 시카고 지역 백오브더야드(the Back of the Yards area of Chicago)[2]에서 커뮤니티 실행을 조직했고 시카고에 산업지역재단(Industrial Areas Foundation)이 설립되도록 힘썼다 (1972). 그람시의 접근과 대교할 때, 앨린스키의 접근은 의제에 더 초점이 맞추어졌으며 더 실질적이었을 뿐 아니라, 직접적 행동을 통해 자신들의 삶의 변화를 추구하는 사람들의 동원과 조직화를 통해서만 사회변화가 가능함을 역설함으로써 활동가가 자신의 삶의 경험 외부로 벗어나지 않도록 강제하였다. 자유주의적 개인주의에서 비롯된 이 리얼리즘은 앨린스키의 신념에서 잘 드러나는데, 그는

---

2 역주: 시카고 남서부 저소득층 히스패닉계 밀집지구

활동가들에게 동기부여를 해 주는 것은 이타주의가 아니고, 활동가들은 그들의 사적인 이해관계를 호소할 필요가 있으며, 그들이 함께 일하는 사람들의 경험 안에서 소통해야만 한다고 믿었다. 그러나, 앨린스키는 간디와 마찬가지로 보편주의에 대한 신념을 옹호했는데, 그는 특히 다른 사람들의 자유를 보장하기 위해 자신의 이익 일부를 기꺼이 희생하지 않는 한, 개인들은 자유로울 수 없다는 생각을 지지했다. 앨린스키는 또한 그람시와 마찬가지로 현 상태에 대한 각성을 요구하고 선동하는 조직가, 변화에 대한 열정을 퍼뜨리고 창조하는 조직가의 필요성을 직시하기도 했다.

커뮤니티 실행에 관한 위의 논의는 그 연구가 이전에 조금이라도 성공했던 동원[의 방식]에 주목하는 경향을 보여준다는 것을 알려준다. 그러나 커뮤니티 실행과 연관된 반복적이고 만연한 몇몇 문제들도 상존한다는 것을 보여주는 근거도 있다. 크로우와 앨런(Crow and Allan)은 전반적으로 커뮤니티 실행이 중산계급보다는 노동계급 그룹에게는 덜 효과적이라고 주장한다 (1994). 왜냐하면 노동계급의 그룹들은 더 부유한 [경영그룹이라는] 상대방에 비해 조직적 기반은 물론 필수적인 정치적 노하우 역시 부족하기 때문이다. 보다 폭넓은 비평을 전개하면서 손더스(Saunders)는 많은 커뮤니티 실행이 반동적(reactive)이며 그 지역화된 특성으로 인해 제한되는 경향이 있으며, '미래에는 질적으로 다른 양식의 사회 조직으로 이행'하리라는 조그마한 희망만을 고수하고 있다고 이야기한다 (1979). 이런 손더스의 견해는 커뮤니티 실행이 가지는 일반적인 한계의 또 다른 측면을 잘 반영하고 있다. 즉, 커뮤니티 실행이 종종 급진적인 변화에 대한 헌신과 함께 시작하지만 더 진부한(conventional) 정치로 귀착되는 경향이 있다는 것을 말해 주며, 이는 '통합을 통한 저항'(resistance through incorporation)의 과정을 통해 헤게모니가 유지되는 방식에 대한 허버트 마르쿠제(Herbert Marcuse)의 예리한 관찰을 재확인해 준다 (1968). 기본적으로, *현상태*(status quo)가 유지되고 (자본주의가 번성하는) 주요한 이유 중 하나는 현상태가 [이에] 반대하는 운동 속에서 현상태의 작동방식(*modus operandi*)과 잘 들어맞는 측면들을 기꺼이 포섭한다는 것이며, 그리고도 남아있는 나머지에 저항하는 데는 항상 성공적이기 때문이다.

공동저자: 도나 우드하우스 (Donna Woodhouse)

추천문헌

사회 운동에 대한 더 풍부한 비평은 Crossley (2002) and McAdam, McCarthy and Zald (1998)이 있다. Crossley는 또한 사회 운동에 관련된 다른 많은 주제들을 비판적으로 전개하고 있으며, 이는 보다 일반적으로 커뮤니티 실행에 적용할 수 있다.

참고문헌

Alinksy, S. (1972) *Rules for Radicals: A Pragmatic Primer for Realistic Radicals*. London: Random House.
Badiou, A. (2005) *Being and Event*. London: Continuum.
Badiou, A. (2008) "The Communist Hypothesis", in *New Left Review*, 49 January/February: 29-42.
Castells, M. (1976) "Theoretical Propositions for an Experimental Study of Urban Social Movements" in C. G. Pickvance (ed.) *Urban Sociology: Critical Essays*. London: Methuen.
Castells, M. (1983) *The City and the Grassroots: A Cross-Cultural Theory of Urban Social Movements*. London: Edward Arnold.
Crossley, N. (2002) *Making Sense of Social Movements*. Buckingham: Open University Press.

Crow, G. and Allan, G. (1994) *Community Life. An Introduction to Local Social Relations*. London: Harvester Wheatsheaf.

Hoare, Q. and Nowell Smith, G. (eds) (1971) *Selections from the Prison Notebooks of Antonio Gramsci*. London: Lawrence and Wishart.

Laviolette, P. (2006) "Green and Extreme: Free-flowing Through Seascape and Sewer", *WorldViews: Environment, Culture, Religion,* 10 (2): 178-204.

Marcuse, H. (1968) *One-Dimensional Man. Studies in the Ideology of Advanced Industrial Society*. London: Routledge.

McAdam, D., McCarthy, J. and Zald, M. (1998) "Social Movements", in N. Smelser (ed.) *The Handbook of Sociology*. London: Sage.

Olson, M. (1971) *The Logic of Collective Action*. Cambridge: Harvard University Press.

Sartre, J-P (1977) "The Maosits in France", in *Life/Situations: Essay Written and Spoken*. New York: Pantheon.

Saunders, P. (1979) *Urban Politics: A Sociological Interpretation*. London: Hutchinson.

커뮤니티 개발

'커뮤니티 개발'이라는 용어는 기본적으로 친절, 상호 존중과 인정, 관용, 돌봄, 연대, 그리고 사회 정의와 같이 자유와 안전의 이상적인 조건들을 성취하기 위한 집단적 수단을 지칭한다. 그래서 커뮤니티 개발은 불평등과 억압을 없앰으로써 집단적인 삶의 조건을 향상하기 위해 생산적이고 비착취적인 방식으로 협업하는 이들이 참여하는 과정을 말한다. 근대 사회는 사회 계급, 젠더, 민족성을 비롯한 다른 차이들에 기반하고 있으며 이는 [이런 차이들이] 사람들이 스스로 선택한 조건 아래에서 자신들의 운명을 결정하려는 집단적 활동을 방해하게 된다는 사실을 의미한다. 또한 이 사실은 커뮤니티 개발과 관련한 복합적 지식과 기술을 교육받고 훈련한 실천가들이 종종 그 집단적 활동이 잘 진행되도록 중요한 역할을 해서 그 잠재성을 성취할 수 있도록 해야 한다는 것을 의미한다. 협력자, 조력자, 세심한 안내자, 애니메이터(추진자), 전달자, 중재자, 문화매개자와 같은 용어들은 커뮤니티 개발 실천가와 연관된 말들이다.

섹션 개요

이 장은 대체로 공공정책에서의 커뮤니티 개발에 집중한다. 이러한 맥락에서 커뮤니티 개발의 중요 원리를 개관하고 논의한 후에, 이상적인 실천가가 가져야 할 기술과 자질을 간략하게 소개한다. 이어지는 논의에서는 효과적이고 지속적인 커뮤니티 개발 활동이 이루어지는 데 방해가 되는 도전을 살펴본다. 이 도전은 서로 맞물려있는 세 가지 한계들에서 주로 비롯되는데, 그 세 가지는 커뮤니티 개발 실천가들의 한계, 기존 관행, 그리고 현재 장소에서의 정책적 맥락이다.

커뮤니티 연구란 무엇인가?
커뮤니티 정책과 실천

공공 정책의 맥락에서, 커뮤니티 개발은 지역민들에게 이득을 주는 것을 목표로 하는 풀뿌리 활동에 기원을 둔 프로젝트들과 많이 연계되어 왔으며, 이 프로젝트들은 종종 커뮤니티 개발 실무자에 의해 추진된다. 이 프로젝트들은 원칙적으로 사회 복지, 실업, 건강, 교육, 범죄 그리고 반사회적 행동 (또는 이러한 것들의 조합)에 초점이 맞춰져왔으며, 또 이 프로젝트들은 갈수록 예술, 여가 그리고 심지어 스포츠를 통해 이루어지는 경향을 보인다. 글렌(Glen, 1993: 24)에 따르면 커뮤니티 개발의 촉진에 도움이 되는 세 가지 조건이 있다: 해당 커뮤니티가 자신의 요구를 파악하고 그 요구에 대비할 것; 커뮤니티를 참여시키는 과정에 있어서 창의적이고 협력적인 주민 및 그룹 간 네트워크의 강화를 포함할 것; 그리고 참여한 실천가들이 비지시적(non-directional) 방법으로 커뮤니티 발전 기술을 운영할 것.

위에서 제시하듯 커뮤니티 개발을 특징짓는 것은 그 개발이 착수될 수 있는 가치 기반(value base)이다. 즉 커뮤니티 개발의 가장 중요한 에토스는 '커뮤니티의 현재에서 시작하기'에 의한 평등주의적이고 참여적인 관계들을 통해 자조(self-help)를 촉진하는 것이다. 상호 신뢰는 커뮤니티 개발의 핵심 단어이며 커뮤니티 개발의 추진력은 대부분 지역이나 이웃의 기초 위에서 발생한다. 커뮤니티 개발의 주요 목표는 기존의 사회관계에서 억압과 착취를 제거함으로써 자조와 자기 결정(self-determination), 그리고 상호 소속감을 고무하는 것이다. 이런 의미에서 커뮤니티 개발은 기존의 사회적, 정치적 그리고 경제적 배치(arrangement)가 역사적으로 발전시켜온 공적 서비스의 제공일 뿐 아니라, 이러한 배치 자체에 대한 비판이라 할 수 있으며, 이는 또한 변화를 위해 필요한 자원들이 커뮤니티 자체에 존재하고 있다는 믿음을 공유하는 사람들이 광범위하게 결속할 수 있는 참조틀(frame of reference)을 제공하기도 한다. 시장 원리와 관료주의적 온정주의(paternalism)에 기반했던 전통적인 공공정책 추진이 실패했던 맥락에서 보자면, [위에서 말하는 커뮤니티 개발은] 상호협력에 바탕을 둔 반헤게모니적 전략을 통해 세계를 변화시키는 한 가지 시도로 볼 수도 있을 것이다.

이상적인 커뮤니티 개발 실천가는 전문가라기보다 오히려 촉진자이며 조력자이다. 그리고 그의 역할은 커뮤니티 역량, 사회자본 그리고 집단 조직을 구축하는 것이다. *문화매개자*는 부가적인 역할을 하며 이를 지원한다. 그의 책임은 개인들과 커뮤니티가 그들의 상황과, 또 중요한 점은, 다른 커뮤니티의 상황들에 대해 더 잘 알게 만드는 것이다. 이 역할에서 알 수 있는 것은 갈등은 커뮤니티들이 '함께 하는 것'의 불가피한 일부분일 뿐만 아니라, 사회는 상충하는 이해관계들에 의해 붕괴할 수 있다는 것이다. 사람들이 자신의 창조적 잠재력을 발전시키고, 또한 그들의 개별적인 이익과 지역 커뮤니티의 이익을 위해 그 잠재력을 견인한다는 두 가지 목표가 성공한다면 커뮤니티 개발 프로젝트는 이후 독자적으로 지속된다.

커뮤니티 개발은 공공 정책에서 새로운 접근법은 아니다. 테일러(Taylor)는 커뮤니티 개발이 식민주의자들이 [식민지를] 떠나면서 1950년대에 사용되었다는 것을 우리에게 상기시킨다(2003). 커뮤니티 개발은 자조(self-help)와 토착적 리더십의 고양이 강조되는 한편, 건강, 교육 등의 복지 프로젝트가 시행됨으로써 그 나라의 독립을 준비하는 맥락에서 이루어졌다. 미국과 영국에서, 이 탑다운(top-down, 위에서 아래로의) 접근법은 도시의 쇠퇴, 그리고 종종 이와 연관되어 있다고 인식된 사회적 병리라는 맥락에서 이루어졌으며, 커뮤니티를 *복원*(restoring)하는 데 초점을 맞춘 1960년대와 1970년대 프로젝트에 적용되었다('커뮤니티 재생' 참조). 보다 최근에는 공동체주의(communitarianism)가 표면상 강력한 공공 정책 추진의 동인으로 여겨졌으며, 이 시기에 강력하게 부상한 생각인 복원된 커뮤니티의 힘으로서 커뮤니티 개발이 비춰졌으며 커뮤니티 개발은 도시 소요(unrest)를 막는 한 방법으로 여겨져 왔다('정치적 커뮤니티' 참조).

스튜어트(Stewart)와 테일러(Taylor)의 주장에 따르면 영국의 현재 정책 풍토에서 커뮤니티 개발의 목표는 사람들이 살고 일하기 원하는 지역들이 되는 자신감 있는 커뮤니티를 개발함으로써 외부 세계로부터 존중받는 것이다. 이러한 목표를 성취하기 위해서는 역량과 사회적 자본이 구축되고 기존의 강점이 인정됨으로써 커뮤니티 구성원이 스스로를 실패라고 판단하지 않아야 한다. 서비스 사용자, 소비자 그리고 노동자로서의 대중 역량을 강화하는 이들 뿐 아니라 외부인들과도 새로운 관계가 조성되어야 할 필요가 있으며, 이 관계는 존재할지도 모르는 부정적인 이미지를 제거하는 데 도움이 되어야 한다. 마지막으로, 사람들과 자원이 지역으로 향하도록 권장하는 일자리와 자산의 개발도 필요하다. 이때 커뮤니티는 주류 경제와의 더 강력한 연결을 만들어내면서 공동 생산자로서 커뮤니티의 역량을 강화하며 이 과정에서 사람들에게 시민의 지위를 부여하는 새로운 거버넌스 (governance)를 구축하는 데 도움을 줄 수 있다.

1980년대 이후로 커뮤니티 개발에 대해 관심이 증가한 것은 크게는 글로벌 경제 구조조정과 신자유주의의 부상('서론: 오늘날 커뮤니티의 의미' 참조)의 맥락에서 설명될 수 있다. 신자유주의의 등장은 복지를 국가의 책임에서 개인, 가족 그리고 커뮤니티의 책임으로 이전하는 이데올로기적 변화를 의미했다. 그 결과, 일부 기관들은 커뮤니티 개발이라는 명목을 내세우거나 커뮤니티 개발을 가장해서 사람들의 생활을 더욱더 일상적으로 규제하여 왔으며 이 때 커뮤니티 개발은 하나의 이데올로기적 힘으로 작동하여 왔다. 사회 분열에 대한 공포, 그리고 이와 동시적으로 발생하는 커뮤니티 회복에 대한 요구가 정치 영역 전반에 걸쳐 존재하고 있다. 그러나 이 요구는 대개는 보수적인 경우가 많다. 자조와 사회적 책임에 대한 강조가 이미 존재하는 사회적 불평등의 유지와 재생산에 복무하는 데 그치며, 이러한 강조는 보다 넓고 글로벌한 사회적, 경제적 분열의 원인과의 먼 거리를 견고하게 유지하게 만든다. 상황을 더욱 복잡하게 만드는 것은 바로 많은 이들이 오늘날 커뮤니티의 삶에 있어서 종교, 민족성(ethnicity), 생활방식을 로컬리티보다 더 중요하게 여긴다는 점이다. 이러한 정황 때문에 이익의 공유와 상호 관심의 기반 위에 사회적 관계를 재구축하리라는 새로운 희망을 제시하기보다 커뮤니티 개발 시도는 복잡하게 전개되는 것이다.

또한 영국적 맥락을 논의하면서, 헨더슨과 글렌(Henderson and Glen)은 전문적인 일로서 커뮤니티 개발이 대체로 1997년 신노동당 선거 때까지는 인지도가 낮았다고 주장한다 (2006). 자조 추진계획은 이후 많은 기관들의 지지를 받았지만 동시에 이 기관들은 또한 정책에 영향을 미치는 캠페인을 구미에 맞지 않는 것으로 간주하였다. 핸더슨과 글렌의 연구는 사회복지사들이 커뮤니티와 직접 연락하는 데 상대적으로 적은 시간을 투자했음을 보여준다. 그리고 이 사실은 복지사들이 커뮤니티 환경에서 성공적으로 일하기 위해서 필요한 신뢰를 구축하는데 불리하게 작용하였으며, 이 실무자들은 대체로 다수의 지역을 맡으면서 도전보다는 합의된 활동을 선호하게 되었다. 실무자들이 직접적이며 보텀업(bottom-up, 아래서부터 위로의) 방식으로 커뮤니티와 일하는 데에서 벗어나게 하는 이런 구조적 제약에 더해서, 보다 설교적이며 탑다운 방식으로 '고객들'과 일하는 데 익숙해진 직원들의 기술(skills) 부족도 종종 존재한다.

핸더슨과 글렌은 기금 조성의 지속적 취약성과 불안정성, 그리고 전문직의 비정규직화에 대한 우려 또한 주목한다. 많은 근무처의 보수가 높지 않고, 고용자들이 기대하는 경험과 자질에 일치점이 거의 없으며, 직원들 중 특히 젊은 직원들의 빠른 이직률은 직업이 노령화되는 데 영향을 미친다. 그들의 조사 샘플이 작은 것을 인정하면서도 핸더슨과 글렌은 무급 실무자들이 전통적으로 유급 실무자들과 연관되었던 기술을 습득하는 중이라고 말한다. 한편으로는 이것이 긍정적으로 보일 수 있지만, 자원봉사자들을 활용한 자금이 부족한 단기 프로젝트는 커뮤니티 개발의 목적보다는 재정 구조와 더 밀접한 관련이 있다는 우려가 존재한다.

자조(self-help)가 커뮤니티 서비스를 보조할 수도, 대체할 수도 있으며 주류 사회복지 작동방식에 도전할 수도 있음을 보여주는 증거에도 불구하고, 서비스에 저투자하는 일부 지역 기관들에 변명 꺼리를 제공하는 것이 보다 일반적인 경우처럼 보이기도 한다. 그 결과 보조금이나 서비스 수준에 대한 법정 대리단체들과 커뮤니티 그룹들 사이의 많은 계약(agreements)은 단기적이며 조건부가 된다. 자금 입찰을 수반하는 경쟁적 문화를 기반으로 하기 때문에 한 커뮤니티 조직이 다른 커뮤니티의 희생으로 자원을 받을 수 있다는 것 또한 문제이다. 종종 기획의 경험이 부족한 커뮤니티 그룹들은 그들이 바라는 변화를 커뮤니티 개발이 얼마나 빨리 성취할 수 있는지에 대해 지나친 야심으로 인해 고통 받을 수도 있다. 기관들은 효과적인 커뮤니티 개발 전략을 필요로 하지만, 개발하는 사람들이 무엇이 효과적인 실천을 구성하는가를 정확히 파악하기 힘들 때 효과적 전략을 창조하는 것은 어려운 문제가 된다. 커뮤니티 개발이 커뮤니티의 조직 문화에 배태되어 있지 않다면, 돈에 합당한 가치를 제공한다는 주장을 하기 위한 커뮤니티 개발의 산출과 결과를 예측하기도 어려울 뿐만 아니라, 커뮤니티 개발의 구축 자체도 어려우며 더 나아가 이미 커뮤니티 개발이 시행되고 있더라도 공격에 취약하게 된다. 뱅크스와 오르톤(Banks and Orton)은 '커뮤니티 개발 활동과 지방 정부 사이의 불안한 관계'가 존재하며, 이런 관계가 지역 당국 정책과 실행의 여러 측면에 도전할 수 있게 만들기도 하지만, 긴장 상태 또한 만들어낼 수 있다는 것을 의미한다고 결론 내린다 (2007: 97).

이런 전반적인 상황 때문에 레드위스(Ledwith)와 같은 비평가들은 일부 커뮤니티 개발 실천가들에게 비판적 사고가 전반적으로 부족하다고 비판한다 (2005: 19). 레드위스는 그녀가 *생각없는* 행동(thoughtless action)이라고 지칭한 경향성을 지적하며, 이 경향성이 커뮤니티 이슈들의 근본적인 원인을 인정하는 데 실패로 이어졌음을 설명한다. 또한 커뮤니티의 이슈들을 인식하면서도 이들을 다룰 계획이 만들어지지 않는 *실천없는 생각*(actionless thought)에도 주목했다. 레즈위스는 '커뮤니티 자체에 행동을 취할 권력과 책임감이 주어지지 않는다면 지속가능한 변화란 없을 것이다'라고 말하며 커뮤니티 개발 활동에 대한 보다 급진적인 접근을 권장한다. 그러나 글렌(Glen)은 '이런 "느껴진 요구"(felt needs)[3] 접근법에 대해 너무 많이 신뢰하다보면 커뮤니티가 알아채지 못하거나 무시하고자 하는 것들의 요구를 소홀히 할 수도 있다'(1993: 25, 26)고 주장한다. 이런 예는 HIV와 Aids 활동에서 찾아볼 수 있으며, 이는 심지어 공공 기관이 지역 서비스에 투자해야 된다는 압력을 덜어주는 결과를 낳을 수도 있다.

실험적이 되기보다 위험을 회피하려는 시대로부터 배태된 하나의 작동 방식으로서 커뮤니티 개발이 직면한 여러 어려움에 초점을 맞추는 것에서 벗어나면, 아마 커뮤니티 개발 그 *자체*에 대한 가장 날카로운 비평은 커뮤니티 개발이 사회적 분열을 변화시키기보다 개량만을 추구한다는 것이다. 잉거멜스(Ingamells)는 발전 목표가 종종 특권 그룹의 가치와 이상 안에 자리 잡고 있으며, 따라서 명목상 평등주의 체제에도 불구하고, 권력관계는 불평등하며, 따라서 [커뮤니티 구성원들보다] 복지사들과 정책 입안자들이 커뮤니티 개발 추진계획의 방향과 세부사항에 영향력을 행사하는 경향이 있다고 지적한다 (2007). 보수적인 도덕적 아젠다의 부활을 목격하게 되는 최근 정치적 분위기에서, '문제적'(problematic) 커뮤니티 구성원들은 단지 정부 기관들에만 위해서뿐 아니라 보수적인 가치들을 열망하는 동료들에

---

[3] 역주: 주관적 요구(현재적 요구)의 일종으로 이는 개인·가족이나 집단·지역주민 등이 어떤 문제에 대해서 사회적 해결의 필요성 등을 느끼게 된 상태를 말한다.

의해서도 개발 과정에서 제외될 수 있다.

전반적으로 볼 때, 헨더슨과 글렌은 오늘날 커뮤니티 개발의 인프라를 '걱정스러울 정도로 약하다'고 묘사한다 (2006). 이것의 결과 중 하나는 사회복지와 같이 확립된 직업들과 비교했을 때, 커뮤니티 개발 실무자들은 다른 실무자들이 그들을 반(反)-전문가(anti-professional)로 보는 것 때문에 고통 받을 수 있다는 것이다. 이 상황은 커뮤니티 실무자들이 선호하는 활동 방식 때문에 악화된다고 할 수 있는데, 그들의 궁극적 목표는 [커뮤니티에서] 자신들의 존재가 필요하지 않게 만드는 것이기 때문이다. 뱅크스와 오르톤(Banks and Orton)의 저서에서 한 실무자는 커뮤니티 개발 동료들을 '굴 속의 작은 모래'(the grit in the oyster)로 그리고 있다 (2007: 109). 이 묘사는 그들의 업무가 가치 있는 결과물을 생산할 수 있는 기회를 창조한다는 것을 잘 설명하지만, 동시에 그 업무의 불편과 비가시성을 전달한다. 관리주의의 중앙집중화된 밀기와 통치의 탈중심화된 당기기 사이의 긴장에도 불구하고, 커뮤니티 개발이 기존의 사회 과정과 불평들을 변화시킬 가능성은 있다. 이런 변화가 세심한 커뮤니티 참여와 결합한다면, 가장 빈곤한 사회 구성원들 스스로가 선택한 상황 하에서 그들 자신의 운명을 만드는데 적극적으로 참여하는 것을 포함하는, 새롭고 보다 진보적인 합의를 창출하는 것이 가능할 것이다.

공동저자: 도나 우드하우스(Donna Woodhouse)

추천문헌

Ledwith (2005)는 커뮤니티 발전에 대한 비판적이고 상세한 논의를 제공한다. Glen (1993)도 커뮤니티 발전에 관한 간결한 개요와 커뮤니티 발전과 커뮤니티 실행 및 커뮤니티 서비스와의 관계를 제시한다.

참고문헌

Banks, S. and Orton, A. (2007) "'The Grit in the Oyster": Community Development Workers in a Modernising Local Authority', *Community Development Journal*, 42(1): 97-113.

Glen, A. (1993) "Methods and Themes in Community Practice" in H. Butcher, A. Glen, P. Henderson, and J. Smith, *Community and Public Policy*. London: Pluto Press.

Henderson, P. and Glen, A. (2006) "From Recognition to Support: Community Development Workers in the United Kingdom", *Community Development Journal* 41 (3): 277--292.

Ingamells, A. (2007) "Community Development and Community Renewal: Tracing the Workings of Power", *Community Development Journal*, 42 (2): 237-250

Ledwith, M. (2005) *Community Development: A Critical Approach*. Bristol: Policy Press.

Taylor, M. (2003) *Public Policy in the Community*. Basingstoke: Palgrave.

커뮤니티 파트너십

커뮤니티 파트너십 작용은 그들의 개별적인 목표를 추구하는 데 있어 적극적으로 서로간의 도움을 요구하는 조직들의 합체들과 관련이 있다. 표면적으로는, 연합을 위한 독립적 커뮤니티 조직들의 이론적 해석이 다음 중 하나 또는 모두에 해당한다. 첫째, 이중의 노력을 피하기 위한 자원의 풀 형성, 둘째, 커뮤니티 참여 및 서비스 비율의 향상, 셋째, 더 나은 대표성 및 사회적, 정치적 명성의 획득 등이다. 그러나 최근 정치적인 분위기로 보면, 파트너십 작용은 거의 선택이 아니라 당연한 요구이다. 여러분은 이제 이 파트너십이야말로 커뮤니티들 내에서 서비스를 제공하는 유일한 방식이라고 말할지도 모른다.

섹션 개요

커뮤니티 파트너십 작용의 중심 원리를 개관한 후, 이 장에서는 조직들이 연합했을 때 생길 수 있는 이점과 불리한 점들을 비판적으로 논의한다. 이 논의에서는 특히 파트너십에 있어 권력과 갈등에 관한 이슈들을 살펴본다. 이 이슈들은 깊이 감춰져 있을 수도 있고 절대 해결되지 않을 수도 있다. 또 커뮤니티 파트너십에 대해 가장 두드러지는 것이 제시되고, 어느 정도 세부적으로 검토된다. 이것은 파트너십 전개과정에서 상호의존작용에 대한 수사학이 '커뮤니티'를 전면에 내세우는 반면, 현실에서는 '커뮤니티'가 의미 있는 파트너로서 보이는 경우가 거의 없다는 것이다.

커뮤니티 연구에서, '파트너십'이란 용어는 커뮤니티 조직들이 상호의존적으로 존재하는 방식을 가리킬 때 사용된다. 커뮤니티 조직들은 각기 다른 방식으로 상호의존적일 수 있기 때문에 이 용어는 비공식적 및 공식적인 커뮤니티 파트너십을 묘사할 때도 사용된다. 감사원(The Audit Commission)에서는 공통의 목표를 달성하기 위해 두 개 이상의 기관이 협력하는 것을 설명하기 위해 '파트너십'이라는 용어를 사용했다 (1998). 이 설명에 따르면 파트너가 다음과 같은 기준에 바탕을 두고 있다고 할 수 있는 공동 업무 협의를 파트너십이라 말한다. 기준의 첫 번째는 기관들이 각각 독립되어 있다는 것이다. 두 번째는 기관들이 공통의 목표를 성취하기 위해 협력하는 것에 동의한다는 것이다. 세 번째는 개별 조직들의 목표와는 분리된 공통의 목표를 성취하기 위한 새로운 조직적인 구조와 절차를 만든다는 것이다. 네 번째는 협력에 동의한 프로그램의 계획과 실행이 인적 자원과 물적 자원의 협력을 통해 이루어진다는 것이다. 또 그들은 관련된 정보를 공유한다. 그리고 그들은 위험과 보상에 대한 공동의 풀을 만드는 것에 동의한다. 윌슨과 찰튼(Wilson and Charlton)은 파트너십을 보다 간단명료하게 정의한다 (1997: 10). 이 정의에 따르면 파트너십이란 '공공 부문, 사적 부문 그리고 자발적인 부문에서 세 개 이상의 조직들이, 명확하게 정의된 목적과 목표와 함께 공통의 비전을 조성하는 데 있어 그들의 다양한 자원을 기부함으로써 함께 활동하는 것'이다.

단일 조직과 기관의 노력을 능가하여 파트너십 작용이 보여줄 수 있는 명확한 이점들이 많이 있는데, 그것은 다음과 같이 요약할 수 있다. 파트너십 작용은 규모의 경제를 촉진시킨다. 그리고 파트너십 작용은 합리적이고 효율적으로 자원을 사용하게 만들어서 궁극적으로 서비스의 비율을 향상시킨다. 또 조정과 공통의 책임을 통해 이중의 노력과 파편화를 극복한다. 그리고 이 파트너십 작용은 조직의 직접적인 이익을 넘어선 이슈들에 대한 보다 폭넓은 협의를 촉진시키며, 최대한 실현 가능한 참여를 하게 만든다.

역사적으로 볼 때, 커뮤니티 조직들을 연결시키는 것은 때때로 매우 어려운 것으로 드러났다. 이는 특히 상대 커뮤니티에 대한 전형화된 견해 때문이었다. 그러나 최근 정치적인 추세에 의하면 파트너십 작용은 더 이상 선택이 아니라 필수적인 사항이다. 오늘날, 서비스 제공을 둘러싼 떠오르는 공공의 기대치뿐만 아니라 중앙 정부와 유럽 연합(European Union) 및 지역개발청(Regional Development Agency, RDA)과 같은 외부자금 제공자로부터도 거대한 압박이 있는데, 그것은 바로 조직들이나 기관들이 상호의존적으로 일하게 만든다는 것이다. 1990년대 이래, 활동에 대한 부서를 초월한 그리고 여러 기관을 포함하는 접근이 오랜 기간 동안 임시적으로 생겼다고 하더라도, 파트너십 작용은 영국에서 커뮤니티 개발의 *필요불가결한 것*(sine qua non)이 되었다. 이러한 활동이 생겨난 것은 정책의 기능적 분과들이 단독 활동과 불연속성을 만들어낸다는 것을 인식했기 때문이고, 아울러 독립적인 활동 방식들이 지금까지 많은 주요한 이슈들을 설명할 수 없었다는 인식이 점점 증가하고 있기 때문이다. 파트너십은 지속가능성을 촉진하는 한 방법으로 간주되었다. 다시 말해 설비와 서비스를 향상시키고, 주도권 획득 추진에 필요한 비판적인 대중을 생산하고, 전체 커뮤니티와 관련된 서비스를 만들어내고, 상호보완적인 서비스를 그려내는 것이다. 결국, 중앙 정부는 역사적으로 파트너십 활동을 지연시켜왔던 법적인 장벽을 축소하는 법률 제정을 도입했다. 이것의 좋은 본보기는 1999년 건강법(Health Act)이다. 이 법은 잉글랜드와 웨일스의 국민 보건 서비스(National Health Service, NHS)와 지역 관계 당국이 보다 통합된 서비스를 제공하고 의뢰하는 것을 가능하게 했다. 또 잉글랜드 정부와 민간커뮤니티 부문 간 관계에 관한 협정(the Compact on Relations between Government and the Voluntary and Community Sector in England 1998)은 효율적인 업무 관계를 위한 원칙들을 세웠으며, 지역 관계 당국들이 때때로 예산을 지원받기 위해 필수적이지만 비공식적인 파트너십 협약과 같이 제3분야 그룹들과 협정을 맺는 것을 장려한다.

이러한 법 제정과 정책은 효율적인 공공 서비스 제공과 관련된 중앙 정부에게 파트너십 작용의 중심성에 대해 명확한 시범을 보여 준다. 그리고 그것은 다섯 가지 주된 목표를 가지고 있다. 첫째, 서비스 이용자의 경험을 향상시키는 것, 둘째, 어려운 '위험한 이슈들'을 다루는 것, 셋째, 서비스를 만드는 데 있어 시민들의 참여를 촉진시키는 것, 넷째, 서비스에 쉽게 그리고 때에 맞게 접근할 수 있음을 보장하는 것, 그리고 마지막으로 활용가능한 자원을 최대한 활용하는 것이다 (www.joint-reviews.gov.uk/money).

이 목표들 중 첫째, 공공 서비스 이용자의 경험을 향상시키는 것은 서비스에 대한 접근을 용이하게 하는 간소화 시스템을 통해 성취될 수 있다. 이를 위해서 공동 평가가 포함되고, 절차에서 겹침과 중복을 줄이며, 규모의 경제를 창조해내는 것이다. '위험한 이슈들'을 다루는 것은 교차 횡단적 도전 과제들을 다루는 것에 관한 것이다. 예를 들면, 사회적 배제는 복잡하고 만성적이며 장기간의 전략이 필요하고 이전의 운동에 대해 반응하지 않았다고 할 수 있는 것이다. 사람들은 서비스 계획과 제공에서 시민의 참여를 촉진시키는 것이 결합력 있는 커뮤니티를 창조하는 데 도움을 줄 수 있으며, 결국 지역의 요구에 부응하는 서비스가 설계되고 제공되는 것을 보증해 준다고 주장한다. 이러한 커뮤니티 참여의 핵심 요소는 상담, 참여 그리고 권한 부여이며, 이는 적절하게 제공되어야 한다. 어떤 일이 필요하고 어떤 활동이 제시되는가에 대해 사람들의 경험으로부터 배우는 것은 비용 효율적인 투자가 되는 것이다. 네 번째 목표, 서비스에 대해 문제가 일어나지 않으면서 시기적절한 접근은 다음과 같은 전제에 기초하고 있다. 통합된 서비스를 만드는 것은 요구를 진단하고 서비스를 제공하는 데 대해 전체론적인 접근을 발전시키는 것을 용이하게 만든다는 것이다. 이는 '책임 전가'의 경향을 줄이고, 공통의 문서조사와 기록을 발전시킬 수 있게 만든다. 마지막으로, 사람들은 파트너십이 활용가능한 자원들을 최대한 활용할 수 있게 도움을 준다고 주장한다. 이에 대한 예를 들자면 예산을 모으고 결합된 포스트를 만들고 설비를 공유하며, 추가적이거나 새로운 서비스에서 만들어낸 절약 금액을 재투자함으로써 정부의 '최고의 가치' 접근에 부응할 수 있다.

파트너십은 이해당사자들로 구성된다. 즉 파트너십에 있어 이해나 관심을 가진 사람들로 구성된다는 것이다. 윌슨과 찰톤(Wilson and Charlton)은 이

해당사자에는 4개의 범주가 있다고 논한다 (1997). 첫째는 자원으로써 필요한 사람들이나 조직들이다. 둘째는 추진 계획에 의해 영향을 받을 사람들이며, 세 번째는 직접적으로 관여하지 않을 수도 있지만 관심이 있는 사람들이며, 마지막으로는 참여한 '권리'를 가졌다고 느끼는 사람들이다. 코터(Kotter)는 파트너십은 그들이 다음과 같은 기준을 기반으로 작동된다면 가장 최고로 작용하는 것이라고 제안한다 (1996). 개방성, 청렴함, 책임감, 이타적임, 정직, 리더십 그리고 객관성이 그것이다. 파트너들이 이슈들과 해결책을 '가진다'(own)면, 모든 이해관계자들이 파트너십에서 적극적인 역할을 해야 한다는 것은 매우 중요하다. 이것은 심지어 진심으로 파트너십 작업에 헌신하는 사람들에게도 만만한 일이 아니다. 이해관계자들의 수가 많을 수 있고 이슈라고 부를 수 있는 것들이 복잡할 수도 있기 때문이다. '커뮤니티' 재건 계획과는 별개로, 비즈니스 '커뮤니티'가 가시적인 이해관계자로 거의 관여하지 않는다는 것에 주목하는 것은 흥미롭다. 그리고 이는 파트너십 작용에 대해 비즈니스가 헌신하는 것에 대한 인식과 관련한 냉소주의를 낳을 수도 있다.

지금까지의 논의가 상호의존적인 작업의 '이론'을 개관했지만, 실제로는 효과적인 파트너십의 설립과 작동에 대한 다수의 장애물이 존재한다. 성공적으로 작용하는 파트너십의 실패의 중심에는 권력의 이슈가 있다. 몇몇 지방 당국은, 이루어지기 힘들지만 다른 기관의 구성원들과 "상호의존"(interdependence)하는 상태를 향한 움직임(www.joint-reviews.gov.uk)을 고무하기 위해, 다른 기관 및 어려운 일반 사회 구성원들, '위대한 성숙함, 그리고 자신감'과 함께 통제와 자원을 공유하는 방법을 찾아왔다. 파트너십 작용에 커뮤니티 대표자들을 포함시키지 않는 경우가 있는데, 그 이유는 정책 창출과 실행이 너무 기술적이어서 이해하기 힘들기 때문에 대표자들이 이에 대한 이슈를 파악하는 데 실패할 것이라는 생각 때문이다. 이것은 우리에게 전문적인 권력, 즉 조직 구조에 존재하는 권력 관계에 대해, 그리고 개인들과 조직들이 스스로를 합법화하고 그들의 작업 분야에서 타자들을 배제하기 위해 기술적인 전문지식을 사용하는 방식에 대해 많은 것을 말해 준다.

이웃의 범죄 문제에 대해 파트너십 비판의 접근법을 전개함에 있어, 호프(Hope)는 지역 '커뮤니티들'의 자립을 증진하기 위해 이 커뮤니티들의 '통합된' 생각에 해결책이 존재한다는 관점은 잘못된 것이라고 제안한다(1995). 그는 정말로 필요한 것은 자유시장경제의 불안정화 경향을 상쇄하기 위해 제도적인 하부구조(infrastructure)에 기초적인 투자를 하는 것이라고 논한다.

실제로 파트너십 작업에 대한 최근 기업 운영 접근법은, 결정적으로 전문가 회의와 커뮤니티 참여와는 반대로 권력을 집중화하는 경향이 있으며, 지역 관계당국이 커뮤니티와 의논하려하는 것은 그 과정이 의무적이기 때문이며 이는 *커뮤니티 실행*(community action)을 흔들거나 중단하는 데 사용된다고 말할 수도 있을 것이다. 정말로, 비평가들은 커뮤니티 협의가 종종 피상적이며, 참여를 유의미한 수준으로 끌어올리지 못한다고 논한다. 커뮤니티가 '참여하지' 않을 때, 몇몇 지역 관계당국들은 협의에 관한 그들의 기술이 부족한 것을 탓하기보다는 커뮤니티의 냉담함을 비난한다. 결정적으로, 여전히 커뮤니티가 파트너십에 참여하지 않는 주요한 이유들 중 하나는 그들이 때때로 파트너 기관을 해결책의 일환이라기보다는 대처해야 할 문제의 일부, 또는 문제 그 *자체*로 보고 있다는 사실을 많은 기관들이 인정하고 있다는 것이다.

궁극적으로 커뮤니티 참여는 도대체 많은 '커뮤니티 대변인'이 대표인지 아닌지에 대한 심각한 의심이 따르는 여전히 '소수의 운동'이다 (Thake in Pearson and Craig, 2001: 130). 그리고 여기에는 참여를 요하는 모든 계획에 대한 수용 능력에 관해 포화 지점에 도달한 커뮤니티의 잠재력도 함께 한다. 지역 정치 활동에 커뮤니티가 진실하게 참여하는 것에 대해 관리들과 의원들이 말을 많이 아끼는 것은 현재 권력을 쥐고 있는 많은 이들이 그것을 잃을지도 모른다는 공포 혹은 만약 커뮤니티가 정책 창출, 전달 그리고 모니터링 그리고 평가에 참여하게 된다면 권력을 공유해야 할지도 모른다는 공포심에서 나온 것이다. 권력을 분배한다는 미사여구에도 불구하고, 전문가 권력에 도전하기 위해 커뮤니티 지식을 향상시키는 것을 가능하게 할 자원이라고 할 만한 것은 거의 없다. 기관과의 관계에서 권력, 혹은 커뮤니티가 권력이 없다는 사실은 그다지 중요시되지 않으며, 퍼트넘(1999)과 같은 저자의 저작에서도 중요하게 다루지 않는다. 그러나 그의 저작은 요즘 미국과 영국의 커뮤니티 정책 서클에 많은 영향력을 미치고 있다 ('사회적 자본' 참조). 몇몇 비평가들은 실제로 파트너십이, 기관들의 우선적 조치를 합법화하기 위해, 특권화된 그룹의 가치와 이상들 내부에 잠복해있는 커뮤니티 목표와 함께 자주 이용되는 것은 아니라고 논한다. 어떤 긍정적인 결과는 개입 때문에 생긴다. 그래서 이미 불평등한 권력 관계, 결과만큼이나 절차의 가치에도 관심이 있는 진짜 커뮤니티 발전과 반대되는 *커뮤니티 개발*을 강화하면서 특권화된 파트너의 지위를 높인다.

파트너십이 '가치를 더한다'고 하는 주장 또한 주의 깊게 검토되어야 한다. 파트너십이 요구되는 동안, 파트너십은 자동적으로 정책 이행을 돕지는 않는다. '복잡한 파트너십 협정이 책임과 신뢰의 선을 혼란시키고 지역 차원에 성공적인 전달을 방해한다'(in Banks and Orton, 2007: 100)는 것을 관찰한 감사위원회(Audit Commission)를 예로 들 수 있다. 형성하는 데나 전달하는 데 파트너십이 실패하는 것은 다음과 같은 여러 가지 요인에 의한 것일 수 있다. 첫째, 공통의 틀 구조와 명확한 의사 결정 과정이 부재한 경우, 둘째, 한결같지 않은 헌신의 정도, 셋째, 한 개 이상의 파트너에 의해 광범위한 전략이 변동되는 것, 넷째, 상충하는 충성도와 소홀한 관리뿐만 아니라 다른 이들에게 비생산적으로도 보일 수 있는 어떤 조직이 요구하는 결과들 사이의 긴장 등이다. 파트너십을 민주적으로 만들기 위해 필요한 리더십의 이러한 결핍에 대해 로우와 데반니(Rowe and Devanney, in Ingamells, 2007: 246)는 파트너십이 '상호 탐욕의 이익을 위해 상호 혐오를 억제하는 주요 선수에 불과한 것'으로 끝날 수 있음을 의미한다고 주장한다. 책임에 대한 명확성이 부족한 것은 상황이 나빠질 때 '고발'로 이어질 수 있다. 그리고 만약 기관들이나 개인들이 '그들의 일'이라는 역할을 알게 된다면 정보를 공유하는 데 저항이 있을 수도 있고 책임을 양도하지 않으려는 욕망도 있을 수 있다. 좋은 파트너십 작업을 위한 또 다른 중요한 장애물은 다른 조직들의 문화에 대한 이해 부족이나 커뮤니티를 포함한 한 조직이 과정에서 우위를 차지하려는 욕망이다.

코터(Kotter)는 파트너십의 효율적인 비전이란 상상가능하고, 바람직하며, 실현가능하고, 집중되고, 유연하고 소통가능한 것이라고 주장한다 (1996). 사람들이 추진력을 유지하면서 긍정적인 결과를 성취하고자 한다면, 파트너십은 우선 순위, 성취 목표 그리고 기간 등을 설정하는 것이 필요하다. 그러나, 파트너십의 '성공'은 때때로 성취 관리 개념(몇몇 기관이나 커뮤니티 그룹에는 의미가 없지만)을 사용해서 평가되기도 한다. 이 개념은 출력 그리고 결과를 측정하는데 있어 경제(economy), 능률(efficiency), 그리고 효과(effectiveness)를 의미하는 3E에 주목한다. 성취 목표는 일반적으로 지역 커뮤니티와의 협상을 경유하여 도달한다기보다는 기관 주요 수행 지표의 지배를 받는다. 파트너십이 그들의 주요한 수행 지표 또는 지역적으로 협상 결과에 관해서 '성취된 것'으로 드러나지 않는 곳에서는, 파트너들의 헌신이 부족하다는 결과를 낳을 수도 있다. 특히 과거에 협동 작업이 성공적이지 못했거나, 이전 커뮤니티 참여가 지역민들에게 진정한 헌신이 부족했다고 보이거나 변화를 이끌어내지 못한 경우에 이런 상황이 생길 수 있다.

가장 효과적인 파트너십은 아마도 유기적으로 진화하는 것이며 참여한 이들의 작업 방식을 변형하는 시간을 부여하는 것일 수도 있다. 모스 캔터(Moss Kanter)는 효과적인 파트너십 작업의 5단계 모델을 발전시키기 위해 성공적인 결혼에 도달하는 인간관계의 발전을 비유로 사용한다 (1994). 첫 번째, 파트너들이 만나고, 서로 매혹당하며, 적합성을 발견한다. 두 번째, 그들은 지속적인 만남을 갖기 시작하고 미래에 대한 계획을 세우는 것에 동의한다. 세 번째, 집을 정해 함께 살기 시작한 커플들처럼 파트너들은 일들이 어떻게 진행되어야 하는지에 대해 서로 다른 생각을 가지고 있음을 발견한다. 네 번째 단계에서는, 파트너들이 지속적으로 잘 지낼 수 있게 서로 다른 점에 대처하는 방법을 발전시키면서 정착한다. 마지막으로 관계가 효과적으로 작용하게 만드는 적응의 결과로 각각이 만들어 낸 중요한 변화들을 인식하면서 파트너들이 함께 나이가 들어간다. 파트너십이 진화할 수 있는 시간이 있는 곳에서는 앞의 비유가 매우 유용한 반면, 대부분의 경우에는 파트너십이 탑다운 방식으로 부과되며, 특히 주도하는 기관의 이익을 보호하기 위한 계약관계에 [커뮤니티가] 묶여있을 경우, 앞의 비유는 그 가치를 상당 부분 상실한다. 자체의 우선순위로 따라 권력을 휘두르는 파트너 또는 그 집단의 파트너는 행복하고, '생산적인' 결혼에 이바지하기 힘들다. 그리고 이러한 경우에 이혼은 그다지 멀지 않은 미래이다.

파트너십 작업을 장려할 때, 정부 기관은 '우리는 공공, 사적 그리고 자발적인 부문의 기여와 커뮤니티 자신들의 기여를 정리해 볼 필요가 있다. 만약 서비스 전달자들이 함께 작업하지 않는다면 우리는 시민 중심의 서비스를 진정으로 성취하지 못할 것이다'라고 주장한다 (Section 2.30, 2001). 작업에 대한 이러한 접근법은, 특히 최근 주요한 사회 이슈들의 횡단적 특성을 인정한다면, 논리적으로 보일 수 있다. 그러나 현실에서 전문가 세력권과 전문가 권력이 의미하는 것은 기관들이 그렇게 할 것을 강요받을 때조차(또는 그러한 강요 때문에), 진정한 파트너십 작업을 전적으로 받아들이기 위해 싸워왔다는 것이다. 커뮤니티 개발에서처럼 기관들은 협조적으로 일하기 위해 그들 자체의 작업 스타일을 적용하기보다는 몇몇 사람들이 작업을 위협하는 방식으로 인식하는 것을 결합하는 방식들을 찾아왔다. 이를 위해 마르쿠제(1968)가 흡수력이라 언급했던 것, 즉 상반된 것을 받아들이고 조화로운 다원주의를 추구하는 힘을 활용한다. 대부분 실망스럽게도, 커뮤니티들을 조잡한 컨설팅을 넘어서는 방식들에 의미있게 참여시키는 데 있어, 파트너십 작업은 여전히 자발적이지 않음과 무능력함에 의해 한계를 보여 주는 경우가 있다.

공동저자: 도나 우드하우스 (Donna Woodhouse)

참고문헌

Audit Commission (1998) *A Fruitful Partnership: Effective Partnership Working*. London: Audit Commission.

Banks, S. and Orton, A. (2007) '"The Grit in the Oyster": Community Development Workers in a Modernising Local Authority', *CDJ*, 42 (1): 97--113.

Government White Paper (2001) *Strong Leadership-Quality Public Services*. London: HMSO.

Home Office (1998) *Compact: Getting it Right Together. Compact on Relations between Government and the Voluntary and Community Sector in England*. London: HMSO.

Hope, T. (1995) "Community Crime Prevention" in M. Tonry and D. Farrington (eds) *Building a Safer Society: Strategic Approaches to Crime*. Chicago: Chicago University Press.

Ingamells, A. (2007) "Community Development and Community Renewal: Tracing the Workings of Power", *CDJ*, 42 (2): 237--250.

Marcuse, H. (1968) *One-Dimensional Man: Studies in the Ideology of Advanced Industrial Society*. London: Routledge.

Kotter, J. (1996) *Leading Change*. Harvard: Harvard Business School Press.

Ministry of Housing and Local Government (1969) *People and Planning: Report of the Committee on Public Participation and Planning*. London: HMSO (the Skeffington Report).

Moss Kanter, R. (1994) "Collaborative Advantage", *Harvard Business Review*: July-August.

Pearson, S. and Craig, G. (2001) "Community Participation in Strategic Partnerships in the United Kingdom", in J. Pierson and J. Smith (eds) *Rebuilding Community. Policy and Practice in Urban Regeneration*. Palgrave: Hampshire.

Putnam, R. (1999) *Bowling Alone*. New York: Simon & Schuster.

Wilson, A. and Charlton, K. (1997) *Making Partnerships Work a Practical Guide for the Public, Private, Voluntary and Community Sectors*, York: Joseph Rowntree Foundation(www.joint-reviews.gov.uk/money/partnerships/files/partnerships-HardCopy.pdf).

커뮤니티 재생

'커뮤니티 재생'(community regeneration)은 도시 재개발(urban renewal), 또는 공공 수용성(acceptability)의 평균 기준에 미치지 않는다고 간주되는 인근 지역, 마을, 도시, 광역도시권의 사회적, 경제적, 환경적 복원을 포함하는 오래된 정부 정책 현상을 언급할 때 사용되는 새로운 표현이다. 그렇지만 커뮤니티 재생은 도시 재개발과는 두 가지 면에서 다르다. 첫째, 일반적으로 도시 재개발과 관련된 공공 단체들을 초월하여 다양한 사설 기관들을 포함한다는 것이다. 그리고 두 번째는 모든 부문에서 일반 대중의 참여를 권장하는 것이 명확한 목표라는 것이다.

섹션 개요

재생 절차의 주요 초점을 개관한 후, 이 장에서는 영국에서 전개된 재생 과정의 여섯 가지 주요 국면에 대한 간결한 스케치를 제시한다. 그 후, 커뮤니티 재생 프로그램과 추진에 있어 성공과 약점을 보다 상세하게 논한다. 이 논의와 더불어, 시장에 대한 의존이 드러나고 또 표면상 커뮤니티 참여를 권장하는 것을 목표로 하지만, 스스로가 거의 통제력을 갖지 못해 사회적, 문화적, 경제적 그리고 정치적 힘들에 휘둘리는 빈곤한 그룹들에게 의도치 않은 결과를 가져오는 현 단계에 비판적인 주의를 기울인다.

위의 정의가 제시하듯이, '커뮤니티 재생'은 충분치 않은 주택, 학교, 운송, 제한된 고용과 여가 기회, 땅, 물, 공기 그리고 소음 오염, 교통 체증, 토지 사용에 대한 갈등 또는 불순응, 그리고 개인과 커뮤니티의 웰빙에 미치는 파괴적인 심리적, 사회적, 환경적 영향과 같은 문제를 유발하는 도시 해체를 어떻게 다룰 것이냐에 관해 생각하는 현재 방식들을 언급할 때 사용된다. 도시 해체는 시장의 실패에 기인한 것이라는 전통적 통념, 따라서 공적 개입이 이런 시장의 [실패로 인한] 결과를 호전시킬 수 있으리라는 관점에 기반한 것이 공공단체에 의한 도시 재개발이었다면, [이와는 달리] 커뮤니티 재생을 떠받치는 생각은 최선의 해결책을 제시하기에는 공공 단체들이 사설 기관들이나 커뮤니티만큼 적합하지도, 박식하지도 않다는 것이다. 그 결과는 경쟁 입찰에 찬성하여 정책의 변경을 가져온 것으로 나타났다. 경쟁 입찰은 재생 설계에 있어서 효율성(즉 투입 비용과는 상관없는 최고 산출)의 측면에서 고려되어야 한다는 것을 보여주고 있으며 더 많은 커뮤니티 참여해야 된다는 사고에 기반을 두고 있다('정치적 커뮤니티' 참조).

영국의 경우 커뮤니티 재생의 전개 과정에 나타나는 여섯 개의 주요 단계를 찾아볼 수 있다. 각각 단계의 특징은 특별한 이유 또는 도시 해체에 대한 일련의 이유, 그리고 이에 상응하는 정책 해결책으로 설명할 수 있다.

1930년 주택법에 의해 지역 당국들은 많을 빈민가를 철거하고 영국 전역에 걸쳐 새 건물을 설계했지만, 당국의 개입은 즉흥적이고 가변적이었다. 그러나 제2차 세계대전 직후 시기에는 사설 및 공공 주택 건물의 범위와 규모를 확장되었으며, 도시 재생은 보다 잘 조직화되고 계획적으로 이루어졌다. 이것에 대한 세 가지 주된 이유가 있다. 전쟁 피해로 인해 생긴 부족함과 씨름해야 할 필요성, 도시 계획의 출현, 국유화의 새로운 추진력이 여기에 해당한다. 1946년 신도시법은 1947년과 1950년 사이 새로운 정착지와 기존의 정착지 모두에 있는 14개 신도시 건물에 대한 행정과 재정구조의 시행을 승인한 것이었다. 그러나 1949년에 이르면, 가속화된 비용의 문제들과 사회적 대변동의 영향이 명백해졌으며, 이는 재개발에서 재생으로의 명백한 전환(shift)이라 하겠다.

1968년부터 1977년까지의 두 번째 단계에서는 장소뿐만 아니라 사람들의 문제에 초점이 맞추어진다. 이때의 도시 지원프로그램들은 재생 접근법에 관한 현재의 합의와 비교해도 급진적이었다고 말할 수 있다. 그러나 그 프로그램들은 자조(self-help)의 효능, 그리고 가난한 사람들의 행동과 태도를 병리적으로 보는 경향이 있는 가난의 대물림 이론과 같은 사회학적 논문을 포함한 사회학적 이론들의 효과에 대한 이데올로기적 가정(assumptions)에 의해 영감을 받은 것이다. 그 결과, 도시 지원프로그램들은 실험적인 경향을 보였고, 개입(intervention)에 있어서 사람들 행동의 문화적 측면들을 변화시키는 것을 통해 박탈(deprivation)을 제거하는 데 성공적일 수 있다고 가정했다. 이런 측면에도 불구하고, 지역적으로 정책을 실행하는 데 참여한 그들 중 일부는 커뮤니티 자산을 파악하고 범죄, 인종 간 긴장감 그리고 교육 정도의 낮은 수준과 같은 사회적 병리와 문제들을 야기하는 구조적 과정을 발굴하려했다. 또한 이것이 재택 근무 커뮤니티 발전 프로젝트(Home Office Community Development Project)(CDP)의 성립으로 이어졌다.

만 명에서 이만 명의 사람들로 구성된 구역들에서 설정된 이 열두 개의 프로젝트는 본질적으로 도시의 문제들을 다루는 데 있어 비용이 적게 들고 대안적인 방법들을 찾는 실험이었다. 이러한 프로젝트는 재생의 강조점을 사회적 병리학에서 이동시켰으며 경제적인 불평등의 맥락에서 박탈에 대한 책임을 정면으로 물었다. CDP에 대한 지원이 지속되지 않았음에도 불구하고, 짧은 기간 동안 프로젝트 중 몇 개는 많은 이슈들, 특히 고용에 관한 이슈들에 대한 캠페인에서 성공을 거두었다. 몇몇 참여 복지사들은 지역적 한계에 도전하는 데 성공을 거두었으며 지역의 논쟁을 구조적인 불평등에 대한 보다 근본적인 비판으로 옮겨가게 했다 (Henderson and Armstrong, 1993). 그러나 재생에 대한 이러한 초기 시도들은 보다 또 다른 명백한 모순을 드러내게 된다. 지역의 현장 정보 및 협력관계 요청이 필수적인 전략적 비전에 의해 뒷받침되지 않았으며, 이 때문에 이런 재생 프로그램이 타겟으로 하는 바로 그 사람들이 이 프로그램에 저항을 하게 되었던 것이다.

1978년부터 1987년까지에 해당되는 세 번째 국면에서는 도시 해체와 박탈감의 규모 자체와 그 상호연결성을 인정하는 도심 빈민가를 위한 백서(White Paper for the Inner Cities) 출판이 촉구되었다 (DoE, 1977). 백서는 아무 조치도 취해지지 않는다면 도심(inner cities, 현재는 복합적인 박탈감들이 나타나는 도시 지역을 묘사하는 데 사용되고 있는 잘못 정의된 용어)의 가장 빈곤한 그룹들 사이에서 억울함과 소외감이 증가할 것을 예측하면서, 도시 재생에 영향을 줄 수 있는 주류 정책들이 변화해야 된다고 촉구했다. 도심부 지역법(Inner Urban Area Act)이 1978년에 통과되었고 도시 지원(Urban Aid) 자원들이 네 배가 되었다. 1979년에는 대처의 제1차 내각(the first Thatcher Government) 선출과 더불어 시장, 경쟁력 그리고 사회적 응집력에 대한 복지국가의 방향성을 재설정했다. 또 이 시기에는 파트너십이 공식화되었는데, 예를 들어 기업촉진지구제(Enterprise Zones)를 통해 민간 부분 파트너십을 더욱 권장했다. 기업촉진지구제(Enterprise Zones)는 세금 공제를 계획했으며 민간 부문 투자를 유도하는 보조금을 제공했다. 12개의 주요한, 한시적, 도시 개발 조합(Urban Development Corporation)들과 같은 관변단체(QUANGOs, Quasi Autonomous Non Governmental Organization)들[4] 또한 수면 위로 떠올랐다. 소수의 도시 실행팀(City Action Team)들도 다른 기관들이 함께 활동하게 만들기 위한 임무를 띠고 1985년 설립되었다. 또 이 단계는 보수당 내각이 지역 당국들의 권력 기반을 약화시키려 했던 시기 동안 여러 추진계획에 대해 지리적인 부분에만 초점이 맞춰져 있던 단계였다. 이에 대한 반응으로, 몇몇 노동위원회는 지역적 문제들을 다루는 계획들을 세웠고, 이 지역들에서 노동당, 노동조합 그리고 지역 커뮤니티의 동맹 하에 몇몇 서비스의 분산화가 있었다. 그러나 중앙 정부가 지역 정부 권력을 쇠퇴하게 만든다는 맥락에서 볼 때, 기존의 서비스를 유지하는 것에 초점이 맞추어지게 되었다.

---

[4] 역주: 정부의 지원금과 보조금으로 운영되는 비영리 단체

이어진 다섯 번째 단계에서 큰 변화가 눈에 띄지는 않지만 정책에 대한 검토, 그리고 도시를 위한 행동(Action for Cities 1988) 형성이 이 시기의 커뮤니티 재생을 특징지었으며 이는 1990년까지 진행되었다. 이 시기 동안 도시 지원 프로그램은 재조직화되었고, 57개 우선 순위 지역이 설정되었고, 각 지역들은 지역 문제들과 그 문제들을 다루는 전략을 밝히는 도심지역 프로그램(Inner Area Programme)을 제출해야만 했다. 여러 프로그램들이 협력관계를 향상하기 위해 서로 합쳐졌으며, 몇 지역에서는 기관들 간의 경쟁도 심화되었다.

1991년 시티 챌린지(City Challenge)의 도입은 재생의 다섯 번째 단계의 시작을 알렸다. 이 다섯 번째 단계에서는 각 부문 간 파트너십이 강조되었다. 청소년 범죄와 가족생활에 관한 관심이 증가하였고 그 당연한 결과로서 커뮤니티 참여를 장려해야 한다는 명확한 요구에 대한 인식 또한 커져가는 단계였다. 입찰은 보다 경쟁적으로 변했으며 지역 당국이 주도했다. 여기서 핵심은 1994년에 시작된 단일 재생 회계(Single Regeneration Budget, SRB)였다. 20개의 프로그램에서 자원이 끌어들여졌지만 전체 예산은 합치기 이전의 부분들의 합보다 더 적었으며, 요구에 초점을 두었음에도 불구하고, 우선순위는 가장 가난한 지역보다는 최고 입찰가에 주어졌다. 노동당이 1997년 정권을 잡았을 때, 노동당은 단일 재생 회계는 유지했지만 요구에 대해 더 예리하게 집중하기 시작했다. 그러나 1979년 이후 정권을 잡지 못했던 시기, 즉 많은 사회적 이슈에 대한 당의 위치가 덜 '국가통제적'이게 되었던 그 시기에, 노동당은 의회가 제공자라기보다는 조력자의 역할을 하는 복지혼합경제를 승인하게 되었으며 '비영리 부문'에 의해 촉진된 서비스에 대한 참여 역시 동시적으로 증가했다. 여기에서 신랄한 논쟁이 거세어 졌으며 몇몇 비평가들은 노동당이 (많은 어려움 없이) 다른 모든 대안을 대체해 온 커뮤니티 재생에 대해 보수당의 시장-경영자 중심주의 접근을 단지 유지하기만 했다고 비판했다.

현 단계는 사회적 배제를 줄이는 임무를 소관했던 커뮤니티 뉴딜(New Deal for Communities (NDC))과 함께 1997년에 시작됐다. 커뮤니티 뉴딜 (NDC)은 39개 지역에서 운영 중이고, 이전 정책의 세 가닥을 함께 묶고 있다. 이 세 가닥은 전달을 위한 지역 파트너십, 기금 조성을 위한 경쟁, 계획과 실행에 대한 시민의 참여다. 커뮤니티 뉴딜의 다섯 가지 주제는 현재의 많은 커뮤니티 재생이 성취하려는 바를 보여 준다. 이 다섯 가지 주제는 사람들이 일을 하게 하는 것, 장소가 작동하게 하는 것, 젊은이들을 위한 미래를 세우는 것, 지역의 공공 그리고 민간 서비스에 접근을 향상시키는 것, 그리고 정부가 일을 더 잘하게 만드는 것이다. 이러한 목표를 성취하기 위해, 그리고 이 목표를 달성하기 위해서, 그리고 표면적으로는 제3의 길(the Third Way)과 묶여지면서 도덕적 경제적인 부흥의 기반으로서의 커뮤니티에 대한 공동체주의적(communitarian) 믿음으로 이어졌을 때, '역량 구축'이 해답으로 보인다 ('서론: 오늘날 커뮤니티의 의미' 참조). 역량 구축은 지역민들이 발전시키지 않았거나 습득하지 않은 능력을 갖추게 하는 데 초점을 맞춘다. 여기에는 개인적 요구와 커뮤니티의 요구를 충족시키는 것에 부합하는 활동들 속에서 지역민들의 능력을 사용할 수 있게 도와준다는 확실한 목표가 함께 한다. 사회의 가장 빈곤한 구성원들이 사회 및 비즈니스 규범들에 가장 적응하지 못하는 경향이 있기 때문에 이들이 일자리 혹은 현재의 서비스 경제에서 보다 안전하고 수익성이 좋은 직업에 대한 기회를 향상시키는 '소프트' 스킬을 발전시킬 필요가 있다는 염려에 대한 응답으로 커뮤니티 재생에 참여하는 사람들에 대해 이처럼 초점을 맞추게 된다. 개인들의 이러한 '숙련도 향상'(up-sklling, 업스킬링)은 '유례없이 파괴적이며, 그 진로를 방해하는 것을 약화시킬 여러 힘들을 불러일으키는' 빈곤의 악순환을 끊으려는 시도의 일부이다 (Pierson and Smith, 2001: 206).

커뮤니티 재생의 현 단계에서 비용과 효율만으로는 너무 협소한 기준이기 때문에 자원의 분배를 결정할 수 없다는 것에 대한 동의가 있다. 그리고 작은 지리적 영역들에서 17가지의 선도영역이 파악되면서 [커뮤니티의] 요구로의 명백한 정책적 전환이 있어왔다. 또한 통합된 사고를 시도함에 있어 참여와 '사람에 대한 투자'가 특별히 더 강조되었으며 재생은 슈어 스타트(Sure Start)와 같은 다른 계획들을 보완하기도 한다. 슈어 스타트(Sure Start)는 어린이, 부모들 그리고 커뮤니티를 위한 더 나은 결과를 얻기 위해 육아의 가용성(availability)을 높이고 어린 자녀들의 건강과 정서적 발달을 향상시키고 부모들을 위한 지원을 제공하고자 하는 프로그램이다.

이 모든 활동은 재생이 정부 정책 중 점점 주목을 받는 영역이 돼가고 있다는 것을 말해 준다. 요지는 도시의 박탈감을 다루는 개입(intervention)의 요구는 거의 이슈가 되지 않지만, 이런 개입의 목적, 그리고 변화를 가져오는 개입의 능력은 이슈가 된다는 것이다. 밀러(Miller)는 다수의 프로그램과 계획들이 제한된 영향력만을 가지는데, 심지어 참여한 파트너들의 목표치를 사용하여 측정되었을 때조차 그렇다고 주장한다 (2001). 밀러가 또 지적했듯이, 재생 추진계획들의 상당수는 요구에 대처하기 위한 동기에서라기보다 오히려 불안함의 결과를 반영하여 새로 시작되는 경향이 있었다. 결론적으로 말하자면 그들은 단지 '지역적인 좌절감을 관리하는 것'에 초

첨을 맞췄다는 것이다 (p. 141). 보다 일반적인 비판을 덧붙인다면, 잉가멜스(Ingamells)는 재생이 좋은 것 그 자체라는 가정에 의문을 제기하며, 장기간에 걸쳐 '가장 빈곤한 거주자들이 도시 재개발 역학을 경험할 때, 그들은 권리를 지지해 준다기보다 위협하는 것으로 느꼈다'고 주장한다 (2007: 242). 재생이 커뮤니티와 함께(with) 또는 커뮤니티를 위한(for) 것이라기보다 커뮤니티에(to) 행해진 어떤 것이라는 느낌이 자주 수반되었다는 것이다.

이것이 시사하는 바는 가장 빈곤한 사람들이 재생에서 예상된 이익을 항상 얻는 것은 아니라는 것이다. 오히려 재생된 공간에 다시 거주하게 될 때 그들은 그 과정에서 종종 이탈(displaced)을 경험하게 된다는 것이다. 재생에 참여한 실무자들은 새로운 거주자들이 매우 필요한 새로운 기술, 사회적 자본 그리고 가처분 소득을 가져올 것이며, 지역에 활력을 더 할뿐 아니라 더 넓은 사회적 네트워크를 발전시키는 데 일조할 것이라고 희망한다. 그러나 자료에 의하면 새로운 주민들과 함께 따라오는 것은 새로운 문제 또는 기존의 문제들의 심화라는 것이다. 하비(Harvey)가 지적하듯, '도시의 권리'는 사람들을 변화시키고 도시를 변화시킬 수 있는 모든 이들의 권리에서 개인들, 민간, 또는 준민 간 이익의 권리로 전환되고 있음이 명백히 드러나고 있는 것이다 (2008).

예를 들어 고소득자들이 구역들을 장악하면서 종종 발생하는 젠트리피케이션(gentrification)이 있다. 이 문제는 가족 주택이 아니라 아파트와 같은 1인 주택의 신축, 그리고 1인 주택으로 바뀌는 기존 부지들 때문에 더 악화된다. 또 다른 문제는 커뮤니티의 응집력이 종종 약화된다는 것이다. 이는 재생 구역에 몰린 새로운 주민들의 높은 이직률에 기인하는데, 이들은 아마도 단기 고용 계약 때문에라도 터를 잡고 살 수 없는 것이다. 그래서 기존에 살고 있던 사람들과 보다 최근에 이사 온 사람들 사이의 적대감이 생길 수 있으며, 더 심각한 것은 기존에 살던 사람들이 쫓겨날 수도 있다는 것이다.

이런 정황은 프랑스의 마르세이유 레퓌블뤼크 재생 프로젝트(Marseille République regeneration project)에서 그 명확한 사례를 찾아볼 수 있는데, 러핀(Ruffin)은 귀이(Guilluy)와 노와예(Noyé)의 '성공적인' 젠트리피케이션 과정의 단계적인 실패를 개관한다 (2007). 그 과정은 잔존하는 노동자들을 대체하는 예술가들과 학생들 같은 자영업자와 초기 이주민들의 도착과 함께 시작된다. 그 구역의 지위는 표면적으로는 보헤미안 문화의 형태를 띤 새로운 문화 시설의 발전과 함께 강화된다. 이는 유행하는 술집, 카페, 아트 갤러리 그리고 공연 공간 등이 곧 생길 것이라는 신호가 된다. 곧바로 '금융, 회사 자본 그리고 점점 기업가적인 태도로 변하는 지방 정부 기구들에게 지원을 받는'(Harvery, 2008: 33) 개발업자들은 신흥 시장을 알아채고 입주한다. 그리고 이것은 자영업자들의 출발을 재촉하는 반면 육체노동을 하는 피고용된 노동자계급이 쫓겨난다는 신호가 된다. 개발업자들과 자본가들의 수가 매우 빠르게 증가함에 따라 정착했던 노동자계급 인구는 붕괴한다. 그리고 초기 이주민들은 임대계약 갱신 불가와 임대료 증가에 의해 내몰린다. 입주해 들어 온 개발업자들은 부동산의 재전환과 '보행자 구역, 공원, 자전거 도로' 개발을 통해 도시 재생을 조장한다. 노동계급 지역민들은 중산층이 되고 이들은 '에스닉 카페와 식당들', '이국적인 예술작품을 파는 콘서트 홀과 갤러리들', '글로벌 커뮤니티의 멤버십을 열망하는 사람들을 매혹시킬 글로벌 브랜드를 특정 구역에 헌정하기 위해 개발업자들이 조성하는 것을 배워 온 명성의 모든 상징들'을 부추기는 '라이프스타일' 분위기를 과시하기 시작한다(Donzelot, Ruffin의 책에서 재인용). 마르세이유 거주민들은 샤론 주킨(Sharon Zukin)이 '카푸치노에 의한 화해'(Harvey, 2008에서 재인용)라고 부른 이 과정을 압축적으로 보여주고 있는데, 지방 정부 기구에 의해 지원을 받은 마르세이유 거주민들은 시대에 뒤진 것처럼 보이거나 주변부처럼 보이는 것에 대한 공포 때문에 젠트리피케이션을 수용했던 것이다. 마르세이유 레퀴블리크 재생 프로젝트는 '중산층을 위한 유럽 문화의 창조'로 귀결되었으며 '우리와 같은 사람들은 그 경관을 해치는 것들이었다.'

피어슨과 스미스(Pierson and Smith)는 빈곤한 도시구역 활성화를 위한 가장 성공적인 노력들은 커뮤니티 자체에서 생기거나 커뮤니티와 함께 실행하는 것이며, 그들에게 정당성을 부여하는 것이 바로 이 참여라고 논한다(2001). 그러나 현재 커뮤니티 파트너십을 방해하는 너무 많은 관료주의적 구조가 있으며, 또한 이 구조는 커뮤니티의 수용능력 부족과 짝을 이루어 진정한 참여를 가로막는 방어벽으로 작용한다는 것 역시 증명한다. 비즈니스와 법정 기관들이 권력의 지위를 장악함에 따라 많은 파트너십은 여전히 피상적이다. 그 결과 '규범들'과 커뮤니티 이해관계에 대한 논쟁을 통해서 공식적이고 합의중심적인 노선에서 벗어나는 경우는 거의 없게 된다. 또한 과소평가되었지만 중요한 또 한 가지 문제는 지역 커뮤니티가 파트너십에 참여하는 것에 장애가 있다는 것이다. 기관들이 스스로를 커뮤니티에 대한 전문적 지식, 권위 그리고 타당성을 갖고 있다고 보는 반면, 커뮤니티의 입장에서는 그 기관들이 지역의 문제들을 다루기 위해 준비를 갖춘 단체라기보다는 오히려 그 문제들을 만드는 자들로 비춰질 수도 있다는 것이다.

최근 커뮤니티 재생에 대한 또 다른 비판은 시장 원리에 의존하는 새로운 관리주의에서 나온다. 커뮤니티 재생은 '돈을 위한 가치'(Value for Money)와 '최고의 가치'(Best Value)라는 정부의 관리 개념의 지원 하에 발전되어 왔다. 반면 동시에 도시 재생은 보다 광범위하게는 민간 부문 발전에 의해 작동된다. 커뮤니티 재생을 특징짓는 것은 광범위한 공간의 상품화인데, 즉 지역 당국이 아니라 민간 회사가 통제하는 공간이 점점 더 많아짐에 따라 공공 영역과 민영화된 영역 사이에 점점 균열이 더 커지게 된다는 것이며, 커뮤니티 재생은 이를 반영한다. 시장이 의사결정에 있어 더 많은 효율성과 유연성을 낳는다는 모든 의견들도 불구하고 래드포드와 랍슨(Bradford and Robson)은 재생 계획을 위한 자금 규모가 실제로 얼마나 작은지, 주류 예산 삭감이 도시 기금 증가를 얼마나 앞질러 왔는지에 주목한다 (in Miller, 2001).

커뮤니티 재생의 주된 목적 중 하나는 지속가능성의 성취이다. 그러나 아놀드와 콜(Arnold and Cole)이 지적하듯 계획에 대한 모니터링과 평가가 이를 의식하는 경우는 거의 없고 재생의 실제 많은 장기 이익들은 그들의 내포적 특징 때문에 명확하게 정의되지 않는다 (1998). 아놀드와 콜의 자체 사례연구 중 하나에서 볼 수 있듯, 장기적 이익들이 명시되어 있는 곳, 다시 말해 목표가 '광범위한 재생 정책의 일부인 다양한 사회 및 커뮤니티 인프라 향상의 지속가능성에 맞추어 장기적으로 준비된 커뮤니티를 만들고 떠나는 것'인 곳에서 초점은 종종 '능력배양'에 맞춰진다. 그러나 밀러(Miller)가 지적하듯, 유일하게 능력배양을 지속시킨 진정한 시도가 있었던 기간의 재생 단계는 앞서 말한 두 번째 단계이며, 이는 1969년 커뮤니티 개발 프로젝트(Community Development Project)들의 개시로 이어졌다 (2001). 후속 정부에 의한 정책 통제 중앙집권화는 능력배양을 통한 커뮤니티 역량강화에 대한 옹호와는 불편한 조합을 이루어왔다. 재생의 현재 단계에서 지속가능성의 근거는 특히 노동 시장 주도권과 관련해서 볼 때 빈약하다. 그리고 지속가능성을 성취하려는 시도들은 [커뮤니티의] 외부적으로 설정된 목표들과 법안들의 도움을 받지 못했는데, 이러한 목표들과 법안들은 서로 상이하면서도 지쳐있는 다양한 커뮤니티에 '해결책'을 강제함으로써 커뮤니티 역량을 촉진시키기보다 오히려 약화시킬 수 있기 때문이다. 지속가능성에 대한 잠재력은 재생을 위한 많은 자금이 단기적 속성을 가지고 있기 때문에 종종 더 방해를 받는다. 이런 단기적 송성은 성공은 장기적 투자를 통해 가장 잘 달성된다는 조언에 역행한다 (DETR, 1997).

커뮤니티 재생의 효율성에 비춰볼 때, 롭슨(Robson) 등은 커뮤니티가 성공적이었는지 여부는 고사하고 심지어 커뮤니티가 달성할 목표가 무엇인지 결정하는 것조차도 어렵다고 결론짓는다 (Robson et al. in Miller, 2001). 근본 원인에 대한 접근도 거의 없이 도시 빈곤과 연관된 문제들은 오랜 기간 형성되어 왔다. 실제로 최악의 영향을 받은 영국의 도시와 마을에서 도시 해체와 사회적 불안감이 계속되어 왔다는 것은 부인할 수 없다. 재생 프로그램이 종종 실패하는 이유가 그들의 주된 구조적 원인을 다루지 않고 이 빈곤 지역을 해체하는 것에만 주의를 집중하기 때문이라는 논쟁이 있다. 그러나 지금까지의 논의가 제안하는 바는 커뮤니티 재생이 제 기능으로 되돌아가 갈 필요가 있다는 것이며, 이는 개발업자나 자본가들이 투기를 하고 중산층 문화 관광객이 소비하는 도시가 아니라 사람들에게 살고 일하고 레저를 즐기기에 품격 있는 도시를 제공하는 것이다.

참고문헌

Arnold, P. and Cole, I. (1998) "Community Involvement and Sustainable Neighborhood Regeneration" in C. Cooper and M. Hawtin (eds) *Resident Involvement and Community Action: Theory to Practice*. Coventry: Chartered Institute of Housing.
Department of the Environment (1977) *Policy for the Inner Cities*. London: HMSO.
DETR (1997) *Regeneration - The Way Forward*. A Discussion Paper. London.
Harvey, D. (2008) "The Right to the City", in *New Left Review*, 53: September/October.
Henderson, P. and Armstong, I. (1993) "Community Development and Community Care", in J. Bornat et al. (eds) *Community Care: A Reader*. London: Macmillan.
Ingamells, A. (2007) "Community Development and Community Renewal: Tracing the Workings of Power", *Community Development Journal*, 42 (2): 237-250.
Miller, C. (2001) "Community Regeneration and National Renewal and the United Kingdom" in J. Pierson and J. Smith (eds) *Rebuilding Community: Policy and Practice in Urban Regeneration*. Basingstoke: Palgrave.
Pierson, J. and Smith, J. (2001) "Introduction" in J. Pierson and J. Smith (eds) *Rebuilding Community: Policy and Practice in Urban Regeneration*. Basingstoke: Palgrave.
Ruffin, F. (2007) trans. by Hounam, D. "The Politics of Urban Planning, Marseille: upgrades and degradation", *Le Monde Diplomatique*, February.

커뮤니티 청소년 활동

'청소년 활동'(youth work)이라는 용어는 청소년들이 비공식적인 교육에 참여하는 데 도움이 되는 배경을 창출하는 과정을 말한다. 파생적 개념인 '커뮤니티 청소년 활동'은 세 가지 면에서 이와 구분할 수 있다. 첫째는 참여의 방법의 측면에서, 둘째는 청소년 활동 과정에 젊은이들의 참여를 권장하는 것에 대한 강조의 측면, 그리고 마지막으로는 청소년 '문제'를 이해할 수 있는 주요한 열쇠로서 사회적 통제와 권력을 파악하는 방법을 통해서이다.

섹션 개요

이 장의 출발점은 커뮤니티 청소년 활동의 발전을 '십대'와 청소년 문화의 역사적 출현의 배경에서 이해해야 한다는 것이다. 이어서 한때는 당연하게 받아들여졌던 획일적인 기준과 구조적 패턴의 붕괴를 이끌어 낸 심오한 사회적, 문화적, 경제적 그리고 정치적 변화를 목격해 온 젊은이들의 사회적 위치와 관련해서 이해해야 한다는 것이다. 그 후에 청소년들이 이러한 변화에 대한 '존중할만한 공포'의 예봉을 겪었으며 커뮤니티 청소년 활동에 대한 접근이 이러한 상황에 대한 비판적인 반응으로 출현했다고 논의된다. 청소년 활동의 세 가지 유형을 논한 후, 이 장은 젊은이들과의 활동이 어떻게 계속 실제로 적용될 수 있는지 그리고 이것이 젊은이들 자신과 사회 전체에게 암시하는 것은 무엇인지에 대한 논쟁으로 끝을 맺는다.

커뮤니티 연구란 무엇인가?

근대 자유주의 국가에서 전부는 아니라고 할지라도 대부분의 청소년 활동은 공공 기금 서비스에 의해 제공된다. 영국에서는 이 서비스가 유스 서비스(the Youth Service)로 알려져 있다. 이 서비스에서 젊은이들과의 관계는 서비스와 젊은이들 사이에서 이루어진 계약이 주로 자발적인 성격을 갖기 때문에 여타의 법적 기관 업무와는 구별된다. 대체로 이같이 공공 기금 서비스로 실행된 청소년 활동은 전통적으로 개인적 사회적 개발과 연결돼왔는데, 이는 젊은이들의 정신적, 도덕적 복지에 대한 19세기 중반의 관심으로부터 생겨났다. 문제 청소년이라는 근대 개념을 발명한 사람은 지 스탠리 홀(G. Stanley Hall)로 이 개념은 1904년 그의 연구『청소년기』(Adolescence)에 발표되었다. 이 문제를 다루려는 노력을 조직화하기 위하여 1904년 신체적결정위원회(the 1904 Committee on Physical Determination)는 '청소년'을 대상으로 하는 대규모의 신체적, 정신적 교육을 촉구하면서 기존의 단체들이 오락거리 이외에는 거의 제공하는 것이 없었으며 단지 소수의 청소년들만 돌보아왔다고 주장했다. 제2차 세계대전까지 이런 조직들은 여전히 복지가 아닌 주로 레저의 제공자로 남아 있었다.

청소년 문제에 대한 현대적 이해와 반응은 풍요한 사회의 부상, 그리고 1950년대와 60년대의 상대적 완전고용이라는 맥락에서 전개되었다. 이 시기에는 매스미디어, 특히 영화와 대중음악은 물론 테디보이 스타일[5], 모즈족과 록커들[6], 머리를 짧게 자른 스킨헤드족, 그리고 여타의 것들을 포함하여 수반되는 하위문화를 중심으로 하는 문화적 중요성이 커지고 있음을 알려졌으며, 이는 '십대'(틴에이저, teenager)라는 현대적 개념을 낳았다. '청소년 문화'는 독특한 사회적 범주로써 젊은이들을 아우르는 하위문화적 특성을 나타내기 위해 현재 사회학자들이 사용하고 있는 용어다.

현대 자유주의 국가에서 1960년대 중반부터 이어진 주요한 사회, 경제적 발전은 서비스업에서의 고용이 증가하고 제조업에서의 고용은 감소했음을 보여준다. 이에 대한 결론을 말하자면 앞에서 언급한 상대적 완전고용 시기에 비교해 볼 때 실업률은 현재 극단적으로 증가했으며 장기 실업률은 1970년대, 1980년대 그리고 1990년대를 거치면서 지속적인 문제가 되었다. 또 실업은 전체적으로 *선별적*(selective) 과정이었다. 즉, 각각 다른 사회 집단들은 각각 다른 층위의 실업을 경험했던 것이다. 젊은이들은 가장 심하게 영향 받은 사회 집단 중 하나였으며 청소년의 특정 집단, 특히 남성 및 노동계급과 소수민족 커뮤니티의 청소년들이 '접근 곤란'(hard to reach)으로서 알려지게 된 것은 바로 이런 풍조의 영향 아래에서였다.

---

5 역주: 1950년대 초반 런던에 등장한 젊은이들을 위한 패션의 일종. 에드워디안 스타일을 과장시킨 스타일을 즐겨 입었으므로, 그들을 테디 보이라고 불렀다. 테디란 에드워드 7세(1841~1910)의 애칭이다.

6 역주: 모즈족은 주중에는 노동자로 주말에는 일탈을 즐기던 젊은 노동자들로 수트와 자전거, 모던 재즈가 그들의 상징이었으며, 이에 반해 록커들은 부유한 젊은이들로 가죽 재킷과 스포츠 모터사이클, 록음악이 그들의 상징이었다.

이런 경향으로 인한 결과 중 하나는 끝없이 확장하는 감시 매트릭스를 가진 사회적 통제로의 추동이 이제 젊은이들과 함께 활동하는 기관들과 조직들의 활동 속에서 불가피해 보인다는 것이다. 이런 추동은 부분적으로는 청소년들을 둘러싼 도덕적 공황(moral panic)에 대한 반응이었으며, 이런 우려는 하층계급 이론에서 제기되기도 하고 반영되기도 하였다. 맥도날드(MacDonald)가 이를 '수사적이고 관념적이며 대체로 경험주의적 사실에서 자유롭다'고 지적하였듯(1997: 181) 이 이론은 젊은이들을 복잡한 문제들의 희생양으로 만들고 '도덕적 패닉에 대한 브루주아의 식욕'을 채우는데, 결국 이는 권력자들의 역사적 순간들에 대한 관심에 의해 주도되면서 [젊은이들에 대한] '존중할만한 공포'를 낳게 된다 (Pearson, 1983).

피어슨이 보여주듯 사회적 붕괴와 도덕적 퇴보를 둘러싼 '존중할만한 공포'가 대부분 노동계급으로 향하게 된 역사가 있어 왔다. 피어슨의 저작은 코헨(Cohen)의 지지를 받았는데, 코헨은 여러 사회가 사회변화의 단계들을 겪어가는 과정에서 그 변화에 대한 두려움이 '민중적 악마'(포크 데빌, folk devils)의 출현 속에 반영된다고 말한다 (1972). '민중적 악마'이란 문화적 원형이며 평화의 끊임없는 원흉이다. 특정한 사회 그룹이 어느 정도까지 '민중적 악마'로 간주될 것이냐에 대한 문제에는 그들이 어떤 법을 어겼는지의 여부나 암묵적으로 사회 규범을 이해했는지의 여부가 부분적으로 관련되며 또 그들이 어떤 사회적 반응을 이끌어내는지에도 부분적으로 관련된다.

코헨에 따르면 민중적 악마는 한 사회와 그 사회를 상징하게 되는 가치들에 대한 위협으로 간주된다. 민중적 악마는 본질적으로 그 사회의 문제점에 관한 모든 것으로 간주된다. 역사적으로 보았을 때 젊은이들(그리고 특히 노동계급의 청소년들)이 성인 사회의 자체적 곤경으로 인한 불안의 표적이 되는 경우가 많다는 것에 코헨은 주목했다. 또 코헨은 이 과정에서 사회의 '통제 문화'(control culture)가 갖는 특별한 의미를 논증하며 통제문화가 우리가 공유된 현실이라고 가정하는 것을 단순히 '반영'하는 것이 아니라 적극적으로 의미를 구축함으로써 그 이데올로기적 역할을 수행한다는 점에 주목했다. 코헨의 모델은 우리가 공포의 관리를 이해하기 위해서 '민중적 악마'의 행위에 애매모호하게 집중하기보다는 이와 관련된 모든 사회적 행위자들을 같이 고려해야 한다는 것을 의미한다. 달리 말해 우리는 사회적 청중들, 그리고 민중적 악마에 대한 그들의 반응을 검토해야만 하는데, 왜냐하면 그러한 꼬리표는 모든 규칙 위반자들에게 자동적으로 부여되는 것이 아니며 몇몇은 완전히 꼬리표에서 벗어나기 때문이다. 코헨이 지적하듯 몇 그룹들이 민중적 악마로 정해지는 방식을 보면 그들은 우리 모두가 되어서는 안 되는 것에 대한 '가시적인 리마인더'라고 할 수 있다.

그러나 비교적 최근 사건에 대해 이렇게 집중할 때 간과하게 되는 것은 공포, 또는 바우만(Bauman)이 공포를 관리하는 방식의 문제라고 부른 것이 끊임없이 되풀이된다는 것이며 이 문제는 근대 자유주의 국가가 시작된 이래 고질적인 국가의 문제였다 (2007: 67). 그가 지적하듯이 정치적 공포는 '최초의 규제완화 겸 개인화'(deregulation-cum-individualization)와 함께 탄생했다. 그리고 규제완화 겸 개인화는 근대 자유주의 국가의 출현을 동반했으며, 당시는 커뮤니티에 따라서 작동했던 전근대 사회의 속박이 깨졌을 때였다 ('커뮤니티 이론' 참조). 바우만은 이어서 오늘날 우리는 한 번도 안전했던 시대에 산 적이 없으면서도 우리는 우리의 보안과 안전에 관련된 모든 것을 잘 통제하지 못한다고 느껴본 적이 없다고 논한다. 그는 또한 역사상 우리 시대는 거대 담론이 그 권위를 상실한 시대이며, 이 시대는 정치인들이 그들의 권력을 유지하기 위해 가진 것이 바로 상상된(imagined) 적들에 대한 공포라고 논한다. 바우만의 논의가 함축하는 것은 우리는 그가 '두 번째의 규제완화 겸 개인화'라고 부르는 시대에 접어들어 살고 있다는 것이며, 이 시기는 더 이상 자신의 권위를 확신하지 못하는 근대 자유주의 국가가 불확실성이 만들어내는 공포를 떠넘길 수 있는 대리 표적을 찾고 있는 시대라는 것이다.

바우만의 저작이 시사하는 것은 만약 청소년들이 존중할만한 공포에 대한 표적이 되어왔다면, 우리가 매일 마주치는 공포들의 숫자만으로 가장 무시무시한 것이 되는 시대에 제일 타격을 많이 받는 사람들도 불가피하게 젊은이라는 것이다. 이런 정세에 대한 반응으로 맥도날드(McDonald)는 우리가 젊은이들과 그들의 삶에 대해 보다 '균형잡힌, 경험적으로 타당한 그리고 현실적인 재현'을 전개해야 할 때라고 주장한다 (p. 183). 자본주의가 계속 우리 삶의 규제를 해제하고 세계의 패턴을 지속적으로 변화시키는 만큼, 그 속에서 영향받을 수밖에 없는 젊은이들의 삶을 이해하려는 이론 역시 [이상적이 아니라 현실적]이어야 한다는 것이다.

커뮤니티 청소년 활동 이론도 다양한 방식으로 정의되어왔으며 이를 위한 연구에 대해 두드러지는 세 가지 접근법을 들 수 있다 (Banks, 1993). *로컬리티 기반*(locality-based) 청소년 활동은 그 용어에서 드러나듯 특정한 현장이나 지역 주위에 초점을 맞춘 다양한 활동들을 의미한다. 그리고 로컬리티 기반 청소년 활동에 대한 수많은 접근법이 있다. 중앙 기반(centerbased) 및 지역 기반(area-based) 활동들은 모두 서비스 분산화를 위한 광범위한 움직임의 일부로 이 방식들이 [고객]반응적인(responsive) 형식이라고 느끼는 기관들은 클럽에 기반을 둔 전통적인 청소년 활동보다 '더 나은 돈의 가치'를 제공한다. 법적인 그리고 자발적인 청소년 서비스 제공 자원 개발 검토에 따른 1982년 톰슨 보고서(1982 Thompson Report)가 출판될 무렵 많은 도시 지역은 후에 단독 청소년 활동 접근법으로 알려지게 된 것을 채택했다. 이 접근법은 몇몇 청소년들은 '소속이 없을' 뿐만 아니라 '클럽의 멤버가 아니'라는 것에 주목한 알베말 보고서(Albemarle Report, 1960)와 페어바인 밀슨 보고서(Fairbairn Milson Report, 1969)에 대한 반응이기도 했다. 뱅크스(Banks)가 지적하듯이 최근 몇 년 동안 노숙인, 약물 남용 그리고 에이즈 환자들 중심의 목표 활동을(targeted work) 통해 전문가 청소년 프로젝트를 커뮤니티에 구축하는 경향이 증가해 왔다. 목표 활동은 젊은이들을 참여시키려는 다른 접근법들의 실패에서 비롯되었다. 이 것은 또한 포괄적인 *서비스*들로부터 문제 인구의 표적화로의 변화와 밀접한 관련이 있으며 이 문제 인구의 표적화는 보호 감독에 대한 대안을 제공하는 많은 기획들을 소개해 온 청소년법과 (청소년 서비스가 밀접하게 관련된) 사회복지 내부의 두드러진 변화에서 예를 찾아볼 수 있다.

피어슨과 코헨의 중요한 이론서의 출판 이래 청소년 문화에 대한 사회·문화 연구 조사의 본격적인 내용이 주로 영국과 북미에서 발전되었다. 그 연구는 젊은이들(그리고 노인들)에 대한 편견과 차별이 사회의 사회적, 문화적, 정치적, 그리고 경제적 구조에 뿌리 깊게 박혀있다는 것을 보여준다. 뱅크스(Banks)는 이런 상황에 대한 비판적 대응으로 등장한 청소년 활동 접근법이 *이익공동체의 청소년 활동*(youth work with communities of interest)이라는 표현으로 요약될 수 있다고 논한다. 이 접근법들은 이익 집단으로서의 젊은이들, 또는 청소년 범주 내부의 다양한 '서브' 그룹과 협업하는 개입 작업이다. 1980년 인종 평등 위원회(Commission for Racial Equality)가 출판한 수치들은 흑인소수민족(Black Minority Ethnic, BME) 청소년에게 제공되는 청소년 활동 비율이 낮다는 것을 보여주었는데, 영국에서는 이 수치들을 고려하여 이 접근법이 충실하게 개발되었다. 톰슨 보고서(1982)는 청소년 활동이 이웃사회의 가치와 태도를 반영해야 한다고 권고하며 흑인소수민족 젊은이들을 위한 별도 활동 제공을 권장한다. 또 해당되는 경우, 몇몇 지역 당국은 흑인소수민족 청소년만을 위한 것이 아니라 소녀들과 젊은 여성들을 위한 전문가 인력도 마련해야 한다고 제시한다. 그러나 청소년 서비스의 목표가 확장되고 수혜자 집단의 연령 범위가 늘어남에 따라 현재 구성되어 있는 청소년 서비스가 각각의 지지층 모두의 요구를 만족시키는 것이 가능하지 않을 수도 있다.

청소년 활동에 대한 커뮤니티 실행 접근법(community practice approach to youth work)은 뱅크스가 인정한 청소년 활동의 세 번째 형태이다. 그녀의 관점에서 볼 때 이 접근법은 서로 다르고 상호 모순된 다양한 접근방식에 신뢰성을 부여하기 위해 단지 기분 좋으라고 붙인 이름이 아니라 훨씬 더 많은 것을 할 수 있으며, 젊은이들과 협업을 할 수 있는 가능성을 제안한다는 점에서 적절하다. 뱅크스는 청소년 서비스(Youth Service)의 우선순위가 종종 지역적으로 결정되지 않는 경우, 현재의 많은 청소년 활동이 진정으로 젊은이들을 소중한 커뮤니티 구성원으로 인정하면서 민주적으로 협업하는 것인지 질문을 제기한다. 특정한 집단들과의 협업을 우선시하는 쪽으로의 변화는 부분적으로 자금의 축소와 더불어 '문제' 인구를 표적화하고

통제하려는 욕망에서 생겨났으며, 함께 일하는 젊은이들의 연계라는 관념이 이제는 청소년 활동에서 그다지 강력하지 않다는 것을 의미한다. 하지만 명목상 그룹 설정에서 젊은이들의 긍정적인 변화에 대해 말하자면, 권한 부여(empowerment)가 이루어진 곳이 집단적인 차원보다는 개인적 차원으로 세분화되는 경향을 보여준다는 것이다. 청소년 활동과 사회적 활동 사이의 구분선 또한 흐려졌는데, 이는 사회적 통제 명령이 강화되었기 때문이다. 또 대상 설정과 측정이라는 것이 커뮤니티 실행 형태의 커뮤니티 청소년 활동에서 매우 중요한 부분인 젊은이들과의 협업 과정을 방해한다. 이러한 문제점들에도 불구하고 요구를 파악하고 점진적 변화를 향해 함께 하는 젊은이들을 격려함으로써 실무자들이 커뮤니티 실행에 접근할 수 있는 여지를 발견할 수 있다는 희망이 있다. 젊은이들이 활용하는 일상 공간 내에서 시설 기반으로부터 아웃리치(outreach) 활동으로의 변화는 현장 전문가들이 커뮤니티 청소년 활동 접근법을 채택하는데 도움을 줄 수 있을 것이다.

청소년 활동의 최근 경향을 이해하기 위해 한편으로는 사회의 젊은이들의 위치 변화 지형을 파악하고 다른 한편으로는 커뮤니티 청소년 활동이 실제로 어떻게 작용하는가를 탐구하는 경험에 기반한 접근법을 채택하면서, 맥도널드 등의 연구자들(MacDonald et al.)은 지금까지 실천된 두 가지 경향을 확인했다 (2001). 그 중 첫째인 문화 연구에서는 어떻게 *살아있는 문화* 가 젊은이들의 삶에 영향을 미치는지 아니면 역으로 젊은이들의 삶이 문화에 어떤 영향을 미치는지 분석하는 것이 우선시된다. 보다 최근 경향은 청소년 이행기(youth transitions)이며, 이는 젊은이들의 삶에 영향을 주는 *구조적인 제약*에 보다 관심의 초점을 맞추었다. 그러나 이 둘 사이가 완벽하게 분리된 적은 없었으며 이행기에 대한 연구를 수행한 저자들은 이와 동시적으로 발생하는 청소년 문화에 대한 분석을 통합할 수 있거나 통합해야 한다고 말한다. 이행기 연구에는 많은 이점들이 있다. 이 연구들은 우리에게 이행기가 엄청나게 복잡하다는 것, 그리고 젊은이들은 정책이 암시하는 선형적 방식으로 고용이나 교육을 바라보지 않는다는 것을 말해줄 뿐만 아니라, 정책 집필자가 이러한 삶을 어떻게 인식하느냐가 아닌, 젊은이들이 진짜 어떻게 생활하는지를 이해할 수 있게 해 준다. 이런 식으로 이 연구들에서는 장기간에 걸친 이행기 추적 그리고 개인의 역량과 구조적인 제약 사이의 복잡한 관계 검토를 요구한다. 이 연구들은 또한 젊은이들의 삶의 기회를 한정하는데 있어 로컬리티의 중요성을 일깨운다. 요약하자면, 이행기 연구에서 제안하는 것은, 젊은이들이 개별적으로 그들의 삶을 어떻게 이해하고 있는지 뿐만 아니라 그들이 커뮤니티를 어떻게 경험하고 있는지 또한 우리가 이해해야 한다는 것이다. 만약 우리가 이 두 가지를 다 이해하지 못하면 청소년 활동 개입은 효과적일 수 없을 것이다.

딘(Dean)은 청소년, 그리고 최하층 계급(underclass)이라는 경멸적인 사고가 상징적 구성(symbolic construction)이며 이를 뒷받침하는 이데올로기적 가정들과는 반대로 그녀와 함께 활동한 대부분의 젊은이들은 매우 평범한 포부를 가지고 있었다고 논한다 (1997). 이는 사회적으로 배제된 젊은이들이 그들 자신의 삶에 개인적, 도덕적, 문화적 책임이 있을 뿐 아니라 이들이 비주류의 가치를 가졌다고 그려내는 최하층계급 모델과는 상반된다. 딘과 맥도날드 같은 저자들이 제시하는 젊은이들의 이야기가 그들의 특정한 연구들에만 해당될 수도 있지만, 그들은 선택을 과도하게 강조하고 제약은 축소하는 최하층계급 이론에 반박하는 근본적인 공통의 경험들을 반영하고 있다. 맥도날드와 마쉬(MacDonald and Marsh)가 주장하듯 그 어느 누구도 전적으로 또는 영원히 단절되지 않는다. 오히려 그들의 생활은 '불안전, 불안정, 그리고 유동적임'에 의해 지배당한다 (2001: 386). 이것은 우리가 젊은이들과 관련된 이슈들을 바라볼 때 중요한 견해이다.

제프스(Jeffs)는 근대 자유주의 국가는 한 번도 일관된 청소년 정책을 수립한 적이 없었다고 논평한다 (1997). 오히려 오랫동안 우리가 목격해 온 것은 지역적 그리고 국가적인 기관들에서 나온 수많은 임시 데이터들이다. 영국에서 청소년 서비스에 대한 정부의 목표(DES, 2002)들은 현재 거창하지만 막연하고, 새로운 관리통제주의, 즉 젊은이들과 관계하는 여타의 기관과 조직에게까지 미치는 일련의 요구들에 의해 작동된다고 한다. 정부는 자금을 지원하는 기관들에게 국가적, 지역적 핵심 우선순위들을 반영할 것을 요구하면서 이를 이유로 청소년 활동을 위한 공립학교 교육과정을 입안하는 것이 적절하지 않다고 말한다. 청소년 서비스는 각각 다른 커뮤니티의 그룹들을 한데 묶으면서 적극적인 시민의식을 활성화고 민주적이고 정치적인 과정에 참여하도록 장려해야 한다. 또한 교육과학부(DES, Department of Education and Science)는 청소년 서비스가 젊은이들의 현 상태에서 일이 시작되지만, 그러면서도 개인적, 사회적 발전을 촉진하도록 개입하면서 젊은이들을 [현재의] 지점 너머로 움직이게 하는 것을 목표로 해야 된다고 지시하여 왔다. 청소년 서비스는 관리 지역의 다양성을 반영하는 숙련된 직원들을 충분히 고용하여 사용자 만족도를 보장해야 한다. 젊은이들은 문제적이라는 이미지에 반대하기 위해서 성취의 장려도 요구된다. 교육과학부는 젊은이들이 청소년 서비스가 도달하려는 목표의 기준들을 정하는 데 참여해야 한다고 강조한다. 또한 교육과학부는 젊은이들의 이런 평가과정의 참여가 '소비자에서 청소년 서비스 제공자'(2002: 33)로의 이행의 시작이라고 보고 있다. 이처럼 사용자들을 서비스 전달자들의 우선순위를 정하는 데 참여시키는 움직임, 그리고 목표 대비 그들의 성취를 평가하는 것은 기관들이 그들의 '고객들'을 보다 잘 책임질 수 있게 만드는 광범위한 경향을 반영하고 있다.

비평가들은 한편으로는 이렇듯 *공식적인* 아젠다가 있지만, 이미 우리가 보아온 것처럼 최하층계급 청소년들에 대한 효율적인 사회 통제 관리라는 비공식적(unwritten) 질서도 있어왔다고 주장한다. 젊은이들과 관계하는 일을 위한 자금은 이제 일반적으로 스트레스를 많이 받는 도시 지역들에서 젊은 남성들을 대상으로 하며, 단기간 성과를 내는 것에 사용되는 경향이 짙는데, 이는 일을 함에 있어 커뮤니티 개발 방식들을 채택하기 어렵다는 것을 의미한다. 성공적인 방식은 지리적으로도, 개념적으로도 일관성이 없는 경우가 많으며, 새로운 시도는 쉽지 않다. 젊은이들을 대상으로 하는 일의 초점은 이 참여자들이 힘을 가지게끔 격려하지 못하는 경우가 대부분이다. 또한 일의 목표는 젊은이들을 기존의 규정과 관료주의에 맞추려고 살살 달래거나, 필요한 경우, 강요하는 것에 국한되어 버린다. 청소년 활동에서 '참여'(participation)와 '권한 부여'(empowerment)는 주류의 많은 커뮤니티 개발 활동에서보다 더 생색내기용 개념이다.

젊은이들을 청소년 활동 영역 외부에 있는 커뮤니티 운동에 참여시키는 것은 드문 경우며, 그들을 대신해서 발언하는 성인들과 언제나 함께한다. 시민권은 청소년보다는 성년과 동일시된다. 시민권이 없다는 것은 참여가 없다는 것에 해당하지만, 이는 보호, 예비 그리고 참여를 요구하는 UN

아동의 권리에 관한 협약(United Nations Convention on Children's Rights (1989))에는 역행하는 것이다. 협의가 부족하다는 것은, 젊은이들의 기량(skills)이 종종 무시된다는 것을 의미하고 그들을 문제적 집단과 혼동한다는 것을 뜻한다. 성인들은 점점 더 공공장소에서 젊은이들의 존재가 위협적이라는 것을 발견한다 (West, 1998). 그 결과 법이 항상 특별히 젊은이들을 타겟으로 하는 것은 아니지만 그 적용에 있어서 젊은이들의 공공장소 접근과 공공장소에서 행동을 통제하는 것으로 이어졌으며, 성인들의 공포를 완화시키기 위한 시도의 일환으로 경찰과 지역 당국들이 이 법을 활용해 왔다. 이 법의 예로는 반사회적 행위 금지 명령(Anti Social Behaviour Orders, ASBOs) 도입, 그리고 반사회행위 단속법(Anti Social Behaviour Act, 2003)을 들 수 있는데 이는 사람들에게 겁을 주거나 공포나 불안을 야기한다고 인식된 2인 이상의 그룹들을 경찰이 해산시킬 수 있는 법이다.

뱅크스가 주장한 커뮤니티 접근법에서 불가피하게 성인들을 포함해야 한다는 것은 젊은이들의 참여를 활성화하는 데 장애가 되는데, 왜냐면 성인들이 커뮤니티 활동에 대해 가지는 적은 영향력을 고수하는 것에 민감할 수 있기 때문이다. 커뮤니티 활동이 그들의 권력 일부를 포기하는 모험이 될 수도 있음을 암시하기 때문이다. 그렇지만 예를 들어 영국의 일부 지역 당국들은 청소년 협회를 설립하고 전 행정구역에 걸쳐 또는 특정한 현장에서의 [젊은이들과] 협의(consultation)를 수행해 왔다. 이 솔선수범의 예들은 참여자들에게 개별적인 혜택을 주고 그들이 사는 지역에까지 혜택을 주면서, 젊은이들이 기술(skills)을 개발하고 책임감과 운동의 주인의식을 가질 수 있도록 해 준다.

점점 청소년 활동에 파트너십 활동이 포함되고 있다. 아이디어를 모으고 자원을 효과적으로 활용하는 것을 활성화하는 데 목표가 있지만, 여기에 문제가 없는 것은 아니다. 예를 들어 정부가 긍정적인 사회적 목표를 달성하는 수단으로 스포츠를 열광적으로 옹호하고 때때로 젊은이들을 타겟으로 하는 반면, 두 개의 청소년 스포츠 프로젝트에 대한 빙크스와 스네이프(Binks and Snape)의 연구는 각 부처 간의 경쟁, 비현실적 목표의 설정, 직원 유지(staff retention)의 문제, 그리고 영향 전략(influence strategy)에 대한 전반적인 능력의 부재를 포함한 매우 흥미로운 이슈들을 드러내 보여준다 (2005).

헵디지(Hebdige)는 그의 고전 저서인 『빛 속에 숨기』(Hiding in the Light)에서 청소년은 '그의 존재가 문제가 될 때만 드러난다'고 주장한다 (1988). 앞선 논의가 증명하는 것은 대부분의 정책 및 주류 청소년 활동이 커뮤니티 개발에 젊은이들을 포함시키는 방법에 관한 것이라기보다 청소년 '문제'를 다루는 방법에 관한 것이라는 것이다. 로우랜즈(Rowlands)가 지적하듯 '뚜렷한 불평등의 맥락에서 성장하면 허약한 건강 상태, 허약한 정신 상태 그리고 빈약한 사회 질서가 뒤따를 것이며', 경제 상황 때문에 대부분이 이미 주변화되어있는 젊은이들을 대단히 부당하게 취급하는 것은 사회적 질서에 관한 이슈들에 대처한다기보다, 오히려 그 이슈들을 심화시키게 될 것이다. 청소년 활동가들은 가끔 로우랜즈가 언급한 고질적인 구조적 문제들에 대처할 수 없다는 사실을 강하게 의식하고 있다. 그러나 활동가들은 그들이 젊은이들에게 매일 직면하는 복잡한 개인적, 사회적 이슈들을 다루는 능력을 갖추게 해줄 수 있을지도 모른다고 느낀다. 커뮤니티 청소년 활동은 젊은이에 대한 생각을 단지 골칫거리라기보다 커뮤니티의 자산으로 홍보하는 방식일 뿐만 아니라 정중하고 실용적으로, 특히 그들과 관련된 이슈들을 제기하는 젊은이들과 관계를 맺는 한 방식일 수 있다.

참고문헌

Banks, S. (1993) "Community Youth Work", in H. Butcher, A. Glen, P. Henderson and J. Smith, J. (eds) *Community and Public Policy*. London: Pluto Press.
Bauman, Z. (2007) *Liquid Times: Living in an Age of Uncertainty*. Cambridge and Malden: Polity Press.
Binks, P. and Snape, B. "The Role of Sport for Young People in Community Cohesion and Community Safety: Alienation, Policy and Provision", in A. Flintoff, J. Long and K. Hylton (eds) 2005 *Youth, Sport and Active Leisure. Theory, Policy and Participation*. Leisure Studies Association: University of Brighton.
Cohen, S. (1972) *Folk Devils and Moral Panics*. London: McGibbon and Kee.
Dean, H. (1997) "Underclass or Undermined? Young People and Social Citizenship", in R. MacDonald (ed.) *Youth, the 'Underclass' and Social Exclusion*. London: Routledge.
Department of Education and Science (1982) *Experience and Participation*. Review Group on the Youth Service in England ('The Thompson Report'). London: HMSO.
Department for Education and Skills (2002) *Transforming Youth Work - Resourcing Excellent Youth Services*. London: Department for Education and Skills/Connexions.
Hebdige, D. (1998) *Hiding in the Light: On Images and Things*. London: Routledge.
Jeffs, T. '"Changing Their Ways. Youth Work and Underclass Theory", in MacDonald, R. (ed.) (1997) *Youth, the 'Underclass' and Social Exclusion*. London: Routledge.
MacDonald, R. (1997) "Youth, Social Exclusion and the Millennium in MacDonald", in R. (ed.) *Youth, the 'Underclass' and Social Exclusion*. London: Routledge.
MacDonald, R. and Marsh, J. (2001) "Disconnected Youth?", *Journal of Youth Studies*, 4: 373-391.
MacDonald, R. Mason, P. Shildrick, T, Webster, C. and Ridley, L. (2001) "Snakes and Ladders: In Defence of Studies of Youth Transition", *Sociological Research Online*, 5 (4).
Ministry of Education (1960) *The Youth Service in England and Wales* ('The

Albemarle Report'). London: HMSO.

Murray, C. (1990) *The Emerging British Underclass* (Choice in Welfare). London: Institute of Economic Affairs. www.everychildmatters.gov.uk/.

Pearson, G. (1983) *Hooligan. A History of Respectable Fears*. London: Macmillan Rowlands, J. Childhood, www.compassonline.org.uk.

United Nations (1989) *Convention on the Rights of the Child*, United Nations. www.statistics.gov.uk/pdfdir/st0407.pdf.

West, A. (1998) "What about the children? The involvement of younger residents", in Cooper, C. and Hawtin, M. (eds) *Resident Involvement and Community Action. Theory to Practice*. Coventry: Chartered Institute of Housing.

여가와 커뮤니티

이사야 벌린(Isaiah Berlin)은 변하는 것과 변하지 않는 것이 있으며 우리가 어느 것이 어느 것인지 구별하는 것이 중요하다고 말한 적이 있다. 사람들이 커뮤니티를 이해하는 방식이 최근 들어 두드러지게 변화했다는 사실은 의심할 여지가 없다. 여가(leisure) 학자들이 처음 커뮤니티에 대한 개념을 이론화했을 때 그들은 대체로 전통적인 사회학적 사상들을 그대로 반영했다. 첫째, 여가의 정의를 내림에 있어서 이를 부분들의 총합으로 세분화하는 것이었다. 즉, 여가는 지리적 근접, 취향의 커뮤니티, 그리고 공통의 정서적 결합 형태들을 의미했다. 둘째, [여가] 커뮤니티는 이 구성 부분들 이상이라는 단서조건을 달 때만 이해될 수 있다는 것이었다. 그러나 오늘날 여가 연구에서 개념을 정의할 때, 심지어 그 구성 부분들이 무엇인가도 더 이상 명확하지 않을 수 있다.

섹션 개요

위의 마지막 요점에도 불구하고, '커뮤니티'는 여가와 관련해서 세 가지 방식으로 사용되는 용어이다. 첫째는 대규모의 다양하고 눈에 띄는 공동 여가활동이 일상생활에 존재한다는 것과 관련이 있다. 두 번째 방식은 여가 정책 영역에서 널리 퍼져 통용되는 '커뮤니티 여가'라는 의미에서이다. 세 번째는 보다 비판적인 관점을 포함하고 있는데, 이는 비숍(Bishop)과 호게트(Hoggett)의 저작에서 발견된다 (1986). 이들은 커뮤니티의 비공식적인 또는 자발적인 여가의 폭, 깊이, 그리고 엄청난 범위를 도표로 기록했을 뿐 아니라 관료주의적이고 중앙집권적인 '국가' 관리 여가 프로그램의 테두리 아래로 이러한 무수한 활동들을 포섭하려는 시도에 대한 비평을 제공한다. 이 장은 차례로 각각 이 세 가지 용도를 살펴본다.

커뮤니티 연구란 무엇인가?

모든 사회에는 자유시간에 사람들을 함께 하게 하는 공식적이고 비공식적인 여가 사회 구성체와 기관들이 있다. 이런 면에서 자유시간이라는 개념은 여가에 대한 대부분 정의에 있어서 핵심적이다. 그러나 여가가 단순히 개인들이 적합하다고 생각하는 방식대로 그들만의 시간을 조직할 수 있는 자유시간, 즉 다른 의무들에서 자유로울 수 있는 경우, 기회, 혹은 기간이라고 말한다면 이는 개인들이 경험한 여가의 내용과 질에 대해 어떤 것도 말해줄 수 없다. 또한 개인이 자유시간에 무엇을 할 것인가라는 신중한 선택을 부담 없이 할 수 있는 시간이라는 이런 정의에는 개인이 자유시간을 즐기는 능력이 언제나 규제 혹은 제약에 노출되어왔거나 잠재적으로 노출되어있다는 함의가 따른다는 사실을 무시하고 있다. 이런 식의 정의는 대체로 여가에 쓸 수 있는 시간의 양을 확인하는 데 유용하고 또 서로 다른 사회적 문화적 그룹들 사이에서 어떻게 시간이 분배되는가를 확인하는 데에도 유용하지만, 자유시간이 어떻게 만들어져왔는가는 고려하지 않거나, 또는 최소한 중요치 않은 문제로 치부해버린다.

이러한 경고에도 불구하고, 많은 개인들은 그들의 '자유시간'에 아마추어적이고 취미에 기반한 활동, 그리고 자원봉사에 참여하여 왔는데, 스테빈스

(Stebbins)는 이를 진지한(serious) 여가활동이라 부르며(1999) 이 진지한 여가 활동이야말로 [특정한] 역사의 전환점과 발전 단계에서 여가의 지속성을 가능하게 하는 특별한 힘이 있다고 보았다. 또 진지한 여가는 인내를 바탕으로 이루어지는 경향이 있는데, 이 인내가 종종 그 여가활동에 참여하는 사람에게 특히 쉽지 않은 과제가 될 수도 있지만, 또한 참여자들에게 전문 기술과 지식을 쌓게 만드는 것이기도 하다. 또한, 성공적인 경우, 이 전문 기술과 지식은 성취를 통해 자신감을 만들어내는 경향이 있다. 또 개별적인 개인의 자기 고양을 넘어선 진지한 여가에 참여함으로써 얻을 수 있는 오래 지속되는 혜택도 있는데, 예를 들면 물질적인 생산물과 장기간 지속하는 개인적인 관계들과 우정들(이런 것들과 '리미널리티, 커뮤니타스 그리고 반 구조'에서 논의된 커뮤니티 여가 활동과 비교해보라)이 여기에 포함된다.

스테빈스 저작의 함의는 여가가 막스 베버(Max Weber)적 의미에서의 가치영역(value-sphere), 즉 각각 '내재적 존엄성'을 가진 인간 활동의 뚜렷한 분야 중 하나로 이해될 수 있다는 것이다. 여가를 가치영역으로 생각하는 것은 여가가 내재적인 일련의 특별한 규범들, 규칙들, 윤리들 그리고 의무들에 지배당할 뿐 아니라 여가에 참여하는 사람들이 소명의식으로 그렇게 한다는 것을 의미한다. 바꿔 말해, 진젠도르프(Zinzendorf)가 일에 대해 말했듯이, 여가에 실존적 헌신을 함에 있어서 사람들은 살기 위해 여가생활을 할 뿐 아니라 여가를 위해 살기도 한다는 것이다 (cited in Weber, 1930: 264, note 24). 그리고 더 이상 할 여가생활이 없다면, 그들은 고통받거나 잠을 청할 것이라는 것이다. 가치영역의 개념은 유용한데, 왜냐하면 가치영역은 사회를 전체성(totality)으로 이해하는 기능주의적 경향에 도전하는 개념일 뿐 아니라, 현대 세계가 '모든 사람들이 다소 정도 차이는 있을지라도 동일한 인륜과 관련된' 것이 아니라 사람들이 자신들의 이해 커뮤니티의 공유 가치들에 기반한 의미를 추구하기 위해 각각 다른 삶의 방식을 성공적으로 정립할 수 있다는 의미와 통하기 때문이다 (Heller, 1999: 37).

여가를 가치영역으로 생각하는 것에 대한 한 가지 분명한 비평은, 현대의 개별화된 소비사회를 이끌어 가는 철학이 이 같은 헌신, 도덕적 원리들 그리고 이러한 사회적 합의와 관련된 공동 활동들과는 반대되는 입장을 취하고 있다는 것이다. 실제로 많은 증거는 대다수의 사람들이 커뮤니티적이며 일생동안 지속하는 경향이 있는 소명적(vocational) 여가보다는 (개별화되고 소비지상주의적인) 일회성 오락에 몰두하는 경향이 있다는 것을 보여주는 것처럼 보인다.

점점 더 소비자 지향적 사회로 전환됨에 따라 몇몇 비평가들은 커뮤니티 여가를 의혹과 함께 다뤄오기도 했으며, 이 비평가들은 커뮤니티 여가가 '특정한 실천과 가치의 묶음이 내포되어있다는 인식이 사실상 없는 유행 라벨'로 사용될 뿐이라고 논한다 (Haywood, 1994). 실제로, 커뮤니티라는 용어는 커뮤니티 예술, 커뮤니티 스포츠 등과 같은 예에서 보듯 여러 개인과 그룹이 지역 커뮤니티에서 여가를 통해 함께하는 특정한 방식을 묘사하는 데 사용되기도 하지만, 또한 마찬가지로 빈번하게 커뮤니티 여가 센터, 커뮤니티 수영장 등에서처럼 여가 시설을 묘사하는 데 사용되기도 한다. 그러나 커뮤니티라는 용어에 힘을 실어 사용한다면, '커뮤니티 여가'는 공공정책의 특정 모델에 대한 방향을 암시하며, 이 때 저변에 깔린 논리는 연대, 소속, 일관성, 참여 그리고 적극적인 시민의식과 같은 커뮤니티 가치들을 활성화하는 것에 강조점을 두는 집단적 연결 형식을 장려하기 위하여 여가를 사용한다는 것이다. 따라서 관계를 통해 커뮤니티 여가를 일반적으로 정의하는 것이 타당하며, 여기서의 관계는 공공 서비스 제공을 위해 다양한 여가를 통해 발전된 커뮤니티 실행 모델 사이의 관계를 의미한다.

커뮤니티 실행은 '커뮤니티 정책의 홍보, 육성, 그리고 구현과 관련된 특유의 방법과 실행'의 묶음을 말한다 (Glen, 1993). 여기에는 커뮤니티 기반(community-based) 접근법에서 비롯된 활동이 포함되는데, 이 접근법에서는 서비스 사용자가 서비스 제공에 필요한 자원에 대한 통제권을 어느 정도 갖는다 (Donnison, 1989). 이 이상적 모델은 사용자 대중에게 여가 기회들과 활동들을 제공하는 것을 포함한 탑다운(top-down) 방식 커뮤니티 서비스, 커뮤니티가 자체 여가 필요성을 정의하고 이 필요에 대비하는 것을 장려하는 보텀업(bottom-up) 방식 *커뮤니티 개발*, *커뮤니티 실행*, 서로 다른 커뮤니티 서비스 제공자들과 사용자들 사이의 참여 협력을 강조하는 여러 기관과의 공동 작업, 마지막으로 실행을 강화하는 성찰적인 도구로써 작용하는 행동연구 접근법 등을 통합한다.

브라만(Bramham)은 커뮤니티 예술이 지역적으로 초점을 맞추고, 대중적 지역 형태를 취했으며, (예술은 본질적으로 결과가 아니라 과정이기 때문에) 내재적이 아닌 외재적 예술 논리에 그 기반을 두었으며, 일상 문화와 통합되면서 거리, 공원과 커뮤니티 센터에서 일어나는 공동 참여를 포함한다는 것을 지적하면서, 어떻게 커뮤니티 실행 모델이 예술을 통해 발전되어 왔는지를 정의했다 (1994). 커뮤니티 예술의 맥락에서 '전문적인(professional)' 예술가들의 역할은 전문가라기보다는 촉진자(animateur)의 역할이며, 따라서 이들은 *문화 매개자*(cultural intermediary)로서 부가적 책임을 지며, 상충되는 이해들 때문에 분리된 사회에서 개인과 커뮤니티가 자신들의 상황과 더불어 타 커뮤니티의 상황을 더 많이 인지하게 돕는다. 또 그 과정에서 참여자들의 창조적 잠재력을 발전시키도록 독려해서, 개별적인 이익과 지역 커뮤니티의 이익을 위해 이 잠재력을 동력화할 수 있게 한다. 브라만이 지적하듯이, 예술을 통해 커뮤니티 여가를 개발하는 것에 대한 이러한 문화 민주적 접근법은 (올바른 예술을 구성하는 보편적인 기준이 없다는 것을 접근과정에서 제시하면서) 주로 전통적 [예술창작]에 만연한 엘리트주의에 도전한다. 뿐만 아니라 이 접근법은 그 실행과정에서 무시되어오거나 숨겨져 왔던 문화적 예술적 형식들에 대한 잠재력을 개방하고 칭송한다.

헤이우드(Haywood)가 커뮤니티 스포츠에 접근이 곤란했던 그룹들을 참여시키는 일련의 전략을 개관한 것은 바로 이러한 가치들을 함께 염두에 두었기 때문이었다 (1994: 131).

- 리그와 순위표를 지양하고 '일회성' 시합들 장려
- 개성보다는 협동과 팀워크를 강조하는 규칙이 있는 스포츠 선정
- 성과가 아닌 참여에 대한 의도적인 강조. 예를 들어 가능한 많은 사람을 포함시키기 위한 규칙 수정
- TV/미디어/전문화된 인지도가 낮은 스포츠 이용
- 축구처럼 미디어 인지도가 높은 스포츠에서는 페어플레이와 상대 선수에 대한 존중을 긍정적으로 장려하고, 최종 산출물이나 결과의 중요성을 과장하게 되는 안전한 방어적 방법보다 경기의 본질적인 과정을 두드러지게 강조하게 되는 공격적 플레이와 위험 감수에 대한 강조.
- 스포츠 내에서 방법들/규칙들의 다양성 장려

개인에게 성취감을 제공하고 지역 커뮤니티의 삶의 질을 향상하는 것이 커뮤니티 여가가 사회적 건강과 웰빙을 위해 해야 하는 중요한 역할임을 인지하고 있음에도 불구하고, 비평가들은 커뮤니티 개입들이 종종 제 각각으로 지역화되어 있으며, 보수적이고 대표성이 없다고 논한다. 또 비평가들은 커뮤니티 개입들이 공공 정책에 제한된 영향만을 미쳤다고 논하기도 하는데, 즉 커뮤니티 여가가 대개는 시장 관리통제주의의 또 하나의 버전으로 작동하면서, 그 결과 여가 기회 접근성의 평등에 대한 강조가 현 상태나 헤게모니의 지지로 귀결되는 경향이 있다는 것이다. 그러나 다양한 여가 관심을 따라 형성된 커뮤니티들이 집단의식 고양 그리고/또는 정치적 변화의 힘들의 대안적 형태 마련으로 이어질 수 있다는 점에서, 공적 여가 제공에 대한 대안적 접근으로서 커뮤니티 여가가 급진적일 수 있는 *잠재력* (potential)을 갖는다는 점에는 의심할 여지가 거의 없다.

'국가' 통제적인 커뮤니티 여가의 관료적이고 중앙집권화된 프로그램에 대한 비평을 전개하면서, 비숍과 호게트(Bishop and Hoggett)는 커뮤니티적 (communal), 비공식적(informal), 혹은 자발적(voluntary) 여가의 넓이, 깊이, 그리고 거대한 규모를 보여준다 (1986). 비숍과 호게트는 소위 '여가의 자발적 부문'이 사실 수많은 개인, 커뮤니티, 그리고 그룹과 조직으로 구성되어 있다고 말한다. '여가의 자발적인 부문'이 존재한다는 생각은 여가 직업, 그리고 이를 둘러싼 국가 형성체(formations)라는 관점에서 [이미] 핵심적인 요소일 수 있지만, 비숍과 호게트의 관점에서 커뮤니티 여가는 공공 부분이나 이미 체계화된 자발적 부분과는 구분된다.

서비스들의 '국가' 공급이라는 기치 아래 이미 포섭된 더 광범위한 자발적 부문을 '국가 식민주의'라고 부르면서, 비숍과 호게트는 '커뮤니티적 여가 조직들이 노동조합이나 임차인 협회와 같은 조직과는 핵심적인 차이'가 있다고 강조한다 (128). 후자의 자기 이익(self-interest)이 적나라한 요구(need)에 기반하지만, 커뮤니티적 여가에서 우리는 그런 요구(need)를 넘어선 인간 삶의 영역, 즉 여가는 필요(need)를 넘어서 시작된다. 커뮤니티적 여가 형태의 바탕에 깔려있는 자기 이해(self-interest)란, 필요함(neediness)에 기반한 것이 아니라 열정, 즐거움, 향유를 기반으로 한다. 어쩌면 필요보다는 열광적인 지지자들의 욕망에 대해 이야기하는 것이 더 유용할 것이다.

비숍과 호게트는 사람들이 열정을 매개로 조직하는 이유, 사람들이 공동체성(communality)과 상호 이해와 관계된 많은 이유들 때문에 여가를 중심으로 조직하는 이유를 이해하는 데 있어 우리가 전적으로 도구적 개념을 가정하는 것은 매우 경계해야 한다고 제안한다. 나아가, 여가를 통해 함께하는 것은 이웃 또는 민족적 동질성을 배경으로 한 다년간의 사회적 관계와 관련된 지각의 깊이가 부족할 수도 있지만, 어떤 환경에서는 여가가 깊이와 의미를 동시에 느낄 수 있는 소속감을 일시적이거나 순간적으로 경험하게 만드는 상황 속으로 참여자를 이끌 수 있다.

이와 같은 맥락에서 웰만, 캐링턴 그리고 홀(Wellman, Carrington and Hall)은 '커뮤니티'라는 문제는 (만약 지금까지는 그래왔다고 하더라도) 더 이상 어떤 장소 개념에 의존하지 않으며 사회적 네트워크와 이해 커뮤니티들은 지리적 경계 너머로 퍼져있다는 것을 보여 준다 (1988). 실제로 그들의 연구 결과는 오늘날 커뮤니티가 변형되어왔다는 것, 그리고 정도는 다르지만 긴밀히 연결된 산업화 이전의 전통적인 커뮤니티와 후기 산업사회로 묘사되는 커뮤니티를 동시에 재현하는 커뮤니티들의 공존이 목격되고 있다는 것을 보여준다. 바꿔 말해 커뮤니티 여가는 지리적 근접성이나 전체를 아우르는 형태의 사회적 연대를 강조하는 사회학적인 해석에 국한될 필요가 없다.

최근의 연구들은 소속감, 그리고 사회적 그룹이나 장소와의 동일시가 깊이 있고 복합적이고 지속적인 관계들을 반드시 포괄해야만 한다는 개념에 도전해 왔다. 예를 들어 딕(Dyck)은 우리가 전통적인 커뮤니티 관계의 쇠퇴를 목격해 왔던 곳은 특히 교외 지역이지만, 역설적이게도 표면적으로는 이질적이고 소비중심주의적이며 개별화된 바로 그 교외 지역에서 자발적이며 우연적이지만 깊은 질감과 의미를 동반한 여가활동에서 비롯된 사회적 연결을 만들어내려고 한다는 것을 지적한다 (2002).

참고문헌

Bishop J. and Hoggett, P. (1986) *Organizing Around Enthusiasms: Mutual Aid in Leisure*. London: Comedia.
Bramham (1994) "Community Arts", in L. Haywood (ed.) *Community Leisure and Recreation: Theory and Practice*. Oxford, Butterworth-Heinemann.
Brubaker, R. (1984) *The Limits of Rationality: An Essay on the Social and Moral Thought of Max Weber*. London: Allen and Unwin.
Donnison, D. (1989) "Social Policy: The Community-Based Approach", in M. Bulmer, J. Lewis and D. Piachaud, *The Goals of Social Policy*. London: Unwin Hyman.
Dyck, N. (2002) "'Have you Been to Hayward Field': Children's Sport and the Construction of Community in Suburban Canada'", in V. Amit (ed.) *Realizing Community*. London: Routledge.
Glen, A. (1993) "Methods and Themes in Community Practice", in H. Butcher, A. Glen, P. Henderson and J. Smith (eds) *Community and Public Policy*.

London: Pluto Press.

Haywood, L. (1994) "Community Sport and Recreation", in L. Haywood (ed.) *Community Leisure and Recreation: Theory and Practice.* Oxford: Butterworth-Heinemann.

Heller, A. (1999) *A Theory of Modernity.* Oxford: Blackwell.

Stebbins, R. A. (1999) "Serious Leisure", in T.L. Burton & E.L. Jackson (eds) *Leisure Studies: Prospects for the Twenty-First Century.* State College (Pen): Venture Publishing.

Weber, M. (1930) *The Protestant Ethic and the Spirit of Capitalism.* London: Unwin Hyman Ltd.

Wellman, B., Carrington, P. and Hall, A. (1988) "Networks as Personal Communities", in B. Wellman and S. Berkowitz (eds) *Social Structures: A Network Approach.* Cambridge: Cambridge University Press.

정치적 커뮤니티

(시민사회에 분산되어 있는 요소로서 국가로부터의 독립이라는 점에서 상호 약속과 사회 연대에 사람들을 열중하게 만드는 추동인) 커뮤니티 정치(community politics)와 혼동하지 않기 위해서, '정치적 커뮤니티'(political community)는 국가의 기초를 이루는 호혜적 상호의존, 상호 약속, 그리고 사회 연대의 총체성이며, 이 총체성은 추상적이고, (내부에서 뿐만 아니라 외부에서도) 상상적이고, 윤리적이다.

섹션 개요

성공적이고 도덕적인 정치적 커뮤니티를 이루는 핵심 원리를 개관한 후, 이 장에서는 정치적 커뮤니티 개념이 두 가지 이유로 최근 현실 문제의 정치에서 다시 부상하게 되었음을 논한다. 첫째, 특정 국가에서 증가하는 인권 남용에 대한 국제적인 관심에 대한 응답으로서 정치적 커뮤니티가 부상했으며, 둘째, 커뮤니티의 위상이 제고되면서 정치적 커뮤니티도 다시 떠오르게 되었다. 커뮤니티의 위상 제고와 함께 한편에서 일부 비평가들은 정치는 더 이상 이데올로기적이 아니라고 주장하는 반면, 다른 한편에서는 정통 사회학의 의미에서 커뮤니티가 '현실 생활에서 찾아보기 힘들게 되었다'는 주장이 전개되었다. 이 장에서는 두 번째 이슈에 주로 초점을 맞추어 논의를 전개하며, 일반적인 견해들과는 반대로, 이 새로운 정치의 근간을 이루는 것이 공동체주의(communitarianism) 정치가 아니라 오히려 신자유주의임을 논의한다 ('서론: 오늘날 커뮤니티의 의미' 참조). 이러한 정황에 비추어 볼 때 커뮤니티의 전유를 제외하고 또 다른 역할이 있는지에 대해 질문하며 이 장을 마무리한다.

펠진스기(Pelczynski)의 관점에서 보면 정치적 커뮤니티의 이상에서 자유는 최대한의 잠재력을 발휘한다. 왜냐하면 시민들이 자유로운 공론, 투표권 행사, 대의 정치, 그리고 직접 민주주의를 통해서 다른 시민들과, 그리고 국가와 상호작용을 할 수 있기 때문이다 (1984). 즉 사람들에게 존중, 인정, 존엄을 부여하는 하는 이런 사회적 권리들이야말로 정치적 커뮤니티를 '구성원들의 일상 현실, ... 그리고 인생 경험의 확고한 지반과 결합시키며, 동시에 이 권리는 상호간 신뢰는 물론 집단적 연대를 보장하고 비준하는 공유된 제도적 네트워크에 대한 신뢰의 진실성과 실재성을 확인해 준다' (Bauman, 2008: 141).

개인의 자유는 오직 변증법적으로 발전한다는 헤겔의 아이디어에 바탕을 둔 펠진스키의 견해를 다시 설명하면, 정치적 커뮤니티의 출발점은 윤리적 커뮤니티 자체의 선인 공통선 또는 공익이며 이를 고양하는 것은 완전히 자의식적이고 자기결정권이 있는 시민들이다. 그러면서 시민들은 자신들의 가장 깊은 자유를 현실화하고 그들의 본성을 단순히 개인으로서가 아니라 보편적이고 공동체적(communal) 존재들로서 자각한다 (1984: 32). 이에 따르면 스코틀랜드 계몽주의의 선두적인 철학자인 아담 퍼거슨(Adam

Ferguson)이 1767년 시민 사회에 대해 말했던 것이 오늘날의 정치 커뮤니티에도 적용된다고 할 수 있다. 퍼거슨에 따르면 어떤 정치 커뮤니티에서든지 개인은 자신의 행복을 합법적인 추구로써 자유롭게 생각하는 반면, 만약 그 행복이 공동선을 방해한다면 기꺼이 포기해야 한다.

위의 언급이 명백하게 밝혀주듯 정치적 커뮤니티는 오랫동안 비판적인 해석과 관심의 초점과 주제가 되어왔다. 그럼에도 불구하고 정치와 커뮤니티를 결합하는 것이 현실 세계 문제의 정치에서 다시 활기를 띄게 된 것은 짧은 20세기(1914-1991) 말, 즉 역사가 에릭 홉스봄(Eric Hobsbawm)이 달리 '극단의 시대'라고 불렸던 시기 이후였다. 실제로, 오늘날 정치의 어떤 이슈도 정치 커뮤니티보다 더 길거나 더 넓지 않다. 이는 다시 정치 의식의 중심이 되어왔다. 이에 대한 두 가지 주된 이유가 있다.

첫 번째 이유는 예컨대 르완다, 보스니아, 코소보, 이라크, 버마, 짐바브웨와 같은 몇 나라의 예만 보아도 알 수 있듯 특정한 국가의 경계 내부의 인권 남용에 대한 높은 관심, 그리고 이것이 전체적으로 세계 커뮤니티의 책임인가 아니면 이에 대응하는 국가들의 기저를 이루는 정치 커뮤니티들의 권리인가라는 핵심적 사안에 초점이 맞추어진다. 마이클 왈저(Michael Walzer)와 같은 정치 이론가들은 예컨대 세계의 나머지 국가들이 인권 남용이라고 생각함에도 불구하고, 예를 들어 2008년 짐바브웨 선거 결과를 무시한 로버트 무가비(Robert Mugabe)의 결정의 경우처럼, 행동하는 것은 항상 문제가 된 정치 커뮤니티의 특권이었다고 주장한다 (2007). 왈저의 견해에 따르면, 심지어 억압적인 정부 통치가 내부적으로 불법인 곳의 경우에도 정치 커뮤니티가 존재하는 국경 내부에서 발생하는 인권 남용에 대해

커뮤니티 연구란 무엇인가?

해야 할 일을 결정하는 것은 문제의 정치 커뮤니티의 구성원들에게 남겨져야 하며, (예를 들어 미국의 2001년 아프카니스탄 침공과 2003년 이라크 침공의 여파에서처럼) 이 특권을 전유하려는 사람들에게 그 구성원들이 분개할 가능성이 있다는 것이다.

왜 정치 커뮤니티가 다시 정치에서 의식의 중심이 되었는가에 대한 두 번째 이유를 보면, 몇몇 비평가들이 정치는 표면상 더 이상 이데올로기적이지 않으며(Giddens, 1998) 최소한 정통 사회학의 의미에서 커뮤니티는 '현실세계에서 찾아보기 힘들다'(Hobsbawm, 1995: 428)고 주장하고 있을 바로 그 즈음 정치 커뮤니티가 압도적으로 대두되었다는 것이다. 여기에서 암시되는 것은 역설적이게도 더 이상 정치 생활이 정치와 커뮤니티를 한데 결합시키는 것으로 나타날 필요가 없는 바로 그 시기에 정치 커뮤니티라는 발상이 정치 생활의 최전방에 오게 되었다는 것이며, 정치와 커뮤니티의 합쳐짐이 인류가 생존하기 위한 최선의 방법에 대한 존재론적인 투쟁을 기반으로 하기보다는, 정치가 자체의 정치적이고 이데올로기적인 목표를 위해 커뮤니티 개념을 전유하여 이용하려고 하면서, 단지 말장난으로 [정치와 커뮤니티가] 합쳐지게 되었다는 것이다. 이제 이 논의를 보다 심도 있게 탐구하기 위해 1990년대 좌파 정치의 재평가를 통해 '제3의 길'이 등장했다고 주장하는 기든스(Giddens)의 이론적 주장, 그리고 그의 사상(이를 통해 그는 영국의 신노동당 정치의 핵심세력이 되었다)이 부화한 정치 커뮤니티의 경험주의적 현실을 고려해보자.

기든스에 따르면 '제3의 길'은 근대성(modernity)의 두 번째 단계와 연관된 변화된 사회적(societal) 조건들에 대한 정치적 대응이다. 기든스는 전후 사회 민주적 정치와 정책의 실행 가능성을 약화시키는 모든 것이라 할 수 있는 탈산업화, 개인화, 소비주의, 정보기술주도 세계화, 그리고 '계급 정치'를 대신한 '생활 정치'의 출현과 같은 사회적, 문화적, 경제적 그리고 정치적 변화들이 조합된 결과로써 근대성은 거침없이 변화해 왔다고 주장한다(1998).

기든스에 따르면 위의 변화와 더불어 소련과 동구의 국가 사회주의 붕괴를 고려해 볼 때, 정치를 '우파' 또는 '좌파'의 관점에서 이해하는 것은 더 이상 의미가 통하지 않는다. 기든스는 1998년 저작에서 좌우의 이분법이 '유토피아의 현실주의적' 전망을 담은 급진적 중도 좌파 정치에 의해 대체될 필요가 있었다고 주장한다. 만약 공산주의와 자본주의가 근대성의 형성기에 세계질서의 중심이 되었다면, 근대성의 두 번째 단계에서는 자신의 용어로 스스로를 방어하고 스스로를 지지할 수 있는, 즉 그 자체로서 충분한 대안적 정치 윤리의 시대가 되었다는 것이다. 이는 니콜라스 로즈(Nikolas Rose)가 일종의 '인간관계들의 자연적이며 정치 외적(extra-political) 지대'로 묘사하면서 여기서 '"자연적임"이라는 것이 단순히 존재론적인 요구가 아니라 인정(affirmation), 긍정적인(positive) 평가를 암시하고 있다(1999: 167)'고 했던 [정황]이며. 이는 특히 커뮤니티를 통해서 보다 적극적인 시민 사회를 조성함으로써 사회 민주주의를 갱신하는데 필수적인 추진력을 제공한다. 이러한 관점에서 보면, '제3의 길'은 두 번째 근대성에 적합한 국가의 중심에 위치하면서 그 지배를 받는, 대안적인 정치, 윤리, 그리고 자기 결정권의 커뮤니티를 구축하려는 하나의 시도로 볼 수 있다.

제3의 공간 개념은 증가된 공공 참여와 보다 개인적인 책임을 결합하려는 것이며, 그 상당 부분이 *공동체주의*(communitarianism)의 도덕적 규범에서 왔다는 것은 명백한 사실이다. 그 중요한 이유 중 하나는 좌파와 우파의 정치가들이 공동체주의를 위협적으로 느끼지 않기 때문이다. 왜냐하면 비슷한 말인 '공산주의'(communism)와는 다르게, 공동체주의는 사회주의(socialism)가 없는 정치적 이데올로기이기 때문이다. 그러나 우리가 아래에서 확인하겠지만, '제3의 길'의 더 많은 부분은 공동체주의보다는 신자유주의와 자유시장경제에서 유래했다. 왜냐하면 특히 공산주의의 실패의 결과로 시장에 대한 거의 근본주의적 신념, 그리고 시장이 모든 일을 대응하는 데 사용될 수 있다는 견해가 부상했기 때문이다. 실제로 신자유주의의 모든 것은 시장 가치에 의해 판단되어야만 하고, [물건은 물론 생각과 사상도] 팔리지 않으면, 그것은 단순명쾌하게 원하지 않는 것이다. 커뮤니티는 팔리기 때문에 신자유주의자들에 중요하다. 이어지는 글에서 확인하겠지만, 커뮤니티의 전유는 돈으로는 살 수 없는 우량의 커뮤니티 주식회사라는 새로운 헤게모니를 만들어내는 현명한 정치적 전략으로서 '제3의 길' 지지자들에 의해 받아들여졌다. 이는 엄청나게 성공적인 '브랜드 커뮤니티'의 창조로 이어졌으며 공공 정책 단위들은 이를 참조하게 된다.

실제로 커뮤니티라는 표현 형식은 사회의 가장 빈곤한 주민들을 겨냥한 정책을 비롯한 일련의 신자유주의 공공정책 개입의 상징이 되었다. '커뮤니티 건강'(community health), '커뮤니티 치안'(community policing), '공동 주거'(community housing) 등의 유형은 익숙한 것들이다. 예를 들어 현대의 공영주택단지(council estate)에 살면 당신은 당신 주변 '커뮤니티'의 압력, 즉, 다양하게 상충되는 요구(need)와 욕구(want)에 대한 인식에서 벗어날 수 없다. 이 때 이런 인식은 '커뮤니티'의 동일한 경험을 모든 사람들이 느끼도록 강요한다는 느낌을 주게 되며, 이는 다른 사람들의 생각과 판단이라는 철창 속에 감금당하는 것이기에 지극히 당혹스러운 것이기도 하다. 그러나 가장 눈에 띄게 신자유주의적인 것은 '사회적 자본주의', '역량 구축'(capacity building), '커뮤니티 권한 부여'(community empowerment), '사업가적 가치'(enterpreneurial values), '효율성', '타겟들', '증거' 등과 같은 커뮤니티 정책 담론의 어법이다('사회적 자본' 참조). 요컨대 커뮤니티는 사회적 자본, 복지 소비주의(welfare consumerism), 그리고 자기실현적(self-actualized) 복지로의 투자에 관한 것이며, 이는 또한 보다 개인적인 '선택'(choice)과 '선택성'(selectivity)의 다른 말이기도 하고, 새로운 형태의 관리통제주의, 그리고 가능하다면 서비스의 탈중심화를 통해 현대적 조건 속에서 시장 방식의 커뮤니티 가치를 낳는다는 희망과 함께한다. 여기서 커뮤니티가 신자유주의적 가치들을 가동시키기 위한 가족친화적 메커니즘으로 사용된다는 것은 지극히 뻔하다. 부쳐(Butcher)를 비롯한 이들은 일반 대중을 이루는 모든 부분들, 특히 사회적으로 불리한 사람들과 여타의 주변화 된 그룹들의 참여를 독려함으로써, 커뮤니티를 정책의 목표와 결과뿐 아니라 연대, 사회적 정의, 민주주의와 같은 커뮤니티 가치의 인식을 명백한 목표로 하는 절차들과도 연관시키는데, 신자유주의의 커뮤니티가 커뮤니티에 대한 이런 정의와 상충된다는 것은 명확하다 (1993).

우파와 좌파를 막론하고 '제3의 길' 지지자들에게 해결책은 커뮤니티의 반복, 커뮤니티의 추가, 커뮤니티의 증폭이며, 이 때 소진되지 않는 커뮤니티[개념]는 그 권력과 약탈의 특징을 보여준다. 그 기본적인 방향은 더 많은, 아니 그 이상의, 훨씬 더 많은, 한층 더 많은 커뮤니티다. 물론 '커뮤니티' 정책의 주요한 흡인력은 그들이 탑다운 보다는 보텀업이라는 것, 그리고 전달 과정에서 지역 커뮤니티의 이해를 더 많이 반영하는 사회적 개입을 약속한다는 것이다 ('커뮤니티 개발' 참조). 실제로 정치 커뮤니티에 대한 전형적인 철학은 대체로 고매한 정치가들이 다음과 같은 '혜택'(benefits)을 제시하는 경향이 있다고 묘사한다.

> 커뮤니티라는 하나의 단순한 정치 관념에 의한 모든 일들: 공동체덕성이 재생되고―범죄가 줄어들며―공중이 안전하게 강화되고―제도화가 사라지고―의존이 활동으로 변화되며―최하층이 포함되며―민주주의적 결점이 극복되고―정지상태가 활동으로 전환하고―정치적 고립이 사라지고―반응형 서비스가 보장되며―경제가 그 자체로 신뢰와 명예의 네트워크 속에 정주함으로써 재활성화되고―개인 대 국가의 대립이라는 고르디아스의 매듭이 잘려지기 보다 풀어지는. (Rose, 1999: 187).

그러나 바우만이 지적하듯 커뮤니티 정책으로 재정의된 공공정책은 단순화의 약속(promise of simplification)에 기초하는 경향이 있다. 이 단순화는

> 논리적 한계에 도달하는데 . . . 이는 수많은 동일성과 최소한의 다양성을 의미한다. 제안에 있어서의 단순화는 차이들과의 결별, 즉 만남의 확률을 줄이고 소통의 범위를 좁힘으로써만 성취될 수 있다. 이런 방식의 커뮤니티 통일성은 분리, 차별 그리고 거리 유지에 기초한다. 이들은 공동체주의적 쉼터들을 홍보하는 리플릿에서 대단히 두드러지게 나타나는 덕성들이다.

장 보드리야르(Jean Baudrillard)가 말하듯 이런 쉼터들은 고객들의 '복수의 권리'(right of revenge)와 보복할 수 있는 능력을 박탈하는데 가장 효과적

이다 (2005). 대중문화에서 온 비유를 사용하자면, 서비스 전달에 있어 자기비하적인 역설적 분위기를 조장한다는 의미에서, 〈리틀 브리튼〉(Little Britain)이나 영국공영방송(BBC)의 조나단 로스(Jonathan Ross)의 대중 코미디 작업과 같은 '대세'(all the rage) 프로그램처럼 '대세' 커뮤니티 추진계획 업무는 이들을 비판할 수 있는 우리의 기회를 효과적으로 봉쇄하는 셈이다. 이를 두고 신랄한 정치해설가 피터 프레스톤(Peter Preston)은 최근 이렇게 말했다 (2005).

인두세 방식으로 커뮤니티 세금제를 시도하는 것은 쓴 약을 삼키도록 단 설탕 한 숟가락을 주는 것에 불과하다. 커뮤니티에서 돌봄을 시도하는 것은 운이 좋은 경우 일주일에 한 번 저 멀리 사는 누군가가 불쌍한 블로그 여사님을 방문하는 것이다. 미국의 커뮤니티 칼리지(community college)를 시도해보라. 시티 아카데미(city academy)가 아니라 종합 중등학교(comprehensive)로서 말이다[7]. 사회봉사명령을 시도해보라. 그러면 쓰레기를 치우는 저기 저 남자는 다음엔 감옥에 갇힌 자신을 발견할 것이다.

저렴하게 고용된 정식 경찰만 못한 주민 지원 경찰들, 공공성은 부족하지만 돈이 더 많이 벌리는 미백을 위해 직업상의 보건 위생 측면을 포기하는 국민건강보험 공단(NHS)의 치과의사들, 이 모든 것은 시장이 분명한 승리자라는 암묵적인 가정이 있는 차선의 게임에 제한되는 것에 그치지 않는다. 커뮤니티 정책 역시 사회적 문화적 분리, 인간의 고통, 사회적 와해, 그

---

[7] 역주: 시티 아카데미는 정부와 개인이 나누어 재정을 부담하는 중등학교를 말하며, 종합 중등학교는 학생들을 수준에 따라 선별적으로 받아들이지 않고 모두 모아 가르치는 중등학교를 뜻한다.

리고 지역 커뮤니티의 붕괴를 오히려 강화함으로써, 그 정책이 개선하겠다고 약속했던 상황을 오히려 악화시킨다.

바우만과 프레스톤은 아마 영국의 공공정책에 대한 공동체주의적 프로젝트의 정치적 영향을 필요 이상으로 과장했다는 혐의가 있을 수 있는데, 영국의 공공정책은 이제 점점 더 사회 자본주의(social capitalism)라는 이름으로 통용되고 있으며 정부는 이를 필사적으로 [공동체주의적인] 세련되고 상황판단이 빠른 커뮤니티라는 이름으로 화려하게 포장해서 내놓으려고 한다. 확실히 커뮤니티라는 개념은 신자유주의적 '제3의 길' 지지자들에게 정말로 매혹적이다. 왜냐하면 커뮤니티라는 이름은 단지 이해관계와 능력 배양, 교류적 자본과 결속적 자본, 보텀업과 풀뿌리 등의 확신에 차고, 인기 많고, 스타일리쉬한 브랜드를 '매뉴얼이 말하는 대로 하는' 방식으로 말하고 있을 뿐 아니라, 어느 면으로 보나 커뮤니티 실천의 윤리성을 품으려고 애써온 듯한 느낌을 주기 때문이다.

이 때 커뮤니티가 이러한 정치가들에게 다른 무엇보다도 가장 호소력이 있는 이유는 커뮤니티가 신자유주의 노선에서 '관리되면서도' 동시에 시장과 공공 부문이 앞다투어 성취하고자 노력하는 온기(warmth)와 편안함(homeliness)을 전달할 수 있는 공공정책 개입이기 때문이다 ('서론: 오늘날 커뮤니티의 의미' 참조). 물론 커뮤니티는 기껏해야 시장의 힘의 제한에 대한 작은 회유책으로 사용될 뿐이다. 다시 말해서, 커뮤니티는 커뮤니티가 아니었다면 훨씬 덜 바람직한 것, 예컨대 '순수한' 시장 그 자체나 공공 서비스로 채워져왔던 공공 부문에서 효과적으로 자리를 잡는다. 현재 정치판을 가장 예리하게 관찰하는 로스 맥키빈(Ross McKibbin)은 최근 영국이 점점 더 편협한 정치적 엘리트들에 의해 지배받고 있는데, 이 엘리트들이 어떤 정치조직과 연관이 되어있던 간에 '똑같은 방식으로 생각하고 똑같은 것을 알고 있는 똑같은 종류의 사람들이며' '공동체주의적(communitarian)이라는 이름에 걸맞은 가능한 선택지를 포함하여 전통적이거나 전통적이지 않은 대부분의 대안들을 파괴해 온 시장관리주의 모델'에 전념하고 있는 사람들이라고 언급한다 (2006: 3).

맥키빈이 계속 지적하듯 이 정치가들은 마가렛 대처(Margaret Thatcher)와는 전혀 달리 "나" 뿐만 아니라 "우리", 그리고 "사회"와 같은 것이 있다는 것을 인정했었을 수도 있지만, 그럼에도 불구하고 그들은 암묵적으로 신자유주의자들의 만트라를 채택한다. 그 만트라는 우리 사회는 '대단히 개인화된(privatized) 사회이며, 이 사회는 "사회적 기업가들"(social entrepreneurs), 자선단체들, 박애주의자들, 다른 속셈이 있는 사람들, 그리고 우리의 오랜 친구인 "종교 단체들"에 점점 의해 모습을 갖추게 되었다'고 한다. 즉 우리 사회는 시장에 기반하여 사회 계층구조를 복원된 사회라는 것이다.

이러한 정세의 결과, 소위 정치 커뮤니티는 대체로 커뮤니티와 관련이 없게 된다. 실제로 수없이 제안된 추진계획들을 보면 이들의 이름표에 적혀 있는 [커뮤니티]를 제외하고는 실제로는 '커뮤니티'를 지속시킬 본질적인 조건이나 목표가 없기 때문에, 이들에게 커뮤니티와 조금이라도 관련된 것이 없다고 할 수 있다. 공공정책이라는 명목으로 시장과 합병된 커뮤니티, 즉, 잇따른 전략, 잇따른 개조에 신빙성을 부여하기 위해 끊임없이 전유되고 끊임없이 사용되는 커뮤니티는 공공 부문 대 시장이라는 오래된 이분법보다 더 단단하게 생각들을 묶어버리는 정신적 족쇄에 가두며, 이는 결국 사회 정의로 향하는 새로운 길에 관한 진정한 혁신과 대안적 사고를 방해하게 된다.

신자유주의적으로 시장화된 커뮤니티야말로 다름 아닌 정치 커뮤니티의 거짓 얼굴이다. 이런 식의 커뮤니티는 그 사회 통제 기능, 조화롭게 함께 일한다는 담론, 그리고 특히 그 전반적인 가족 친화적 호소 때문에 정책 입안자들이 환영하는 포스트모던 미학의 견본이 되었다. 대중적 층위 그리고 정치적 층위에서 커뮤니티는 듣기 좋은 이름표에 불과하며, 종종 서로 모순되는 다양한 사회 정책 현상성에 신뢰를 부여하는 데 사용되곤 한다. 프로스페로(Prospero)[8]처럼, 정책 입안자들은 문제들을 커뮤니티 요정의 마법 가루와 함께 뿌리고, 이 주문은 마법처럼 작동한다. 그러나 우리는 신자유주의 이데올로기의 득세로 정치뿐만 아니라 시장이 지배한다는 것도 확인했다. 되풀이하자면, 시장은 단지 커뮤니티를 전유할 뿐이고 [실제로는] 옆으로 제쳐놓으며, 커뮤니티의 가치와 목표들은 시장의 가치와 목표들로 대체된다. 우리는 커뮤니티의 가치와 목표는 현재 정치 커뮤니티의 지배적인 형태에 대해 어떤 설득력있는 기반도 제시하지 않는다고 다소 역설적인 결론을 내릴 수 있다. 현재 우리가 가진 것은 미학적이고 신자유주의적 이데올로기에 의해 결정된 커뮤니티이며 이 정치 커뮤니티의 중심에 국가가 있으며, 또 국가에 의해 지배된다.

이 결론에 비추어 볼 때, 정치 커뮤니티의 가까운 미래는 암담하다고 결론

---

8 역주: 셰익스피어의 『템페스트』에 등장하는 마법사

짓는 것이 당연하게 여겨질 것이다. 또 커뮤니티의 전유 외에 정치에서 커뮤니티의 역할은 더 이상 없다고 결론짓는 것이 당연하게 여겨질 수도 있겠다. 그러나 이러한 현상이 앞으로도 항상 필연적으로 그렇게 될 것이라고 단정할 이유는 전혀 없다. 많은 논평가들이 제시해 온 바와 같이, 짧은 20세기의 주된 교훈 중 하나는 공산주의(communism)라는 정치적 근본주의가 인류를 그 어떤 곳도 아닌 무덤에 이르게 했다는 것이다. 그러나 지금까지 21세기의 고정관념이 되어 온 대안적 근본주의, 즉 다름 아닌 인간의 고통, 사회적 분열 그리고 지역 커뮤니티의 붕괴로 이끌었던 신자유주의에 대해 필적할만한 비판을 전개했던 비평가들은 거의 없었다. 정치적 커뮤니티의 어떤 새로운 해석이라도 이런 비판을 포함해야 할 것이다. 더 나아가 그 해석은 정치적 커뮤니티 관련된 것까지 포함해야만 한다. 즉, 존슨 박사의 말을 빌려 쓰자면, [정치와 커뮤니티라는] 양자가 잘 수용되었는지에 관심을 두는 만큼이나 이 양자가 과연 수용되었는지에도 관심을 기울여야 한다.

추천문헌

Michael Walzer의 *Thinking Politically: Essays in Political Theory*(2007)는 정치 커뮤니티에 대한 최근의 논쟁들에 대한 최고의 개론서이다.

참고문헌

Baudrillard, J. (2005) *The Intelligence of Evil or the Lucidity Pact*. Oxford: Berg.
Bauman, Z. (2001) *Community: Seeking Safety in an Insecure World*. Cambridge: Polity Press.
Bauman, Z. (2008) *Does Ethics Have a Chance in a World of Consumer?* Cambridge (Massachusetts) and London: Harvard University Press.
Butcher, H., Glen, A., Henderson, P. and Smith, J. (1993) (eds) *Community and Public Policy*. London: Pluto Press.
Giddens, A. (1998) *The Third Way: the Renewal of Social Democracy*. Cambridge: Polity Press.
Hobsbawm, E. (1995) *Age of Extremes: The Short Twentieth Century 1914-1991*. London: Abacus.
McKibbin, R. (2006) "The Destruction of the Public Sphere", *London Review of Books*, 28 (1): January.
Pelczynski, Z. A. (1984) "Political Community and Individual Freedom in Hegel's Philosophy of the State", in A. Z. Pelczynski (ed.) *The State and Civil Society*. Cambridge: Cambridge University Press.
Preston, P. (2005) "There is No Such Thing as Community", in *The Guardian*, 18th July.
Rose, N. (1999) *Powers of Freedom: Reframing Political Thought*. Cambridge. Cambridge University Press.
Walzer, M. (2007) *Thinking Politically: Essays in Political Theory*. Selected, Edited and with an Introduction by David Miller. Yale: Yale University Press.

사회적 자본

'사회적 자본'은 공민적 덕성 및 사회적 책임과 연관된 사회적 네트워크와 관계들을 묘사하는 데 있어 최근 정치적 영역에서 유행하게 된 용어이다. 여기서 말하는 사회적 네트워크와 관계들이란 공동 가치, 신뢰 그리고 상호 이익을 위해 함께 존재하고 일하는 협력적 방식들을 구축하는 커뮤니티와 여타의 사회적 그룹들을 포함한다.

섹션 개요

이 장에서는 우선 민주주의와 도덕적 삶에 대해 토크빌(Tocqueville)과 뒤르켐(Durkheim)이 각각 보여주는 깊은 관심으로부터 사회적 자본에 대한 현재 관심의 기원을 탐색한다. 그 후에 로버트 퍼트넘(Robert Putnam)의 사회적 자본 이론의 개념적 기초를 개관한다. 이후 이 장의 나머지 부분에서는 이 이론의 주요한 이데올로기적, 이론적, 경험적 문제들을 논하고, 불평등, 불공정함 그리고 빈곤의 굴욕을 물리치는 힘으로서의 사회적 자본이론의 유효성에 이 문제들이 무엇을 제기하고 있는지를 논한다.

사회적 자본에 대한 최근 관심의 출발점은 알렉시스 토크빌(Alexis de Tocqueville, 1969)의 정치 사회 사상과 에밀 뒤르켐(Emile Durkheim, 1933; 1961)의 사회학에서 찾아볼 수 있다. 초기 근대성과 연관된 문제들에 대한 이들의 분석은 우리의 문제에 실마리를 던져주며 최근 정치학자들과 사회학자들에 의해 재발견되어 왔다. 이러한 동향이 의미하는 것은 바로 사회 자본주의자들은 본질적으로 그 지향에 있어서 기능주의(functionalist)적인 *공민적 공동체주의* 전망(civic communitarian outlook)의 지지자들이라는 것이다. 뿐만 아니라 이 [정치적 공동체주의와 사회학적 기능주의의] 공동 부활은, 한편으로는 공공정책에서 마르크스주의의 영향을 모조리 거부하는 결과로 이어졌고 다른 한편으로는 통제되지도 않으며 통제될 수도 없게끔 보이는 자본주의로 이끌었던 신자유주의에 대한 환멸로 이어졌던 이데올로기에 기인한 것으로 보인다 ('서론: 오늘날 커뮤니티의 의미', '정치적 커뮤니티' 참조).

자신의 저작에서 공동체주의적이거나 기능주의적인 근원이나 그 이데올로기적 영향을 꼭 명백하게 설명하지 않지만, 사회적 자본의 핵심 지지자인 미국 정치학자 로버트 퍼트넘(Robert Putnam)은 '사회적 자본은 소위 "공민적 덕성"과 밀접하게 연관되어 있다'고 인정한다 (Putnam, 2000: 19). 이는 드랜티(Delanty)가 지적하듯 '커뮤니티의 상실에 대한 토크빌적인 담론'에 의해 뒷받침되며, 토크빌의 신화는 거기에 사로잡혀 있는 사람들을 지속적으로 양성하고 또 매혹시키고 있다 (2003). 또한 이 신화는 공동체주의의 다른 접근들, 즉 공유된 역사(링컨의 '기억의 신비로운 현'(Lincoln's 'mythic chords of memory')), 마음의 습관(1987년 로버트 벨라(Robert Bella)가 편집한 책 제목으로 토크빌에 의해 만들어진 문구이다), (종종 혈족이라 언급되는) 공통의 선조와 미국인인 것에 대한 집단적 자부심을 공유하는 잭슨 시대의 '자랑스러운 장인들'(Sandel, 1996) 등에 의해 미국이 한 때는 묶여있었다는 설명을 통해 영속화되는 신화이기도 하다.

퍼트넘은 『혼자서 볼링』이라는 책에서 젊은 시절 지역의 팀들과 함께했던 볼링 리그가 더 이상 미국의 시민 여가 참여의 지배적인 형태가 아니며 이제 사람들이 '혼자서 볼링을 하는' 경향이 있다고 주장한다. 그는 '커뮤니티 상실의 토크빌적 담론'에 대한 자신의 버전을 확립한다. 그는 다음과 같이 쓰고 있다:

> 지난 몇십 년간 우리는 친구들과 이웃들의 정기적인 만남이 현저히 줄어드는 것을 보아왔다. 우리는 식사시간의 대화에 시간을 덜 보내고, 누군가를 덜 방문하고, 가벼운 사회적 상호작용을 권장하는 여가 활동에도 덜 참여하며, (인정하건데 어떤 때는 다른 이들의 함께하는 자리에서도) 우리는 보는 것에 시간을 더 보내며 행동하는 것에 시간을 덜 보낸다. 우리는 우리 이웃들을 잘 알지 못하고 우리는 오랜 친구들도 덜 만난다. 간단히 말하면 [커뮤니티 상실의 결과]는 우리가 덜 참여하게 되는 '사회개량주의적인 공민적 활동들'일 뿐 아니라 비공식적 연결이기도 하다.

물론 실제로는 사람들은 혼자 볼링을 하지 않고 소규모의 폐쇄적 그룹으로 하지만, 이 활동은 직접적인(immediate) 사회 집단을 넘어서는 사람들의 상호작용을 포함하지는 않는다. 이런 사회적 자본의 감소에 대한 우려가 단순히 청년 시절 커뮤니티에 대한 노스탤지아를 갈망하는 것이 아님을 주장하면서, 퍼트넘(Putnam)은 교육, 경제적 번영, 건강과 웰빙, 그리고 전체적인 민주적 절차 등과 사회적 자본 사이의 긍정적인(positive) 관계를 증명하는 풍부한 연구 자료를 제시한다. 그리고 이를 사회적 자본을 통해 시민사회(civil society)의 문제들을 보다 쉽게 풀어 나갈 수 있다는 주장의 본보기로 사용한다. 이 [사회적 자본을 이용할] 경우 사교성(sociability)은 비즈니스 거래와 마찬가지로 돈이 덜 들고, 개인적인 대처가 용이해지며, 보다 나은 정보의 흐름이 이루어지며, 개인, 커뮤니티, 그리고 조직간 상호인식이 증대되어 무지와 불신을 물리치는 것은 물론 관용을 촉진시키기도 한다.

이때 사회적 자본은 퍼트넘 이론의 개념적 기반이다. 그는 사회적 자본이 사람들이 함께 행동할 때 사람들이나 공민 조직들이 보다 효과적으로 작동할 수 있게 하는 일련의 행동들, 결과들 또는 사회적 네트워크(관계와 유대)들을 나타낸다고 주장한다. 즉, 퍼트넘의 관점에서 사회적 자본은 명백히 기능적이다. 비록 사회적 자본의 네트워크들, 관계들 그리고 호혜성의 유대들이 개인들과(또는) 협회들에 긍정적으로도, 그리고 부정적으로도 기능할 수 있지만, 사회적 자본은 '사적인 선'임과 동시에 '공적인 선'이 될 수 있다.

사회적 자본주의가 여가 정책 담론으로 통합되어 온 방식에 대한 비판적 논의에서, 블랙쇼(Blackshaw)와 롱(Long)은 기본적인 정의를 확장하여 퍼트넘의 책에서 사회적 자본이 두 가지 종류의 호혜성과 함께 하는 경향이 있다는 것을 보여준다 (2005). 그 첫 번째는 사회적 네트워크가 내향적이고 배타적인 '비슷한 사람들' 사이의 상호작용을 의미하는 유대관계이며, 다른 하나는 보다 외향적이고 포괄적인 연결 관계 또는 그룹 간 연결이다. 또한 퍼트넘의 연구에서 사회적 자본은 보다 중요한 특징들도 갖고 있다. 개인이 사회적 자본에 대한 기여에서 이득을 얻는 만큼 다른 이들도 거기에서 이득을 얻을 수 있다는 점에서 사회적 자본은 공적 및 사적 '선'이다. 가족, 이웃, 교회 그룹들, 개인적 사회 서클들, 시민 조직들, 그리고 온라인 그룹들과 같은 다른 많은 사회적 네트워크들에서 이러한 증거를 찾을 수 있다. 약한 유대도 있지만 몇몇은 강력한 유대를 포함한다는 점에서 이 네트워크의 몇몇은 반복적이고 높은 강도를 가지기도 한다. 몇몇은 일회적이고 가볍다. 몇몇은 공식적이며, 일부는 비공식적이다. 그리고 그들의 네트워크와 호혜성은 크게는 특정한 커뮤니티와 사회적 그룹 내부의 사람들에게는 긍정적이지만, 외부적 효과는 결코 긍정적이지 않을 수 있다. 가장 단단한 커뮤니티와 조직의 일부는 배타적이고 불평등 그리고(또는) 필드(Field)가 '비뚤어진 목표'라고 불렸던 것을 재생산하는 사회적 네트워크와 겹쳐진다 (2003: 88). 이러한 부정적이고 제 기능을 못하는 측면에도 불구하고, 퍼트넘은 사회적 자본의 실제 가치는 그것이 자체를 '개인이 인식한 것으로부터 개인들 또는 집단들에 의해 소유되는(또는 소유되지 않는) 것으로' 변화시키는 긍정적인 기능적 역량에 놓여있다고 제시한다 (DeFilippis, 2001: 785).

그럼에도 불구하고 퍼트넘의 주장은 단순한 기능주의 그 이상이라고 할 수 있다. 그가 주장해 온 것처럼 이는 공민 공동체주의 철학을 정교하게 하려는 시도이다. 시민 관계들의 감소에 따라 부유하는 익명의 삶이 훨씬 더 많이 모습을 드러내고, 사람들이 더 이상 그들의 동료 시민들을 알려고 하지 않고 관심을 갖지 않으며, 스스로 억압되었다고 느끼거나 최소한 그들이 속한 사회로부터 분리되어 있다고 느끼는 것과 같은 문제들을 다루는 실천적인 해결책들을 제공하는 방법을 통해서 말이다. 그러나 이러한 주장이 설득력이 있음에도, 몇몇 비평가들은 사회적 자본주의자들에 의해 신자유주의에 의해 붕괴된 것으로 그려진 시민 사회의 모습이나 모든 것을 다시 조합할 것을 주장하는 그들의 해결책이 엄격한 비판에 의해 무너질 수 있다고 강하게 주장해 왔다. 특히, 사회적 자본주의가 가장 긴밀하게 연관되어 있는 주요 공공 문제들, 즉 가능성이 축소되었다는 느낌이 만연한 채 근근이 살아가는 이들의 커뮤니티를 짓누르는 빈곤과 사회적 배제를 다룰 처방이 없다는 것이다.

블랙쇼와 롱은 특히 세 가지 주요한 점에서 사회적 자본에 대한 퍼트넘의 이해에 대해 예리하고 포괄적인 분석을 전개했다 (2005). 첫 번째는 이론을 뒷받침하는 조사의 한계, 두 번째는 사회적 자본의 이데올로기적 함의, 그리고 세 번째는 사회적 자본의 이론적 기반의 한계이다. 블랙쇼와 롱에 따르면, 퍼트넘 자신의 연구뿐 아니라 그가 신뢰하는 이차 연구들이 그 실증주의적 지향에 의해 한계를 드러낼 뿐만 아니라, 그가 현실세계에서 사회적 네트워크가 작동하는 방식에 대해 '데이터'가 말해 주는 것을 무시하는 경향을 보이며 나아가 모호하고 오도하는 방식으로 그것을 이용하고 있다는 것이다. 예를 들어 퍼트넘은 노동 패턴의 변화, 주로 풀타임 고용에 여성들의 참여가 증가한 것이 사회적 자본의 하락에 10% 기여했다고 말한다. 이 생각은 가정에서 오락, 자원봉사 또는 커뮤니티 그룹 운영을 통한 커뮤니티 수준의 많은 사회적 상호작용과 시민 참여가 여성들의 책임이며,

운용 가능한 여성들의 시간이 감소됨에 따라 이것들이 나빠졌다는 논평에 기초한 것이다. 그러나 이는 여성이 업무현장에 참여함으로써 여성에게 제공되는 사회적 상호작용의 엄청난 투입을 간과하고 있다.

퍼트넘은 또한 '커뮤니티들'이 그 구성원들에게 지금도 존재하는 교활한 가부장적 지배와 종속의 위계질서에 기반한 주장을 한다고 비판하는 여성주의의 이론적 비평에 주의를 기울이지 않는다. 블랙쇼와 롱이 지적하듯 퍼트넘은 사회적 자본 감소의 가장 큰 하나의 원인이 길었던 공민 세대의 떠남에 있다는 자신의 주장에 맞추기 위해 '데이터'를 편한 대로 가공하는 데 전념한다. 그리고 그는 이 당연시 된 이데올로기적 가정을 사용하여 그의 연구를 진행하는데, 이는 순서가 바뀐 것이다 [연구를 통해 이데올로기적 가정을 검증해야 한다].

결론적으로, 블랙쇼와 롱은 퍼트넘의 저서에서 이데올로기가 두 개의 커다란 층위에서 작동한다고 주장한다. 하나는 문화로서의 이데올로기(ideology-as-culture)이며, 이는 공민 공동체주의 정치적 사상의 몸통을 이룬다. 그리고 또 하나는 과정에 있는 이데올로기(ideology-in-progress)이며 이것의 상징적 행동(상징적 변화, 상징적 권력 그리고 상징적 폭력)은 전자의 보다 분명한 물질적 효과들과 연계하여 작동한다. 퍼트넘 프로젝트의 상징적 성격, 즉 퍼트넘과 다른 유사한 생각을 하는 공동체주의자들이 그들 자체의 사회적 자본을 만드는 방식에 대해 생각해 볼 때, 블랙쇼와 롱은 퍼트넘이 제시한 많은 부분이 실질적이라기보다는 수사적이며, 치유되어야 하는 고통에 대한 해결책이 아닌 상상적 설계에 불과하다고 주장한다. 그들은 퍼트넘이 구체적으로 논증되지 않은 관습적 언어사용에서 출발하여 너무 멀리까지 나갔으며 이 과정에서 [언어와 세계가 마치 대응하여 존재하는 것과 같은] 말과 세상의 리얼리즘이라는 이데올로기의 영역에 포섭되고(subsumed) 말았다고 주장한다. 퍼트넘의 담론에서 가상 효과가 실재와 맞닿아있기는 하지만 역설적으로 현실세계에서는 이 담론이 돌보아야 하는 사람들의 세계와는 거의 관련성이 없다는 것이 문제인 것이다. 다시 말해서 퍼트넘은 사실 이전에 [이데올로기적] 가치를 옹호하는 과정에서, 과거를 재–상상하고 또 이를 이데올로기적으로 이용함으로써 불평등, 불공정 그리고 빈곤의 굴욕이라는 실패를 다루는 데 있어 자본주의적 (그리고 헤게모니적) 방식들을 유지하고 만다는 것이다.

그 결과, 블랙쇼와 롱은 퍼트넘이 부르디외가 공민 조직과 사회적 네트워크의 '멤버십의 이익'이라고 부른 것의 핵심적인 이론적 논점을 간과했다고 주장하는데, 부르디외에 따르면 모든 사람들에게 '멤버십의 이익'이 허용된 것은 아니다. 그들이 볼(Ball)의 책에 기반해서 지적하듯, 사회적 자본만이 아니라 모든 '자본'의 핵심은 사람들이 착취당하게 하는 원천이라는 것이며, 자본에 가치를 부여하는 것은 바로 그것의 독점이라는 것이다 (2003). 간략하게 말하면 사람들은 타자를 배제할 수 있기 때문에 그들의 사회적 네트워크를 통해 사회적 자본을 실현시킬 수 있다. 사회적 자본의 어떤 측면들은 제로섬 게임에서 위치재(positional goods)[9]로 보이지 않는다는 점에서, 신뢰, 지지 그리고 안전에 기여하는 것들은 공유되면서 더 강화되는 것으로 보인다는 점에서, 그리고 사회적 자본이 사용될수록 성장하는 것처럼

---

9   역주: 그 가치가 다른 사람이 소비하는 다른 재화나 서비스와의 비교에 크게 의존하는 재화나 서비스를 말한다. 좋은 직업, 사회적 지위, 교육 서비스, 좋은 식당의 예약 등을 예로 들 수 있다.

보인다는 점에서, 퍼트넘의 이론에서 두드러지는 위와 같은 실패는 오히려 좋은 것으로 여겨지는 것이 일반적이다. 그러나 퍼트넘은 커뮤니티 삶의 '이익들'이 우리가 매우 쉽게 거래하거나, 측정하거나, 의지할 수 있는 것이 아니라는 사실을 무시한다.

블랙쇼와 롱은 사회적 자본은 두 가지 결정적인 (그리고 구분되는) 특징을 가지고 있다고 결론 내린다. 첫째, 사회적 자본은 사회적 네트워크의 이점을 이용하여 만들어진 실재하는 자원이라는 것이다. 둘째, 다른 모든 형태의 자본처럼, 사회적 자본에는 상징적 차원이 있으며, 이는 익숙함이라는 섬유질로 얽혀진 권력 네트워크의 은폐를 강구한다는 것이다. 결국, 그들은 부르디외를 따라(1993), 사회적 자본을 이해함에 있어 사회적 행위자 네트워크의 범위, 질과 양, 그리고 이를 동원할 수 있는 그들의 능력을 고려해야 하며, 주어진 어떤 분야건 간에 그것은 투쟁의 장일 수밖에 없다는 서로 간의 이해에 의해 항상 지배받고 있음을 고려해야만 한다고 제안한다. 부르디외를 따라서 말하자면, 사회적 자본에게 표면적인 특질을 부여하는 것은 바로 구별짓기라는 투쟁인 것이다.

참고문헌

Ball, S. J. (2003) "It's Not What You Know: Education and Social Capital", *Sociology Review*, November.
Bellah, R., Madsen, R., Sullivan, W., Swidler, A. and Tipton, S. (1987) *Habits of the Heart*. Berkeley: University of California Press.
Blackshaw, T. and Long, J. (2005) "What's the Big Idea? A Critical Exploration of the Concept of Social Capital and Its Incorporation into Leisure Policy Discourse", *Leisure Studies*, 24 (3): 239-258.
Bourdieu, P. (1993, trans. 1999) *The Weight of the World: Social Suffering in Contemporary Society*. Cambridge: Polity Press.

DeFilippis, J. (2001) "The Myth of Social Capital in Community Development", *Housing Policy Debate*, 12 (4): 781-806.
Delanty, G. (2003) *Community*. London: Routledge.
Durkheim, E. (1933) *The Division of Labour in Society*. Glencoe, IL: Free Press.
Durkheim, E. (1961) *Moral Education: A Study in the Theory and Application of the Sociology of Education*. Glencoe, IL: Free Press.
Field, J. (2003) *Social Capital*. London: Routledge.
Putnam, R. D. (2000) *Bowling Alone: The Collapse and Revival of American Community*. New York: Simon & Schuster (Touchstone).
Sandel, M. (1996) *Democracy's Discontent*. Cambridge: Cambridge University Press.
Toqueville, A. de (1969) *Democracy in America*. New York: Doubleday.

전남대학교 인문학연구원 HK+가족커뮤니티사업단 번역총서 · 01

커뮤니티 연구란 무엇인가?

1판 1쇄 발행 2021년 1월 30일

| 원 제 | Key Concepts in Community Studies
| 지 은 이 | 토니 블랙쇼 (Tony Blackshaw)
| 옮 긴 이 | 강의혁·김연민·김은영·김은혜·나희경
| 펴 낸 이 | 김진수
| 펴 낸 곳 | 한국문화사
| 등 록 | 제1994-9호
| 주 소 | 서울시 성동구 아차산로49, 404호(성수동1가, 서울숲코오롱디지털타워3차)
| 전 화 | 02-464-7708
| 팩 스 | 02-499-0846
| 이 메 일 | hkm7708@daum.net
| 홈페이지 | http://hph.co.kr

ISBN 978-89-6817-957-0 93370

· 이 책의 내용은 저작권법에 따라 보호받고 있습니다.
· 잘못된 책은 구매처에서 바꾸어 드립니다.
· 책값은 뒤표지에 있습니다.

· 본 역서는 2018년 대한민국 교육부와 한국연구재단의 지원을 받아 수행된 연구임
 (NRF-2018S1A6A3A04042721)

오류를 발견하셨다면 이메일이나 홈페이지를 통해 제보해주세요.
소중한 의견을 모아 더 좋은 책을 만들겠습니다.